OEUVRES
DE
FONTENELLE,

PRÉCÉDÉES

D'UNE NOTICE SUR SA VIE ET SES OUVRAGES.

LES MONDES,

DIALOGUES DES MORTS, ETC.

PARIS.

SALMON, LIBRAIRE-ÉDITEUR,
QUAI DES AUGUSTINS, N° 19.

PEYTIEUX, LIBRAIRE,
GALERIE DELORME, N°S 11 ET 13.

1825.

THÉORIE DES TOURBILLONS CARTÉSIENS,

AVEC

DES RÉFLEXIONS SUR L'ATTRACTION.

SECTION PREMIÈRE.

Suppositions et idées préliminaires.

1. Je suppose le plein absolu.

2. Donc si la masse de la matière est infinie, elle ne peut changer de lieu, ou être mue tout à la fois; car il n'y a point d'autre espace à occuper que celui qu'elle occupe déjà. Elle ne peut non plus, à proprement parler, se mouvoir tout entière circulairement; car une sphère infinie n'a point de vrai centre, ni les propriétés que nous connaissons aux sphères célestes : mais la masse infinie de la matière peut être divisée en une infinité de sphères qui circuleront; c'est là ce qu'on appelle les *Tourbillons* inventés ou mis dans un nouveau jour par Descartes.

3. A plus forte raison la masse finie de la matière

pourra-t-elle être divisée en tourbillons. Nous ne connaissons, avec certitude, que certaines choses qui se passent dans notre tourbillon, auquel nous donnons le soleil pour centre. De ce centre jusqu'à Saturne, qui en est le corps visible le plus éloigné, il y a trois cent millions de lieues, et nous ne sommes nullement assurés que le tourbillon se termine à Saturne.

4. Je suppose que tous les mouvemens circulaires des planètes de notre tourbillon autour du soleil, sont exactement circulaires, quoiqu'ils ne le soient pas. Mercure est la plus excentrique de toutes à l'égard du soleil, et Vénus est la moins excentrique. La plus grande et la moindre distance de Mercure au soleil, sont entre elles dans le rapport de 20 à 13, et les deux pareilles de Vénus dans celui de 125 à 124; d'où l'on voit que l'orbite de Vénus approche beaucoup plus d'être un cercle parfait que celle de Mercure. Entre ces deux extrêmes sont toutes les autres orbites. On peut conclure de là que la supposition de toutes les orbites exactement circulaires, n'est pas fort violente, sans compter même qu'elle ne subsistera pas toujours dans cette théorie.

5. Tous les mouvemens célestes sont si uniformes et si égaux, que depuis quatre mille ans peut-être qu'on observe le ciel, on ne s'aperçoit pas que rien s'y démente : au contraire, ce qu'on aurait cru d'abord nouveau et irrégulier, vient dans la suite à se lier parfaitement avec le reste. Il faut donc découvrir pour ces effets des causes qui, par leur nature, soient les plus constantes et les plus durables qu'il soit possible.

6. S'il n'y a point de vide (1), on peut compter que tout notre tourbillon solaire n'est qu'un grand fluide;

car il ne contient de corps solides que le soleil, qui ne l'est peut-être pas entièrement, six planètes principales et dix subalternes ; et tout cela ensemble, comparé à la masse d'un globe qui a pour rayon trois cent millions de lieues (3), se trouvera n'être qu'un atôme : et que sera-ce si le tourbillon s'étend au-delà de Saturne.

7. Je ne suppose aucune attraction, mais seulement les lois du mouvement reconnues par tous les philosophes, non que la matière une fois créée, et ayant reçu du Créateur une première impression de mouvement dans toutes ses parties, je croie qu'elle pût en un temps quelconque, et même infini, se mettre, en vertu des seules lois du mouvement, dans l'état où nous voyons aujourd'hui l'univers : cela n'est non plus concevable qu'il le serait que toutes les parties d'une pendule, détachées les unes des autres, et les parties de ces parties, à force d'être agitées toutes ensemble, vinssent enfin à s'arranger de manière qu'elles formassent une pendule régulière. Il faut que la main de l'horloger s'applique à l'ouvrage, et que cette main soit conduite avec beaucoup d'intelligence. Il ne fera rien que selon les lois du mouvement : mais ces lois seules n'eussent pas fait par elles-mêmes ce qu'il fera. L'application de ceci à l'univers et à son auteur se présentera bien aisément.

On a dit que le nombre des arrangemens que peut prendre la matière simplement agitée pendant un temps infini, étant infini, l'arrangement qu'elle prendra, avec le concours d'une intelligence, y est nécessairement compris. Mais je réponds que ces deux espèces d'arrangemens, l'un sans le concours d'une intelligence, l'autre avec ce concours, sont deux infinis différens, comme la suite infinie des nombres pairs et celle des impairs : aucun des termes de l'une ne se trouve dans l'autre.

SECTION II.

De la force centrifuge.

8. C'est une loi du mouvement, que dès qu'un corps est mu, ne fût-ce que par une impulsion instantanée, il continuera sans fin à se mouvoir en ligne droite, selon la direction que lui a donnée d'abord la force motrice, et avec le degré de vitesse qu'il en a reçu, à moins qu'il ne vienne à perdre son mouvement, en le communiquant à d'autres corps qu'il rencontrera, ou à changer sa direction, parce que ces mêmes corps lui en feront prendre d'autres.

9. Quand un corps par son mouvement décrit un cercle, il n'importe ici quelle en soit la cause, il se meut à chaque instant infiniment petit, selon une droite infiniment petite, qui est un des élémens ou côtés du polygone circulaire infini : il devrait donc (8) continuer à se mouvoir selon cette droite, qui alors deviendrait finie, et une tangente du cercle au point d'où le corps sera parti; mais la cause qui produit le mouvement circulaire, empêche que cela n'arrive. Le corps qui, s'il eût été abandonné à lui-même, eût suivi la direction de la première petite droite, est obligé de s'en détourner pour suivre celle d'une seconde droite, et toujours ainsi de suite : il souffre une espèce de violence qui, à chaque instant, l'empêche de s'échapper par une tangente de cercle.

10. J'appelle *tendance* cette espèce d'effort toujours subsistant et toujours réprimé.

11. Si le corps s'échappait par une tangente quelconque du cercle, il continuerait son mouvement en ligne droite, selon la direction de cette tangente, et par conséquent s'éloignerait toujours de plus en plus de ce même centre de cercle, dont auparavant il se tenait toujours à une égale distance. Sa tendance à s'échapper s'appelle donc *force centrifuge*.

12. La force centrifuge n'est proprement que la même force qui produit la circulation, altérée seulement, quant aux directions que la circulation fait changer à chaque instant. Une plus grande force de circulation produira toujours une plus grande force centrifuge proportionnée à elle.

13. Une force de circulation est d'autant plus grande, 1° qu'elle fait circuler le corps mu avec plus de vitesse; 2° plus la vitesse d'un corps mu, selon une certaine direction, est grande, plus il faut de force pour le faire changer de direction; et par conséquent il faudra une plus grande force pour le faire changer plus souvent de direction dans un temps donné. Or, on sait que, plus une circonférence circulaire est grande, moins les détours y sont fréquens dans une certaine étendue donnée, et au contraire : donc, dans toute circulation, plus la vitesse est grande et le cercle petit, plus la force doit être grande.

Donc la vitesse étant appelée u, et un rayon r, tout ce qui entre dans la force de circulation sera exprimé par $u \times \dfrac{u}{r}$ ou $\dfrac{u^2}{r}$, et par conséquent aussi la force centrifuge (12). On voit dans le produit $u \times \dfrac{u}{r}$ que le premier terme en est la vitesse, en tant qu'elle appartient au mouvement en général, et le second la vitesse appliquée à un mouvement circulaire.

14. Si l'on avait égard à la masse ou à la grandeur m du corps circulant, il faudrait poser $\frac{mu^2}{r}$; ce qui est nécessaire quand on compare les forces centrifuges de deux corps inégaux.

15. Si les vitesses de deux corps égaux circulans sont inégales, et les cercles qu'ils décrivent égaux, celui qui a la plus grande vitesse a la plus grande force centrifuge, et d'autant plus grande, que le carré de cette vitesse est plus grand que celui de l'autre.

16. Si les deux corps ont des vitesses égales, celui qui décrit le plus petit cercle, a la plus grande force centrifuge.

17. La force centrifuge ne peut jamais devenir infiniment grande, car il faudrait pour cela que le cercle devînt infiniment petit, auquel cas il ne serait plus cercle, et ne pourrait plus être parcouru.

18. La force centrifuge peut devenir infiniment petite, même sans que la vitesse le devienne ; car elle dépend, non de la vitesse, mais du carré de cette vitesse. Or, on sait, par la théorie de l'infini, que le carré d'une grandeur décroissante peut devenir infiniment petit avant que cette grandeur le devienne, ce qui fait que la force centrifuge peut cesser, quoiqu'il reste quelque peu de vitesse.

SECTION III.

De la circulation des Solides et des Fluides.

19. Soit un corps sphérique solide, qui tourne sur son centre : on lui conçoit nécessairement un cercle du plus grand mouvement, un équateur, des deux côtés duquel sont des cercles qui lui sont parallèles et toujours décroissans, jusqu'à devenir enfin deux points qui sont les deux pôles. Chacun des parallèles tourne autour de son centre immobile, et la ligne droite, formée de tous ces centres, est immobile, et est l'axe du mouvement. La nécessité de ces idées vient de ce que la sphère est solide; par conséquent toutes ses parties sont liées, ne peuvent se mouvoir que toutes ensembles, et selon la même direction.

20. Cependant on conçoit aussi, que si un point quelconque de la surface sphérique, venait subitement à se détacher de tout le corps de la sphère, il continuerait à être en mouvement comme il y était auparavant, et décrirait la ligne droite tangente du cercle au point où il se trouvait lorsqu'il s'est détaché. Or, c'est là l'effet d'une force centrifuge : donc, il en avait une avant que de se détacher, et par conséquent aussi tous les autres points de la sphère.

21. Puisque l'équateur et tous ses parallèles décroissans ne font leur révolution que dans le même temps, la vitesse de l'équateur, dont le rayon est R, sera à celle d'un parallèle quelconque, dont le rayon sera $r :: R : r$; et s'il se détache de la surface de la sphère deux points, l'un sur l'équateur, l'autre sur le parallèle, et qu'ils décrivent tous deux leurs tangentes, le

premier aura la vitesse R, le second la vitesse r : donc, la force centrifuge étant $\frac{u^2}{r}$ (13), celle du premier, avant qu'il fût détaché, sera $\frac{R^2}{R} = R$, et celle du second r; les forces centrifuges de ces deux points seront égales aux vitesses qu'ils ont chacun dans leur circulation.

22. Les forces centrifuges décroissent depuis l'équateur, de part et d'autre, jusqu'au pôle, et là elles deviennent infiniment petites.

23. Venons maintenant à la circulation des fluides, qui mérite notre principale attention, puisque tout notre tourbillon solaire n'est presque entièrement qu'un grand fluide (6).

Posés comme nous sommes sur la terre, qui a certainement une révolution solide en vingt-quatre heures, et par conséquent un équateur et des pôles, etc., bien réels, nous avons observé à quels points du ciel étoilé répondaient cet équateur et ces pôles, et nous y en avons imaginé qui fussent célestes; et pour achever la correspondance du céleste au terrestre, nous avons conçu que le tourbillon solaire entier avait la même circulation que la terre. L'idée était bien naturelle; mais on y peut faire plusieurs réflexions.

24. S'il y avait des observateurs dans les autres planètes qui ont la même circulation que la terre, ils raisonneraient comme nous, et dans chaque planète on donnerait au ciel un équateur et des pôles, et tout ce qui en dépendrait, fort différens de ce qu'on établit ici. On se tromperait dans toutes les planètes. Donc, l'équateur et les pôles que nous donnons au ciel, ou à notre tourbillon solaire, ne sont que des apparences

qui ne sont que pour nous ; et tout ce qui se trouvera fondé là-dessus, le sera assez peu.

25. On conçoit bien pourquoi, dans la circulation d'un solide, toutes les couches circulaires qui le composent, se meuvent parallèlement à l'équateur : c'est à cause de la liaison des parties.

Mais dans la circulation d'un fluide où cette liaison n'a pas lieu, pourquoi ce parallélisme ? C'est un mouvement singulier, unique entre une infinité d'autres possibles, plus convenables la plupart à un fluide très agité ; un mouvement qui par lui-même se maintient difficilement. Où trouvera-t-on le principe qui détermine toute la suite des centres des parallèles à être une ligne constamment immobile dans un pareil fluide, au milieu duquel elle se trouve ?

26. Il est très certain que nos six planètes se meuvent, non dans des cercles parallèles à un équateur, et par conséquent entre eux, mais dans des cercles qui se coupent tous, ont pour centre le soleil, et qui sont ce qu'on appelle *de grands cercles de la sphère*, le tourbillon étant supposé sphérique, comme il l'est ici. Or, comment concevra-t-on que ces six grands cercles puissent avoir une circulation si différente de celle de tous ces parallèles dont on formait le tourbillon ? Ceux-ci sont un nombre infini, et les autres ne sont que six, qui devraient à la fin, ou plutôt très vite, se conformer aux plus forts, et en suivre le mouvement. Encore s'il n'y en avait qu'un ou deux, ou même que tous les six fussent fort proches les uns des autres, on pourrait croire, quoiqu'avec peu d'apparence, qu'ils se défendraient contre l'impression générale du tourbillon, en formant une zone fort étroite, qui aurait d'ailleurs

quelque disposition particulière qu'on tâcherait d'imaginer. Mais tout au contraire, les six grands cercles sont répandus dans toute l'étendue connue du tourbillon, puisque le premier est celui de Mercure, et le dernier celui de Saturne. On peut croire qu'ils rendent un témoignage incontestable de la manière dont se peut faire une circulation de tourbillon, et que nous n'avons aucun autre témoignage, non pas même le plus faible, en faveur de l'autre circulation.

27. Voici quelle doit être la nouvelle circulation. Figurons-nous une surface sphérique, formée d'une infinité de cercles égaux, ayant tous le même centre. J'appelle cela une *couche*. Qu'une autre couche formée de cercles égaux entre eux, mais plus grands ou plus petits que ceux de la première, mais ayant tous le même centre que ceux de la première, enveloppe immédiatement la première, ou en soit enveloppée, et toujours ainsi de suite, il est visible que voilà une sphère entière formée. Comme il s'agit ici d'une circulation fluide, il faut concevoir que cette sphère est enfermée dans quelque espèce d'enveloppe, ou enfin contenue dans ses bornes par quelque cause que ce soit.

Rien n'empêche que tous les cercles qui formeront une couche quelconque de la sphère, ne se meuvent tous ensemble de la même vitesse, et selon la même direction. Quant à ceux de la couche, immédiatement supérieure ou inférieure, il est bien clair qu'ils peuvent se mouvoir tous ensemble, selon la même direction que les premiers ; mais quelle sera leur vitesse ? S'ils circulent en même temps que les premiers, ce qui serait une grande et parfaite uniformité, ils auront plus ou moins de vitesse qu'eux, puisqu'ils parcourent en même temps de plus grands ou de plus petits espaces. Hors ce cas du même temps, il semble que pour toutes les autres vitesses différentes, le frottement soit à craindre ; mais il l'était également dans l'autre circulation, et au fond le fluide peut être composé de parties si subtiles et si peu liées entre elles, et d'ailleurs la différence de vitesse, dont il s'agit ici, peut être si petite, que l'inconvénient du frottement disparaîtra : on le verra encore mieux dans la suite. En voilà assez pour croire du moins possible la circulation que je viens de décrire, et que j'appellerai toujours *fluide*, parce qu'elle ne peut convenir qu'aux fluides, si elle existe, l'autre existant certainement dans les solides.

28. Que notre tourbillon solaire soit formé par la circulation solide, il est certain que, selon la formule $\frac{m \times u^2}{r}$ (14), parce qu'il faut ici avoir égard aux grandeurs m, qui sont les plans circulaires parallèles, on aura pour l'expression des forces centrifuges de deux plans inégaux $\frac{R^2 \times R^2}{R} = R^3$, et r^3, puisque les plans sont entre eux comme les carrés des rayons, et les vitesses comme ces rayons (21). Or, la suite des nombres cubiques étant croissante, et rapidement croissante, il s'ensuit, que si la force centrifuge du plus petit plan circulaire qu'on aura déterminé est 1, celle du second sera 8, du troisième 27, etc. ; ce qui, poussé jusqu'à la fin du tourbillon, ferait une inégalité prodigieuse. Il est impossible qu'il y ait jamais d'équilibre entre R^3 et r^3, et par conséquent les forces centrifuges agiraient perpétuellement sans se détruire les unes les autres, et sans pouvoir s'accorder, et le tourbillon deviendrait un chaos.

29. Dans la circulation fluide, nous avons pareillement $\frac{m \times u^2}{r}$ et les m sont ici comme dans l'autre des r^2, parce que les grandeurs des couches sphériques sont dans le rapport des carrés de leurs rayons, aussi bien que les plans circulaires parallèles. Donc, on a $r \times u^2$; mais nous ne connaissons point encore ici les vitesses u. J'appelle v la vitesse de la couche qui a R pour rayon, et u celle de l'autre qui a r. Les deux forces différemment formées seront des $R v^2$ et $r u^2$. Or, je vois que si l'on suppose $R v^2 = r u^2$, on aura $R : r :: u^2 : v^2$. Donc, il y aura équilibre entre ces deux forces quelconques, et par conséquent entre celles de toutes les couches du tourbillon, pourvu que cette proportion soit possible actuellement : or, il est bien clair qu'elle l'est.

30. C'est chaque couche prise en entier, dont la force centrifuge est égale à celle d'une autre couche quelconque prise aussi en entier ; mais il ne s'en ensuit pas que la force centrifuge, d'un point quelconque d'une couche, soit égale à celle d'un point d'une autre quelconque. Il est aisé de voir que les forces centrifuges étant alors selon les dénominations de l'article précédent $\frac{v^2}{R}$ pour la force du point appartenant à la plus grande couche, et $\frac{u^2}{r}$ pour celle de l'autre, et par conséquent étant entre elles $:: r : R$, elles ne peuvent jamais être égales. Mais il est vrai que cet équilibre serait tout au moins inutile ; car ne suffit-il pas qu'aucune couche entière ne puisse être déplacée par une autre ? Enfin, il est très constant que la circulation

solide n'admet aucun équilibre, et que la fluide en produit un, ce qui lui donne déjà un avantage infini sur l'autre.

SECTION IV.

Considération plus particulière du Tourbillon solaire.

31. Puisque $R : r :: u^2 : v^2$ (29), donc $R^{\frac{1}{2}} : r^{\frac{1}{2}} :: u^2 : v^2$; donc les vitesses sont en raison renversée des racines carrées des rayons des couches sphériques concentriques.

32. Ces rayons sont les distances de chaque couche au centre qui est le soleil ; et si deux planètes sont dans deux couches différentes, leurs vitesses autour du soleil seront en raison renversée des racines carrées de leurs distances au soleil. C'est là la fameuse règle de Képler, adoptée par tous les astronomes, et devenue loi fondamentale pour le ciel. Képler ne connaissait que les vitesses des planètes autour du soleil, et leurs rapports entre elles ; et il n'en put conclure leurs distances au soleil que par des calculs effrayans, et qui n'étaient peut-être pas absolument sûrs.

33. Il est à remarquer que cette règle n'est exacte que pour les moyennes distances des planètes au soleil ; c'est-à-dire, qu'elle ne le serait dans tout leur cours, qu'en cas qu'elles se mussent dans des cercles parfaits : or, c'est là précisément le cas où nous sommes ici.

34. Voilà donc la circulation fluide du tourbillon établie, non plus sur de simples raisonnemens géométriques, mais sur un fait bien avéré, sur les distances moyennes de toutes les six planètes au soleil, et tout

ce qui tiendra nécessairement à ce fait, doit être censé de même nature.

35. Ce n'est point du tout un rapport nécessaire et naturel que celui des vitesses aux racines carrées des rayons : on aurait plutôt pris des puissances des rayons que des racines ; et pourquoi la raison renversée plutôt que la directe? Mais enfin ce rapport était possible, et la vitesse en général peut faire parcourir en même temps une infinité, et même une infinité d'infinités d'espaces différens qui auront tous différens rapports à une certaine ligne donnée. Plus un certain rapport déterminé paraîtra recherché dans cette infinité d'infinités, plus on aura lieu de le croire choisi par une intelligence qui aura eu quelque dessein; et on en sera absolument sûr, quand on en verra absolument le dessein. Ici c'était de causer un équilibre, état unique entre une infinité d'autres états possibles d'une matière fluide en mouvement.

36. Puisque r^2, expression de la grandeur des couches concentriques, est tout ce qu'il faut mettre de plus dans $\dfrac{u^2}{r}$, expression générale de la force centrifuge, pour avoir les rapports des différentes forces centrifuges de ces couches (29), il s'ensuit qu'elles n'ont rien de plus qui puisse contribuer à ces forces, nulle différence de rareté ou de densité, et qu'enfin elles sont parfaitement homogènes, ou elles-mêmes, ou du moins les unes par rapport aux autres; c'est-à-dire, que si elles sont hétérogènes en elles-mêmes, elles ont toutes précisément la même hétérogénéité. L'une ou l'autre manière existe, et il ne peut entrer rien de plus dans la considération des forces.

37. Sur cela il pourrait venir une pensée; c'est qu'en cherchant l'équilibre des couches, si on avait eu égard, non pas simplement à leurs grandeurs, mais aussi à leurs différentes densités possibles, on aurait pu trouver tel rapport entre ces densités, qu'il aurait produit un équilibre, non-seulement dans la circulation fluide, mais dans la solide. J'en conviens; mais cet équilibre quelconque n'eût certainement pas donné la vitesse en raison renversée des racines carrées des distances. Or, c'est là un fait bien constant et bien avéré (32 et 33), et tout ce qui y sera contraire sera faux.

38. Des deux homogénéités que peut avoir la matière céleste ou éthérée, dont est formé le tourbillon (36), l'homogénéité absolue est la plus vraisemblable; car il est beaucoup plus difficile qu'une matière hétérogène d'une certaine façon déterminée, se conserve toujours hétérogène de cette même façon dans un espace sphérique de trois cent millions de lieues de rayon, et pendant quatre mille ans, qu'il n'est difficile qu'une matière absolument homogène le soit toujours, et dans tout cet espace, et pendant tout ce temps. Je prends donc le parti de supposer désormais l'homogénéité parfaite de la matière éthérée.

39. Il faut nécessairement la concevoir très subtile, très fine, très mobile; et tous les phénomènes me forcent à prendre cette idée, ou du moins la permettent. Donc, deux couches sphériques contiguës ne peuvent avoir entre elles dans leur mouvement différent qu'un frottement très léger.

40. De plus, ce mouvement différent est très peu différent; il ne l'est que selon la suite des racines carrées des nombres naturels (21). Or, on sait que les

termes de cette suite né diffèrent que très peu d'un quelconque d'entre eux au suivant, et toujours d'autant moins qu'ils sont plus éloignés de l'origine de la suite. On le verra par la seule inspection; la voici :
$\sqrt{\ }$ 1 $=$ 1. 1 $+$. Je sous-entendrai toujours après ce $+$ une grandeur inconnue, croissante et moindre que 1.

1 $+$ (2). 2 $+$. 2 $+$. 2 $+$. 2 $+$. (2) 3 $+$. 3 $+$. 3 $+$. 3 $+$. 3 $+$. 3 $+$. (4), etc.

D'où l'on voit qu'entre deux nombres qui sont contigus dans la suite des nombres naturels, il y a dans celle des racines carrées d'autres nombres intermédiaires, et qu'ils sont toujours en nombre d'autant plus grand, qu'ils sont plus éloignés de l'origine de leur suite. Donc, si l'on divise les couches concentriques du tourbillon selon l'ordre de leurs rayons 1, 2, 3, 4, etc., la différence de vitesse de deux couches contiguës, comme 1 et 2, 3 et 4, etc., sera d'autant moindre, que ces couches seront plus éloignées de l'origine de la suite, parce que chacune des deux vitesses contiguës aura été formée d'un plus grand nombre de vitesses intermédiaires, qui ne contribueront pas tant à la force du choc de la dernière. Or, ce choc est à considérer pour le frottement dont il s'agit ici. Donc, plus les couches sont éloignées de l'origine de leur suite, moins il y aura de frottement.

On pourrait trancher toute la question en un mot. Les rapports des carrés entre eux diminuent toujours, et ceux des racines aussi. Donc, etc.

41. Mais il faut prendre garde à la raison renversée qui se trouve ici. Les plus grandes vitesses répondront aux plus petits rayons, et, au contraire : la suite des rayons a certainement son origine au centre du tour-

billon, et par conséquent celle des vitesses a la sienne à l'extrémité. C'est donc du centre du tourbillon qu'il faut compter les plus grandes vitesses ; et s'il y avait des frottemens à craindre, ce serait dans cette région. C'est peut-être par cette raison que Mercure, si proche du soleil, en est pourtant, dans sa moyenne distance, éloigné de 8514 demi-diamètres de la terre, c'est-à-dire, de près de treize millions de lieues. Peut-être entre Mercure et le soleil les frottemens eussent-ils empêché la matière éthérée d'avoir un cours assez égal et assez tranquille; et le souverain architecte n'a pas voulu placer les planètes que plus loin. On ne peut jamais trop présumer de ses vues et de sa sagesse.

42. Mais il y a aussi beaucoup d'apparence qu'une masse énorme de matière, toute conspirante à un même mouvement, aurait bientôt vaincu, et vaincu pour toujours les frottemens, s'il s'en était trouvé d'abord quelques uns.

43. Le tourbillon étant supposé exactement sphérique, et le soleil placé à son centre, il faudrait, s'il était fluide, examiner sa circulation; mais il est certainement solide, du moins en grande partie. Ainsi, il faut jusqu'à présent le concevoir absolument immobile, et la circulation du tourbillon ne commençant tout au plus qu'où sa circonférence finit.

44. Je ne puis m'empêcher de regarder les orbites, ou cercles concentriques de nos six planètes (26), comme de grandes pièces visibles de tout l'édifice céleste, et qui nous représentent ce que nous n'en voyons pas. Ces six cercles appartiennent à six couches différentes de la sphère, dont, quoique inégaux, ils font chacun un grand cercle. Considérons-en un quelconque

dans sa couche. Il en a à ses deux côtés une infinité d'autres égaux à lui, et tous différemment inclinés à lui. C'est la même chose que si nous imaginions notre globe terrestre tout couvert de cercles concentriques au globe, et posés de manière, par rapport à l'équateur, que l'écliptique devînt un de ces cercles. Ils se couperaient tous en deux points diamétralement opposés, comme font l'équateur et l'écliptique. Voilà la formation exacte d'une couche sphérique quelconque, et par conséquent de toutes celles de notre tourbillon. Venons maintenant à leurs forces centrifuges.

45. Tout corps ou point qui décrit un cercle, tend incessamment, par sa force centrifuge, à s'échapper en ligne droite, et à décrire la tangente du point où il se trouvait lorsqu'il s'est échappé. Supposons qu'il s'échappe pour un instant infiniment petit, il décrira une tangente infiniment petite, dont le bout sera infiniment peu plus éloigné du centre du cercle que n'était son origine, et il se trouvera à ce bout. Supposons que tous les autres points qui décriraient la même circonférence que le premier qu'on a supposé, en aient fait autant, que sera-t-il arrivé? Ils se trouveront tous plus éloignés du centre qu'ils n'étaient auparavant, quoique infiniment peu, et le cercle sera agrandi de même. Chacune des petites tangentes décrites sera devenue pour lui un nouveau côté infiniment petit, et plus grand qu'il n'était.

46. Il est à remarquer que de tous les efforts différens que faisaient les points d'une même circonférence pour l'agrandir, en suivant toutes les directions de différentes tangentes, opposées même les unes aux autres, aucun effort n'en a contrarié un autre par rapport à

l'effet général d'agrandir le cercle, et que tous y conspiraient également et uniquement.

47. Il est évident que tout ce qui s'est dit ici d'un cercle, se doit dire aussi d'une couche entière quelconque, et enfin de toute la sphère. Donc, toute la sphère tend à s'agrandir. La direction de cette tendance ne peut être que du centre à la circonférence, et la tendance est égale partout. Cette force qui n'était que centrifuge dans les parties, peut s'appeler dans le tout force *expansive*, formée de plusieurs forces centrifuges qui concourent au même effet ; elle est aussi centrifuge à sa manière.

48. S'il était important, pour la conservation de l'intérieur du tourbillon, que tout y fût en équilibre, il ne l'était pas moins que tout le tourbillon pût se défendre, et se défendre également partout des attaques du dehors; et c'est ce que l'intelligence infinie a parfaitement exécuté par le moyen de la force expansive, qui repoussera tout ce qui viendrait attaquer le tourbillon. Mais ce n'est pas encore ici le lieu d'en parler.

49. Si la force centrifuge générale du tourbillon avait son effet, le tourbillon n'en serait point détruit ni défiguré, il deviendrait seulement une plus grande sphère, ce qui est infiniment différent de ce qui arriverait, si le tourbillon avait la circulation solide (28); et on le verra sans peine, en y supposant le cas présent. Le préjugé doit être grand pour tout ce qui assure une plus longue et plus constante durée.

50. Il reste peut-être une objection en faveur de la circulation solide. Tout le monde convient que la direction générale et unique de notre tourbillon est d'occident en orient, et c'est ce que la circulation

solide exécute parfaitement par le parallélisme des plans dont on conçoit alors que le tourbillon est formé; au lieu que la circulation fluide ne le peut, du moins que très imparfaitement, par les couches concentriques ; car, que selon l'idée de l'article 27, on imagine dans une couche un cercle tel que serait l'équateur sur notre globe terrestre, on concevra bien que ce cercle se meuve exactement d'occident en orient : mais un autre quelconque, tel que serait notre écliptique, n'aura plus cette direction exacte de mouvement, mais en aura une qui déclinera d'abord au nord, ensuite au sud, etc. ; et comme ces déclinaisons seront toujours d'autant plus grandes que ces cercles seront pris plus éloignés de l'équateur, il en viendra enfin un dernier qui passera par ces pôles, n'aura plus d'autre direction de mouvement que du nord au sud ou du sud au nord; et tout ce qui pourra lui rester de la direction générale, ce sera d'avoir commencé son mouvement plutôt à droite qu'à gauche, plutôt vers l'orient que vers l'occident, ce qui est extrêmement faible.

Tout cela est vrai; mais il l'est aussi que tout le monde convient que nos six planètes ont la direction de leur mouvement d'occident en orient, malgré leurs déclinaisons bien connues ; car au fond ces déclinaisons, quelles qu'elles soient, n'empêchent pas les planètes d'arriver toujours à un point du ciel plus oriental que celui d'où elles étaient parties.

51. Nous n'avons encore vu que la force centrifuge générale du tourbillon, ou celle des couches comparées entre elles : mais s'il s'agissait de celles de deux points pris chacun dans une couche différente, ce ne serait plus la même chose, puisque la grandeur des couches

n'entrerait plus dans l'expression de la force, comme elle y entrait dans l'article 29. Donc, de deux points appartenans, l'un, à la couche qui a R pour rayon, et l'autre à celle qui a r, la force centrifuge du premier sera simplement $\dfrac{r}{R}$, et celle du second $\dfrac{R}{r}$. Or, $\dfrac{r}{R} : \dfrac{R}{r} :: r^2 : R^2$; c'est-à-dire, que la force centrifuge du premier sera à celle du second en raison renversée des carrés des rayons de leurs couches.

52. Si on était étonné de la grande inégalité des forces centrifuges de deux points pris dans deux couches différentes malgré l'égalité des forces centrifuges des couches mêmes, il serait aisé de se rassurer, en remettant dans les expressions $\dfrac{r}{R}$ et $\dfrac{R}{r}$, forces centrifuges des points, R^2 et r^2, grandeurs des couches, car on aurait aussitôt $rR = Rr$.

53. Les astronomes ne font leurs calculs que pour le centre des planètes, dont ils n'ont pas besoin alors de considérer les grandeurs. Ainsi, les forces centrifuges de deux planètes, dont les rayons ou distances au soleil sont R et r, sont entre elles $:: r^2 : R^2$. Si les distances de la terre et de Jupiter au soleil sont comme 1 et 5, la terre a vingt-cinq fois plus de force centrifuge que Jupiter.

54. Dans tout mouvement uniforme, tel que celui du tourbillon, l'espace étant appelé e, la vitesse u, et le temps t, on a $\dfrac{e}{u} = t$. Or, ici, les circonférences décrites par deux planètes étant $:: R$ et r, et leurs vitesses $r^{\frac{1}{2}}$ et $R^{\frac{1}{2}}$, on a donc pour le temps de la révolution de la

première $\dfrac{R}{\frac{1}{r^2}}$, et pour celui de la révolution de la seconde $\dfrac{r}{\frac{1}{n^2}}$. Or, $\dfrac{R}{\frac{1}{r^2}} : \dfrac{r}{\frac{1}{R^2}} :: R^{\frac{3}{2}} : r^{\frac{3}{2}}$. Donc les temps des révolutions de deux planètes sont entre eux comme les racines carrées des cubes de leurs distances au soleil. Le temps de la révolution de Jupiter sera au temps de la révolution de la terre, comme la racine carrée de 125, cube de la distance de Jupiter au soleil, est à 1. Cette racine carrée de 125, est entre 11 et 12. Il est visible que nous voilà revenus comme dans l'article 32, à cette admirable règle de Képler, un des grands chefs-d'œuvre de l'esprit humain.

55. Puisque la force centrifuge peut cesser, quoiqu'il restât encore un peu de vitesse (18), il paraît bien sûr que le tourbillon n'aura pas assez d'étendue pour pouvoir tomber dans ce cas là, autrement tout l'effet de la force expansive, dérivé de la centrifuge (47 et 48), serait perdu.

56. On peut même dire quelque chose de plus. Quoique deux forces composées des deux mêmes élémens, mais pris en différens degrés, soient en équilibre, il se peut néanmoins que l'une ait plus d'action que l'autre par rapport à un certain effet déterminé. Ainsi, s'il s'agit de résister aux attaques du dehors, indiquées dans l'article 48, une couche qui aura plus de vitesse aura plus d'avantage par rapport à cette résistance, qu'une autre couche en équilibre avec elle, et qui sera plus grande. Il y a beaucoup d'apparence que le Créateur aura posé pour dernière couche du tourbillon, celle où se trouvait la vitesse requise selon cette vue,

SECTION V.

Du Corps solide dans un Tourbillon.

57. Concevons un corps parfaitement solide, et sans aucun mouvement, posé dans le tourbillon partout ailleurs qu'au centre. Qu'arrivera-t-il? Il est certain que, dans la couche qui le contient, il occupe la place d'un volume égal de matière fluide qui aurait circulé avec tout le reste, et contribué à l'effort centrifuge de toute la couche, et que pour lui il n'y contribue rien. La couche qui le porte est donc affaiblie à cet égard, et n'est plus en équilibre avec les autres. Les couches supérieures à celle-là n'y gagnent rien; elles n'en ont pas plus de facilité à monter; mais les inférieures en ont davantage, puisque la couche chargée leur résiste moins qu'elle ne faisait. Elles vont donc monter? Elles ne le peuvent, si le globe solide ne descend, puisque tout est plein (1), et il descendra, puisqu'il n'a aucune résistance à opposer. Pendant le séjour qu'il a fait dans sa couche, il est impossible qu'il n'y ait pris une quantité proportionnée de la direction d'occident en orient, qui est celle de cette couche comme de tout le tourbillon : mais parce qu'il ne descend qu'en vertu de la force expansive du tourbillon, dont la direction est du centre à la circonférence, il ne descendra que selon une ligne qui fera partie d'un rayon du tourbillon. Il est clair que ce sera la même chose dans la seconde couche et dans les suivantes.

58. Ce globe n'a pu descendre sans faire monter en sa place, à chaque instant, des volumes égaux de matière fluide. La direction de leur mouvement, pour

monter, était du centre à la circonférence (47) : donc, la descente du globe, qui ne peut être que la même direction renversée, est de la circonférence au centre.

59. Le globe n'a reçu aucun choc, aucune impulsion ; il n'est descendu qu'à cause du plein, et par la nécessité de céder sa place à un fluide qui montait : mais en descendant, il a acquis de la vitesse, et une vitesse qui lui est propre.

60. Cette vitesse ne vient que de la force centrifuge ou expansive des couches du tourbillon qui, étant toutes égales à cet égard, ne peuvent donner chacune qu'un degré égal de vitesse : ainsi la vitesse du globe tombant, sera une vitesse *accélérée*, toujours composée de degrés égaux.

61. Le globe tombant de plus haut, n'en aura pas une plus grande vitesse *initiale*, puisque la couche d'où il tombera n'en aura pas une plus grande force centrifuge.

62. Par rapport à cette vitesse, il n'importe non plus quelle soit la grandeur du globe ; car il ne reçoit aucun choc (59) qui eût fait varier la vitesse, selon la masse choquée.

63. On voit assez que tout ce qui vient d'être dit n'est que le système de Galilée sur la pesanteur, qui se déduit très simplement de nos principes. Rien n'est plus ordinaire aux hommes, que de concevoir les corps naturellement pesans ; mais dès qu'on pensera un peu, on verra que rien n'est plus inconcevable. Nous ne nous arrêterons pas à le prouver.

64. La vitesse initiale d'un corps quelconque (62), tombant d'une hauteur quelconque (61), est la vraie mesure de la force générale centrifuge ou expansive

du tourbillon, ou, en un mot, de la pesanteur qui y règne. On sait, par expérience, que dans le tourbillon solaire cette vitesse est de 13 pieds 8 lignes et un peu plus en une seconde.

Il est visible que le nombre qui eût toujours exprimé une pesanteur, pouvait être plus grand ou plus petit à l'infini, et qu'il n'a été fixé tel qu'il est, que par une volonté souveraine, qui a eu égard aux rapports que notre tourbillon devait avoir au reste de l'univers; rapports qui nous sont inconnus.

65. Si, selon les articles 57 et 58, le globe tombant tombe jusqu'au centre, il peut, en vertu de sa vitesse acquise, aller au-delà, et il remontera : mais les couches inférieures le repousseront comme auraient fait les supérieures, et cela selon une direction toute contraire à celle de sa première vitesse acquise ; de sorte qu'il s'arrêtera enfin au centre, où il sera absolument sans pesanteur, tant la pesanteur est une qualité peu inhérente et peu essentielle au corps. Loin que celui-là soit poussé et obligé de céder sa place, au contraire, tout tendra de tous côtés à le fuir.

66. Mais ce qui arrivera fort aisément, c'est que ce globe, pourvu qu'il soit tombé d'une hauteur suffisante, aura acquis assez de vitesse pour se trouver dans une couche, où il sera en équilibre avec un volume égal de matière éthérée ; car le désavantage qu'il aura par sa masse solide, pourra bien être réparé par un certain degré de vitesse acquise. Il s'arrêtera donc à une certaine couche ; et comme il n'a nulle force pour lui résister, elle l'emportera avec elle, comme s'il en faisait naturellement partie. On peut se souvenir que, selon les articles 57 et 58, il avait toujours, dans

sa descente, acquis de la direction d'occident en orient.

67. Il circule donc alors et prend nécessairement une force centrifuge, qui est celle de sa couche; de sorte que, de pesant qu'il était auparavant, il est devenu, pour ainsi dire, *léger*. S'il se détachait de sa couche, il en suivrait une tangente, et s'éloignerait toujours de ce même centre, dont il s'approchait toujours dans son premier état.

68. Dans la couche où il est placé, il aura nécessairement un de ses diamètres dans le plan d'un grand cercle, qui circulera, ou exactement, ou le plus exactement de tous, selon l'article 50, d'occident en orient. J'appelle ce diamètre le premier, et j'en conçois dans le même plan un second, qui le coupera à angles droits. Comme les deux extrémités du premier peuvent s'appeler *occident* et *orient*, les deux du second pourront s'appeler *nord* et *sud*. Les deux premières seront également éloignées du centre du tourbillon, et les deux autres inégalement. Je prends le nord pour la plus éloignée.

Le premier diamètre étant tout dans un même plan, ayant ses deux extrémités également éloignées du centre du tourbillon, est simplement emporté d'occident en orient. Mais il peut n'en être pas de même du second, dont les deux extrémités sont nécessairement dans deux couches différentes. Ces deux couches n'auront, à la vérité, que la même force centrifuge : mais quand, par leur mouvement d'occident en orient, elles frapperont les deux extrémités nord et sud du second diamètre, elles les frapperont avec différentes forces *impulsives*, qui seront les produits des masses ou grandeurs des couches par leur vitesse ; non de ces masses ou grandeurs entières, car elles ne peuvent pas frapper par leur tout, mais seulement par quelque partie du tout ; et cette partie aura toujours dans chaque couche le même rapport au tout. Par exemple, elle en sera toujours la dixième partie. Pour accourcir, je prends ici le total même des couches, soit R le rayon de la plus grande couche, qui frappe l'extrémité nord du second diamètre, et r le rayon de l'autre. La force impulsive de la plus grande couche sera donc $R^2 \times r^{\frac{1}{2}}$, et celle de l'autre $r^2 \times R^{\frac{1}{2}}$. Or, $R^2 \times r^{\frac{1}{2}} \cdot r^2 \times R^{\frac{1}{2}} :: R^{\frac{3}{2}} : r^{\frac{3}{2}}$. Donc, l'extrémité nord sera plus fortement frappée que l'extrémité sud ; et comme elle est aussi dans l'hémisphère supérieur du globe, par rapport au centre du tourbillon, elle sera plus fortement poussée d'occident en orient, que l'extrémité inférieure sud, son opposée, ne le sera du même sens. Donc, le globe ne sera plus simplement transporté comme il l'était, sans prendre lui-même aucun mouvement particulier ; il en prendra un par sa partie supérieure, d'occident en orient, et par conséquent l'inférieure ira d'orient en occident ; ce qui fera une *rotation* de tout le globe solide autour de son centre. J'appellerai toujours de ce nom de rotation tout mouvement circulaire pareil, par opposition à la circulation qui se fait par rapport à un centre posé au dehors du corps circulant.

69. Ce rapport de $R^{\frac{3}{2}}$ et de $r^{\frac{3}{2}}$, pour les forces impulsives des couches R et r, est le même que celui qui a déjà été trouvé (54) pour les temps des révolutions de deux planètes posées dans les mêmes couches. Cela

vient de ce que les forces *translatives* qui emportent deux planètes dans les couches R et r, étant le produit de leurs masses ou grandeurs par leurs vitesses, sont les mêmes que $R' \times r^{\frac{1}{2}}$ et $r' \times R^{\frac{1}{2}}$, forces impulsives appliquées aux deux extrémités du diamètre du globe posé dans les couches R et r. Or, les forces translatives $R' \times r^{\frac{1}{2}}$ et $r' \times R^{\frac{1}{2}}$ des deux planètes, et par conséquent aussi les forces impulsives appliquées aux deux extrémités du diamètre supposé, sont entre elles

$$:: \frac{R}{r^{\frac{1}{2}}} : \frac{r}{R^{\frac{1}{2}}},$$ temps des révolutions des deux planètes.

70. Un tourbillon étant divisé en couches toujours croissantes, selon la suite des nombres naturels, 1. 2. 3. 4. 5. 6. 7. 8. 9. 10., etc., les $r^{\frac{3}{2}}$ seront ces nombres élevés à $\frac{3}{2}$; savoir:

1. 3 —. 5 +- (8) 11 +-. 15 —. 18 +-. 22 +-. 28 +-. 31 +-.

Les +- et les — signifient ici la même chose que dans l'article 40.

Dans cette suite de nombres élevés à $\frac{3}{2}$, deux termes quelconques consécutifs, comme 15 — et 11 +- marquent les $R^{\frac{3}{2}}$ et $r^{\frac{3}{2}}$ qui frapperaient les extrémités du diamètre d'un globe posé dans deux couches contiguës, qui seraient la sixième et la cinquième : pareillement 22 +- et 8 marquent $R^{\frac{3}{2}}$ et $r^{\frac{3}{2}}$ des deux extrémités du même diamètre posé alors dans les deux couches non contiguës, la huitième et la quatrième.

71. Il est clair que plus les deux couches, où posent les extrémités de ce diamètre, sont éloignées, c'est-à-

dire, en un mot, plus il est grand, plus le rapport de $R^{\frac{3}{2}}$ à $r^{\frac{3}{2}}$ est grand, et par conséquent l'inégalité d'impulsion d'autant plus grande, et la rotation du globe qui en dépend d'autant plus forte et plus prompte.

72. Elle le sera encore, si l'inégalité de rapport entre $R^{\frac{3}{2}}$ et $r^{\frac{3}{2}}$ demeurant la même, ces deux grandeurs sont prises dans un endroit plus proche du centre du tourbillon ; car alors les vitesses seront plus grandes ; et quoiqu'elles semblent avoir disparu dans l'expression $R^{\frac{3}{2}}$ et $r^{\frac{3}{2}}$, elles y sont toujours essentiellement renfermées, comme on l'a vu, en la formant dans l'article 68. Il est vrai que, dans le cas du présent article, le diamètre du globe devra être plus court : on en voit aisément la raison. Le rapport de 3 — à 1, le plus grand qu'il y ait entre deux termes consécutifs de la suite des $r^{\frac{3}{2}}$, est celui des deux premiers termes.

73. Donc, la force ou vitesse de la rotation est formée de la combinaison de ces deux élémens, l'endroit du tourbillon où le globe est posé, et la grandeur de son diamètre.

74. Il y en aurait bien encore un troisième, mais qui ne peut être soumis au calcul, ni connu par observation. C'est le plus ou le moins de solidité du globe ; car un plus solide résistera davantage à la même force de rotation, et tout au moins la prendra-t-il plus tard.

75. La circulation et la rotation ne tiennent ensemble, et ne communiquent, pour ainsi dire, que par l'endroit marqué dans l'article 69 : du reste, elles sont tout-à-fait indépendantes l'une de l'autre. La circulation sera très prompte, et la rotation très lente, et

peut-être nulle, si le globe est placé fort près du centre du tourbillon, et n'a qu'un fort petit diamètre. Au contraire, la circulation sera très lente et la rotation très prompte, si le globe est placé loin du centre du tourbillon, et a un fort grand diamètre. Il peut se mêler encore à tout cela le principe inconnu de l'article précédent.

76. Si le globe était placé en tel lieu, ou que son diamètre fût tel par son peu de grandeur, qu'il ne pût recevoir des impulsions assez inégales pour causer une rotation parfaite, il n'y en aurait donc alors qu'une imparfaite, c'est-à-dire, des oscillations, des balancemens.

Je n'ai aucunement parlé de la rotation du soleil, parce que jusqu'ici il a toujours été supposé parfaitement immobile au centre d'un tourbillon parfaitement sphérique.

SECTION VI.

Du Tourbillon dans un Tourbillon.

77. Je suppose qu'un tourbillon de la même nature que notre tourbillon solaire, mais moindre, soit placé dans ce grand tourbillon; et pour soulager l'imagination qui pourrait être effrayée d'un fluide qui ne se mêlerait ni ne se confondrait avec un autre fluide plus grand et plus fort, je feins que le petit est enfermé dans une enveloppe quelconque, contre laquelle il exerce sa force particulière centrifuge ou expansive, qu'il a en tout sens. On voit que ce cas est fort différent de celui des articles 57, 58, etc.

Je conçois de plus que, dans quelque endroit du grand tourbillon où soit le petit, il a toujours, comme le corps solide de l'article 68, deux diamètres, le premier et le second, qui se coupent à angles droits, et les mêmes quatre points déterminés, occident, orient, nord et sud. Le haut et le bas se prendront toujours par rapport au centre du grand tourbillon, qui en est le lieu le plus bas ; et par conséquent l'hémisphère du petit tourbillon, dont le point nord est le point du milieu, sera l'hémisphère *supérieur* de ce tourbillon, et l'autre l'*inférieur*.

78. Le petit tourbillon posé dans le grand, n'est pas absolument sans force, comme était le corps solide de la section précédente ; il a nécessairement sa force centrifuge ou expansive, puisqu'il est tourbillon. Le grand a pareillement la sienne ; et ce sont deux forces de même espèce, qui peuvent, ou s'accorder, ou se combattre. En quelque endroit du grand tourbillon que le petit soit posé, l'hémisphère supérieur de ce dernier exerce sa force expansive de bas en haut, selon ce qui a été dit dans l'article précédent, et le grand tourbillon exerce aussi la sienne selon la même direction. Les deux forces ne se combattent donc pas là ; elles s'uniraient plutôt. Mais l'hémisphère inférieur du petit tourbillon exerce sa force expansive de haut en bas, et le grand exerce toujours la sienne selon sa même direction de bas en haut. C'est là uniquement que les deux forces sont antagonistes. Si celle du petit tourbillon est la plus grande, les couches du grand, qui sont au-dessus de lui, lui cèdent, et il descend ; si c'est le contraire, il monte.

79. Il ne sera pas tout-à-fait hors de propos de remarquer ici qu'il peut donc y avoir dans la nature une pesanteur entièrement fondée sur les mêmes principes

que celle qui nous est si connue sous ce nom, et qui fasse monter les corps comme l'autre les fait descendre, tant ils sont indifférens d'eux-mêmes à l'un ou à l'autre mouvement.

80. La force du petit tourbillon contre le grand, est toujours égale, puisque c'est toujours la force expansive de tout son hémisphère inférieur, soit qu'il monte, soit qu'il descende. Mais dans l'un et l'autre cas la force antagoniste du grand tourbillon varie; car il y a toujours un plus grand ou un plus petit nombre de ses couches qui agissent.

81. Il n'est guère possible que, dans la vaste étendue du tourbillon solaire, il n'y ait quelque endroit où un certain nombre de ses couches prises depuis le centre, aient une force expansive égale à celle de l'hémisphère inférieur du petit tourbillon. Quand il arrivera là, soit en montant, soit en descendant, il s'arrêtera, non pas dans le moment, mais parce qu'en montant ou en descendant il aura acquis de la vitesse; il fera quelques *oscillations*, c'est-à-dire, qu'il ira au-delà du point de l'équilibre, en reviendra, etc., jusqu'à ce qu'au bout de quelque temps il s'arrête parfaitement à ce point.

82. Je ne prétends pas que les choses se soient passées précisément de cette manière, il y a infiniment plus d'apparence que, dès le premier temps de la création, tout a été mis dans les équilibres nécessaires pour la durée des grands mouvemens qui s'allaient exécuter. L'univers est un ouvrage de l'art, mais de l'art d'un Dieu.

83. Il n'est pas à craindre que le petit tourbillon, arrêté dans le grand, vienne à se confondre avec lui, ou à en être absorbé. Ce n'est point l'enveloppe sup-

posée dans l'article 77, qui y met obstacle; c'est que le grand et le petit tourbillon ont des forces égales précisément dans le seul endroit par où ils peuvent s'attaquer. L'enveloppe était purement imaginaire, et il la faut rejeter. Nous savons déjà, par une longue expérience, que les équilibres qui entrent dans la constitution de l'univers, sont d'une grande durée.

84. On peut imaginer aussi, si l'on veut, que les deux fluides sont analogues à l'eau et à l'huile, et *immiscibles* comme ces deux liqueurs. Il est certain que la matière éthérée du grand tourbillon est toute de la même nature (36) : il serait fort possible que celle du petit fût tout entière aussi d'une autre nature, qui la rendrait immiscible avec celle du grand. Il semble même qu'il peut y avoir une infinité de fluides, qui, pris deux à deux, soient immiscibles, et cela encore à différens degrés.

85. Le petit tourbillon arrêté dans le grand par cet équilibre qu'il y a rencontré, peut encore n'être pas arrêté exactement ; il ne changera pas de couche, l'équilibre ne le permet pas ; mais il changera de cercle dans cette même couche, et voici pourquoi. Il faut se rappeler ici entièrement l'article 50. Si le centre du petit tourbillon était posé dans la couche du grand, qui passe par ce que nous avons nommé ses pôles, il est clair que la surface supérieure du petit tourbillon serait couverte d'arcs de cercles, qui tous, à compter depuis les pôles jusqu'à leur équateur, auront toujours des directions plus parfaites d'occident en orient ; ce qui est le mouvement général du grand tourbillon. L'impulsion que recevra le petit d'occident en orient, sera donc inégale, quant à la perfection des différentes

directions; et comme il en résultera une moyenne, qui sera certainement plus parfaite que la première qu'il a eue, il sera donc poussé vers l'équateur de la même couche où il était; et il y arrivera, si rien ne l'en empêche.

86. Il pourrait même, sans obstacle étranger, n'arriver pas jusques-là ; car, comme c'est l'inégalité de la perfection des directions qui fait l'effet dont il s'agit ici, et que cette inégalité va toujours en diminuant depuis les pôles, elle peut être devenue si petite un peu en-deçà de l'équateur, qu'elle ne sera plus capable de cet effet, surtout si le tourbillon n'est pas assez grand pour recevoir deux impressions suffisamment inégales.

87. Voilà donc le petit tourbillon placé dans une certaine couche du grand, et dans un certain lieu de cette couche, d'où il ne peut plus sortir; et il ne peut plus qu'être emporté par cette couche, qui circule d'occident en orient. Mais pourvu qu'il soit d'une grandeur suffisante, ce qui apparemment ne manque jamais, il aura nécessairement les deux extrémités de son diamètre, que nous appelons le second, placées dans deux couches différentes en forces impulsives, et il sera précisément dans le cas du globe solide de l'article 68 : donc, il aura une rotation en même temps qu'il circulera.

88. Nous n'avons point encore considéré l'intérieur du petit tourbillon; mais puisqu'il est tourbillon, il a par lui-même une circulation générale, selon une direction quelconque qui lui est propre. Si la rotation qu'il reçoit du grand, et qui ne peut être que d'occident en orient, est très forte, et si sa circulation particulière était d'orient en occident, et assez forte aussi,

il serait impossible que la rotation extérieure et la circulation intérieure ne s'altérassent mutuellement. On voit assez l'infinité de cas moyens qui naîtraient de la combinaison de ces principes : mais dans ceux mêmes où la rotation et la circulation seraient fort différentes, un autre principe empêcherait que cela ne pût subsister long-temps. C'est l'extrême différence qu'il y aurait toujours entre la masse du petit tourbillon et la masse du grand, conspirante tout entière à donner au petit, jusques dans son intérieur, la direction d'occident en orient. Le petit tourbillon de Jupiter est le seul auquel nous puissions appliquer cette considération. Qu'on en prenne le demi-diamètre, en le poussant même au-delà du quatrième satellite, et qu'on le compare au demi-diamètre du tourbillon solaire, qui est au moins de trois cent millions de lieues, et l'on verra quelle sera l'énorme différence des cercles, ou des sphères formées sur ces deux demi-diamètres. Aussi la rotation et la circulation du tourbillon de Jupiter ont-elles à très peu près la même direction que le tourbillon solaire.

89. En ce cas là même où le grand tourbillon changerait entièrement la direction propre et originaire du petit, ce changement ne porterait que sur cette direction, et non sur la vitesse de la circulation du petit, si ce n'est que dans le temps où le changement s'opérerait, il arriverait quelque légère perte de vitesse aux deux tourbillons; mais cela fait, le petit pourrait conserver une vitesse de circulation intérieure, fort différente de celle du grand. Il suffira que sa force expansive totale soit égale à celle d'un volume égal de matière éthérée dans l'endroit du grand tourbillon où il sera placé. Tous les mouvemens les plus violens

qu'on puisse faire dans un vaisseau, et les plus opposés à la route, n'y nuisent point.

90. Rien n'empêche que le petit tourbillon ne porte à son centre un globe solide qui y sera immobile, comme nous avons toujours supposé jusqu'à présent que l'était le soleil au centre de notre tourbillon. Seulement il faut considérer que ce globe solide, qui ne contribue rien à la force expansive du tourbillon, et tient la place d'une matière éthérée qui y eût contribué, affaiblit donc le tourbillon à cet égard, et d'autant plus qu'il est gros, et par conséquent qu'il faut que ce petit tourbillon en ait d'autant plus de matière éthérée, ou soit plus grand.

91. Rien n'empêche non plus que le petit tourbillon n'ait partout ailleurs qu'à son centre un globe solide ; et il donnera à ce globe son mouvement de circulation. Le petit tourbillon est parfaitement, à cet égard, de la même condition que le grand. C'est ainsi que la lune, renfermée dans le tourbillon de la terre, circule autour d'elle. La lune est appelée *satellite* de la terre.

92. Un petit tourbillon peut même avoir plusieurs satellites qui circulent autour du globe central, ou de la planète principale. Le tourbillon de Jupiter en a quatre, et celui de Saturne cinq.

93. C'est par les satellites que l'on juge sûrement que les planètes qui en ont, ont aussi un tourbillon particulier : un seul satellite suffira pour cette preuve ; mais pour savoir si les satellites suivent dans leur circulation autour de leurs planètes principales les mêmes lois que les planètes principales dans leur circulation autour du soleil, dont elles sont véritablement satellites, il en faut plus d'un. Ainsi, il n'y a que ceux de Jupiter et de Saturne

qui puissent servir à cette recherche. Or, il est sûr, par les observations, que, dans l'un et l'autre tourbillon, les satellites suivent la règle de Képler. Donc (36), dans chacun de ces deux tourbillons la matière éthérée y est, ou absolument homogène, ou de la même hétérogénéité.

94. Il n'est pas nécessaire pour cela qu'elle soit, ou la même que la matière du grand tourbillon, ou de la même hétérogénéité, et encore moins qu'elle soit la même dans les deux petits tourbillons.

95. Mercure, Vénus et Mars n'ont point de satellites; mais ce n'est pas une preuve que ces planètes n'aient pas de tourbillon. Il est évident que les satellites ne sont nullement nécessaires pour en constituer un, mais seulement pour nous marquer qu'il y en a un. Si ces planètes manquaient de satellites, elles seraient absolument dans le cas du globe solide de l'article 57, et pourraient venir à se trouver dans celui de l'article 66, c'est-à-dire qu'elles n'auraient point de tourbillon : mais il est plus apparent et plus conforme à l'analogie générale, qu'elles n'en soient pas dépourvues.

96. La même raison aura lieu pour les satellites des planètes.

97. Si la terre avait un second satellite, il y a toute apparence que les révolutions des deux garderaient entre elles la règle de Képler, puisque celles des satellites de Jupiter et de Saturne la gardent exactement.

SECTION VII.

Détails plus particuliers du Tourbillon Solaire.

98. Voici les rapports des distances des six planètes au soleil :

Mercure, ... 5.
Vénus, ... 8.
La Terre, ... 11.
Mars, ... 18.
Jupiter, ... 55.
Saturne, ... 110.

Pour changer tout cela en grandeur absolue, il n'y a qu'à savoir que la terre est à 30 millions de lieues du soleil, son demi-diamètre étant de 1500.

Sur ce pied, Mercure est à 13 millions de lieues du soleil, et Saturne à 300 millions.

99. C'est le centre de Saturne qui est éloigné à cette distance de celui du soleil; mais le tourbillon de Saturne a nécessairement encore de plus la distance du cinquième satellite au centre de Saturne, qui est de 900,000 lieues, et peut-être ce petit tourbillon ne finit-il pas là.

100. Mais il est presque certain que le grand tourbillon solaire n'y finit pas, car il faut qu'il enveloppe totalement le petit de Saturne, et assez avantageusement pour lui communiquer tout le mouvement nécessaire. Voilà donc un espace immense occupé seulement par six planètes principales.

101. Quoiqu'elles aient toutes des tourbillons (95), il n'y a nulle apparence que ces tourbillons occupent tout ce grand espace, c'est-à-dire que, rangés en ligne droite, ils se touchassent les uns les autres. Il faudrait qu'ils fussent monstrueux en grandeur, qu'ils débordassent infiniment leurs satellites, quand ils en auraient; et enfin, cela ne servirait qu'à produire quelquefois des frottemens nuisibles au grand équilibre général.

102. Les six planètes, à compter du soleil, ne sont

DES TOURBILLONS.

point rangées selon l'ordre de leurs grandeurs. Il est bien vrai que Mercure, la plus petite de toutes, et de beaucoup, est la plus proche du soleil, et que Jupiter et Saturne, les plus grandes de beaucoup, sont les plus éloignées. Mais Jupiter est un peu plus grand que Saturne ; et Vénus et la terre, qui sont égales, sont moins éloignées que Mars qui est plus petit qu'elles.

103. Les vitesses des six planètes étant en raison renversée des racines carrées de leurs distances au soleil, les voici en nombres rationnels approchés :

Mercure,	10 +
Vénus,	7 +
La Terre,	4 +
Mars,	3 +
Jupiter,	3 —
Saturne,	2 +

104. La plus petite distance d'une planète au soleil, est (98) à la plus grande :: 5 : 110 :: 1 : 22, et la plus petite vitesse d'une planète est ici à la plus grande :: 2 : 10 :: 1 : 5 ; ce qui marque qu'il règne dans tout le tourbillon un grand calme général.

105. Cependant les vitesses absolues, dont on n'a vu encore que les rapports, sont prodigieuses. Voici les espaces que parcourent nos planètes, par leur circulation, en une seconde :

Mercure,	9 lieues.
Vénus,	7 $\frac{13}{18}$
La Terre,	6
Mars,	4 $\frac{1}{2}$
Jupiter,	2 $\frac{4}{7}$
Saturne,	1 $\frac{4}{5}$

Le vent le plus violent que nous connaissions, fait

10 toises en 1″. Or, 10 toises sont à une lieue qui en contient 2270, ∷ 1 : 227. Donc, une planète qui ferait une lieue en 1″, aurait 227 fois plus de vitesse que ce vent, et celle qui en fait 9 en a 2043 fois davantage ; ce qui n'est presque pas imaginable pour nous qui ne jugeons que par des expériences très bornées. Mais il est toujours vrai que la plus grande vitesse absolue ne peut jamais nuire au grand calme du tourbillon, pourvu qu'elle soit assez uniformément répandue dans ses différentes parties, comme il arrive précisément ici.

106. On peut remarquer, en passant, que la vitesse de la circulation de Saturne étant ici de $1\frac{4}{5}$ de lieue, ou de $\frac{9}{5}$, elle est à celle de Mercure ∷ $\frac{9}{5} : \frac{9}{1}$ ∷ 1 : 5, exactement comme elle avait été trouvée par une voie différente dans l'article 104.

107. Il ne nous reste plus qu'à considérer les rotations des planètes. On n'en connaît encore aucune aux deux extrémités, Mercure et Saturne. Voici les espaces que parcourent les quatre autres en 1″ :

Vénus , ... $\frac{1}{10}$ de lieue.
La Terre , ... $\frac{1}{10}$
Mars , ... $\frac{1}{12}$
Jupiter , ... $2\frac{1}{2}$

On voit d'abord ici deux rotations égales, ensuite une moindre, et enfin une très grande par rapport à elles toutes.

108. Mais si on compare aux rotations les circulations correspondantes dans les mêmes planètes, les articles 73, 74, 75 seront bien confirmés. Il sera bon de s'arrêter un peu ici à Jupiter, dont la circulation et la rotation ont quelque chose de singulier.

109. La rotation de Jupiter, qui est $2\frac{1}{2}$ ou $\frac{5}{2}$ est à

DES TOURBILLONS.

celle de la terre qui est $\frac{1}{10}$, $::\frac{25}{10}:\frac{1}{10}$ :: 25 : 1. Donc, sa vitesse de rotation est 25 fois plus grande que celle de la terre.

On aurait trouvé la même chose par le simple raisonnement. Le diamètre de Jupiter est un peu plus de dix fois plus grand que celui de la terre. S'il faisait sa rotation en 10 jours, elle serait presque de la même vitesse que celle de la terre : au lieu de cela, il la fait en moins de 10 heures, plus de 24 fois plus vite.

110. Cependant à cette rotation si prompte, répond une circulation qui est $2\frac{4}{7}$, la plus lente de toutes, excepté celle de Saturne; et même $2\frac{4}{7}$ et $2\frac{1}{2}$ étant :: 36 : 35, il s'en faut très peu que ces deux grandeurs ne soient égales, au lieu que partout ailleurs la circulation a un avantage extrême sur la rotation.

111. Cela vient d'abord de ce que le diamètre de Jupiter, singulièrement grand, du moins par rapport à ceux de toutes les planètes inférieures, donne lieu à une plus grande inégalité de forces impulsives, selon l'article 68. Mais il est vrai aussi que dans la position où est Jupiter, cinq fois plus éloigné que la terre du centre du tourbillon, les vitesses doivent être fort diminuées, et en même temps leur inégalité quelconque. On ne sait pas ce qui en est pour le sujet présent; mais, en tout cas, voici un paradoxe qui réparera tout; c'est que si les vitesses ou leurs inégalités étaient trop faibles, ou n'étaient point à compter, les forces impulsives qui causent la rotation, y gagneraient; car on verra, par leur formation (68), qu'au lieu d'être $R^{\frac{3}{2}}$ et $r^{\frac{3}{2}}$, elles deviendraient R^2 et r^2, et par conséquent plus grandes qu'elles n'étaient. Ce seraient deux

grands fleuves, mais l'un plus profond que l'autre, qui couleraient de la même vitesse le long des deux côtés d'un grand bâtiment; certainement il serait plus attaqué et plus endommagé par le fleuve le plus profond.

112. Le peu de différence de la circulation et de la rotation de Jupiter, conduit à croire que ces deux grandeurs pourraient quelque part se trouver parfaitement égales. Ainsi quand, pour expliquer pourquoi la lune présente toujours la même face à la terre, on a supposé sa rotation égale à sa circulation, on n'a fait qu'une hypothèse très admissible.

113. Il est vrai aussi que la lune pourrait n'avoir point de rotation. Son diamètre, qui n'est que le quart de celui de la terre, est assez petit.

114. Le plan du grand cercle ou de l'orbite, dans laquelle une planète fait sa circulation autour du centre du tourbillon solaire, est son plan de circulation, et la perpendiculaire, tirée de ce centre sur le plan de l'orbite de la planète, est son *axe* de circulation. Le plan du plus grand cercle que décrive la surface de la planète dans sa rotation, ou, ce qui est le même, le plan de son équateur, est son plan de rotation; et la perpendiculaire tirée du centre de la planète sur ce plan, et qui ne peut être que la droite qui joint les deux pôles de l'équateur, est l'axe de rotation. Dans l'hypothèse du tourbillon parfaitement sphérique, les deux plans et les deux axes de circulation et de rotation, ne doivent pas être différens : on ne voit aucun principe qui les sépare ; et les deux mouvemens, qui ne sont alors que le même autant qu'il est possible, s'en exécuteront plus facilement. Jupiter est à peu près dans ce cas : son axe de rotation est presque perpendiculaire à son or-

bite; mais, d'un autre côté, celui de la terre est incliné de 23 ½ degrés à l'écliptique Cela demande de nouvelles recherches.

SECTION VIII.

Du Tourbillon environné par d'autres Tourbillons.

115. Il n'y a dans tout notre tourbillon que le soleil, centre de ce tourbillon, qui ait la lumière par lui-même : celle de toutes les planètes vient certainement de lui. Nous voyons de tous côtés autour de nous un très grand nombre d'étoiles, qu'on appelle *fixes*, lumineuses aussi par elles-mêmes; et les Cartésiens croient avec beaucoup d'apparence, que ces étoiles sont des soleils, centres d'autant de tourbillons dont le nôtre est environné. Nous ne considérons ici que ceux dont il l'est immédiatement, inégaux entre eux tous selon toutes les apparences.

Ces tourbillons, semblables au nôtre, ont chacun leur force expansive en tout sens de leur centre à leur circonférence; et par conséquent, en touchant notre tourbillon, ils ne peuvent manquer d'y trouver une tendance directement contraire à la leur. Il tend à s'étendre, et ils tendent tous à le comprimer.

J'ai dit en touchant notre tourbillon, car étant rond il ne peut pas être touché dans tous ses points par d'autres corps de même figure. Quelque différens en grandeur qu'on les supposât, il restera nécessairement des vides que la matière éthérée remplira, grands ou petits.

116. Il est presque absolument impossible, pour ne pas dire absolument, que les tourbillons environnans

tendent tous, avec des forces précisément égales, à comprimer le nôtre, sans quoi il ne peut demeurer exactement sphérique, tel que nous l'avons supposé jusqu'ici, quoiqu'il ne le soit pas. Nous allons donc rentrer dans le vrai, et admettre les forces comprimantes inégales.

117. Pour éviter la confusion, je conçois, comme dans l'article 68, le tourbillon solaire sphérique divisé en quatre parties égales par les deux diamètres est et ouest, et nord et sud, ou EO et NS. Le centre du tourbillon sera C. Les pressions du tourbillon environnant, qui se feront de E vers C, seront directement opposées à celles de O en C, et de même celles de N en C à celles de S en C. Je suppose que les inégalités de toutes les autres pressions collatérales, étant comparées et combinées ensemble, se réduisent à ces quatre principales. Cela posé, il est aisé de voir ce qui pourra arriver.

Si les deux pressions de E vers C et de O en C étant égales entre elles, sont moins fortes que les deux pressions de N en C, et de S en C, égales aussi, le tourbillon ne peut plus demeurer sphérique ; son diamètre NCS deviendra plus petit que le diamètre ECO. Si on avait supposé le contraire, ce ne serait que la même chose renversée.

118. On peut imaginer que, dans ces deux cas-là, le tourbillon devient elliptique, puisqu'il a ses deux diamètres ou axes inégaux.

119. Le soleil qui était au centre de la sphère, est encore au centre de l'ellipsoïde ; car, selon la supposition, il n'a été poussé inégalement d'aucun côté, et par conséquent il n'a pu être déplacé.

DES TOURBILLONS

120. Mais si les deux pressions opposées d'un même axe, si celle de N en C, par exemple, et celle de S en C avaient été inégales, il aurait été poussé hors du centre par la plus forte, toujours sur le même axe, et aussi loin qu'il aurait été possible.

Ce petit nombre de cas très simples suffirait pour faire entrevoir, du moins en gros, mais sûrement, l'infinité de cas moyens qui en peuvent résulter.

121. Ce qui marque encore bien que le soleil n'est pas au centre du tourbillon, c'est qu'il a une rotation bien constatée par ses taches. Il tourne sur son axe en $25\frac{1}{2}$ jours : cet axe est cent fois plus grand que celui de la rotation de la terre ; et par conséquent le soleil fait en un jour un peu moins de 36,000 lieues, tandis que la terre n'en fait que 9,000. Il est visible que cela vient de l'extrême grandeur du diamètre du soleil, et de l'extrême vitesse qui règne dans l'endroit où il est placé.

122. Supposé qu'il n'y eût point eu de soleil, et que tout l'espace central égal à son globe n'eût été rempli que de matière éthérée, cette matière eût eu une circulation comme celle de tout le reste ; et on trouvera que sa couche la plus élevée eût fait, selon la règle de Képler, sa circulation en deux heures 41'. Si le centre du soleil est jeté par les tourbillons environnans hors du centre de cet espace central, et jusqu'à la couche la plus élevée, le soleil aura une circulation de deux heures 41'. Mais une circulation si courte serait nulle pour nous. Il serait impossible de s'apercevoir que le soleil, revenu à la même place au bout de deux heures 41', en eût changé pendant cet intervalle de temps, sans compter qu'il n'y aurait aucun centre visible au-

quel on pût rapporter cette circulation. On ne s'est aperçu que depuis peu de la rotation du soleil, dont la durée est plus de deux cents fois plus longue.

123. Nous pouvons donc raisonnablement croire que le soleil fait quelque petite circulation, mais si petite, qu'on peut le supposer immobile à cet égard. C'est sur ce fondement que les Coperniciens établissent leurs calculs astronomiques qui procèdent fort bien. Le tourbillon est certainement elliptique (116), et ils mettent le soleil, non au centre, comme il serait dans un cercle, mais à un des deux foyers de l'ellipse. Il y a une infinité de différentes espèces d'ellipses : mais on prend l'ellipse ordinaire qui se règle par le simple rapport des deux axes; ce qui n'a pas empêché l'un des plus grands astronomes qui aient jamais été, Cassini, de proposer une ellipse d'une espèce plus composée, qui pouvait rendre les calculs plus exacts ou plus faciles, tant il reste encore d'incertitude sur ce sujet. Pour nous, il nous suffira de mettre le soleil dans un foyer d'une ellipse ordinaire, qui sera celle de tout notre tourbillon, mais sans savoir quel sera le rapport des deux axes de cette ellipse.

124. Peut-être croira-t-on d'abord que cette ellipse générale du tourbillon viendrait à se manifester par les orbites des planètes, qu'elle déterminerait à être de la même espèce qu'elle : mais il s'en faut bien, dans le fait, que cela soit ainsi.

La plus grande et la moindre distance de Mercure au soleil, sont entre elles à peu près comme 20 et 13 ; d'où il suit que son orbite est fort différente d'un cercle, et fort elliptique. Au contraire, dans l'orbite de Vénus ces deux distances sont à peu près comme 125 et 124;

ce qui fait le cercle presque parfait. Aussi les orbites de Mercure et de Vénus sont-elles, à cet égard, les deux extrêmes ; et entre elles sont celles de Mars, de Saturne, de Jupiter, de la terre, ainsi rangées selon l'ordre de leur ellipticité décroissante. On entend bien que l'ellipticité générale du tourbillon solaire vient de la compression inégale des tourbillons environnans, et qu'il suffit, pour cet effet, que cette compression soit une simple tendance, dont il ne s'ensuivrait aucune action, aucun mouvement ; mais il n'en va pas de même des ellipticités différentes des planètes ; et il faut aller plus loin pour en entrevoir la cause.

125. Il faut se représenter les tourbillons environnans en nombre indéfini, grands et petits, ronds, ou à peu près ; et à cause de cette figure et du plein, leurs interstices doivent être remplis de matière éthérée, qui apparemment y sera moins agitée que si elle avait son mouvement entièrement libre dans un seul tourbillon, comme le nôtre. Ce grand amas de tourbillons, et le nôtre y est compris, ont chacun leur force expansive particulière, différente, si l'on veut, de celle de tout autre ; ils tendent tous à s'agrandir, et s'en empêchent tous réciproquement, du moins pendant quelque temps ; mais il serait presque impossible que, dans un très grand nombre de combats particuliers, l'équilibre parfait ne fût à la fin rompu en quelque endroit. Un tourbillon quelconque se sera étendu, en absorbant quelque portion de cette matière éthérée des interstices moins agitée ; et dès-lors le voilà devenu plus fort que tel autre tourbillon voisin, qui auparavant ne lui cédait pas ; mais dans le même temps le tourbillon voisin, moins gêné par une moindre quantité de matière

des interstices, peut en pomper assez pour devenir égal à l'autre, et l'équilibre est rétabli.

126. Il suit de là que la matière éthérée des interstices des tourbillons peut n'être pas oisive et inutile au tout.

127. Il y a un second cas. Un tourbillon qui en touche un autre, ne peut tendre à s'agrandir, sans tendre en même temps à jeter de sa matière propre dans ce voisin ; et si cette tendance se réduit en acte, le plus fort s'affaiblit donc, et le plus faible se fortifie d'autant ; et l'équilibre qui avait été rompu, se retrouve par la cause même qui l'avait rompu, tant la nature a été attentive et ingénieuse à le conserver.

128. On peut donc imaginer que l'univers, autant qu'il nous est connu, est un amas de grands ballons, de grands ressorts bandés les uns contre les autres, qui s'enflent et se désenflent, et ont une espèce de respiration et d'expiration successives, analogues à celle des animaux ; ce qui fera la vie de ce grand corps immense.

Il se pourrait même que ce que nous appelons ici la vertu élastique des corps, que nous observons fort en petit, fût quelque chose de tout pareil ; mais ce n'est pas le temps d'en parler.

129. Le plein ne permet pas que les tourbillons s'enflent tous, ou se désenflent tous en même temps ; il faut nécessairement que les uns s'enflent, tandis que les autres se désenflent, et cela avec toute la précision possible ; mais on voit bien que c'est le plein même qui la cause. De plus, il se peut fort bien qu'un même tourbillon s'enfle d'un côté, et se désenfle du côté opposé : le tourbillon qui le touche à l'est, sera plus fort que lui ; et celui qui le touche à l'ouest, plus faible.

130. Dans les petites machines des animaux, l'inspiration ne dure qu'un temps fort court, et l'expiration un autre temps égal. Mais il ne serait nullement impossible qu'il y eût un animal dont l'inspiration et l'expiration durassent chacune un quart-d'heure, une demi-heure, etc. Cela n'a point de bornes, et il semble qu'il ne faudrait qu'augmenter à proportion les organes et la machine de l'animal. Du moins est-il certain que, quand notre tourbillon serait terminé à Saturne, ce qui pourrait bien n'être pas, un espace de trois cent millions de lieues ne sera pas traversé en peu de temps : il en faudra d'autant plus, que ces jets de matière étrangère dans notre tourbillon, n'y peuvent pénétrer, sans combattre et sans surmonter un mouvement très rapide de sa matière propre.

131. Cela même pourrait faire naître quelque difficulté ; mais on y répondrait suffisamment par l'exemple des grosses rivières qui pénètrent dans la mer, lors même que son mouvement est le plus contraire au leur, et qui y forment des courans bien sensibles et bien marqués dans l'étendue de quelques lieues.

132. On ne peut imaginer ces jets de matière étrangère, que comme étant d'un assez gros volume, et du moins dans la proportion des courans des rivières à la mer où ils entrent. Mais nous ne proposons jusqu'à présent que de simples conjectures sur la communication des tourbillons étrangers avec le nôtre ; et il faut attendre la connaissance de quelques faits bien constatés, pour arriver à quelque chose de moins vague et de plus déterminé. Qu'il nous soit permis cependant de suivre notre hypothèse jusqu'où elle peut aller, et de voir quel est son degré de vraisemblance.

133. Le tourbillon solaire reçoit, non de toutes parts, mais de plusieurs endroits de sa circonférence, des jets de matière étrangère, qui ont des directions différentes, et souvent opposées, ou, à peu près, prises deux à deux. Lui-même il en peut rendre aux tourbillons environnans, différens de ceux dont il en reçoit; et au lieu que les premiers jets avaient leur direction de sa circonférence à son centre, ces seconds auront la leur du centre à la circonférence. Ces courans, qui ne doivent faire qu'un petit volume par rapport au volume total du tourbillon, sont séparés les uns des autres par d'assez grands intervalles; ils peuvent avoir des vitesses différentes jusqu'à un certain point. Maintenant, que l'on conçoive les couches qui portent nos six planètes, et qui, dans un milieu parfaitement uniforme, auraient eu un cours parfaitement circulaire, peuvent-elles l'avoir encore dans un milieu inégal et mêlé, tel que nous venons de le représenter? Pourraient-elles même conserver leur figure sphérique sans altération, surtout quand elles seraient attaquées par des courans différens de la manière exposée dans les articles 117 et 120? Voilà le principe général des différentes ellipticités des planètes, promis dans l'article 124. Il est aisé de voir en gros, d'un seul coup d'œil, qu'il en doit naître un prodigieux nombre de variétés possibles. C'en sera une, et peut-être la plus singulière de toutes, que l'ellipse ou orbite de Vénus seule restée cercle presque parfait (124).

134. On sait par observation à quels lieux du firmament répondent dans les orbites planétaires les aphélies, ou plus grandes distances de chaque planète au soleil. Ceux de Mercure, de Vénus et de Saturne sont

dans le sagittaire ; celui de Mars dans la vierge, de la terre dans le capricorne, de Jupiter dans la balance. Ainsi, tous les aphélies sont compris dans la région du ciel, qui s'étend depuis la vierge jusqu'au capricorne ; et il n'y en a point hors de ces cinq signes, c'est-à-dire, que les jets ou courans ont plus de force dans toute cette grande partie du ciel que dans l'autre presque égale, puisqu'il y en a une correspondante où les ellipses planétaires sont le plus ellipses par rapport au soleil. Cela est assez conforme à l'hypothèse des jets.

135. Les aphélies sont fixes, ce qui marque qu'il y a partout des équilibres établis, du moins pour de longues durées.

136. Il n'est pas impossible, et peut-être est-il nécessaire pour l'espèce de vie qu'a l'univers, que ces équilibres finissent, tantôt dans un endroit, tantôt dans l'autre. Un tourbillon qui, pendant plusieurs siècles, aura jeté dans les tourbillons voisins et reçu d'eux une égale quantité de matière, viendra enfin, par quelque cause que ce soit, à en jeter plus qu'il n'en recevra, et à se vider peu à peu. Alors il ne pourra plus se soutenir comme les autres ; et le corps solide ou soleil qu'il avait à son centre, et qui certainement sera demeuré le dernier en sa place, en sera chassé, et ira errant par les interstices des tourbillons, où il ne trouvera presque aucune résistance. Ce sera là une comète ; et l'on pourrait suivre cette idée, si l'on voulait, et la rendre assez vraisemblable ; mais je doute que l'on sache encore assez l'histoire des comètes ; du moins, pour moi, je suis dans le cas de ne l'avoir pas assez étudiée. Je ne puis cependant m'empêcher de dire que, quand on fait décrire aux comètes des ellipses infinies ou presque in-

finies, dont notre soleil est un des foyers, il me semble que c'est là un reste du système de Ptolomée, bien naturel à la vérité, où l'on se fait le centre de tout. Il n'y a point de mouvement céleste qui ne puisse être rapporté par nous à tel point du ciel qu'il nous plaira : mais afin qu'il s'y rapporte naturellement, il faut du moins que ce point soit dans le plan d'une couche décrite autour de lui par le corps mu. Or, on ne peut savoir qu'une courbe soit circulaire, ou au moins *rentrante*, si l'on n'a vu le même corps y revenir; mais on n'est pas encore sûr d'avoir vu deux fois la même comète. Maintenant que l'on observe, et en plus de lieux, et mieux que jamais, on commence à croire qu'il y a des comètes tous les cinq ans et demi : en voilà beaucoup; et plus il y en aura, moins il y aura d'apparence qu'elles décrivent toutes des courbes autour du soleil, et plus il sera difficile de reconnaître celles qui seraient les mêmes. Ne précipitons rien, s'il se peut.

137. Il y a un fait bien constaté en astronomie, dont la cause, telle que nous l'imaginons, en conséquence de tout ce qui a été dit, serait l'émission des jets.

Anciennement on croyait les étoiles fixes, absolument; et on y était assez bien fondé : mais on s'est aperçu, il y a environ deux mille ans, qu'elles ont un mouvement, non pas mouvement qui les fasse changer de place entre elles, mais qui les fait aller toutes ensemble d'occident en orient, toujours parallèlement à l'écliptique ou orbite de la terre; de sorte que l'étoile de la constellation d'Aries, qui était autrefois à l'intersection de l'écliptique et de notre équateur, n'y est plus, mais s'est avancée vers l'orient, sans sortir du cercle de l'écliptique, et ainsi de toutes les autres étoiles du firmament. Cela est assez connu.

138. Si l'on conçoit que les plans de la circulation et de la rotation de la terre, qui naturellement ne doivent être que le même (114), viennent à se détacher l'un de l'autre, et par conséquent aussi leurs axes, il n'importe encore comment : si, de plus, on conçoit que l'axe de l'équateur se meuve et décrive un cercle autour de l'axe de l'écliptique immobile, il est certain que le mouvement des fixes sera vu de la terre, tel qu'il a été représenté dans l'article précédent ; il sera toujours parallèle à l'écliptique ; les fixes ne conserveront point les mêmes distances à l'égard de l'équateur, etc. Il ne faut qu'un peu d'attention pour s'en convaincre.

139. Mais quelle sera la cause qui séparera les deux axes ? Un jet de matière étrangère qui viendra frapper la terre par le pôle commun à la circulation et à la rotation ; et certainement il doit produire quelque effet. Comme le mouvement apparent des fixes dure déjà depuis deux mille ans, qu'il a peut-être commencé longtemps avant que d'être observé, et qu'on ne sait quand il finira, l'action d'où il dépend doit être assez modérée, et ne va pas jusqu'à troubler les grands équilibres. Le jet dont il s'agit ici ne changera que la direction de l'un ou de l'autre des deux axes de la terre. Pour changer la direction de l'axe de circulation, il faudrait transporter la terre dans une autre couche du tourbillon, car il est aisé de voir qu'elles ont toutes cet axe différemment dirigé ; et ce transport de la terre dans une autre couche, dont il faudrait vaincre la résistance, ne serait pas un médiocre effort. Le jet ne changera que la direction de l'axe de rotation, et rien

ne s'y opposera. Cet axe n'est déterminé par les circonstances physiques, qu'à faire un certain angle avec celui de circulation, mais non pas à avoir sa direction est et ouest, plutôt que nord et sud. Il obéira sur cela à la moindre impulsion. On peut se rappeler ce qui a été dit sur la cause de la rotation dans l'article 98.

140. L'action du jet sur l'axe de rotation de la terre ne peut guère être continue : il serait difficile de concevoir qu'un tourbillon voisin agît pendant deux mille ans sur le nôtre, sans que le nôtre réagît sur lui. Il est vrai qu'il pourrait, pendant ce temps là, réagir sur un autre voisin, et lui renvoyer autant de matière qu'il en aurait reçu; mais il paraît plus naturel que l'action du premier jet soit interrompue, et ne se fasse qu'à différentes reprises, telles cependant que son effet n'ait pas été entièrement détruit dans les intervalles de repos. On verra aisément que ces intervalles, quoique réels, n'empêcheront pas la continuité apparente d'un mouvement qui n'est qu'un degré en soixante-dix ans, et dont la révolution entière serait de 25,200. C'est là le plus long, sans comparaison, de tous les mouvemens observés jusqu'ici, et celui dont la cause paraît le plus devoir être rapportée aux tourbillons environnans.

141. Les observations astronomiques plus exactes, plus assidues et plus nombreuses aujourd'hui que jamais, commencent à faire découvrir, ou du moins à faire soupçonner que l'angle de l'équateur avec l'écliptique, que l'on avait toujours cru constant, diminue, ou, ce qui est le même, que l'équateur et l'écliptique se rapprochent. Cela se lierait aisément avec notre hy-

pothèse présente. L'axe de l'écliptique, ou celui de la circulation de la terre que nous avions supposé immobile, ne le sera pas parfaitement, et participera un peu au mouvement de l'autre axe, qui est celui de l'équateur et de la rotation ; ce qui est vraisemblable, car certainement ce nouveau mouvement, tel qu'il devrait être sur le pied de ce qu'on en connaît jusqu'ici, serait très lent par rapport à l'ancien : sa révolution ne pourrait être aux 25,200 ans du mouvement apparent des fixes, que comme 1 à 205.

142. Cela ne conclut pas que l'écliptique, qu'on supposerait partie d'abord d'une position perpendiculaire à l'équateur, dût, dans le cours de 5 millions 166,000 ans, qui sont le produit de 25,200 par 205, s'approcher toujours de l'équateur, se mettre dans son plan, passer ensuite au-delà, et se remettre dans sa première position. Il se peut très bien que l'écliptique ne s'avance vers l'équateur que jusqu'à un certain point, qu'ensuite elle retourne au point d'où elle était partie, et toujours ainsi de suite, en faisant des oscillations qui dureront des milliers d'années. Mais d'en vouloir deviner toutes les causes, ce serait trop s'abandonner aux conjectures.

143. En général, il est certain que l'ordre, l'uniformité, la constance, la longue durée des mouvemens célestes demandent un grand équilibre universel, qui se subdivise même en plusieurs équilibres particuliers. Un équilibre ne peut être formé que par deux forces égales. D'ailleurs, ces équilibres ne sont pas des repos, des cessations de mouvemens ; au contraire, ils s'accordent avec des mouvemens très vifs, très rapides, toujours subsistans. Il faut donc que des forces égales ne laissent

pas de se combattre perpétuellement, en se balançant les unes les autres, et devenant alternativement supérieures et inférieures, du moins pendant de longues suites de siècles. Les équilibres et les oscillations seront les deux grands principes de la formation artificielle de l'univers.

SECTION IX.

Sur les Atmosphères des Corps célestes.

144. Nous avons vu que plusieurs planètes ont certainement des tourbillons particuliers, et qu'apparemment elles en ont toutes (95 et 96).

Outre cette enveloppe, quelques globes solides en ont certainement encore une autre. La terre, par exemple, a son atmosphère formée tant par l'air, si nécessaire à tous les animaux, que par les vapeurs et les exhalaisons qui sortent incessamment de la terre échauffée, soit par les feux souterrains, soit par le soleil, et s'élèvent jusqu'à une certaine hauteur qui n'est pas encore déterminée.

Au lieu que la matière éthérée, qui compose en général le tourbillon solaire, est extrêmement fine, déliée et homogène, la matière atmosphérique est grossière, tantôt plus, tantôt moins, inégale en ses parties, inégale en différens temps, inégalement agitée. Une atmosphère est la région des orages et des tempêtes, des changemens les plus brusques et les plus violens, tandis que le mouvement de la matière éthérée est, quoique très rapide, si égal et si réglé, qu'il imite le plus profond repos.

Le globe de la terre ne peut avoir qu'une circulation solide, et par conséquent tout ce qui en sortira, ou en sera élancé, prendra cette sorte de mouvement; et même ce qui ne fera que le toucher, ou n'en sera qu'à une certaine distance, prendra nécessairement aussi cette même circulation.

Le fait paraît bien certain. Si l'atmosphère de la terre a la même circulation que le globe qu'elle environne, elle aura dans ses différentes couches d'autant plus de vitesse, qu'elles seront plus élevées, et précisément dans la même raison. Si c'est le contraire, une couche supérieure ira plus ou moins vite que l'inférieure, selon quelque autre raison; et celui qui sera sur le sommet d'une montagne fort haute, sentira un vent qu'il n'aurait pas senti au pied de la montagne. Or, on sait par expérience que cela n'est pas. Donc l'atmosphère a la même circulation que le globe. Ce qui est en effet très naturel.

145. Les cercles concentriques de l'atmosphère, ceux, par exemple, que l'on imaginera tous dans le plan de l'équateur de la terre prolongé, auront toujours des vitesses croissantes comme leurs rayons, que l'on doit concevoir croissans comme les nombres naturels. Il suffira ici de considérer seulement ces cercles posés dans le même plan que l'équateur terrestre, et qui ont la circulation solide. Certainement ils ne peuvent monter que jusqu'à une certaine hauteur au-dessus du centre de la terre; car il faut nécessairement que la circulation fluide de la pure matière éthérée recommence en quelque endroit. Il est possible et très apparent qu'avant cela les deux circulations se seront mêlées, modifiées, altérées l'une l'autre; car la matière éthérée est partout en plus ou moins grande quantité;

mais enfin il y a quelque hauteur où elle recommence à être sans mélange de matière atmosphérique ; et il faut voir si cette hauteur peut être en quelque sorte déterminée, ou seulement conjecturée.

146. Puisque le passage de la circulation solide de l'atmosphère à la fluide de la pure matière éthérée se fait perpétuellement et constamment, il faut qu'il se fasse sans trouble, sans chocs de mouvemens contraires, par des degrés les plus doux qu'il se puisse. D'abord, la matière atmosphérique est plus atmosphérique à mesure qu'elle est plus basse, et toujours plus mêlée de matière éthérée à mesure qu'elle s'élève davantage, ce qui, comme on voit, dispose tout le reste à n'être plus que matière éthérée.

D'un autre côté, il faudrait que la vitesse de la circulation solide et celle de la circulation fluide pussent venir à s'accorder dans quelqu'un des cercles supposés, c'est-à-dire, à y être égales, ou du moins peu inégales, et alors il y aurait une certaine hauteur, un certain cercle où se ferait le passage de la circulation solide, ou mêlée à la circulation entièrement fluide.

Mais sur cet article des vitesses, il ne paraît pas d'abord que les deux circulations puissent jamais se concilier. La solide est croissante comme les nombres naturels, la seconde décroissante en raison inverse des racines carrées de ces nombres, de sorte que l'une est toujours d'autant plus petite par rapport à l'autre, qu'elles sont plus avancées dans leur cours.

147. Cela sera toujours exactement vrai, et les deux vitesses ne pourront jamais s'accorder, si on conçoit qu'elles commencent l'une et l'autre par un même de-

gré, c'est-à dire, si la vitesse de la rotation du corps central, qui produit la circulation solide de l'atmosphère, est la même vitesse que celle qu'aurait eue la surface d'un globe de matière éthérée mis en la place du corps central, et mu, comme faisant partie du reste du tourbillon dont la vitesse est connue; mais la chose n'est pas dans ces termes là. Le globe central de matière éthérée aurait eu une vitesse plus grande que celle du corps central qui détermine le premier degré de la circulation solide de l'atmosphère. Par exemple, la terre n'ayant par sa rotation en 24 heures que 1 de vitesse, on trouvera aisément que la dernière surface d'un globe égal de matière éthérée mis en sa place, aurait fait sa circulation en une $\frac{1}{2}$ heure, à en juger par la circulation que la lune, satellite de la terre, fait en 30 jours. Or, une $\frac{1}{2}$ heure est à 24 :: 1 : 16. Donc, la dernière surface de matière éthérée aurait eu, par sa circulation fluide, 16 fois plus de vitesse que n'en a la terre par sa rotation. Or, il est possible que la vitesse croissante, qui commence par 1, et la décroissante qui commence par 16, viennent à se rencontrer; du moins y aura-t-il un point de leur cours où elles seront moins inégales que partout ailleurs.

148. Pour voir ce qui en est, ayant d'un côté tous les rayons et les vitesses de la circulation solide, qui sont 1, 2, 3, 4, 5, etc., je prends les mêmes rayons pour ceux de la circulation fluide, et j'ai pour vitesse correspondante à la vitesse 1 de la circulation solide, la vitesse 16 par ma supposition. De là je tire aisément, par la règle de Képler, la vitesse $\frac{16}{\sqrt{2}}$, expression de la vitesse de la circulation fluide qui répond au cercle

dont le rayon est 2. Enfin, toutes les vitesses de la circulation fluide, correspondantes aux cercles 1, 2, 3, etc., sont $\frac{16}{\sqrt{1}}, \frac{16}{\sqrt{2}}, \frac{16}{\sqrt{3}}, \frac{16}{\sqrt{4}}, \frac{16}{\sqrt{5}}$, etc., suite toujours décroissante comme elle doit l'être, dont le numérateur constant est le nombre dont le rapport à 1 marque de combien la circulation fluide commencerait par une plus grande vitesse que la solide, et dont les dénominateurs sont les racines carrées des rayons des cercles communs aux deux circulations.

Cela posé, il est visible que quand la vitesse de la circulation fluide est $\frac{16}{\sqrt{4}} = 8$, elle est encore plus grande que 4, qui est la vitesse correspondante de la circulation solide. Mais quand la première de ces vitesses est $\frac{16}{\sqrt{9}} = 5\frac{1}{3}$, elle est plus petite que la seconde qui est 9 ; et par conséquent entre les deux termes 4 et 9 de la circulation solide, et les correspondans de la fluide $\frac{16}{\sqrt{4}}$ et $\frac{16}{\sqrt{9}}$, les vitesses des deux circulations ont passé par l'égalité. Ce passage a dû se faire entre les cercles qui avaient 6 et 7 pour rayons.

149. Dans l'exemple présent, le rayon du premier cercle est le demi-diamètre de la terre, qui est de 1500 lieues ; et par conséquent le rayon du sixième cercle, jusqu'où s'étendrait pour le moins l'atmosphère de la terre, sera de 9,000 lieues.

150. Cette hauteur de l'atmosphère terrestre paraît excessive, surtout si on la compare aux 20 lieues qu'on lui a données d'abord sur le fondement de quelques expériences du baromètre. Mais il est certain que dans

la suite on a été obligé, par différentes observations et par de nouvelles considérations, d'augmenter toujours cette hauteur, et qu'enfin un très habile astronome vivant a osé la porter jusqu'à 10,000 lieues. Le tourbillon sera encore près de dix fois plus étendu ou plus haut, n'allât-il que jusqu'à la lune, où il pourrait bien ne se pas terminer; et sa grandeur peut empêcher que celle de l'enveloppe de la terre ne paraisse disproportionnée.

151. Mais on peut faire encore une réflexion plus appuyée sur la nature même des choses. L'atmosphère n'est presque, dans sa partie basse, qu'un amas confus d'air, de vapeurs et d'exhalaisons, le tout mêlé seulement d'autant de matière éthérée qu'il en faut pour remplir les interstices qui demeureraient vides : cette matière n'est là qu'en petite quantité ; tout ce mélange est déterminé par la rotation de la terre, à prendre la circulation solide ; c'est une espèce de violence que souffre la matière éthérée qui s'y trouve enfermée. A une région plus haute de l'atmosphère, il y a moins de matière atmosphérique, plus de matière éthérée qui s'oppsoe à la circulation solide, et tend à rétablir la fluide. Or, il est possible, et même vraisemblable, qu'il y ait enfin un lieu où la matière atmosphérique ne monte plus, et où cependant la circulation fluide ne soit pas encore rétablie ; car la pesanteur et la grossièreté de la matière atmosphérique doivent très naturellement l'empêcher de monter, ou du moins l'arrêter à une assez petite hauteur ; au lieu que la circulation solide, une fois prise par l'atmosphère, ne peut pas aisément se changer en la circulation fluide qui lui est tout opposée. Il faut que cela se fasse lentement et par degrés, même lorsque la matière éthérée sera dégagée

de toute autre. Quand nous donnons la hauteur de l'atmosphère, ce n'est pas seulement celle de cette atmosphère qui peut agir sur le baromètre, mais de celle qui s'étend jusqu'à la région où recommence la parfaite circulation fluide du tourbillon terrestre.

152. Par les principes que nous employons ici, on peut déterminer quelle sera la hauteur de l'atmosphère de Jupiter, qui, selon toutes les apparences, en a une. A en juger par ses satellites, comme on a fait à l'égard de la terre dans l'article 147, sa vitesse de rotation est à celle qu'aurait la dernière surface d'un globe égal de matière éthérée comme 1 est à 3. Donc, les vitesses de la circulation solide étant 1, 2, 3, etc., celles de la fluide seront 3. $\frac{3}{V^2} \cdot \frac{3}{V^3} \cdot \frac{3}{V^4}$, etc. (145). Or, ici l'égalité arrive dès le second terme ; car 2 et $\frac{3}{V^2}$ sont des grandeurs presque absolument égales, puisque leurs carrés 4 et $4\frac{1}{2}$ sont si proches. Donc, l'atmosphère de Jupiter ne s'étend que jusqu'au second de ces cercles que nous avons posés ci-dessus, articles 144 et 145.

153. Le diamètre de Jupiter étant dix fois plus grand que celui de la terre, son atmosphère est donc élevée au-dessus de son centre de 30,000 lieues ; et cependant, ainsi que dans notre tourbillon terrestre, cette atmosphère de Jupiter est bien éloignée d'atteindre à son premier satellite, dont la distance au centre de Jupiter est de plus de 100,000 lieues.

154 Malgré cela, il n'y a pas de proportion entre les grandeurs des globes de la terre et de Jupiter, et celles de leurs atmosphères, puisque l'atmosphère de la terre est élevée au-dessus du centre de la terre de 6 ou 7 de

ses demi-diamètres (95), et que l'atmosphère de Jupiter n'est élevée au-dessus du centre de sa planète que de 2 de ses demi-diamètres (152). Donc, l'atmosphère de la terre est beaucoup plus grosse, par rapport à la terre, que celle de Jupiter ne l'est par rapport à Jupiter. Cependant, nous observons sur la surface de Jupiter des changemens beaucoup plus grands que ceux qu'on pourrait observer sur la surface de la terre vue de Jupiter. Il y a tout lieu de croire que l'atmosphère de Jupiter participe à ces changemens, et peut-être même en est la cause en partie; que par conséquent elle est plus agitée à proportion que la nôtre, ou que cette atmosphère doit ne rencontrer que plus loin ou plus haut la tranquille matière éthérée. Mais ce sont là des conjectures auxquelles on répondrait par d'autres conjectures : ce serait du pur physique; et il vaut mieux s'en tenir à ce qui est plus géométrique et moins incertain.

155. Le soleil a aussi une atmosphère, et l'on trouvera, par les principes posés ici, que la vitesse de la rotation de sa surface est à celle de la circulation fluide comme 1 est à 200 : d'où il suit que les vitesses des circulations fluides, correspondantes à celles des circulations solides, ou aux nombres naturels, seront $\frac{200}{\sqrt{1}}, \frac{200}{\sqrt{2}}, \frac{200}{\sqrt{3}}$, etc. A l'occasion de ces grands nombres, nous pouvons rendre générale la résolution du problème présent : x représentant successivement tous les nombres naturels et la suite des vitesses croissantes de la circulation solide, la suite des vitesses décroissantes de la fluide sera représentée par $\frac{a}{\sqrt{x}}$, a étant une gran-

deur constante. Or, jamais il ne peut y avoir d'égalité entre deux termes de ces deux suites, que dans le cas de $\sqrt[3]{\dfrac{a}{\sqrt{x}}} = x$, ou, ce qui est le même, $a = x\sqrt{x}$, $a^2 = x^3 . a^2 . = x$.

Dans l'atmosphère solaire où $a = 200$, $200^{\frac{2}{3}} = 34$ et un peu plus, est donc le nombre de rayons des cercles où se trouve l'égalité des deux vitesses différentes.

156. Ici, le premier des cercles 1, 2, etc., a pour rayon le demi-diamètre du soleil 100 fois plus grand que celui de la terre, et par conséquent qui est de 150,000 lieues. Donc, le trente-quatrième cercle a un rayon de 5 millions 100,000 lieues, et c'est là la hauteur de l'atmosphère solaire.

157. Mercure étant éloigné du soleil de 12 millions 771,000 lieues, l'atmosphère du soleil sera bien éloignée d'atteindre jusqu'à lui. Il paraît en effet peu convenable que l'atmosphère du soleil allât (par une matière étrangère, mue différemment des autres, et même irrégulièrement) troubler l'ordre et l'uniformité qui doit être dans le tourbillon de Mercure aussi bien que dans les autres.

158. On pourrait même porter cette idée plus loin, si l'on considère seulement notre tourbillon solaire, et que, pour mettre tout sur le plus bas pied, on le conçoive terminé à Saturne, où il pourrait bien ne pas l'être. On conçoit que le principal objet de cet immense édifice, ce sont ces corps solides qui sont mus, et avec tant de rapidité, et avec tant de régularité. Mais toutes les masses de ces corps mises ensemble, ne sont tout au plus qu'un atôme, en comparaison de la masse presque infinie de la matière éthérée où ils flottent. Pourquoi

cette étrange disproportion? L'Océan sera-t-il fait uniquement pour porter une noisette! Il me semble qu'on peut diminuer un peu la surprise; je dis seulement un peu, en supposant, sur le fondement des trois atmosphères que nous avons rapportées, qu'elles sont, en général, nécessaires à tous les corps célestes; et par conséquent il aura fallu laisser entre eux de très grands intervalles, afin que la matière éthérée, qui est l'âme de tout le tourbillon, ayant été troublée dans son action par des atmosphères, recommençât à l'exercer en toute liberté dans de grands espaces parfaitement occupés par elle.

RÉFLEXIONS
SUR LA THÉORIE PRÉCÉDENTE.

I.

Si le système cartésien, dont on vient de voir l'exposition, est suffisamment établi, du moins dans ses points principaux, il est sûr que le système newtonien sera dès lors réfuté; car il suppose essentiellement l'attraction, principe très obscur et très contestable, au lieu que le système cartésien n'est fondé que sur des principes purement mécaniques, admis de tout le monde. Mais le Newtonianisme est devenu depuis peu tellement à la mode, car il y en a aussi même chez ceux qui pensent, et il a pris, ou tant d'autorité, ou tant de vogue, qu'il mérite d'être attaqué directement et dans toutes les formes.

Ses plus zélés partisans ne disconviennent pas que l'attraction ne soit inintelligible; mais ils disent que l'impulsion l'est aussi, parce que nous n'avons pas une idée nette de ce que le choc fait passer du corps mu dans le corps en repos. Il est vrai que nous n'avons pas cette idée bien claire; mais nous voyons très clairement que si le corps A mu choque le corps B en repos, il arrivera quelque chose de nouveau ; ou A s'arrêtera, ou il retournera en arrière, ou il poussera B devant lui. Donc, l'impulsion ou le choc aura nécessairement un effet quelconque ; mais de ce que A et B sont tous deux en repos à quelque distance que ce soit l'un de l'autre, il ne s'ensuit nullement qu'ils doivent aller l'un vers l'autre, ou s'attirer. On ne voit là la nécessité d'aucun effet ; au contraire, on en voit l'impossibilité. Cela met une différence infinie entre ce qui reste d'obscurité dans l'idée de l'impulsion, et l'obscurité totale qui enveloppe celle de l'attraction.

II.

La matière ne se meut point par elle-même, et il n'y a qu'un être étranger et supérieur à elle qui puisse la mouvoir. Tout mouvement est une action de Dieu sur la matière ; et il n'est pas étonnant que nous n'ayons pas une idée claire de cette action prise en elle-même ; mais nous avons une idée très claire de ses effets. Je vois que la force que Dieu imprime à la matière, quand il meut avec 1 degré de vitesse A, qui a 1 de masse, est la même que celle qui aurait mû A et B égaux avec $\frac{1}{2}$ de vitesse ; que par conséquent, lorsque A mû choque B en repos, il a la force nécessaire pour le pousser devant lui; de sorte qu'ils iront tous deux ensemble comme une seule masse, avec une vitesse qui sera $\frac{1}{2}$; de là suivront, comme l'on sait, les règles du mouvement très géométriques. Il ne reste en tout ceci d'obscurité que dans l'idée précise de l'action de Dieu, qui ne doit pas être à notre portée.

III.

Les Newtoniens peuvent dire que, comme les corps ne se meuvent que par la volonté de Dieu, il est possible que par cette même volonté ils s'attirent mutuellement ; mais la différence est extrême. Dans le premier cas; la volonté de Dieu ne fait que mettre en œuvre une propriété essentielle à la matière, sa mobilité, et déterminer au mouvement l'indifférence naturelle qu'elle a au repos ou au mouvement. Mais, dans le second cas, on ne voit point que les corps aient par euxmêmes aucune disposition à s'attirer : la volonté de Dieu n'aurait aucun rapport à leur nature, et serait purement arbitraire, ce qui est fort contraire à tout ce que nous offre de toutes parts l'ordre de l'univers. Cet arbitraire admis ruinerait toute la preuve philosophique de la spiritualité de l'âme. Dieu aurait aussi bien pu donner la pensée à la matière que l'attraction.

IV.

Si l'on dit que l'attraction mutuelle est une propriété essentielle aux corps, quoique nous ne l'appercevions pas, on en pourra dire autant des sympathies, des horreurs, de tout ce qui a fait l'opprobre de l'ancienne philosophie scolastique. Pour recevoir ces sortes de propriétés essentielles, mais qui ne tiendraient point aux essences telles que nous les connaissons, il faudrait être accablé de phénomènes qui fussent inexplicables sans leur secours, et encore même alors ce ne serait pas les expliquer.

V.

L'attraction étant supposée, quelles en seront les lois? J'entends bien qu'elle se réglera sur les masses; j'entends aussi qu'elle se réglera sur les distances. Un corps aura besoin d'une force attractive d'autant plus grande, que celui sur lequel il doit agir sera plus éloigné; et, ce qui en est une suite, il exercera d'autant mieux sa force, que ce second corps sera plus proche. De là s'ensuivra nécessairement que l'attraction se fera en raison inverse de la distance, ou, ce qui est le même, sera d'autant plus forte, que la distance sera plus petite; mais il s'ensuivra aussi que cette force sera infinie quand la distance sera nulle, ou que les deux corps se toucheront; ce qui ne paraît pas soutenable. Il y aurait alors entre deux corps qui se toucheraient, une cohésion que nulle force finie ne pourrait vaincre. Si deux corps allaient l'un vers l'autre, il serait toujours d'autant plus difficile de les faire retourner en arrière, qu'ils se seraient plus approchés l'un de l'autre, etc.; car on ne peut pas compter tous les inconvéniens qui naîtraient de cette règle ou loi de l'attraction. Ils auraient beau être enveloppés et déguisés par différentes circonstances physiques, il ne serait pas possible qu'on ne les reconnût et qu'on ne les démêlât souvent; et comme la loi de l'attraction, selon les Newtoniens, n'est pas la simple raison inverse des distances, mais celle de leurs carrés, tous les inconvéniens en deviendraient encore beaucoup plus forts et plus marqués; la cohésion de deux corps qui se toucheraient, deviendrait d'autant plus invincible à toute force finie, etc. On le verra aisément, pour peu qu'on soit géomètre.

VI.

Quand on veut exprimer algébriquement ou géométriquement des forces physiques et agissantes dans l'univers, et qui ont nécessairement, par leur nature, de certains rapports, et sont renfermées dans certaines conditions, il ne suffit pas d'avoir bien fait un calcul dont le résultat sera infaillible, et sur lequel on sera sûr de pouvoir compter; il faut encore, pour contenter sa raison, entendre ce résultat, et savoir pourquoi il est venu tel qu'il est. Ainsi, dans la théorie précédente (8. 14.), on a trouvé, non-seulement que la force centrifuge renferme le carré de la vitesse, mais encore pourquoi elle le renferme nécessairement. Ici, je demande pourquoi l'attraction suit les carrés des distances plutôt que tout autre puissance? Je ne crois pas qu'il fût aisé de le dire.

VII.

Du moins est-il bien certain que cette loi des carrés ne suffirait pas pour expliquer plusieurs phénomènes de chimie si violens, que les plus hautes puissances de l'attraction ne sembleraient qu'à peine y pouvoir atteindre. Cette loi des carrés n'est donc pas une loi générale de la nature.

VIII.

Les deux corps A et B, égaux en masse, s'attirent avec une force égale, si l'on n'y considère rien de plus : mais cela subsiste-t-il encore, si A, toujours de la même masse, a un plus grand volume que B? Il semble que la force de A soit plus dispersée; mais, d'un autre côté, elle embrassera mieux B, et avec quelque avantage.

IX.

Si A et B, égaux en masse et en volume, ne different qu'en ce que l'un est solide et l'autre fluide, ont-ils une force égale? ou quelle sera la différence de leurs attractions?

X.

Les corps A, B, et C, égaux, étant rangés sur la même ligne et avec des distances égales, l'action mutuelle des deux extrêmes A et C passe-t-elle au travers de B, ou y est-elle arrêtée?

XI.

Mais une chose encore plus importante, c'est de savoir si, avec l'attraction, quelle qu'en soit la loi, on admettra aussi la force centrifuge? Un corps circulant sera attiré, ou vers le centre, ou vers la circonférence du cercle qu'il décrit, et en même temps il tendra, par sa force centrifuge, à s'éloigner du centre. Cette force, dans le premier cas, diminue donc l'effet de l'attraction; et dans le second, elle l'augmente. L'un ou l'autre cas arrive perpétuellement, sans exception; et les effets toujours certainement altérés par la force centrifuge, le devraient être sensiblement, du moins en quelques occasions rares. Mais cela ne se rencontre jamais : les effets de l'attraction sont toujours purs et sans mélange, à cet égard, dans le système newtonien, et par conséquent ce système est incompatible avec la force centrifuge. Cependant c'est une force bien réelle, bien démontrée, bien reconnue, même de ceux qui en reconnaissent encore quelques autres.

XII.

Malgré tout cela, dira-t-on, il est de fait que le système newtonien répond juste à tous les phénomènes. Comment est-il si heureux, s'il est faux? Je conviens qu'il répond juste aux phénomènes célestes; et il ne laisse pourtant pas d'être faux. Ce paradoxe demande une assez longue explication.

Les astronomes n'avaient point encore de règle générale pour la détermination des différentes distances des planètes au soleil, lorsque Képler conçut, en homme d'esprit et en grand philosophe, que, comme tout est lié dans la nature, ces distances inconnues pourraient bien avoir quelque rapport aux révolutions de ces mêmes planètes autour du soleil, dont les temps étaient bien certainement connus.

Il chercha ce rapport, et il trouva cette belle règle

qui immortalisera son nom, que les distances sont comme les racines cubiques des carrés des révolutions. Ce rapport ne fut tiré d'aucun principe connu d'ailleurs, ni même adapté à rien d'établi : ce n'est qu'un simple fait qui n'a pu résulter que d'un nombre affreux de calculs très embarrassés ; et par là même il pouvait légitimement être suspect ; mais toutes les observations de tous les astronomes se sont toujours accordées à le confirmer. C'est déjà une loi fondamentale du ciel.

D'un autre côté, Huyghens a très ingénieusement découvert l'expression de la loi de la force centrifuge, adoptée pareillement de tout le monde, mais parce qu'elle était prouvée bien géométriquement.

Enfin, le fameux livre de Newton est entièrement fondé sur le principe des attractions en raison inverse des carrés des distances, principe qui s'accordait avec la règle de Képler, et par conséquent ne pouvait être combattu par les faits ou les observations astronomiques.

Mais comme les Cartésiens avaient les attractions en horreur, et qu'ils se flattaient de les avoir bannies pour jamais, ils attaquèrent le système newtonien, et firent voir qu'en appliquant aux corps célestes les forces centrifuges de Huyghens, et en les supposant en équilibre entre eux, il en naissait nécessairement la règle de Képler, et même le principe fondamental du livre de Newton, pourvu seulement qu'on veuille bien appeler force centrifuge ce qu'il appelait attraction. Je ne puis m'empêcher de dire ici, quoique sans nécessité, que la règle de Képler, démontrée géométriquement, et par les premières idées, me paraît une chose d'un grand prix.

Si avant que de donner son livre, Newton avait su cela, soit par quelque ouvrage d'un autre, soit par sa seule pénétration, qui sans doute allait au plus haut point, il n'aurait fait, quant à l'essentiel, que changer le nom de *force centrifuge* en celui d'*attraction*, et masquer un système connu pour le produire comme nouveau. Mais il n'est pas apparent qu'un aussi grand homme ait été capable de tant d'adresse. On peut fort bien ne pas s'apercevoir que la règle de Képler tire son origine d'un certain degré de mouvement précis imprimé à tout le système solaire, unique entre une infinité d'autres également possibles, et qu'il faut de plus qu'il y ait équilibre, et équilibre très durable, non entre les planètes de ce système, mais entre des couches sphériques qui les contiendront, ainsi qu'il a été prouvé dans la théorie (30). Encore une chose qui pouvait empêcher Newton de donner dans ces idées, c'est que ces couches demandent le plein, et lui était persuadé du vide. Quoi qu'il en soit, il est de fait qu'il a vu la contestation assez échauffée entre ses sectateurs et les Cartésiens; qu'ils y ont mis en avant l'équilibre, point très important et nouveau, et qu'il a toujours été spectateur tranquille de tout, sans y prendre aucune part.

XIII.

Venons au plein, qui n'a été que supposé dans notre *Théorie*.

Certainement il n'y a guère d'idée en nous plus ancienne que celle du vide : tous les enfans l'imaginent partout où ils ne voient rien, et une infinité d'hommes pensent à peu près de même toute leur vie. Selon les philosophes, qui ont eux-mêmes conservé cette idée si naturelle, il y a l'*espace* distinct de la matière dont il est le lieu, et où elle peut également être ou n'être pas placée. On ne peut concevoir cet espace qu'infini, et de plus incréé; et ce second point doit faire de la peine. L'espace serait un être réel semblable à Dieu; d'ailleurs, il ne serait ni matériel ni spirituel.

XIV.

Si la matière est infinie, il y a autant de matière que d'espace; tout est plein, et l'idée forcée d'espace devient tout-à-fait inutile : la matière sera elle-même son lieu, parce qu'elle ne peut exister autrement. Il est vrai qu'alors on tombe, à l'égard du mouvement, dans des difficultés qui peuvent paraître considérables. La matière toute en masse ne peut se mouvoir en ligne droite, puisqu'elle n'a pas où aller; elle ne peut non plus se mouvoir circulairement; car il n'y a point de centre dans l'infini : une sphère infinie enfermerait contradiction, puisque toute figure est ce qui est terminé extérieurement. Mais tous les inconvéniens seront levés, si l'on conçoit la masse infinie de la matière divisée en une infinité de sphères finies. Ce sont là les fameux tourbillons de Descartes, dont ceci prouve la nécessité, dans l'hypothèse du plein et de l'infinité de la matière. Ils avaient déjà par eux-mêmes une grande apparence de possibilité, et même, pour ainsi dire, un certain agrément philosophique.

XV.

Si la matière est finie, elle ne serait toujours, par

rapport à l'espace, qu'un infiniment petit; et l'univers, quoique très réel, ne serait qu'un vide immense qui ne contiendrait rien, privé de toute force, de toute action, de toute fonction, à une petite partie près, qui ne mériterait pas d'être comptée. Le Tout-Puissant n'aurait rien versé dans ce vase.

XVI.

On croirait remédier à cet inconvénient, en supposant que la matière, quoiqu'infinie, serait un moindre infini que l'espace, comme l'infini des nombres pairs, ou celui des impairs, est moindre que celui de la suite totale des nombres naturels. Mais alors l'attraction, qui se lie si bien, à ce qu'on croit, avec le vide, et qui est mutuelle entre tous les corps, agirait perpétuellement sur eux, pour les rapprocher les uns des autres, quelque dispersés qu'ils fussent d'abord; et elle agirait sans avoir aucun obstacle à surmonter, puisque l'espace ou le vide n'a aucune force, ni attractive, ni répulsive. Les vides semés originairement, si l'on veut, entre tous les corps, disparaîtraient donc en plus ou moins de temps, et il ne resterait plus qu'un grand vide total au dehors de tous les corps violemment appliqués les uns contre les autres. Il est visible que, pour la vérité de cette idée, il n'est pas nécessaire que le rapport de l'infini de l'espace à celui de la matière, soit de 2 à 1, comme il a été posé dans l'exemple des nombres. Tout autre rapport, pourvu que l'espace soit le plus grand, fera le même effet.

XVII.

Dans ce même cas, les tourbillons cartésiens ne réussiraient pas non plus. Il faut, pour les mettre en action continue, qu'ils tendent toujours par eux-mêmes à s'agrandir, et qu'ils s'en empêchent toujours les uns les autres. Or, il est aisé de voir que des vides semés entre eux les détruiraient, en les empêchant d'être comprimés de toutes parts ; que quelques uns étant détruits les premiers, les autres le seraient plus facilement, et toujours plus facilement, etc. Dans le cas précédent, le monde se pétrifiait ; dans celui-ci, il s'évapore.

XVIII.

Comme on ne lui voit absolument aucune disposition à l'un ni à l'autre de ces deux accidens, il s'ensuit que l'espace réel ou le vide n'existe pas, même dans le système newtonien, où il est cependant si établi et si dominant. Je puis ajouter qu'il n'est pas besoin, pour l'action perpétuelle et réciproque des tourbillons cartésiens, que la matière soit infinie ; car, ne le fût-elle pas, les derniers tourbillons et les plus extérieurs de ce grand tout, n'auraient pas plus de facilité à s'étendre, puisqu'il n'y aurait pas d'espace au-delà d'eux.

FIN DE LA THÉORIE DES TOURBILLONS.

DOUTES

SUR LE SYSTÈME PHYSIQUE

DES

CAUSES OCCASIONNELLES.

DOUTES

SUR LE SYSTÈME PHYSIQUE

DES

CAUSES OCCASIONNELLES.

CHAPITRE PREMIER.

Occasion de l'Ouvrage.

Rien n'a fait plus de bruit parmi le petit nombre de gens qui se mêlent de penser, que la dispute qui existe entre les deux premiers philosophes du monde, le P. *Malebranche* et *Arnauld*. On a eu avec raison une attention particulière sur les différens combats qu'ils se sont livrés ; on a cru que si jamais la vérité a pu être éclaircie par ce moyen, elle l'allait être. J'ai été spectateur comme les autres, moins intelligent sans doute, mais peut-être plus appliqué par la raison que je vais dire. Je n'avais jamais goûté le système du P. *Malebranche*, sur les Causes occasionnelles, quoique j'enconnusse assez bien la commodité et même la magnificence. Je ne réponds pas que le préjugé des sens et de l'imagination n'eût formé d'abord en moi cette opposition à une idée fort contraire assurément aux idées communes ; mais enfin, je m'étais défié de ce préjugé, et par les avertissemens que les Cartésiens ont assez de soin de nous donner sur leurs opinions extraordinaires, et plus encore par une certaine précaution générale que j'ai coutume de prendre contre tous les sentimens que j'ai, sans les avoir long-temps consultés avec moi-même. Quand je n'avais écouté que ma raison pour satisfaire à ce que les philosophes exigent toujours de nous, j'avais été surpris de ne la trouver pas plus favorable aux Causes occasionnelles, que mon imagination et mes sens. Mais peut-être le préjugé lui avait-il donné un certain pli. Je ne garantirai point cela. Tout ce que je pouvais était de me défier de ma raison même, et je le fis. J'y étais d'autant mieux fondé, que, de toutes les objections que j'avais à faire contre les Causes occasionnelles, je voyais que le P. *Malebranche* ne s'en faisait pas une seule dans ses ouvrages, et cependant je ne crois pas que jamais philosophe ait mieux pesé le pour et le contre de ses opinions, n'y ait eu un dessein plus sincère de découvrir la vérité aux hommes. Sur cela, s'émut la querelle de M. *Arnauld* et de lui. Ce redoutable adversaire voulait saper par le pied tout le système du P. *Malebranche*, et je me flattai que quelqu'une de mes difficultés aurait le bonheur de lui tomber dans l'esprit. Mais, ou il attaque d'autres points, ou quand il attaque ce point là, j'ai le déplaisir de voir que je n'ai rien de commun avec lui. Que croirai-je de moi-même? Ni le P. *Malebranche* n'a prévu mes objections, ni *Arnauld* ne s'en est servi. En vérité, le préjudice est grand contre elles, et je reconnais que quand on ne me voudrait pas seulement recevoir à les proposer, on ne me ferait pas beaucoup d'injustice. Cependant, lorsque je viens à les considérer en elles-mêmes, je ne sais comment il se fait que je ne les trouve point méprisables. Je me suis donc résolu à me délivrer de cette incertitude, en demandant au public ce que j'en dois croire, et principalement au P. *Malebranche*, que je reconnais volontiers pour juge dans sa propre cause ; car, ni je ne me crois capable de lui faire des difficultés qui soient assez fortes pour l'obliger à dissimuler ce qu'il en penserait, ni je ne le crois capable de dissimuler ce qu'il en penserait quand même elles seraient extrêmement fortes.

Ce ne sont que des *Doutes* que je propose, et je me rendrai à la première réponse qu'on aura la bonté de me donner. Je me rendrai même, quand on ne m'en donnerait pas ; et j'entendrai bien ce silence. Je prie qu'on ne prenne point tout ceci pour des discours d'une fausse modestie : ce qui doit répondre de la sincérité de mes paroles, c'est que je ne suis ni théologien, ni philosophe de profession, ni homme d'aucun nom, en quelque espèce que ce soit ; que, par conséquent, je ne suis nullement engagé à avoir raison, et que je puis avec honneur avouer que je me trompais, toutes les fois qu'on me le fera voir.

CHAPITRE II.

Histoire des Causes occasionnelles.

Pour mieux proposer les *Doutes* que j'ai sur les Causes occasionnelles, je crois qu'il sera bon d'expliquer ce système, et même d'en faire l'histoire, telle que je la devine sur des conjectures assez vraisemblables.

Les Causes occasionnelles ne sont pas anciennes ; je ne prétends pas qu'elles en vaillent moins. *Descartes*, un des esprits les plus justes qui aient jamais été, persuadé, comme il devait l'être, de la spiritualité de l'âme, vit qu'il n'y avait pas moyen de la bien établir, à moins qu'on ne mît une extrême disproportion entre ce qui est étendu et ce qui pense ; en sorte que, quoiqu'on élevât infiniment l'être étendu, ou quoiqu'on abaissât infiniment l'être qui pense, jamais l'un ne pût arriver à l'autre. Tous ceux qui méditeront un peu sur cette matière, sont dans la nécessité de cette supposition, et seront effrayés de l'absurdité du système commun, où l'on donne aux bêtes une âme matérielle qui pense.

Mais si l'âme et le corps sont si disproportionnés, comment les mouvemens du corps causent-ils des pensées dans l'âme ? comment les pensées de l'âme causent-elles des mouvemens dans le corps ? Quel lien approche deux êtres si éloignés ? Voilà la difficulté qui fit inventer à *Descartes* les Causes occasionnelles. Il trouva que, puisqu'un mouvement et une pensée n'avaient nulle liaison naturelle, ils ne pouvaient être à l'égard l'un de l'autre Causes véritables (car il faut voir une liaison nécessaire entre la Cause véritable et son effet); mais qu'ils pouvaient être occasion ou Cause occasionnelle l'un de l'autre, parce que Dieu, à l'occasion d'un mouvement du corps, pouvait imprimer une pensée à l'âme, ou à l'occasion d'une pensée de l'âme, imprimer un mouvement au corps. Comme les mouvemens et les pensées n'avaient aucune liaison naturelle, parce qu'il ne peut point y en avoir entre la Cause occasionnelle et son effet, Dieu demeura la seule Cause véritable des uns et des autres, et il fut, pour ainsi dire, le seul médiateur de tout le commerce qui est entre le corps et l'âme.

Ensuite *Descartes* s'aperçut que l'on ne peut concevoir comment le mouvement d'un corps passe dans un autre, et toujours avec des proportions très exactement observées. Il avait déjà en main des Causes occasionnelles qui devaient leur naissance au système de l'âme; il vit qu'en les appliquant aux corps, il faisait cesser toute la difficulté : il fit donc les corps simples Causes occasionnelles de la communication des mouvemens les uns à l'égard des autres, puisqu'on ne concevait point quelle était la liaison entre le mouvement d'un corps et celui d'un second corps choqué par le premier, ni comment le mouvement du premier passait dans le second; et il voulut que Dieu fût la Cause véritable qui, à l'occasion du choc de deux corps, transportait quelque chose du mouvement de l'un dans l'autre : car on voit toujours bien une liaison nécessaire entre la volonté de Dieu, et son effet.

Tel fut l'accroissement des Causes occasionnelles dans la physique : elles l'occupèrent tout entière sous *Descartes*. Le P. *Malebranche* est venu, aussi grand philosophe et théologien, que *Descartes* était grand philosophe, et il a transporté les Causes occasionnelles dans la théologie. Il prétend que les anges aient été les Causes occasionnelles des œuvres surprenantes de Dieu dans l'Ancien Testament, et que sous le Nouveau, *Jésus-Christ*, en tant qu'homme, soit la Cause occasionnelle de la distribution de la grâce. Ainsi les Causes occasionnelles furent faibles dans leur naissance, et inventées pour subvenir à un besoin pressant : mais peu à peu la commodité dont on les a trouvées, les a fait porter infiniment plus loin que la première nécessité ne demandait.

Ce n'est pas mon dessein de les suivre jusques dans la théologie dont elles se sont nouvellement emparées, c'est à *Arnauld* à les en chasser, s'il est possible. Je déclare que je me borne uniquement à la physique, et que je suis seulement en peine de savoir si ce système y peut être admis. Encore ne veux-je pas même toucher à l'union de l'âme et du corps, quoiqu'elle soit de la dépendance de la physique : je ne parlerai que de deux corps que l'on prétend être l'un à l'autre Cause occasionnelle de mouvement. Je ferai voir d'abord pourquoi il me paraît qu'ils en sont Causes véritables ; ensuite je prouverai que Dieu dans ce système n'agit ni simplement, ni par des lois générales, ni plus en souverain que dans le système commun. Ceux qui entendent un peu cette matière, verront bien que tout ceci a rapport aux principaux avantages que les défenseurs des Causes occasionnelles attribuent à leur opinion. Ils soutiennent qu'il n'y a qu'eux qui fassent agir Dieu d'une manière qui porte le caractère de ses attributs, toujours avec une simplicité extrême, toujours par des lois générales, toujours en maître et en créateur de toutes choses. Mais je trouve que sur les deux premiers points ils font tout le contraire de ce qu'ils prétendent ; et que sur le dernier ils ne font rien de mieux que nous. Je demande qu'on ne s'étonne point de mes paradoxes, et qu'on diffère, s'il se peut, la surprise jusqu'après mes preuves.

CHAPITRE III.

Qu'il semble que les corps ne sont point Causes occasionnelles, mais Causes véritables de mouvement les uns à l'égard des autres.

C'est un des articles dont je me défie le plus, parce qu'il est de ceux qui me paraissent les plus clairs, et que je ne comprends point comment mille autres n'ont point eu la même vue.

Une Cause véritable est celle entre laquelle et son effet on voit une liaison nécessaire, ou, si vous voulez, qui précisément parce qu'elle est, ou est telle, fait qu'une chose est, ou est telle.

Une Cause occasionnelle est celle qui ne fait rien précisément, parce qu'elle est, ou est telle, mais parce que, quand elle est, ou est telle, une cause véritable agit; en sorte qu'entre la Cause occasionnelle et son effet, vous ne voyez point de liaison nécessaire.

Je crois que de ces définitions, il suit évidemment ce que je prétends.

Selon le P. *Malebranche*, les corps n'ayant nulle force de se mouvoir les uns les autres, Dieu a fait un décret par lequel il s'oblige lui-même à transporter quelque chose du mouvement de l'un dans l'autre, à l'occasion de leur choc, selon les différentes proportions de grosseur et de vitesse qui seront dans ces corps.

Ce décret ne rend pas les corps capables de se choquer, d'être inégaux en grandeur, inégalement mus; il suppose en eux ces trois choses qui ne dépendent que de leur nature seule : cela est clair.

Je suppose donc qu'avant ce décret, que je veux qui

ne soit pas fait encore, deux corps *A* et *B* se meuvent vers le même but ; que *A* soit un très grand nombre de fois plus grand et mu plus vite que *B*; que *A* soit un corps concave, et qu'enfin il vienne à rencontrer *B* par la partie concave. Il n'y a rien là qui ne précède le décret de la communication, et ne soit tiré de la seule nature des corps.

Je demande ce qui arrivera à la rencontre de *A* et de *B*.

Il faudrait que, puisque les corps ne peuvent d'eux-mêmes augmenter ni diminuer par le choc le mouvement les uns des autres, *A* et *B* conservassent la même quantité de mouvement qu'ils avaient.

Mais il est absolument impossible qu'ils la conservent tous deux en même temps.

Si *A* conserve tout son mouvement, il faut qu'il pousse *B* devant soi, et que par conséquent le mouvement de *B* augmente beaucoup.

Et *B* ne le peut éviter en se tirant de dedans *A*; car je suppose la ligne de la profondeur de *A* beaucoup plus grande que celle que *B* peut décrire en un instant, sans augmenter son mouvement.

Si le mouvement de *B* n'augmente pas, il faut que *A* ne fasse plus que suivre *B*, et que son mouvement diminue beaucoup.

Donc avant le décret par lequel Dieu établit le choc Cause occasionnelle de l'augmentation ou de la diminution des mouvemens, il faut nécessairement que les mouvemens augmentent ou diminuent par le choc.

Et remarquez que la seule impénétrabilité des corps rend nécessaire l'un des cas que j'ai proposés.

Car s'ils n'étaient pas impénétrables, *A* laisserait

passser *B* au travers de soi, sans qu'il arrivât nul changement au mouvement de l'un ni de l'autre.

Donc, de cela seul précisément, que les corps sont tels de leur nature, il suit qu'ils doivent par le choc changer le mouvement les uns des autres.

Donc ils le changent comme Causes véritables, et non comme Causes occasionnelles.

J'ai omis exprès deux cas chimériques.

L'un que *A* demeure immobile à la rencontre de *B*.

Mais alors *B*, comme Cause véritable, fait cesser le mouvement de *A*, ou même lui donne un mode positif, si le repos en est un, comme le prétendent les Cartésiens.

L'autre, qu'à la rencontre de *B*, *A* soit réfléchi et retourne vers le lieu d'où il vient.

Mais alors *B*, comme Cause véritable, change la détermination du mouvement de *A*.

Et quand les corps, en vertu de leur essence seule, et avant le décret, ne feraient que changer par le choc la détermination de leurs mouvemens, et non les mouvemens mêmes, cela suffirait pour ma preuve.

Car la grande raison du P. *Malebranche*, pour ne donner aux corps que la qualité de Causes occasionnelles, c'est que le mouvement n'est que l'existence même d'un corps, en tant qu'il existe successivement en différens lieux; que, puisque Dieu peut seul donner l'existence et la conserver, il peut aussi donner le mouvement; que tout mouvement d'un corps est donc une action immédiate de Dieu, et que par conséquent nulle créature ne peut avoir la force d'y rien changer, comme Cause véritable.

Je tâcherai dans la suite de répondre à ce raisonnement, qui, à dire vrai, est fort beau. Mais maintenant vous voyez bien que si vous en changez les termes, et que si vous mettiez *détermination de mouvement* au lieu de *mouvement*, vous trouverez que nulle créature ne doit avoir la force de rien changer, comme Cause véritable, à une détermination que Dieu a imprimée.

Cependant le moins qui puisse arriver dans l'hypothèse que nous avons faite, encore est-il inconcevable que cela arrivât, c'est que B, comme Cause véritable, change la détermination de A, ce qui vaut autant par rapport au raisonnement du P. *Malebranche*, que de changer le mouvement de A; et il est visible que les créatures étant une fois Causes véritables à l'égard des déterminations des mouvemens, tout le système des Causes occasionnelles est ruiné par les conséquences.

Mais, disent toujours les Cartésiens, quelle liaison entre le mouvement d'un corps et celui d'un autre? Conçoit-on comment se fait le passage du mouvement? On conçoit bien au contraire quelle liaison il y a entre la volonté de Dieu sur le mouvement d'un corps, et le mouvement de ce corps.

Presque tout cela est vrai. Je conviens que, pour établir une Cause véritable, il faut voir une liaison nécessaire entre elle et son effet, et que l'on ne conçoit point comment le mouvement d'un corps passe dans un autre. Je conviens que je vois clairement la liaison qui est entre la volonté de Dieu et le mouvement d'un corps : mais les Cartésiens se trompent de croire en tirer avantage.

Tout l'art de la philosophie ne consiste qu'à démêler les unes d'avec les autres, des idées qui paraissent les mêmes. Pour établir une Cause véritable, il faut voir une liaison nécessaire entre elle et son effet ; mais il n'est pas besoin de voir comment elle produit son effet. Dieu est Cause véritable de tous les êtres. Je conçois bien que, puisqu'il est tout-puissant par son essence, il est impossible qu'il veuille qu'une chose soit, et que cette chose ne soit pas. Mais conçois-je comment cette chose est, sitôt que Dieu veut qu'elle soit? Nullement; au contraire, mon esprit est si faux, qu'il me représente l'action de Dieu comme quelque chose qui étant terminé et renfermé en lui-même, ne devrait rien produire au dehors. Je n'entends point comment cet être possible qui n'est point, est averti que Dieu veut qu'il soit. Je n'entends point où il prend ce qui le fait être ; c'est-à-dire proprement, que je ne vois que la nécessité du fait, mais que la manière dont il arrive m'échappe entièrement. Les mêmes difficultés tombent sur la manière dont un corps vient à être en mouvement, lorsque Dieu veut qu'il y soit. Je conçois seulement qu'il y est, puisque Dieu le veut.

De même je vois clairement, que puisque les corps sont impénétrables, ils doivent, en se rencontrant, se communiquer un mouvement, les uns aux autres ; je viens de le prouver : mais comment ce mouvement passe-t-il des uns dans les autres ? je n'en sais rien. S'il fallait entendre ces sortes de *comment* là, je ne trouverais pas que Dieu même fût une Cause véritable d'aucun effet.

J'ai cherché long-temps s'il ne pouvait y avoir d'autre réponse au raisonnement que nous avons fait ; je n'en ai trouvé qu'une, indirecte, à la vérité, et qui n'est pas trop de bonne foi : mais je ne laisserai pas de la proposer pour la prévenir, si elle venait en pensée à quelqu'un.

Peut-être donc me répondra-t-on, qu'on me refuse absolument l'hypothèse par laquelle j'ai mis A et B en mouvement; qu'il est vrai qu'avant le décret de Dieu, qui établit le choc Cause occasionnelle de la communication des mouvemens, chaque corps en particulier peut être mu et en choquer un autre, mais qu'afin qu'ils commencent à se mouvoir pour se choquer, il faut nécessairement qu'ils poussent et déplacent, c'est-à-dire, meuvent d'autres corps interposés, supposé le plein : que comme le plein est constant d'un côté chez les Cartésiens, et que d'un autre côté ils croient impossible qu'un corps en meuve un autre, ils ne sauraient accorder que A et B viennent à se choquer, parce que pour cela il faudrait qu'ils eussent déjà mu d'autres corps; qu'ainsi, avant le décret, tout sera immobile, non que les corps, avant ce décret, ne pussent être mus, car cela est de leur nature, mais à cause du plein qui fait qu'ils ne peuvent être mus sans en mouvoir d'autres, ce qui ne se peut qu'après le décret.

Mais prenons garde : cette impuissance des corps qui fait qu'ils ne peuvent, comme Causes véritables, se communiquer du mouvement les uns aux autres, est de leur nature : le décret de Dieu, qui les établit occasions de mouvement les uns des autres, ne leur donne aucune force mouvante. Toute vertu, toute efficace, quelle qu'elle soit, est, selon le P. *Malebranche*, un droit inaliénable de Dieu.

Donc l'impuissance de mouvoir d'autres corps est essentielle aux deux corps particuliers A et B.

Donc ils la conserveront dans toute hypothèse qui ne détruira point leur essence.

Je n'entre point dans la question du plein et du vide; je reconnais maintenant le plein.

Mais je puis prendre l'hypothèse du vide, et en tirer un raisonnement, par impossible; cela est dans les règles.

L'hypothèse du vide n'est point contre l'essence de A et de B, car en les concevant dans le vide, je ne les conçois pas moins étendues, figurées, mobiles, incapables même, si vous voulez, de mouvoir d'autres corps : mais il est vrai que je détruis l'essence de l'espace où je les conçois, parce que je ne conçois point cet espace comme un corps, quoiqu'il en soit un. Or, cela est indifférent à notre question, qui n'a nul rapport à l'essence de l'espace où je mets les corps, mais seulement à celle des corps. Il n'est pas de leur essence d'être dans un espace plein, quoiqu'ils y soient toujours; mais il est de l'essence de l'espace d'être plein.

Si l'impuissance de A et de B était de leur nature, ils la conserveraient dans l'hypothèse du vide qui ne la détruit point.

Mais dans cette hypothèse, ils pourront bien être mus, sans mouvoir d'autres corps interposés.

Après qu'ils auront commencé à être en mouvement, je veux qu'ils viennent à se choquer.

Alors il faudra qu'il arrive quelqu'un des cas rapportés ci-dessus, qui prouvent que A et B auront une action de Cause véritable.

Donc, puisque, dans une hypothèse qui ne détruit nullement leur nature, ils ne conserveront point leur impuissance d'agir comme Causes véritables, cette impuissance n'est pas de leur nature.

Au contraire, ce sera de leur impénétrabilité, qui est inséparable de leur nature, que viendra cette action qui les rendra Causes véritables.

Ainsi, je crois que nonobstant la subtilité de la réponse que nous avons imaginée, notre preuve subsiste dans toute sa force.

CHAPITRE IV.

Qu'il semble que, dans le Système des Causes occasionnelles, Dieu n'agit pas simplement.

Le défaut des Cartésiens n'est pas assurément de se servir d'idées confuses ; ils ne recommandent rien davantage que de les éviter, et ils se piquent extrêmement de le faire : cependant je doute qu'ils aient assez bien éclairci celles que nous avons sur la simplicité des actions de Dieu. Je tâcherai à mettre le plus de clarté que je pourrai dans une chose qui paraît assez claire à ceux qui y pensent peu, mais qui ne l'est peut-être pas assez jusqu'à présent pour ceux qui pensent bien.

Dieu a des desseins, et il les exécute.

La sagesse d'un dessein consiste dans les raisons qui le font entreprendre, et dans les fins qu'on se propose. Pourquoi Dieu a-t-il voulu créer le monde tel qu'il est? nous n'en savons rien. On a beau dire que ç'a été pour sa gloire : il revenait à Dieu la même gloire d'un monde purement possible ; car ce qui n'est que possible est aussi présent à Dieu, et fait le même effet à son égard que ce qui existe. Supposons donc dans le dessein de Dieu une sagesse infinie, mais ne songeons pas à la pénétrer. Les vues de Dieu ne sont pas de nature à tomber dans l'esprit humain.

Quant à ce qui regarde la simplicité, nous voyons que celle de ce dessein n'est pas la plus grande qui soit possible ; car il eût fallu que Dieu n'eût fait que diviser la matière en parties égales, et leur imprimer à toutes un mouvement égal qui eût toujours duré. Ainsi nous croyons, sans le voir, que ce dessein de Dieu a été très sage, et nous voyons qu'il n'est pas très simple. Mais il est indubitable que l'exécution de ce dessein a dû être en même temps aussi sage et aussi simple qu'il a été possible.

La sagesse de l'exécution consiste à exécuter son dessein pleinement.

La simplicité, à y employer le moins d'action et le moins de diversité dans l'action qu'il se puisse ; enfin, rien qui ne soit absolument nécessaire pour une exécution entière et pleine.

Ici, il se présente deux remarques à faire.

1°. Que la sagesse de l'exécution nous donne une idée de la sagesse du dessein, non en soi, mais en tant qu'il a rapport à l'exécution : car, comme l'exécution est sage lorsque le dessein est exécuté pleinement, le dessein n'est sage que lorsqu'il peut être exécuté pleinement.

2°. Que la sagesse de l'exécution marche avant la simplicité ; c'est-à-dire, qu'il faut d'abord exécuter son dessein pleinement, ensuite avec le moins d'action et le moins de diversité dans l'action qu'il se puisse.

Ce point est fort important, parce qu'il me semble que c'est là que le plus grand génie de ce siècle s'est toujours mépris.

Il dit que l'ordre de l'univers n'est pas en soi le plus

parfait qui puisse être ; que les moyens n'y sont pas toujours exactement proportionnés aux fins qu'on a lieu de croire que Dieu s'est proposées ; que, par exemple, Dieu n'a intention de faire que des animaux parfaits, qu'il vient pourtant des monstres ; que Dieu envoie les pluies pour fertiliser les terres, que quelquefois cependant les pluies rendent les terres stériles, etc. Mais cet auteur prétend que cet ordre est le plus parfait qui puisse être par rapport à la simplicité des lois sur lesquelles il roule ; c'est-à-dire, en un mot, que pour le rendre plus parfait en soi, pour faire que les moyens y fussent plus exactement proportionnés aux fins, il eût fallu le faire plus composé : mais qu'en le faisant aussi simple qu'il est, il n'a jamais pu être mieux. Or, il fallait absolument que Dieu agît d'une manière très simple.

Ou je me trompe fort, ou je vois un sophisme perpétuel caché sous toute cette idée.

Si je veux faire une machine qui sonne les heures juste, et qu'il faille pour cela y mettre dix roues, je les y mettrai toutes dix. Mais en n'y en mettant que cinq, elle serait plus simple ? Il est vrai, mais elle ne sonnerait pas les heures juste. Mon dessein n'est pas de faire une machine simple, mais une machine qui sonne les heures juste, la plus simple qu'il se puisse. Je me garderai bien d'y mettre plus de roues qu'il n'en faut, et en cela consistera la simplicité de mon exécution ; mais j'y en mettrai autant qu'il en faut pour exécuter pleinement mon dessein.

Selon l'idée que je combats ici, on a fait le monde imparfait, pour le faire simple. Il fallait le faire parfait, et puis le plus simple qu'il eût été possible.

On dit que, quoique les monstres ne soient pas du dessein de Dieu, la simplicité des lois que Dieu a établies, et qu'il n'a pas pu établir moins simples, les fait naître.

Cela veut dire proprement que le dessein de Dieu n'a pas été sage ; car, il n'a pu être pleinement exécuté, puisqu'il n'a pu être exécuté que d'une manière qui faisait entrer les monstres dans l'ouvrage de Dieu, quoiqu'ils ne fussent pas du dessein. Or, une exécution pleine, non-seulement comprend tout ce qui est dans le dessein, mais exclut tout ce qui n'en est point. Il est aussi vicieux de faire trop que trop peu ; et puis, si vous me dites que la simplicité des lois a fait faire à Dieu plus que ce qui était de son dessein, je suis en droit de croire qu'elle lui a fait faire moins, quoique je ne puisse pas vous montrer ce moins qui n'est point, comme vous prétendez me montrer ce plus qui est.

Et voyez quelle bizarrerie et quelle contrariété cela met dans la nature de Dieu. Il est très sage, et doit exécuter son dessein pleinement ; il est très simple, il doit l'exécuter simplement : mais il ne peut l'exécuter pleinement et simplement en même temps ; sa sagesse et sa simplicité se combattent ; il faut qu'il relâche de l'exécution pleine de son dessein, pour donner ce qui est dû à la simplicité.

Il y aurait bien plus de sujet de croire qu'il relâcherait de la simplicité, ou que même il y renoncerait entièrement, plutôt que de laisser imparfaite l'exécution de son dessein. Car enfin, il vaut mieux se servir de moyens imparfaits, que de manquer quelquefois sa fin ; et la simplicité de l'action n'est qu'une manière d'exécution, préférable, à la vérité, quand elle se rencontre, mais non pas digne d'être recherchée aux dépens d'une exécution pleine et entière.

Cela est si vrai, que le P. *Malebranche* convient que Dieu sort quelquefois de la simplicité de son action, et agit par des voies extraordinaires, quand l'ordre le demande. Qu'est-ce que cet ordre? c'est la sagesse de ses desseins. Il préfère donc, en ces cas là, l'exécution pleine et entière de ses desseins, à la simplicité de l'exécution. Il en devrait toujours faire autant; l'ordre demande toujours la même chose. Je voudrais bien savoir pourquoi en d'autres cas, comme dans celui des monstres, Dieu préférera la simplicité de l'exécution à l'exécution pleine et entière de son dessein. Il est toujours sûr que c'est un système assez bigarré que celui où tantôt la sagesse de Dieu l'emporte sur la simplicité, tantôt la simplicité l'emporte sur sa sagesse.

Dans le combat de ces deux attributs par rapport à l'exécution du dessein, la sagesse devrait toujours l'emporter : mais il vaut encore mieux qu'il n'y ait point de combat. Je crois que, s'il le fallait, j'exposerais un ordre physique, car je n'entends parler que de celui-là, où non-seulement vous ne trouveriez pas que celle de deux choses qui ne doit point être subordonnée à l'autre, lui fût subordonnée, et gênée, pour ainsi dire, par elle, mais même où vous ne trouveriez aucune des deux subordonnée à l'autre. Chacune aurait son étendue aussi entière et aussi absolue que si elle n'avait point à s'ajuster avec l'autre : vous verriez l'exécution du dessein de Dieu aussi pleine que si elle n'était nullement simple, et aussi simple que si elle était fort éloignée d'être pleine. En effet, cela paraît convenir à deux choses qui naissent de deux attributs de Dieu : je ne crois pas que ces attributs se donnent les uns aux autres des modifications et des restrictions.

Mais ce n'est pas là de quoi il est question présentement. Il me suffit d'avoir prouvé que quand Dieu exécute un dessein, sa première intention est de l'exécuter pleinement, ensuite le plus simplement qu'il se puisse.

Le dessein de Dieu est qu'il y ait des planètes qui se meuvent sans cesse, des animaux qui se succèdent sans cesse les uns aux autres, etc.; et pour cela il faut que les parties de la matière aient des mouvemens inégaux, et se les communiquent.

Supposé, comme le prétendent les Cartésiens, que les corps n'aient nulle force mouvante, il ne se présente à Dieu que deux moyens d'exécuter son dessein :

Ou de mouvoir inégalement les corps à chaque instant, selon ce dessein ;

Ou d'établir une Cause occasionnelle de l'inégale distribution des mouvemens telle que le choc.

C'est-à-dire, qu'il faut que Dieu remue inégalement les corps sans s'assujétir à rien qu'à son dessein, ou en s'assujétissant à une Cause occasionnelle.

Sur quoi je raisonne ainsi.

En cas que Dieu s'assujétisse à une Cause occasionnelle, ou son dessein est aussi pleinement exécuté que s'il ne s'y assujétissait pas, ou il n'est pas aussi pleinement exécuté.

Si le dessein n'est pas aussi pleinement exécuté, Dieu ne s'assujétira point à la Cause occasionnelle.

Car l'autre manière d'agir sera plus sage, et par conséquent elle l'emporterait, fût-elle moins simple en elle-même.

Si le dessein de Dieu est aussi pleinement exécuté par la voie de la Cause occasionnelle, voilà les deux manières égales quant à la sagesse ; c'est à la simplicité à décider.

Comparons-les donc toutes deux sur la simplicité.

De manière ou d'autre, Dieu ne distribuera pas moins de mouvemens inégaux, ni à moins de corps différens.

Mais établir une Cause occasionnelle, c'est assurément prendre un circuit, et un circuit qui, selon la supposition présente, ne contribue en rien à une exécution plus pleine et plus entière du dessein.

Cela décidé, il serait donc contre la simplicité, telle que nous l'avons définie, que Dieu établît une Cause occasionnelle.

Comment voudrait-on que la simplicité de l'action de Dieu vînt d'une chose étrangère à laquelle il aurait égard, et à laquelle il ne servirait de rien qu'il eût égard ? Au contraire, cela même qu'il enfermât sans nécessité une chose étrangère dans son action, en détruirait entièrement la simplicité.

Si l'on dit qu'il faut que Dieu établisse une Cause occasionnelle pour agir avec uniformité, ce n'est pas l'uniformité dont il est question présentement ; car l'uniformité et la simplicité ne sont pas la même chose, quoique sur cette matière-ci on les confonde assez volontiers, et peut-être assez utilement pour les desseins que l'on a : mais l'uniformité elle-même, nous l'allons traiter amplement ; je crois avoir assez combattu la simplicité que l'on vante tant dans le système des Causes occasionnelles.

CHAPITRE V.

Qu'il semble que, dans le Système des Causes occasionnelles, Dieu n'agit point par des lois générales.

Agir avec uniformité, agir par des lois ou volontés générales, ce sont là de belles idées, et on voit bien qu'il faut qu'elles conviennent à Dieu. Mais qu'est-ce que des lois générales ? Qu'est-ce que l'uniformité qui doit être dans l'action de Dieu ? Je doute qu'on le sache tout-à-fait bien. On attribue à Dieu ces mots là, et on n'entend pas trop la chose qu'on lui attribue. Examinons cette matière avec un peu de soin.

L'action par laquelle un être intelligent agit hors de lui, a deux rapports, l'un à son dessein et à la fin qu'il se propose, l'autre à la nature du sujet sur lequel il agit.

Elle ne peut avoir d'autre rapport au dessein que de l'exécuter : mais à la nature des objets, elle en peut avoir trois différens ; ou d'être précisément telle que le demande la nature de ce sujet, ou d'être au-delà de ce qu'elle demande, et en quelque façon contre, ou d'être telle que la nature de ce sujet y soit indifférente. Je m'explique.

Si je veux faire une machine qui sonne les heures, je prends des pièces de métal, et les arrange ou les façonne d'une certaine manière : cette action est indifférente à la nature de ces pièces de métal, car de leur nature elles ne demandent point d'être façonnées ou arrangées d'une manière plutôt que d'une autre.

Mais ces pièces de métal étant devenues une machine par la figure et l'arrangement que je leur ai donnés, elles prennent une nouvelle nature; il ne faut plus les considérer simplement comme de la matière; il les faut considérer comme une machine.

La nature d'une machine est qu'après avoir reçu du mouvement de dehors, elle exécute ensuite, étant abandonnée à elle-même, le dessein pour lequel on l'a faite.

Ainsi, lorsque je donne du mouvement à cette machine, j'agis selon que sa nature le demande.

Mais si je n'avais pu la disposer si bien, que le mouvement que je lui donnerais une fois lui fît sonner naturellement les heures, et qu'il fallût que j'allasse les lui faire sonner toutes de ma main, alors j'agirais au-delà de la nature de cette machine, ou même, si vous voulez, contre; car la nature d'une machine exclut qu'après lui avoir donné du mouvement, on lui fasse faire ce qu'elle n'eût pas fait d'elle-même.

Une action est uniforme, lorsqu'elle a toujours le même rapport, tant au dessein qu'à la nature du sujet.

Ainsi, une action qui exécute un dessein peut être uniforme en trois manières.

Ou étant toujours selon la nature du sujet, ou toujours au-delà, ou lui étant toujours indifférente.

Ces trois sortes d'uniformités sont entièrement égales, prises précisément dans l'espèce d'uniformité : cependant trois actions qui auraient ces différens rapports, ne seraient pas également parfaites.

Que je donne toujours en des temps réglés du mouvement à une machine qui n'a besoin que de cela pour sonner les heures, ou que j'aille lui faire sonner toutes les heures de ma main, ou que, sans avoir fait une machine, je sonne toutes les heures en frappant deux pièces de métal l'une contre l'autre, ce qui sera une chose indifférente à ces deux pièces de métal qui ne sont simplement que de la matière; ces trois actions, quoique d'une égale uniformité, ne sont pas d'une perfection égale. Il n'y a que la première qui soit parfaite, parce qu'elle suppose que parmi toutes les dispositions possibles où la nature de ces pièces de métal souffrait que je les misse, j'ai justement choisi celle ·où elles sonneront d'elles-mêmes les heures, pourvu qu'on leur donne ce que toute machine demande, c'est-à-dire du mouvement. Ainsi, j'ai confié l'exécution de mon dessein à la nature seule des sujets sur lesquels j'agis; et dans tous les effets qu'elle produit d'elle-même, elle ne fait plus que m'obéir. Mon dessein lui est si exactement proportionné, que tout ce qu'il demande, elle le demande aussi, et je ne puis rien faire pour elle qui ne me conduise à ma fin. Il est de ma sagesse de n'avoir formé sur les sujets que des desseins que leur nature pouvait exécuter, et il est de mon intelligence de les avoir mis justement dans les dispositions où leur nature seule devait exécuter mes desseins. Si j'ai choisi ce dessein proportionné à leur nature, et cette disposition proportionnée à mon dessein, parmi une infinité d'autres desseins et d'autres dispositions, je suis d'une sagesse et d'une intelligence infinies.

La seconde sorte d'action est imparfaite de l'une ou de l'autre de ces deux manières. Si les pièces de métal ont pu être disposées de sorte qu'elles sonnassent les heures sans que j'y misse la main, j'ai manqué d'intelligence de ne pas m'aviser de cette disposition : si elles n'ont jamais pu être disposées de cette sorte, j'ai manqué de sagesse de leur demander une chose qui était au-delà de leur nature.

La troisième action n'est imparfaite qu'au cas que des pièces de métal aient pu être mises dans une disposition où elles eussent sonné les heures d'elles-mêmes En ce cas là elle ne manque pas de sagesse; car selon la supposition, elle ne demande aux choses que ce qu'elles peuvent faire; mais elle manque d'intelligence de ne leur faire pas exéuter son dessein par leur nature seule, comme il se pourrait. Il y a toujours plus d'habileté à faire une machine qui exécute votre dessein, qu'à n'en faire pas quand il est possible d'en faire une.

Avant que la machine que je veux faire soit faite, je ne puis agir plus parfaitement que d'une action indifférente à la nature des sujets ; car s'ils résistaient à quelque disposition, je manquerais de sagesse en les y mettant : mais comme je les suppose indifférens à toute disposition, mon action sera toujours indifférente à leur nature, c'est à mon dessein à me déterminer.

Mais la machine faite, je ne dois plus agir que précisément selon sa nature.

Vous voyez donc par ces trois espèces d'actions que nous avons proposées, que l'uniformité, en tant que simple uniformité, ne suffit pas pour rendre une action parfaite; mais qu'il faut que ce soit une uniformité qui suppose de la sagesse et de l'intelligence.

Remarquez encore qu'une action n'en est pas plus parfaite pour être plus uniforme, si ce n'est de cette uniformité d'intelligence et de sagesse.

Je suppose qu'il soit impossible qu'une machine sonne les heures d'elle-même. Il faut que j'aille les lui faire sonner toutes de ma main. Cette action a son uniformité, en ce que j'agis toujours par rapport à mon dessein et au-delà de la nature de mon sujet.

J'établis un homme qui, quoique je sache fort bien quand il faudra aller sonner l'heure, ne manquera jamais à me faire signe d'y aller quand il le faudra ; et alors je dis : Voilà mon action devenue plus uniforme, et par conséquent plus parfaite ; car j'agis toujours sur les signes de cet homme. Ai-je raison ?

Non sans doute. La nouvelle uniformité de mon action ne suppose pas en moi plus de sagesse ; je n'en demande pas moins à ma machine une chose qu'elle ne peut faire. Elle ne suppose pas plus d'intelligence, car la nature de cet homme n'a aucun rapport aux heures ; il ne me fait signe précisément que parce que je le veux : il est visible que je n'en suis pas plus habile pour l'avoir voulu. La connaissance de ce rapport arbitraire que j'ai établi sans nécessité, ne me rend pas intelligent : mais de l'avoir établi sans nécessité, cela me rend moins sage. Voilà tout ce que produit la nouvelle uniformité de mon action.

Comme on entend en général et confusément par le mot d'actions ou lois générales, des actions d'une uniformité qui les rend plus parfaites, sans démêler précisément en quoi consiste cette perfection, je crois que nous pouvons définir les actions ou lois générales, celles qui exécutent un dessein selon la nature du sujet en sorte que la nature du sujet demande par elle-même ce que demande aussi le dessein.

Les actions ou lois particulières seront celles qui exécutent un dessein au-delà ou contre la nature du sujet : cela s'entend assez.

A quoi il faut ajouter une troisième espèce d'actions

ou de lois auxquelles on n'a point encore pensé, quoiqu'elles eussent pu servir à éclaircir cette matière. Nous les appellerons actions ou lois moyennes, et ce seront celles qui exécutent un dessein d'une manière indifférente à la nature du sujet.

Il est aisé d'appliquer à Dieu et à son action ces définitions, et les exemples que nous avons apportés. Toute notre question est déjà résolue dans une espèce d'allégorie.

Il est du dessein de Dieu que les mouvemens des corps qui se rencontrent passent des uns dans les autres.

Mais selon la nature des corps, cela ne se peut jamais faire; car il est de leur nature de n'avoir nulle force pour se mouvoir les uns les autres.

Voilà donc déjà Dieu qui demande aux corps quelque chose qui est au-delà de leur nature. Il tombe donc dans l'un des deux inconvéniens de la loi particulière, qui est de n'avoir pas proportionné son dessein à la nature du sujet.

Cela répond au dessein que j'avais de faire sonner l'heure à une machine, quoique je supposasse qu'il fût impossible qu'une machine sonnât l'heure.

Et l'inconvénient est même encore plus grand à l'égard de Dieu qu'il n'était au mien. Si mes desseins excèdent la nature des pièces de métal, ce n'est pas moi qui leur ai donné leur nature. Mais les essences des choses sont fondées sur l'essence de Dieu; elles sont nécessairement telles, parce que l'essence de Dieu qui est nécessaire, est telle. Or, il est inconcevable que la sagesse divine, en formant ses desseins, demande aux choses plus que ce qui est en elles par la participation de la nature divine qui a déterminé leurs essences. Il est inconcevable que leur nature, quoique aussi parfaite qu'elle puisse être, soit pourtant assez imparfaite pour ne pouvoir exécuter les desseins de Dieu, ou que les desseins de Dieu soient si excessifs, qu'ils ne puissent être exécutés par la nature des choses, quoique très parfaite.

Au cas que, selon la nature des corps, leurs mouvemens ne puissent augmenter ou diminuer par leurs rencontres, Dieu a dû former un dessein dont l'exécution permît que les corps retinssent toujours, nonobstant leurs rencontres, la même quantité de mouvement. Alors Dieu eut agi par une loi générale.

Vous direz qu'il est de leur nature de pouvoir être mus, tantôt plus, tantôt moins, selon que Dieu le veut.

Il est vrai ; cela est de leur nature quand vous les regardez simplement comme corps, comme parties d'une matière indifférente qui en tout temps a un mouvement plus ou moins grand. Mais si vous les regardez comme parties d'une machine, il est de leur nature de n'être inégalement mus, tantôt plus, tantôt moins, que selon que la disposition de la machine le demande.

Si une machine, après avoir reçu du mouvement, ne peut sonner l'heure, et si je la lui fais sonner de ma main, j'agis alors par une loi particulière, et contre la nature de cette machine, qui veut être abandonnée à tout ce qui pourra arriver naturellement de la disposition où je l'ai mise.

Mais si je prends deux pièces de métal qui n'ont nulle liaison ni nul rapport qui les rendent parties du même tout, et que je les frappe l'une contre l'autre d'un nombre de coups égal à l'heure, j'agis par une loi moyenne, parce que ces deux pièces de métal demeurent dans un état où elles sont indifférentes à tous les mouvemens que je leur voudrai donner.

A prendre les corps simplement comme matière, Dieu n'agit sur eux que par une loi moyenne, lorsqu'il les meut, tantôt plus, tantôt moins. Mais le monde matériel, selon l'idée de tous les philosophes, et particulièrement selon celle des Cartésiens, est une machine. Dieu doit donc à toutes les parties de cette machine un premier mouvement. si inégal qu'il lui plaira, il n'importe ; jusques-là les corps sont indifférens : mais il faut que tout ce qui arrive ensuite dans la machine, arrive en vertu de la disposition où elle est, et par la seule nature des parties qui la composent. Or, il est impossible qu'en vertu de cette disposition, et par la nature des corps, il arrive que les mouvemens des uns augmentent, et que ceux des autres diminuent : car on suppose que les corps n'ont d'eux-mêmes nulle force mouvante, et assurément aucun arrangement ne leur en peut donner. Donc l'augmentation ou la diminution du mouvement des corps est contre leur nature, en tant qu'ils sont parties d'une machine. Donc elle se fait par une loi particulière.

Et ce qui porte encore davantage un caractère manifeste de loi particulière, ce sont les proportions que Dieu a établies en la communication des mouvemens. Il est, par exemple, de la nature de deux corps, quelque inégaux qu'ils soient, de résister également à la rencontre d'un troisième, et d'être également inébranlables, puisque ce troisième n'a pas plus de force pour en mouvoir l'un que l'autre.

Cependant, Dieu en établissant les proportions de la communication des mouvemens, veut qu'un grand corps résiste plus qu'un petit, et soit plus difficile à ébranler. Il détermine donc ces deux corps à une égalité qui est contre leur nature.

En général, vous voyez bien que la communication des mouvemens n'étant point naturelle aux corps, les proportions de cette communication ne peuvent suivre de leur nature, car les proportions ont pour fondement nécessaire la communication.

Dieu ne peut donc établir ces proportions, sans agir au-delà ou contre la nature des corps, c'est-à-dire par des lois particulières.

Et même toutes les fois qu'il réduit en pratique, pour ainsi dire, ces règles qu'il a établies, il agit encore par des lois particulières; car l'exécution, quoiqu'uniforme, de ce qui est contre la nature des sujets, blesse toujours, quoiqu'uniformément, la nature de ces sujets.

Que le choc soit Cause occasionnelle tant qu'il vous plaira, cela ne remédie à rien; c'est cet homme qui me fait signe que j'aille sonner l'heure. Je n'en agis pas moins contre la nature de ma machine toutes les fois que je la fais sonner. J'agis avec une uniformité de plus, je l'avoue : mais nous avons vu que cette uniformité, qui ne part ni de plus de sagesse, ni de plus d'intelligence, ne contribue en rien à la perfection de l'action, et dès lors même est vicieuse par son inutilité.

Sans répéter sur le choc ce que j'ai dit sur cet homme, j'aime mieux vous faire voir toute cette matière d'une vue générale.

Souvenez-vous que nous avons montré que l'uniformité par elle-même n'est point parfaite : il n'y a que l'uniformité dans quelque chose de parfait, qui soit parfaite.

Souvenez-vous aussi qu'une action qui exécute un dessein n'est d'une uniformité qui la rende plus parfaite, que quand elle est toujours selon la nature du sujet.

Mais elle est toujours imparfaite, quoiqu'uniforme, si elle est toujours contre la nature du sujet; ou toujours indifférente, supposé qu'elle eût pu être selon la nature du sujet.

Lorsqu'entre l'agent qui agit de l'une de ces deux manières imparfaites, et le sujet sur lequel il agit, on mettra une Cause occasionnelle, réparera-t-on l'imperfection de l'action?

On n'aura garde de la réparer; car cette imperfection consiste en ce que l'action n'est pas selon la nature du sujet. Or, cette Cause occasionnelle, qui précisément parce qu'elle est Cause occasionnelle, ne peut avoir qu'un rapport arbitraire et jamais naturel, tant à l'action de l'agent qu'au sujet sur lequel on agit, ne mettra assurément rien dans cette action qui fasse qu'elle soit davantage selon la nature du sujet. Elle y mettra une uniformité nouvelle : mais comme elle ne changera rien dans le rapport qu'a l'action au sujet, elle laissera toujours l'action indifférente ou particulière quoiqu'uniforme.

On se trompe dans le système des Causes occasionnelles, en nous donnant une action pour générale, dès qu'elle est uniforme.

L'uniformité enferme seulement la continuation constante du même rapport, quel qu'il soit, entre l'action et le sujet. La généralité, s'il est permis de parler ainsi, détermine ce rapport à être le plus parfait qui puisse être. Cette équivoque règne dans les ouvrages des Cartésiens d'un bout à l'autre.

Maintenant si cette uniformité nouvelle, que la Cause occasionnelle ajoute à l'action, ne fait pas que l'action ait un rapport plus parfait à la nature du sujet, elle ne fait pas non plus qu'elle en ait un plus parfait au dessein ; car le dessein s'exécuterait bien sans Cause occasionnelle, et au contraire il s'en exécute souvent plus mal, disent les Cartésiens. Cette nouvelle uniformité est donc tout au moins absolument superflue, et par conséquent elle ne peut jamais être admise, lorsqu'il s'agit d'une action de Dieu.

Voilà, je crois, l'endroit faible du système des Causes occasionnelles, et le nœud de toutes les difficultés qui peuvent être faites sur cette matière.

Dieu n'établira donc point le choc Cause occasionnelle de la communication des mouvemens, supposé que les corps n'aient d'eux-mêmes aucune force mouvante ; et quand même il l'établirait, son action n'en serait pas moins particulière, parce qu'elle sera toujours ou contre la nature de machine que Dieu a donnée à toute la matière, ou contre la nature propre des corps, ainsi que nous l'avons prouvé.

Dans cette hypothèse de l'impuissance des corps, il me paraît que Dieu n'aurait pu agir plus parfaitement que par les lois moyennes. Il n'eût point établi le choc Cause occasionnelle, cela n'eût servi de rien ; il n'eût point mis les corps dans une disposition de machine d'où il ne pouvait rien tirer ; il les eût laissés dans un état où ils eussent été indifférens à tout mouvement, et les eût remués inégalement à chaque instant, selon son dessein. Si je ne pouvais faire de machine qui sonnât les heures, je ne m'amuserais point à en faire une qui ne servirait de rien; je n'établirais point d'homme qui me fût Cause occasionnelle par ses signes, puisque je saurais bien quand il faudrait sonner l'heure; je la sonnerais avec deux pièces de métal quand il faudrait : ce serait le mieux que je pusse faire. Mettrais-je une disposition de machine dans ces pièces de métal exprès pour rendre mon action particulière, au lieu de moyenne, c'est-à-dire moins parfaite?

Certainement Dieu ne l'a pas fait non plus; et puisqu'il a mis une disposition de machine dans le monde matériel, son action n'est ni moyenne ni particulière. Mais afin qu'elle soit générale, il faut que les corps aient de leur nature une force mouvante qui agisse selon les différentes proportions de leur grosseur et de leur vitesse, et que Dieu les ait d'abord mus et arrangés de telle sorte que la seule communication naturelle de leurs mouvemens amène à chaque instant ce que Dieu veut qui arrive. Il n'en coûte à Dieu que de conserver toujours le même mouvement dans la masse de la matière, et jamais action ne peut être ni plus générale que celle là, ni supposer plus de sagesse et d'intelligence.

CHAPITRE VI.

Qu'il semble que le Système des Causes occasionnelles ne rend pas Dieu plus souverain, que le Système commun de la force mouvante des corps.

Les défenseurs des Causes occasionnelles paraissent être bien fiers de ce que dans leur système il n'y a point d'autre moteur que Dieu, point de force mouvante qu'en lui : mais je crois que cet avantage nous pourra être commun avec eux, pourvu que le système commun de la force des corps soit bien expliqué. Je ne sais si les philosophes qui le soutiennent, m'avoueront du tour que je vais lui donner.

Il est certain que l'existence des créatures est une vraie existence, réellement distinguée de celle de Dieu, cela n'est point contre sa grandeur ni contre sa souveraineté. Il pourrait donc bien aussi n'être pas contre sa souveraineté et sa grandeur, qu'il y eût dans les créatures une vraie force mouvante réellement distinguée de la sienne.

Jusques-là tout est égal ; et tout ce que vous me direz contre la force des créatures, je vous le rétorquerai contre leur existence.

Mais comme l'existence des créatures étant dépendante et participée, a un caractère qui la met infiniment au-dessous de celle de Dieu, aussi leur force mouvante doit avoir quelque caractère qui la mette infiniment au-dessous de celle qui est en Dieu.

Cela se découvre sans peine. La force mouvante de Dieu est celle par laquelle il produit un mouvement qui n'était point : la force mouvante des créatures est celle par laquelle elles font passer d'un corps dans un autre, un mouvement qui était déjà, et qu'elles n'ont pas produit. Concevez Dieu et les créatures, à l'égard du mouvement, comme le soleil et les corps transparens ou réfléchissans, à l'égard de la lumière.

Qu'un corps envoie de la lumière en un certain lieu par réfraction ou par réflexion, ce n'est pas lui proprement qui éclaire ce lieu; c'est toujours le soleil qui seul a produit et a pu produire cette lumière.

Mais ce corps n'a pas laissé de faire comme Cause véritable, et précisément en vertu de sa nature, que cette lumière fût ici ou là.

Il y a une différence dans cette comparaison; c'est que comme l'action du soleil est naturellement déterminée à pousser la lumière sur la même ligne droite, un corps transparent ou opaque qui détermine la lumière à prendre une autre ligne, change quelque chose à l'action du soleil : mais l'action par laquelle Dieu produit le mouvement, n'est déterminée qu'à produire tant de mouvement dans toute la masse de la matière, et non à en produire tant dans chaque corps particulier; et par conséquent les corps qui ne font que faire passer du mouvement dans d'autres corps particuliers, ne changent rien à l'action de Dieu, en tant qu'elle est déterminée.

C'est en cela que consiste la réponse que j'avais promise au raisonnement du P. *Malebranche*, rapporté dans le chap. III. Il serait indigne de Dieu, et au-dessus de la portée des créatures, qu'elles pussent changer quelque chose à une action de Dieu déterminée, à celle, par exemple, par laquelle il produit et conserve tant de mouvement déterminément dans toute la matière; mais elles peuvent, sans sortir de leur bassesse, et sans blesser la puissance de Dieu, changer quelque chose à une action indéterminée, indifférente, et qu'il ne veut qui ait rien d'absolu ni de fixe, telle que celle par laquelle il conserve tant de mouvement en chaque corps particulier.

L'idée que nous donnons ici de la force mouvante des créatures, convient parfaitement avec le principe dous nous faisons dépendre cette force, qui est l'impénétrabilité : vous voyez que de l'impénétrabilité il ne peut pas s'ensuivre qu'un corps produira un mouvement qui n'était point, mais il s'en ensuivra qu'il fera passer du mouvement dans un autre corps. C'est à cet égard qu'il faut reconnaître les corps pour Causes véritables.

Ainsi Dieu est autant dans notre système le seul moteur, que dans celui des Causes occasionnelles; mais il me semble que ce système commun, qui n'est qu'égal à l'autre en ce point, est au-dessus de lui en tous les autres que nous avons traités. J'en fais juges tous ceux qui n'auront pas pris pour les opinions nouvelles la même préoccupation où l'on a été plongé si long-temps, et si ridiculement, à l'égard des anciennes. La vérité n'a ni jeunesse ni vieillesse; les agrémens de l'une ne la doivent pas faire aimer davantage, et les rides de l'autre ne lui doivent pas attirer plus de respect.

LETTRE

De l'Auteur des Doutes à M****, pour répondre à une difficulté qui lui avait été objectée.

Je ne voudrais pas, Monsieur, pour toute la métaphysique du monde, avoir trouvé mauvais que vous ayez fait réponse à un de mes argumens. Ce serait une chose souverainement ridicule que la question abstraite et spéculative des Causes occasionnelles fût en droit d'exciter des passions et des tempêtes dans le cœur humain : quand serions-nous donc de sang-froid? Quelquefois, en voyant nos grands hommes disputer avec tant d'aigreur, et, qui pis est, avec si peu de bonne foi, j'admire leurs raisonnemens, et j'ai pitié de leur raison. Ils parlent de philosophie, mais ils ne parlent pas en philosophes.

Vous prétendez que j'ai supposé ce qui était en question. Je ne répondrai point précisément à toutes vos paroles : cela commencerait une dispute où le public n'entendrait rien, et où peut-être nous ne nous entendrions pas nous-mêmes. Il vaut mieux que je remette dans une nouvelle forme qui prévienne votre difficulté, l'argument que vous trouvez faux dans le livre des *Doutes*. Puisque, selon le P. *Malebranche* et vous, les corps n'ont nulle force de faire passer les uns dans les autres, par le choc, les mouvemens qu'ils ont reçus de Dieu, et qu'il a fallu que Dieu ait établi une Cause occasionnelle de la communication des mouvemens, il a pu établir pour Cause occasionnelle quelque autre chose que le choc : car rien ne peut être de sa nature Cause occasionnelle de quoi que ce soit; ce ne peut être que par institution.

Je veux donc que Dieu, au lieu d'établir le choc Cause occasionnelle de la communication des mouvemens, en ait établi Cause occasionnelle le passage de deux corps à une certaine distance l'un de l'autre; par exemple, à une ligne qui sera moyenne proportionnelle entre leurs diamètres. Tout l'ordre de l'univers matériel roulerait sur ce nouveau principe.

Alors quand je viendrais à examiner la question des Causes occasionnelles selon la méthode que j'ai tenue dans le troisième chapitre des *Doutes*, je dirais : Le passage de deux corps à cette distance supposée est-il véritablement la Cause occasionnelle de la communication de leurs mouvemens ? Et pour le découvrir, je supposerais qu'avant que Dieu eût fait le décret qui établirait ce passage prétendu Cause occasionnelle de la communication des mouvemens, il voulut simplement mouvoir les deux corps A et B, tant que rien pris hors de lui ne s'y opposerait.

Je trouverais que les deux corps A et B seraient mus toute l'éternité sans nul changement ; et j'aurais beau les concevoir passant à une distance l'un de l'autre, qui serait moyenne proportionnelle entre leurs diamètres, je ne concevrais jamais que ce passage eût aucune liaison, naturelle et nécessaire avec le changement de leurs mouvemens.

Je conclurais : Ce passage est donc une vraie Cause occasionnelle de la communication des mouvemens, puisqu'avant que Dieu lui ait donné cette qualité, qui n'est que d'institution, il n'avait de lui-même nulle liaison avec la communication des mouvemens.

Appliquez ce raisonnement au choc, vous trouverez tout le contraire.

Dieu, avant que d'avoir établi le choc cause occasionnelle de la communication, veut mouvoir les deux corps A et B dans les circonstances que j'ai marquées ; et ce que je n'ai pas assez marqué, il les veut mouvoir tant que rien pris hors de lui ne s'y opposera. Remarquez bien, s'il vous plaît, qu'on peut supposer que Dieu ait fait un décret sur le mouvement de deux corps, sans en avoir fait un sur la communication de leurs mouvemens, parce que la première de ces deux choses n'enferme point la seconde.

A et *B* viennent à se choquer. Jusqu'ici tout s'est pu faire par le simple décret qui a mis *A* et *B* en mouvement.

Mais ici, au point du choc, je vois qu'il faut de nécessité absolue qu'il arrive un changement, quel qu'il soit.

Et la nécessité de ce changement est prise, non de la volonté de Dieu, car, selon l'hypothèse, il remuerait encore *A* et *B* de la même façon, si rien pris hors de lui ne s'y opposait : mais elle est prise de la nature des corps et de leur impénétrabilité, qui s'oppose absolument à la continuation du mouvement de *A* et de *B*, tel qu'il était.

Il y a donc une liaison nécessaire entre la nature de *A* et de *B*, et un changement, quel qu'il soit.

La nature des corps, ou le choc, ce qui revient au même, sera donc Cause véritable, et non pas Cause occasionnelle de ce changement.

Voilà le raisonnement que j'avais fait dans les Doutes ; mais rendu plus clair et plus sensible par le parallèle que j'ai imaginé du choc et du passage à une ligne, etc. Attachez-vous, je vous prie, à ce parallèle d'opposition, et examinez attentivement d'où naît la différence. Je vous prie de mettre dans le même journal où vous insérerez tout ceci, la réponse que vous y ferez, et de me marquer bien précisément le point où je me serai trompé. Est-il possible que jamais, à force de dispute, on ne conviendra de rien ? Je voudrais avoir vu cela arriver une fois en ma vie, fût-ce à mes dépens.

FIN DES CAUSES OCCASIONNELLES.

ENTRETIENS

SUR

LA PLURALITÉ DES MONDES.

AVERTISSEMENT

De l'Auteur sur la seconde édition.

On y trouvera un grand nombre d'augmentations semées dans tout le livre; les distances, les grandeurs, les révolutions des corps célestes, exprimées beàucoup plus précisément qu'elles ne l'avaient été dans les éditions précédentes, et selon le calcul de nos plus excellens astronomes, et en général tous les phénomènes du ciel conformes aux observations les plus exactes. On peut assurer les lecteurs que sur tous ces points là ils peuvent autant se fier à ce livre, tel qu'il est présentement, que s'il était plus savant et plus profond.

PRÉFACE.

Je suis à peu près dans le même cas où se trouva Cicéron, lorsqu'il entreprit de mettre en sa langue des matières de philosophie qui jusques-là n'avaient été traitées qu'en grec. Il nous apprend qu'on disait que ses ouvrages seraient fort inutiles, parce que ceux qui aiment la philosophie, s'étant bien donné la peine de la chercher dans les livres grecs, négligeraient après cela de la voir dans des livres latins, qui ne seraient pas originaux; et que ceux qui n'avaient pas de goût pour la philosophie, ne se souciaient de la voir, ni en latin, ni en grec.

A cela, il répond qu'il arriverait tout le contraire; que ceux qui n'étaient pas philosophes seraient tentés de le devenir, par la facilité de lire des livres latins; et que ceux qui l'étaient déjà par la lecture des livres grecs, seraient bien aises de voir comment ces choses-là avaient été maniées en latin.

Cicéron avait raison de parler ainsi. L'excellence de son génie, et la grande réputation qu'il avait déjà acquise, lui garantissaient le succès de cette nouvelle sorte d'ouvrages qu'il donnait au public; mais moi, je suis bien éloigné d'avoir les mêmes sujets de confiance dans une entreprise presque pareille à la sienne. J'ai voulu traiter la philosophie d'une manière qui ne fût point philosophique; j'ai tâché de l'amener à un point où elle ne fût ni trop sèche pour les gens du monde, ni trop badine pour les savans. Mais si on me dit à peu près comme à Cicéron, qu'un pareil ouvrage n'est propre, ni aux savans qui n'y peuvent rien apprendre, ni aux gens du monde qui n'auront point d'envie d'y rien apprendre, je n'ai garde de répondre ce qu'il répondit. Il se peut bien faire qu'en cherchant un milieu où la philosophie convînt à tout le monde, j'en aie trouvé un où elle ne convienne à personne; les milieux sont trop difficiles à tenir, et je ne crois pas qu'il me prenne envie de me mettre une seconde fois dans la même peine.

Je dois avertir ceux qui liront ce livre, et qui ont quelque connaissance de la physique, que je n'ai point du tout prétendu les instruire, mais seulement les divertir, en leur présentant, d'une manière un peu plus agréable et plus égayée, ce qu'ils savent déjà plus solidement. J'avertis ceux à qui ces matières sont nouvelles, que j'ai cru pouvoir les instruire et les divertir tout ensemble. Les premiers iront contre mon intention, s'ils cherchent ici de l'utilité; et les seconds, s'ils n'y cherchent que de l'agrément.

Je ne m'amuserai point à dire que j'ai choisi, dans toute la philosophie, la matière la plus capable de piquer la curiosité. Il semble que rien ne devrait nous intéresser davantage, que de savoir comment est fait ce monde que nous habitons, s'il y a d'autres mondes semblables, et qui soient habités aussi : mais après tout, s'inquiète de tout cela qui veut. Ceux qui ont des pensées à perdre, les peuvent perdre sur ces sortes de sujets; mais tout le monde n'est pas en état de faire cette dépense inutile.

PRÉFACE.

J'ai mis, dans ces Entretiens, une femme que l'on instruit, et qui n'a jamais ouï parler de ces choses-là. J'ai cru que cette fiction me servirait, et à rendre l'ouvrage plus susceptible d'agrément, et à encourager les dames par l'exemple d'une femme, qui ne sortant jamais des bornes d'une personne qui n'a nulle teinte des sciences, ne laisse pas d'entendre ce qu'on lui dit, et de ranger dans sa tête, sans confusion, les tourbillons et les mondes. Pourquoi des femmes céderaient-elles à cette marquise imaginaire, qui ne conçoit que ce qu'elle ne peut se dispenser de concevoir?

A la vérité, elle s'applique un peu; mais qu'est-ce ici que s'appliquer? Ce n'est pas pénétrer à force de méditation une chose obscure d'elle-même, ou expliquée obscurément; c'est seulement ne point lire, sans se présenter nettement ce qu'on lit. Je ne demande aux dames, pour tout ce système de philosophie, que la même application qu'il faut donner à la Princesse de Clèves, si on veut en suivre bien l'intrigue, et en connaître toute la beauté. Il est vrai que les idées de ce livre-ci sont moins familières à la plupart des femmes, que celles de la Princesse de Clèves; mais elles n'en sont pas plus obscures, et je suis sûr qu'à une seconde lecture, tout au plus, il ne leur en sera rien échappé.

Comme je n'ai pas prétendu faire un système en l'air, et qui n'eût aucun fondement, j'ai employé de vrais raisonnemens de physique, et j'en ai employé autant qu'il a été nécessaire. Mais il se trouve heureusement, dans ce sujet, que les idées de physique y sont riantes d'elles-mêmes, et que dans le même temps qu'elles contentent la raison, elles donnent à l'imagination un spectacle qui lui plaît autant que s'il était fait exprès pour elle.

Quand j'ai trouvé quelques morceaux qui n'étaient pas tout-à-fait de cette espèce, je leur ai donné des ornemens étrangers. Virgile en a usé ainsi dans ses Géorgiques, où il sauve le fond de sa matière, qui est tout-à-fait sèche, par des digressions fréquentes, et souvent fort agréables. Ovide même en a fait autant dans l'art d'aimer, quoique le fond de sa matière fût infiniment plus agréable que tout ce qu'il y pouvait mêler. Apparemment il a cru qu'il était ennuyeux de parler toujours d'une même chose, fût-ce de préceptes de galanterie. Pour moi, qui avais plus besoin que lui du secours des digressions, je ne m'en suis pourtant servi qu'avec assez de ménagement. Je les ai autorisées par la liberté naturelle de la conversation ; je ne les ai placées que dans les endroits où j'ai cru qu'on serait bien aise de les trouver ; j'en ai mis la plus grande partie dans les commencemens de l'ouvrage, parce qu'alors l'esprit n'est pas encore assez accoutumé aux idées principales que je lui offre ; enfin, je les ai prises dans mon sujet même, ou assez proche de mon sujet.

Je n'ai rien voulu imaginer sur les habitans des mondes, qui fût entièrement impossible et chimérique. J'ai tâché de dire tout ce qu'on en pouvait penser raisonnablement, et les visions mêmes que j'ai ajoutées à cela, ont quelque fondement réel. Le vrai et le faux sont mêlés ici ; mais ils y sont toujours aisés à distinguer. Je n'entreprends point de justifier un composé si bizarre ; c'est là le point le plus important de cet ouvrage, et c'est cela justement dont je ne puis rendre raison.

Il ne me reste plus, dans cette Préface, qu'à parler à une sorte de personnes ; mais ce seront peut-être les plus difficiles à contenter, non que l'on n'ait à leur donner de fort bonnes raisons, mais parce qu'ils ont le privilége de ne se payer pas, s'ils ne veulent, de toutes les raisons qui sont bonnes. Ce sont les gens scrupuleux qui pourront s'imaginer qu'il y a du danger, par rapport à la religion, à mettre des habitans ailleurs que sur la terre. Je respecte jusqu'aux délicatesses excessives que l'on a sur le fait de la religion ; et celle là même, je l'aurais respectée au point de ne la vouloir pas choquer dans cet ouvrage, si elle était contraire à mon sentiment. Mais ce qui va peut-être vous paraître surprenant, elle ne regarde pas seulement ce système, où je remplis d'habitans une infinité de mondes. Il ne faut que démêler une petite erreur d'imagination. Quand on vous dit que la lune est habitée, vous vous y représentez aussitôt des hommes faits comme nous, et puis, si vous êtes un peu théologien, vous voilà plein de difficultés. La postérité d'Adam n'a pas pu s'étendre jusques dans la lune, ni envoyer des colonies en ce pays-là. Les hommes qui sont dans la lune ne sont donc pas fils d'Adam. Or, il serait embarrassant, dans la théologie, qu'il y eût des hommes qui ne descendissent pas de lui. Il n'est pas besoin d'en dire davantage ; toutes les difficultés imaginables se réduisent à cela, et les termes qu'il faudrait employer dans une plus longue explication, sont trop dignes de respect pour être mis dans un livre aussi peu grave que celui-ci. L'objection roule donc tout entière sur les hommes de la lune ; mais ce sont ceux qui la font, à qui il plaît de mettre des hommes dans la lune. Moi, je n'y en mets point ; j'y mets des habitans qui ne sont point du tout des hommes. Que sont-ils donc? je ne les ai point vus, ce n'est pas pour les avoir vus que j'en parle; et ne soupçonnez pas que ce soit une défaite dont je me serve pour éluder votre objection, que de dire qu'il n'y a point d'hommes dans la lune : vous verrez qu'il est impossible qu'il y en ait, selon l'idée que j'ai de la diversité infinie que la nature doit avoir mise dans ses ouvrages. Cette idée règne dans tout le livre, et elle ne peut être contestée d'aucun philosophe. Ainsi, je crois que je n'entendrai faire cette objection qu'à ceux qui parleront de ces Entretiens, sans les avoir lus. Mais est-ce un sujet de me rassurer? Non, c'en est un au contraire, très légitime, de craindre que l'objection ne me soit faite de bien des endroits.

ENTRETIENS

SUR

LA PLURALITÉ DES MONDES.

A MONSIEUR L....

Vous voulez, Monsieur, que je vous rende un compte exact de la manière dont j'ai passé mon temps à la campagne, chez madame la marquise de G***. Savez-vous bien que ce compte exact sera un livre, et ce qu'il y a de pis, un livre de philosophie? Vous vous attendez à des fêtes, à des parties de jeu ou de chasse, et vous aurez des planètes, des mondes, des tourbillons : il n'a presque été question que de ces choses-là. Heureusement, vous êtes philosophe, et vous ne vous en moquerez pas tant qu'un autre. Peut-être même serez-vous bien aise que j'aie attiré madame la marquise dans le parti de la philosophie. Nous ne pouvions faire une acquisition plus considérable; car je compte que la beauté et la jeunesse sont toujours des choses d'un grand prix. Ne croyez-vous pas que si la sagesse elle-même voulait se présenter aux hommes, avec succès, elle ne ferait point mal de paraître sous une figure qui approchât un peu de celle de la marquise? Surtout, si elle pouvait avoir dans sa conversation les mêmes agrémens, je suis persuadé que tout le monde courrait après la sagesse. Ne vous attendez pourtant pas à entendre des merveilles, quand je vous ferai le récit des entretiens que j'ai eus avec cette dame; il faudrait presque avoir autant d'esprit qu'elle, pour répéter ce qu'elle a dit, de la manière dont elle l'a dit. Vous lui verrez seulement cette vivacité d'intelligence que vous lui connaissez. Pour moi, je la tiens savante, à cause de l'extrême facilité qu'elle aurait à le devenir. Qu'est-ce qui lui manque? D'avoir ouvert les yeux sur des livres. Cela n'est rien; et bien des gens l'ont fait toute leur vie, à qui je refuserais, si j'osais, le nom de savans. Au reste, Monsieur, vous m'aurez une obligation. Je sais bien qu'avant que d'entrer dans le détail des conversations que j'ai eues avec la marquise, je serais en droit de vous décrire le château où elle était allée passer l'automne. On a souvent décrit des châteaux pour de moindres occasions. Mais je vous ferai grâce sur cela. Il suffit que vous sachiez que quand j'arrivai chez elle, je n'y trouvai point de compagnie, et que j'en fus fort aise. Les deux premiers jours n'eurent rien de remarquable; ils se passèrent à épuiser les nouvelles de Paris, d'où je venais : mais ensuite vinrent ces entretiens dont je veux vous faire part. Je vous les diviserai par soirs, parce qu'effectivement nous n'eûmes de ces entretiens que les soirs.

PREMIER SOIR.

Que la Terre est une Planète qui tourne sur elle-même et autour du Soleil.

Nous allâmes donc un soir, après souper, nous promener dans le parc. Il faisait un frais délicieux, qui nous récompensait d'une journée fort chaude, que nous avions essuyée. La lune était levée il y avait peut-être une heure, et ses rayons, qui ne venaient à nous qu'entre les branches des arbres, faisaient un agréable mélange d'un blanc fort vif, avec tout ce vert qui paraissait noir. Il n'y avait pas un nuage qui dérobât ou qui obscurcît la moindre étoile ; elles étaient toutes d'un or pur et éclatant, et qui était encore relevé par le fond bleu où elles sont attachées. Ce spectacle me fit rêver, et peut-être, sans la marquise, eussé-je rêvé assez long-temps ; mais la présence d'une si aimable dame ne me permit pas de m'abandonner à la lune et aux étoiles. Ne trouvez-vous pas, lui dis-je, que le jour même n'est pas si beau qu'une belle nuit. Oui, me répondit-elle, la beauté du jour est comme une beauté blonde, qui a plus de brillant ; mais la beauté de la nuit est une beauté brune, qui est plus touchante. Vous êtes bien généreuse, repris-je de donner cet avantage aux brunes, vous qui ne l'êtes pas. Il est pourtant vrai que le jour est ce qu'il y a de plus beau dans la nature, et que les héroïnes de roman, qui sont ce qu'il y a de plus beau dans l'imagination, sont presque toujours blondes. Ce n'est rien que la beauté, répliqua-t-elle, si elle ne touche. Avouez que le jour ne vous eût jamais jeté dans une rêverie aussi douce que celle où je vous ai vu près de tomber tout-à-l'heure à la vue de cette belle nuit. J'en conviens, répondis-je; mais en récompense, une blonde comme vous me ferait encore mieux rêver que la plus belle nuit du monde, avec toute sa beauté brune. Quand cela serait vrai, répliqua-t-elle, je ne m'en contenterais pas. Je voudrais que le jour, puisque les blondes doivent être dans ses intérêts, fît aussi le même effet. Pourquoi les amans, qui sont bons juges de ce qui touche, ne s'adressent-ils jamais qu'à la nuit, dans toutes les chansons et dans toutes les élégies que je connais? Il faut bien que la nuit ait leurs remercîmens, lui dis-je : mais, reprit-elle, elle a aussi toutes leurs plaintes. Le jour ne s'attire point leurs confidences : d'où cela vient-il? C'est apparemment, répondis-je, qu'il n'inspire point je ne sais quoi de triste et de passionné. Il semble, pendant la nuit, que tout soit en repos. On s'imagine que les étoiles marchent avec plus de silence que le soleil; les objets que le ciel présente sont plus doux; la vue s'y arrête plus aisément; enfin, on rêve mieux, parce qu'on se flatte d'être alors, dans toute la nature, la seule personne occupée à rêver. Peut-être aussi que le spectacle du jour est trop uniforme; ce n'est qu'un soleil et une voûte bleue; mais il se peut que la vue de toutes ces étoiles, semées confusément, et disposées au hasard en mille figures différentes, favorise la rêverie, et un certain désordre de pensées où l'on ne tombe point sans plaisir. J'ai toujours senti ce que vous me dites, reprit-elle; j'aime les étoiles, et je me plaindrais volontiers du soleil qui nous les efface. Ah! m'écriai-je, je ne puis lui pardonner de me faire perdre de vue tous ces mondes. Qu'appelez-vous tous ces mondes? me dit-elle, en me regardant, et en se tournant vers moi. Je vous demande pardon, répondis-je; vous m'avez mis sur ma folie, et aussitôt mon imagination s'est échappée. Quelle est donc cette folie? reprit-elle. Hélas! répliquai-je, je suis bien fâché qu'il faille vous l'avouer. Je me suis mis dans la tête que chaque étoile pourrait bien être un monde. Je ne jurerais pourtant pas que cela fût vrai; mais je le tiens pour vrai, parce qu'il me fait plaisir à croire. C'est une idée qui me plaît, et qui s'est placée dans mon esprit d'une manière riante. Selon moi, il n'y a pas jusqu'aux vérités à qui l'agrément ne soit nécessaire. Hé bien, reprit-elle, puisque votre folie est si agréable, donnez-la moi; je croirai, sur les étoiles, tout ce que vous voudrez, pourvu que j'y trouve du plaisir. Ah! Madame, répondis-je bien vite, ce n'est pas un plaisir comme celui que vous auriez à une comédie de Molière; c'en est un qui est je ne sais où dans la raison, et qui ne fait rire que l'esprit. Quoi donc, reprit-elle, croyez-vous qu'on soit incapable des plaisirs qui ne sont que dans la raison? Je veux, tout-à-l'heure, vous faire voir le contraire. Apprenez-moi vos étoiles. Non, répliquai-je il ne me sera point reproché que dans un bois, à dix heures du soir, j'aie parlé de philosophie à la plus aimable personne que je connaisse. Cherchez ailleurs vos philosophes.

J'eus beau me défendre encore quelque temps sur ce ton-là, il fallut céder. Je lui fis du moins promettre, pour mon honneur, qu'elle garderait le secret; et quand je fus hors d'état de m'en pouvoir dédire, et que je voulus parler, je vis que je ne savais par où commencer mon discours; car avec une personne comme elle, qui ne savait rien en matière de physique, il fallait prendre les choses de bien loin, pour lui prouver que la terre pouvait être une planète, et les planètes autant de terres, et toutes les étoiles autant de soleils qui éclairaient des mondes. J'en revenais toujours à lui dire qu'il aurait mieux valu s'entretenir de bagatelles, comme toutes personnes raisonnables auraient fait en notre place. A la fin cependant, pour lui donner une idée générale de la philosophie, voici par où je commençai.

Toute la philosophie, lui dis-je, n'est fondée que sur deux choses : sur ce qu'on a l'esprit curieux et les yeux mauvais; car si vous aviez les yeux meilleurs que vous ne les avez, vous verriez bien si les étoiles sont des soleils qui éclairent autant de mondes, ou si elles n'en sont pas; et si, d'un autre côté, vous étiez moins curieuse, vous ne vous soucieriez pas de le savoir, ce qui reviendrait au même : mais on veut savoir plus qu'on ne voit; c'est là la difficulté. Encore si ce qu'on voit on le voyait bien, ce serait toujours autant de connu; mais on le voit tout autrement qu'il n'est. Ainsi les vrais philosophes passent leur vie à ne point croire ce qu'ils voient, et à tâcher de deviner ce qu'ils ne voient point; et cette condition n'est pas, ce me semble, trop à envier. Sur cela, je me figure toujours que la nature est un grand spectacle, qui ressemble à celui de l'opéra. Du lieu où vous êtes à l'opéra, vous ne voyez pas le théâtre tout-à-fait comme il est : on a disposé les décorations et les machines pour faire de loin un effet agréable, et on cache à votre vue ces roues et ces contrepoids qui font tous les mouvemens. Aussi ne vous embarrassez-vous guère de deviner comment tout cela joue. Il n'y a peut-être que quelque machiniste caché dans le parterre, qui s'inquiète d'un vol qui lui aura paru extraordinaire, et qui veut absolument démêler comment ce vol a été exécuté. Vous voyez bien que ce machiniste-là est assez fait comme les philosophes. Mais ce qui, à l'égard des philosophes, augmente la difficulté, c'est que dans les machines que la nature présente à nos yeux, les cordes sont parfaitement bien cachées, et elles le sont si bien, qu'on a été long-temps à deviner ce qui causait les mouvemens de l'univers : car représentez-vous tous les sages à l'opéra, ces Pythagore, ces Platon, ces Aristote, et tous ces gens dont le nom fait aujourd'hui tant de bruit à nos oreilles : supposons qu'ils voyaient le vol de Phaëton que les vents enlèvent, qu'ils ne pouvaient découvrir les cordes, et qu'ils ne savaient point comment le derrière du théâtre était disposé. L'un d'eux disait : « C'est » une vertu secrète qui enlève Phaëton. » L'autre, « Phaëton est composé de certains nombres qui le font » monter. » L'autre, « Phaëton a une certaine amitié » pour le haut du théâtre; il n'est pas à son aise quand » il n'y est pas. » L'autre, « Phaëton n'est pas fait pour » voler : mais il aime mieux voler que de laisser le haut » du théâtre vide, » et cent autres rêveries que je m'étonne qui n'aient perdu de réputation toute l'antiquité. A la fin, Descartes et quelques autres modernes sont venus, qui ont dit : « Phaëton monte, parce qu'il » est tiré par des cordes, et qu'un poids plus pesant » que lui descend. » Ainsi, on ne croit plus qu'un corps se remue, s'il n'est tiré, ou plutôt poussé par un autre corps : on ne croit plus qu'il monte ou qu'il descende, si ce n'est par l'effet d'un contrepoids ou d'un ressort; et qui verrait la nature telle qu'elle est, ne verrait que le derrière du théâtre de l'opéra. A ce compte, dit la marquise, la philosophie est devenue bien mécanique? Si mécanique, répondis-je, que je crains qu'on n'en ait bientôt honte. On veut que l'univers ne soit en grand que ce qu'une montre est en petit, et que tout s'y conduise par des mouvemens réglés qui dépendent de l'arrangement des parties. Avouez la vérité. N'avez-vous pas eu quelquefois une idée plus sublime de l'univers, et ne lui avez-vous point fait plus d'honneur qu'il ne méritait? J'ai vu des gens qui l'en estimaient moins, depuis qu'ils l'avaient connu. Et moi, répliqua-t-elle, je l'en estime beaucoup plus, depuis que je sais qu'il ressemble à une montre. Il est surprenant que l'ordre de la nature, tout admirable qu'il est, ne roule que sur des choses si simples.

Je ne sais pas, lui répondis-je, qui vous a donné des idées si saines; mais, en vérité, il n'est pas trop commun de les avoir. Assez de gens ont toujours dans la tête un faux merveilleux, enveloppé d'une obscurité qu'ils respectent. Ils n'admirent la nature, que parce qu'ils la croient une espèce de magie où l'on n'entend rien; et il est sûr qu'une chose est déshonorée auprès d'eux, dès qu'elle peut être conçue. Mais, Madame, continuai-je, vous êtes si bien disposée à entrer dans tout ce que je veux vous dire, que je crois que je n'ai qu'à tirer le rideau, et à vous montrer le monde.

De la terre où nous sommes, ce que nous voyons de plus éloigné, c'est ce ciel bleu, cette grande voûte, où il semble que les étoiles sont attachées comme des clous ; on les appelles fixes, parce qu'elles ne paraissent avoir que le mouvement de leur ciel, qui les emporte avec lui d'orient en occident. Entre la terre et cette dernière voûte des cieux, sont suspendus, à différentes hauteurs, le soleil; la lune, et les cinq autres astres, qu'on appelle des planètes, Mercure, Vénus, Mars, Jupiter et Saturne. Ces planètes n'étant point attachées à un même ciel, ayant des mouvemens inégaux, elles se regardent diversement, et figurent diversement ensemble ; au lieu que les étoiles fixes sont toujours dans la même situation les unes à l'égard des autres. Le chariot, par exemple, que vous voyez, qui est formé de ces sept étoiles, a toujours été fait comme il est, et le sera encore longtemps ; mais la lune est tantôt proche du soleil, tantôt elle en est éloignée, et il en va de même des autres planètes. Voilà comme les choses parurent à ces anciens bergers de Chaldée dont le grand loisir produisit les premières observations, qui ont été le fondement de l'astronomie ; car l'astronomie est née dans la Chaldée, comme la géométrie naquit, dit-on, en Égypte, où les inondations du Nil, qui confondaient les bornes des champs, furent cause que chacun voulut inventer des mesures exactes pour reconnaître son champ d'avec celui de son voisin. Ainsi, l'astronomie est fille de l'oisiveté ; la géométrie est fille de l'intérêt, et s'il était question de la poésie, nous trouverions apparemment qu'elle est fille de l'amour.

Je suis bien aise, dit la marquise, d'avoir appris cette généalogie des sciences, et je vois bien qu'il faut que je m'en tienne à l'astronomie. La géométrie, selon ce que vous me dites, demanderait une âme plus intéressée que je ne l'ai, et la poésie en demanderait une plus tendre ; mais j'ai autant de loisir que l'astronomie en peut demander. Heureusement encore nous sommes à la campagne, et nous y menons quasi une vie pastorale : tout cela convient à l'astronomie. Ne vous y trompez pas, Madame, repris-je ; ce n'est pas la vraie vie pastorale que de parler des planètes et des étoiles fixes. Voyez si c'est à cela que les gens de l'Astrée passent leur temps. Oh! répondit-elle, cette sorte de bergerie-là est trop dangereuse ; j'aime mieux celle de ces Chaldéens, dont vous me parliez. Recommencez un peu, s'il vous plaît, à me parler chaldéen. Quand on eut reconnu cette disposition des cieux, que vous m'avez dite, de quoi fut-il question? Il fut question, repris-je, de deviner comment toutes les parties de l'univers devaient être arrangées, et c'est là ce que les savans appellent faire un système. Mais avant que je vous explique le premier des systèmes, il faut que vous remarquiez, s'il vous plaît, que nous sommes tous faits naturellement comme un certain fou athénien, dont vous avez entendu parler, qui s'était mis dans la fantaisie que tous les vaisseaux qui abordaient au port de Pyrée, lui appartenaient. Notre folie, à nous autres, est de croire aussi que toute la nature, sans exception, est destinée à nos usages ; et quand on demande, à nos philosophes, à quoi sert ce nombre prodigieux d'étoiles fixes, dont une partie suffirait pour faire ce qu'elles font toutes, ils vous répondent froidement qu'elles servent à leur réjouir la vue. Sur ce principe, on ne manqua pas d'abord de s'imaginer qu'il fallait que la terre fût en repos au centre de l'univers, tandis que tous les corps célestes, qui étaient faits pour elles, prendraient la peine de tourner à l'entour pour l'éclairer. Ce fut donc au-dessus de la Terre qu'on plaça la Lune, et au-dessus de la Lune, on plaça Mercure, ensuite Vénus, le Soleil, Mars, Jupiter, Saturne. Au-dessus de tout cela, était le ciel des étoiles fixes. La terre se trouvait justement au milieu des cercles que décrivent ces planètes, et ils étaient d'autant plus grands, qu'ils étaient plus éloignés de la terre, et par conséquent les planètes plus éloignées, employaient plus de temps à faire leur cours, ce qui effectivement est vrai. Mais je ne sais pas, interrompit la marquise, pourquoi vous semblez n'approuver pas cet ordre-là dans l'univers; il me paraît assez net et assez intelligible, et pour moi, je vous déclare que je m'en contente. Je puis me vanter, répliquai-je, que je vous adoucis bien tout ce système. Si je vous le donnais tel qu'il a été conçu par Ptolomée, son auteur, ou par ceux qui y ont travaillé après lui, il vous jetterait dans une épouvante horrible. Comme les mouvemens des planètes ne sont pas si réguliers, qu'elles n'aillent tantôt plus vite, tantôt plus lentement, tantôt en un sens, tantôt en un autre, et qu'elles ne soient quelquefois plus éloignées de la terre, quelquefois plus proches, les anciens avaient imaginé je ne sais combien de cercles différemment entrelacés les uns dans les autres, par lesquels ils sauvaient toutes ces bizarreries. L'embarras de tous ces cercles était si grand, que dans un temps où l'on ne connaissait encore rien de meilleur, un roi de Castille[1], grand mathématicien, mais apparemment peu dévot, disait, que si Dieu l'eût ap-

---

[1] Alphonse X, surnommé l'*Astronome* et le *Sage*, sous le règne duquel furent dressées les *Tables Alphonsines*. On lui doit encore un code de lois, appelé en espagnol *Las partidas*, qui a été long-temps

pelé à son conseil, quand il fit le monde, il lui eût
donné de bons avis. La pensée est trop libertine ;
mais cela même est assez plaisant, que ce système fût
alors une occasion de pécher, parce qu'il était trop
confus. Les bons avis que ce roi voulait donner, regardaient, sans doute, la suppression de tous ces cercles, dont on avait embarrassé les mouvemens célestes.
Apparemment ils regardaient aussi une autre suppression de deux ou trois cieux superflus, qu'on avait mis
au-delà des étoiles fixes. Ces philosophes, pour expliquer une sorte de mouvement dans les corps célestes,
faisaient au-delà du dernier ciel que nous voyons, un
ciel de cristal, qui imprimait ce mouvement aux cieux
inférieurs. Avaient-ils nouvelle d'un autre mouvement?
c'était aussitôt un autre ciel de cristal. Enfin, les cieux
de cristal ne leur coûtaient rien. Et pourquoi ne les
faisait-on que de cristal? dit la marquise. N'eussent-ils
pas été bons de quelque autre matière ? Non, répondis-je ; il fallait que la lumière passât au travers, et
d'ailleurs il fallait qu'ils fussent solides : il le fallait absolument ; car Aristote avait trouvé que la solidité était
une chose attachée à la noblesse de leur nature ; et
puisqu'il l'avait dit, on n'avait garde d'en douter.
Mais on a vu des comètes qui, étant plus élevées qu'on
ne croyait autrefois, briseraient tout le cristal des
cieux par où elles passent, et casseraient tout l'univers ; et il fallut se résoudre à faire les cieux d'une matière fluide, telle que l'air. Enfin, il est hors de doute,
par les observations de ces derniers siècles, que Vénus
et Mercure tournent autour du soleil, et non autour

un des fondemens de la jurisprudence en Espagne. Il mourut le 21
avril 1284.

de la terre ; et l'ancien système est absolument insoutenable par cet endroit. Je vais donc vous en proposer un qui satisfait à tout, et qui dispenserait le roi de Castille de donner des avis ; car il est d'une simplicité charmante, et qui seule le ferait préférer. Il semblerait, interrompit la marquise, que votre philosophie est une espèce d'enchère, où ceux qui offrent de faire les choses à moins de frais, l'emportent sur les autres. Il est vrai, repris-je, et ce n'est que par là qu'on peut attraper le plan sur lequel la nature a fait son ouvrage. Elle est d'une épargne extraordinaire ; tout ce qu'elle pourra faire d'une manière qui lui coûtera un peu moins, quand ce moins ne serait presque rien, soyez sûre qu'elle ne le fera que de cette manière là. Cette épargne néanmoins s'accorde avec une magnificence surprenante, qui brille dans tout ce qu'elle a fait : c'est que la magnificence est dans le dessein, et l'épargne dans l'exécution. Il n'y a rien de plus beau qu'un grand dessein que l'on exécute à peu de frais. Nous autres, nous sommes sujets à renverser souvent tout cela dans nos idées. Nous mettons l'épargne dans le dessein qu'a eu la nature, et la magnificence dans l'exécution. Nous lui donnons un petit dessein, qu'elle exécute avec dix fois plus de dépense qu'il ne faudrait ; cela est tout-à-fait ridicule. Je serai bien aise, dit-elle, que le système dont vous m'allez parler, imite de fort près la nature ; car ce grand ménage-là tournera au profit de mon imagination, qui n'aura pas tant de peine à comprendre ce que vous me direz. Il n'y a plus ici d'embarras inutiles, repris-je. Figurez-vous un allemand[1], nommé

---

[1] Copernic était né à Thorn, ville de la Prusse royale.

Copernic, qui fait main-basse sur tous ces cercles différens, et sur tous ces cieux solides, qui avaient été imaginés par l'antiquité. Il détruit les uns, il met les autres en pièces. Saisi d'une noble fureur d'astronome, il prend la terre et l'envoie bien loin du centre de l'univers où elle s'était placée, et dans ce centre il y met le soleil, à qui cet honneur était bien mieux dû. Les planètes ne tournent plus autour de la terre, et ne l'enferment plus au milieu du cercle qu'elles décrivent. Si elles nous éclairent, c'est en quelque sorte par hasard, et parce qu'elles nous rencontrent en leur chemin. Tout tourne présentement autour du soleil; la terre y tourne elle-même; et pour la punir du long repos qu'elle s'était attribué, Copernic la charge le plus qu'il peut de tous les mouvemens qu'elle donnait aux planètes et aux cieux. Enfin, de tout cet équipage céleste, dont cette petite terre se faisait accompagner et environner, il ne lui est demeuré que la lune, qui tourne encore autour d'elle. Attendez un peu, dit la marquise, il vient de vous prendre un enthousiasme qui vous a fait expliquer les choses si pompeusement, que je ne crois pas les avoir entendues. Le soleil est au centre de l'univers, et là il est immobile. Après lui, qu'est-ce qui suit? C'est Mercure, répondis-je; il tourne autour du soleil, en sorte que le soleil est à peu près le centre du cercle que Mercure décrit. Au-dessus de Mercure est Vénus, qui tourne de même autour du soleil. Ensuite vient la terre, qui, étant plus élevée que Mercure et Vénus, décrit autour du soleil un plus grand cercle que ces planètes. Enfin, suivent Mars, Jupiter, Saturne, selon l'ordre où je vous les nomme; et vous voyez bien que Saturne doit décrire autour du soleil le plus grand cercle de tous ; aussi emploie-t-il plus de temps qu'aucune autre planète à faire sa révolution. Et la lune, vous l'oubliez ? interrompit-elle. Je la retrouverai bien, repris-je. La lune tourne autour de la terre, et ne l'abandonne point ; mais comme la terre avance toujours dans le cercle qu'elle décrit autour du soleil, la lune la suit, en tournant toujours autour d'elle ; et si elle tourne autour du soleil, ce n'est que pour ne point quitter la terre.

Je vous entends, répondit-elle ; et j'aime la lune de nous être restée, lorsque toutes les autres planètes nous abandonnaient. Avouez, que si votre allemand eût pu nous la faire perdre, il l'aurait fait volontiers ; car je vois, dans tout son procédé, qu'il était bien mal intentionné pour la terre. Je lui sais bon gré, répliquai-je, d'avoir rabattu la vanité des hommes, qui s'étaient mis à la plus belle place de l'univers ; et j'ai du plaisir à voir présentement la terre dans la foule des planètes. Bon, répondit-elle, croyez-vous que la vanité des hommes s'étende jusqu'à l'astronomie ? Croyez-vous m'avoir humiliée, pour m'avoir appris que la terre tourne autour du soleil ? Je vous jure que je ne m'en estime pas moins. Mon dieu, Madame, repris-je, je sais bien qu'on sera moins jaloux du rang qu'on tient dans l'univers, que de celui qu'on croit devoir tenir dans une chambre, et que la préséance de deux planètes ne sera jamais une si grande affaire que celle de deux ambassadeurs. Cependant, la même inclination, qui fait qu'on veut avoir la place la plus honorable dans une cérémonie, fait qu'un philosophe, dans un système, se met au centre du monde, s'il peut. Il est bien aise que tout soit fait pour lui ; il suppose, peut-être sans s'en apercevoir, ce principe qui le flatte, et son cœur ne laisse pas de s'intéresser à une affaire de pure spéculation. Franchement, répliqua-t-elle, c'est là une calomnie que vous avez inventée contre le genre humain. On n'aurait donc jamais dû recevoir le système de Copernic, puisqu'il est si humiliant. Aussi, repris-je, Copernic lui-même se défiait-il fort du succès de son opinion. Il fut très long-temps à ne la vouloir pas publier. Enfin, il s'y résolut, à la prière de gens très considérables ; mais aussi, le jour qu'on lui apporta le premier exemplaire imprimé de son livre, savez-vous ce qu'il fit? Il mourut. Il ne voulut point essuyer toutes les contradictions qu'il prévoyait, et se tira habilement d'affaire. Écoutez, dit la marquise, il faut rendre justice à tout le monde. Il est sûr qu'on a de la peine à s'imaginer qu'on tourne autour du soleil ; car enfin, on ne change point de place, et on se retrouve toujours le matin où l'on s'était couché le soir. Je vois, ce me semble, à votre air, que vous m'allez dire que, comme la terre tout entière marche...... Assurément, interrompis-je, c'est la même chose que si vous vous endormiez dans un bateau qui allât sur la rivière ; vous vous trouveriez à votre réveil dans la même place et dans la même situation, à l'égard de toutes les parties du bateau. Oui ; mais, répliqua-t-elle, voici une différence ; je trouverais à mon réveil le rivage changé, et cela me ferait bien voir que mon bateau aurait changé de place. Mais il n'en va pas de même de la terre ; j'y retrouve toutes choses comme je les avais laissées. Non pas, Madame, répondis-je, non pas, le rivage est changé aussi. Vous savez qu'au-delà de tous les cercles des planètes sont les étoiles fixes : voilà notre rivage. Je suis sur la terre, et la terre décrit un grand cercle autour du soleil. Je regarde au centre de ce cercle, j'y vois le soleil. S'il n'effaçait point les étoiles, en poussant ma vue en ligne droite au-delà du soleil, je le verrais nécessairement répondre à quelques étoiles fixes; mais je vois aisément, pendant la nuit, à quelles étoiles il a répondu le jour, et c'est exactement la même chose. Si la terre ne changeait point de place sur le cercle où elle est, je verrais toujours le soleil répondre aux mêmes étoiles fixes; mais dès que la terre change de place, il faut que je la voie répondre à d'autres étoiles. C'est là le rivage qui change tous les jours; et comme la terre fait son cercle en un an autour du soleil, je vois le soleil, en l'espace d'une année, répondre successivement à diverses étoiles fixes qui composent un cercle; ce cercle s'appelle le Zodiaque. Voulez-vous que je vous fasse ici une figure sur le sable? Non, répondit-elle, je m'en passerai bien, et puis cela donnerait à mon parc un air savant que je ne veux pas qu'il ait. N'ai-je pas ouï dire qu'un philosophe, qui fut jeté, par un naufrage, dans une île qu'il ne connaissait point, s'écria à ceux qui le suivaient, en voyant de certaines figures, des lignes et des cercles tracés sur le bord de la mer : *Courage, compagnons, l'île est habitée; voici des pas d'hommes.* Vous jugez bien qu'il ne m'appartient point de faire de ces pas là, et qu'il ne faut pas qu'on en voie ici.

Il vaut mieux, en effet, répondis-je, qu'on n'y voie que des pas d'amans, c'est-à-dire, votre nom et vos chiffres gravés sur l'écorce des arbres par la main de vos adorateurs. Laissons-là, je vous prie, les adorateurs, reprit-elle, et parlons du soleil. J'entends bien comment nous nous imaginons qu'il décrit le cercle que nous décrivons nous-mêmes; mais ce tour ne s'achève qu'en un an, et celui que le soleil fait tous les jours sur notre tête, comment se fait-il? Avez-vous remarqué, lui répondis-je, qu'une boule qui roulerait sur cette allée aurait deux mouvemens? Elle irait vers le bout de l'allée, et en même temps elle tournerait plusieurs fois sur elle-même, en sorte que la partie de cette boule qui est en haut, descendrait en bas, et que celle d'en bas monterait en haut. La terre fait la même chose. Dans le temps qu'elle avance sur le cercle qu'elle décrit en un an autour du soleil, elle tourne sur elle-même en vingt-quatre heures. Ainsi, en vingt-quatre heures, chaque partie de le terre perd le soleil et le recouvre; et à mesure qu'en tournant, on va vers ls côté où est le soleil, il semble qu'il s'élève; et quand on commence à s'en éloigner, en continuant le tour, il semble qu'il s'abaisse. Cela est assez plaisant, dit-elle; la terre prend tout sur soi, et le soleil ne fait rien : et quand la lune et les autres planètes, et les étoiles fixes, paraissent faire un tour sur notre tête en vingt-quatre heures, c'est donc aussi une imagination? Imagination pure, repris-je, qui vient de la même cause. Les planètes font seulement leurs cercles autour du soleil en des temps inégaux, selon leurs distances inégales; et celle que que nous voyons aujourd'hui répondre à un certain point du Zodiaque, ou de ce cercle d'étoiles fixes, nous la voyons demain à la même heure répondre à un autre point, tant parce qu'elle a avancé sur son cercle, que parce que nous avons avancé sur le nôtre. Nous marchons, et les autres planètes marchent aussi; mais plus ou moins vite que nous. Cela nous met dans différens points de vue à leur égard, et nous fait paraître dans leurs cours des bizarreries dont il n'est pas nécessaire que je vous parle : il suffit que vous sachiez que ce qu'il y a d'irrégulier dans les planètes, ne vient que de la diverse manière dont notre mouvement nous les fait rencontrer, et qu'au fond elles sont toutes très réglées. Je consens qu'elles le soient, dit la marquise ; mais je voudrais bien que leur régularité coûtât moins à la terre. On ne l'a guère ménagée ; et pour une grosse masse aussi pesante qu'elle est, on lui demande bien de l'agilité. Mais, lui répondis-je, aimeriez-vous mieux que le soleil, et tous les autres astres, qui sont de très grands corps, fissent, en vingt-quatre heures, autour de la terre, un tour immense ? que les étoiles fixes, qui seraient dans le plus grand cercle, parcourussent en un jour plus de vingt-sept mille six cent soixante fois deux cent millions de lieues ? car il faut que tout cela arrive, si la terre ne tourne pas sur elle-même en vingt-quatre heures. En vérité, il est bien plus raisonnable qu'elle fasse ce tour, qui n'est tout au plus que de neuf mille lieues. Vous voyez bien que neuf mille lieues, en comparaison de l'horrible nombre que je viens de vous dire, ne sont qu'une bagatelle.

Oh ! répliqua la marquise, le soleil et les astres sont tout de feu, et le mouvement ne leur coûte rien ; mais la terre ne paraît guère portative. Et croiriez-vous, repris-je, si vous n'en aviez l'expérience, que ce fût quelque chose de bien portatif qu'un gros navire monté de cent cinquante pièces de canon, chargé de plus de trois mille hommes, et d'une très grande quantité de marchandises ? Cependant, il ne faut qu'un petit souffle de vent pour le faire aller sur l'eau, parce que l'eau est liquide, et que se laissant diviser avec facilité, elle résiste peu au mouvement du navire; ou, s'il est au milieu d'une rivière, il suivra sans peine le fil de l'eau, parce qu'il n'y a rien qui le retienne. Ainsi, la terre, toute massive qu'elle est, est aisément portée au milieu de la matière céleste, qui est infiniment plus fluide que l'eau, et qui remplit tout ce grand espace où nagent les planètes. Et où faudrait-il que la terre fût cramponnée pour résister au mouvement de cette matière céleste, et ne s'y pas laisser emporter? C'est comme si une petite boule de bois pouvait ne pas suivre le courant d'une rivière.

Mais, répliqua-t-elle encore, comment la terre, avec tout son poids, se soutient-elle sur votre matière céleste, qui doit être bien légère, puisqu'elle est si fluide? Ce n'est pas à dire, répondis-je, que ce qui est fluide en soit plus léger. Que dites-vous de notre gros vaisseau, qui, avec tout son poids, est plus léger que l'eau, puisqu'il y surnage? Je ne veux plus vous dire rien, dit-elle comme en colère, tant que vous aurez le gros vaisseau. Mais, m'assurez-vous bien qu'il n'y ait rien à craindre sur une pirouette aussi légère que vous me faites la terre? Hé bien, lui répondis-je, faisons porter la terre par quatre éléphans, comme font les Indiens. Voici bien un autre système, s'écria-t-elle! Du moins j'aime ces gens là d'avoir pourvu à leur sûreté, et fait de bons fondemens ; au lieu que nous autres Coperniciens nous sommes assez inconsidérés pour vouloir bien nager à l'aventure dans cette matière céleste. Je gage que si les Indiens savaient que la terre fût le moins du monde en péril de se mouvoir, ils doubleraient les éléphans.

Cela le mériterait bien, repris-je, en riant de sa pensée; il ne faut point épargner les éléphans, pour dormir en assurance; et si vous en avez besoin pour cette nuit, nous en mettrons dans notre système autant qu'il nous plaira; ensuite, nous les retrancherons peu à peu, à mesure que vous vous rassurerez. Sérieusement, reprit-elle, je ne crois pas, dès à présent, qu'ils me soient fort nécessaires, et je me sens assez de courage pour oser tourner. Vous irez encore plus loin, répliquai-je; vous tournerez avec plaisir, et vous vous ferez sur ce système des idées réjouissantes. Quelquefois, par exemple, je me figure que je suis suspendu en l'air, et que j'y demeure sans mouvement, pendant que la terre tourne sous moi en vingt-quatre heures. Je vois passer sous mes yeux tous ces visages différens, les uns blancs, les autres noirs, les autres basanés, les autres olivâtres. D'abord, ce sont des chapeaux, et puis des turbans, et puis des têtes chevelues, et puis des têtes rasées; tantôt des villes à clochers, tantôt des villes à longues aiguilles, qui ont des croissans, tantôt des villes à tours de porcelaine, tantôt de grands pays, qui n'ont que des cabanes; ici de vastes mers, là des déserts épouvantables; enfin, toute cette variété infinie qui est sur la surface de la terre.

En vérité, dit-elle, tout cela mériterait bien que l'on donnât vingt-quatre heures de son temps à le voir. Ainsi donc, dans le même lieu où nous sommes à présent, je ne dis pas dans ce parc, mais dans ce même lieu, à le prendre dans l'air, il y passe continuellement d'autres peuples qui prennent notre place; et au bout de vingt-quatre heures nous y revenons.

Copernic, lui répondis-je, ne le comprendrait pas mieux. D'abord il passera par ici des Anglais, qui raisonneront peut-être de quelque dessein de politique avec moins de gaieté que nous ne raisonnons de notre philosophie; ensuite viendra une grande mer, et il se pourra trouver en ce lieu là quelque vaisseau qui n'y sera pas si à son aise que nous. Après cela paraîtront des Iroquois, en mangeant tout vif quelque prisonnier de guerre, qui fera semblant de ne s'en pas soucier; des femmes de la terre de Jesso, qui n'emploieront tout leur temps qu'à préparer le repas de leurs maris, et à se peindre de bleu les lèvres et les sourcils, pour plaire aux plus vilains hommes du monde; des Tartares, qui iront fort dévotement en pélerinage vers ce grand-prêtre, qui ne sort jamais d'un lieu obscur, où il n'est éclairé que par des lampes, à la lumière desquelles on l'adore; de belles Circassiennes, qui ne feront aucune façon d'accorder tout au premier venu, hormis ce qu'elles croient qui appartient essentiellement à leurs maris; de petits Tartares, qui iront voler des femmes pour les Turcs et pour les Persans; enfin nous, qui débiterons peut-être encore des rêveries.

Il est assez plaisant, dit la marquise, d'imaginer ce que vous venez de me dire; mais si je voyais tout cela d'en haut, je voudrais avoir la liberté de hâter ou d'arrêter le mouvement de la terre, selon que les objets me plairaient plus ou moins, et je vous assure que je ferais passer bien vite ceux qui s'embarrassent de politique, ou qui mangent leurs ennemis : mais il y en a d'autres pour qui j'aurais de la curiosité. J'en aurais pour ces belles Circassiennes, par exemple, qui ont un usage si particulier. Mais il me vient une difficulté sérieuse. Si la terre tourne, nous changeons d'air à chaque moment, et nous respirons toujours celui d'un autre pays. Nullement, Madame, répondis-je; l'air qui environne la terre ne s'étend que jusqu'à une certaine hauteur, peut-être jusqu'à vingt lieues tout au plus; il nous suit et tourne avec nous. Vous avez vu quelquefois l'ouvrage d'un ver à soie, ou ces coques que ces petits animaux travaillent avec tant d'art pour s'y emprisonner : elles sont d'une soie fort serrée; mais elles sont couvertes d'un certain duvet fort léger et fort lâche. C'est ainsi que la terre, qui est assez solide, est couverte, depuis sa surface jusqu'à une certaine hauteur, d'une espèce de duvet, qui est l'air, et toute la coque du ver à soie tourne en même temps. Au-delà de l'air est la matière céleste, incomparablement plus pure, plus subtile, et même plus agitée qu'il n'est.

Vous me présentez la terre sous des idées bien méprisables, dit la marquise. C'est pourtant sur cette coque de ver à soie qu'il se fait de si grands travaux, de si grandes guerres, et qu'il règne de tous côtés une si grande agitation. Oui, répondis-je; et pendant ce temps là, la nature, qui n'entre point en connaissance de tous ces petits mouvemens particuliers, nous emporte tous ensemble d'un mouvement général, et se joue de la petite boule.

Il me semble, reprit-elle, qu'il est ridicule d'être sur quelque chose qui tourne, et de se tourmenter tant; mais le malheur est qu'on n'est pas assuré qu'on tourne; car enfin, à ne vous rien céler, toutes les précautions que vous prenez pour empêcher qu'on ne s'aperçoive du mouvement de la terre, me sont suspectes. Est-il possible qu'il ne laissera pas quelque petite marque sensible à laquelle on le reconnaisse?

Les mouvemens les plus naturels, répondis-je, et les plus ordinaires, sont ceux qui se font le moins sentir : cela est vrai, jusques dans la morale. Le mouvement de l'amour-propre nous est si naturel, que le plus souvent nous ne le sentons pas, et que nous croyons agir par d'autres principes. Ah! vous moralisez, dit-elle, quand il est question de physique; cela s'appelle bâiller. Retirons-nous; aussi bien en voilà assez pour la première fois; demain nous reviendrons ici, vous avec vos systèmes, et moi avec mon ignorance.

En retournant au château, je lui dis, pour épuiser la matière des systèmes, qu'il y en avait un troisième inventé par Tycho-Brahé, qui, voulant absolument que la terre fût immobile, la plaçait au centre du monde, et faisait tourner autour d'elle le soleil, autour duquel tournaient toutes les autres planètes, parce que depuis les nouvelles découvertes, il n'y avait pas moyen de faire tourner les planètes autour de la terre. Mais la marquise, qui a le discernement vif et prompt, jugea qu'il y avait trop d'affectation à exempter la terre de tourner autour du soleil, puisqu'on n'en pouvait pas exempter tant d'autres grands corps; que le soleil n'était plus si propre à tourner autour de la terre, depuis que toutes les planètes tournaient autour de lui; que ce système ne pouvait être propre, tout au plus, qu'à soutenir l'immobilité de la terre, quand on avait bien envie de la soutenir, et nullement à la persuader; et enfin, il fut résolu que nous nous en tiendrions à celui de Copernic, qui est plus uniforme et plus riant, et n'a aucun mélange de préjugé. En effet, la simplicité dont il est, persuade, et sa hardiesse fait plaisir.

DEUXIÈME SOIR.
Que la Lune est une Terre habitée.

Le lendemain au matin, dès que l'on put entrer dans l'appartement de la marquise, j'envoyai savoir de ses nouvelles, et lui demander si elle avait pu dormir en tournant : elle me fit répondre qu'elle était déjà tout accoutumée à cette allure de la terre, et qu'elle avait passé la nuit aussi tranquillement qu'aurait pu faire Copernic lui-même. Quelque temps après, il vint chez elle du monde, qui y demeura jusqu'au soir, selon l'ennuyeuse coutume de la campagne; encore leur fut-on bien obligé; car la campagne leur donnait aussi le droit de pousser leur visite jusqu'au lendemain, s'ils eussent voulu, et ils eurent l'honnêteté de ne le pas faire. Ainsi, la marquise et moi, nous nous retrouvâmes libres le soir. Nous allâmes encore dans le parc, et la conversation ne manqua pas de tourner aussitôt sur nos systèmes. Elle les avait si bien conçus, qu'elle dédaigna d'en parler une seconde fois, et elle voulut que je la menasse à quelque chose de nouveau. Hé bien donc, lui dis-je, puisque le soleil, qui est présentement immobile, a cessé d'être planète, et que la terre, qui se meut autour de lui, a commencé d'en être une, vous ne serez pas si surprise d'entendre dire que la lune est une terre comme celle-ci, et qu'apparemment elle est habitée. Je n'ai pourtant jamais ouï parler de la lune habitée, dit-elle, que comme d'une folie et d'une vision. C'en est peut-être une aussi, répondis-je. Je ne prends parti, dans ces choses-là, que comme on en prend dans les guerres civiles, où l'incertitude de ce qui peut arriver, fait qu'on entretient toujours des intelligences dans le parti opposé, et qu'on a des ménagemens avec ses ennemis mêmes. Pour moi, quoique je croie la lune une terre habitée, je ne laisse pas de vivre civilement avec ceux qui ne le croient pas, et je me tiens toujours en état de me pouvoir ranger à leur opinion avec honneur, si elle avait le dessus : mais en attendant qu'ils aient sur nous quelque avantage considérable, voici ce qui m'a fait pencher du côté des habitans de la lune.

Supposons qu'il n'y ait jamais eu nul commerce entre Paris et Saint-Denis, et qu'un bourgeois de Paris, qui ne sera jamais sorti de sa ville, soit sur les tours de Notre-Dame, et voie Saint-Denis de loin, on lui demandera s'il croit que Saint-Denis soit habité comme Paris. Il répondra hardiment que non : car, dira-t-il, je vois bien les habitans de Paris, mais ceux de Saint-Denis je ne les vois point : on n'en a jamais entendu parler. Il y aura quelqu'un qui lui représentera, qu'à la vérité, quand on est sur les tours de Notre-Dame, on ne voit pas les habitans de Saint-Denis, mais que l'éloignement en est cause, que tout ce qu'on peut voir de Saint-Denis ressemble fort à Paris ; que Saint-Denis a des clochers, des maisons, des murailles, et qu'il pourrait bien encore ressembler à Paris pour être habité. Tout cela ne gagnera rien sur mon bourgeois; il s'obstinera toujours à soutenir que Saint-Denis n'est point habité, puisqu'il n'y voit personne. Notre Saint-Denis, c'est la lune, et chacun de nous est ce bourgeois de Paris, qui n'est jamais sorti de sa ville.

Ah! interrompit la marquise, vous nous faites tort, nous ne sommes point si sots que votre bourgeois; puisqu'il voit que Saint-Denis est tout fait comme Paris, il faut qu'il ait perdu la raison pour ne le pas croire habité : mais la lune n'est point du tout faite comme la terre. Prenez garde, Madame, repris-je, car, s'il faut que la lune ressemble en tout à la terre, vous voilà dans l'obligation de croire la lune habitée. J'avoue, répondit-elle, qu'il n'y aura pas moyen de s'en dispenser, et je vous vois un air de confiance qui me fait déjà peur. Les deux mouvemens de la terre, dont je ne me fusse jamais doutée, me rendent timide sur tout le reste. Mais pourtant serait-il bien possible que la terre fût lumineuse comme la lune ? car il faut cela pour leur ressemblance. Hélas ! Madame, répliquai-je, être lumineux n'est pas si grand'chose que vous pensez. Il n'y a que le soleil en qui cela soit une qualité considérable. Il est lumineux par lui-même, et en vertu d'une nature particulière qu'il a ; mais les planètes n'éclairent que parce qu'elles sont éclairées de lui. Il envoie sa lumière à la lune; elle nous la renvoie; et il faut que la terre renvoie aussi à la lune la lumière du soleil. Il n'y a pas plus loin de la terre à la lune, que de la lune à la terre.

Mais, dit la marquise, la terre est-elle aussi propre que la lune à renvoyer la lumière du soleil? Je vous vois toujours pour la lune, repris-je, un reste d'estime dont vous ne sauriez vous défaire. La lumière est composée de petites balles qui bondissent sur ce qui est solide, et retournent d'un autre côté, au lieu qu'elles passent au travers de ce qui leur présente des ouvertures en ligne droite, comme l'air ou le verre. Ainsi, ce qui fait que la lune nous éclaire, c'est qu'elle est un corps dur et solide, qui nous renvoie ces petites balles. Or, je crois que vous ne contesterez pas à la terre cette même dureté et cette même solidité. Admirez donc ce que c'est que d'être posté avantageusement. Parce que la lune est éloignée de nous, nous ne la voyons que comme un corps lumineux, et nous ignorons que ce soit une grosse masse semblable à la terre. Au contraire, parce que la terre a le malheur que nous la voyons de trop près, elle ne nous paraît qu'une grosse masse, propre seulement à fournir de la pâture aux animaux, et nous ne nous apercevons pas qu'elle est lumineuse, faute de nous pouvoir mettre à quelque distance d'elle. Il en irait donc de la même manière, dit la marquise, que lorsque nous sommes frappés de l'éclat des conditions élevées au-dessus des nôtres, et que nous ne voyons pas qu'au fond elles se ressemblent toutes extrêmement.

C'est la même chose, répondis-je. Nous voulons juger de tout, et nous sommes toujours dans un mauvais point de vue : nous voulons juger de nous, nous en sommes trop près : nous voulons juger des autres, nous en sommes trop loin. Qui serait entre la lune et la terre, ce serait la vraie place pour les bien voir. Il faudrait être simplement spectateur du monde, et non pas habitant. Je ne me consolerai jamais, dit-elle, de l'injustice que nous faisons à la terre, et de la préoccupation trop favorable où nous sommes pour la lune, si vous ne m'assurez que les gens de la lune ne connaissent pas mieux leurs avantages que nous les nôtres, et qu'ils prennent notre terre pour un astre, sans savoir que leur habitation en est un aussi. Pour cela, repris-je, je vous le garantis : nous leur paraissons faire assez régulièrement nos fonctions d'astre. Il est vrai qu'ils ne nous voient pas décrire un cercle autour d'eux ; mais il n'importe, voici ce que c'est : la moitié de la lune qui se trouva tournée vers nous au commencement du monde, y a toujours été tournée depuis ; elle ne nous présente jamais que ces yeux, cette bouche, et le reste de ce visage que notre imagination lui compose sur le fondement des taches qu'elle nous montre. Si l'autre moitié opposée se présentait à nous, d'autres taches différemment arrangées nous feraient, sans doute, imaginer quelque autre figure. Ce n'est pas que la lune ne tourne sur elle-même ; elle y tourne en autant de temps qu'autour de la terre, c'est-à-dire, en un mois ; mais lorsqu'elle fait une partie de ce tour sur elle-même, et qu'il devrait se cacher à nous, une joue, par exemple, de ce prétendu visage, et paraître quelque autre chose, elle fait justement une semblable partie de son cercle autour de la terre ; et se mettant dans un nouveau point de vue, elle nous montre encore cette même joue. Ainsi la lune qui, à l'égard du soleil et des autres astres, tourne sur elle-même, n'y tourne point à notre égard : ils lui paraissent tous se lever et se coucher en l'espace de quinze jours ; mais pour notre terre, elle la voit toujours suspendue au même endroit du ciel. Cette immobilité apparente ne convient guère à un corps qui doit passer pour un astre, mais aussi elle n'est pas parfaite. La lune a un certain balancement qui fait qu'un petit coin du visage se cache quelquefois, et qu'un petit coin de la moitié opposée se montre. Or, elle ne manque pas, sur ma parole, de nous attribuer ce tremblement, et de s'imaginer que nous avons, dans le ciel, comme un mouvement de pendule qui va et vient.

Toutes ces planètes, dit la marquise, sont faites comme nous qui rejetons toujours sur les autres ce qui est en nous-mêmes. La terre dit : *Ce n'est pas moi qui tourne, c'est le soleil.* La lune dit : *Ce n'est pas moi qui tremble, c'est la terre.* Il y a bien de l'erreur partout. Je ne vous conseille pas d'entreprendre d'y rien réformer, répondis-je; il vaut mieux que vous acheviez de vous convaincre de l'entière ressemblance de la terre et de la lune. Représentez-vous ces deux grandes boules suspendues dans les cieux. Vous savez que le soleil éclaire toujours une moitié des corps qui sont ronds, et que l'autre moitié est dans l'ombre. Il y a donc toujours une moitié, tant de la terre que de la lune, qui est éclairée du soleil, c'est-à-dire, qui a le jour, et une autre moitié qui est dans la nuit. Remarquez d'ailleurs que comme une balle a moins de force et de vitesse après qu'elle a été donner contre une muraille qui l'a renvoyée d'un autre côté, de même la lumière s'affaiblit lorsqu'elle a été réfléchie par quelque corps. Cette lumière blanchâtre, qui nous vient de la lune, est la lumière même du soleil; mais elle ne peut venir de la lune à nous que par une réflexion. Elle a donc beaucoup perdu de la force et de la vivacité qu'elle avait lorsqu'elle était reçue directement sur la lune ; et cette lumière éclatante, que nous recevons du soleil, et que la terre réfléchit sur la lune, ne doit plus être qu'une lumière blanchâtre, quand elle y est arrivée. Ainsi, ce qui nous paraît lumineux dans la lune, et qui nous éclaire pendant nos nuits, ce sont des parties de la lune qui ont le jour; et les parties de la terre qui ont le jour, lorsqu'elles sont tournées vers les parties de la lune qui ont la nuit, les éclairent aussi. Tout dépend de la manière dont la lune et la terre se regardent. Dans les premiers jours du mois que l'on ne voit pas la lune, c'est qu'elle est entre le soleil et nous, et qu'elle marche de jour avec le soleil. Il faut nécessairement que toute sa moitié, qui a le jour, soit tournée vers le soleil, et que toute sa moitié, qui a la nuit, soit tournée vers nous. Nous n'avons garde de voir cette moitié qui n'a aucune lumière pour se faire voir; mais cette moitié de la lune, qui a la nuit, étant tournée vers la moitié de la terre, qui a le jour, nous voit sans être vue, et nous voit sous la même figure que nous voyons la pleine-lune : c'est alors pour les gens de la lune *pleine-terre*, s'il est permis de parler ainsi. Ensuite la lune qui avance sur son cercle d'un mois, se dégage de dessous le soleil, et commence à tourner vers nous un petit coin de sa moitié éclairée, et voilà le croissant. Alors aussi les parties de la lune, qui ont la nuit, commencent à ne plus voir toute la moitié de la terre qui a le jour, et nous sommes en décours pour elles.

Il n'en faut pas davantage, dit brusquement la marquise; je saurai tout le reste quand il me plaira; je n'ai qu'à y penser un moment, et qu'à promener la lune sur son cercle d'un mois. Je vois, en général, que dans la lune ils ont un mois à rebours du nôtre, et je gage que, quand nous avons pleine-lune, c'est que toute la moitié lumineuse de la lune est tournée vers toute la moitié obscure de la terre; qu'alors ils ne nous voient point du tout, et qu'ils comptent *nouvelle-terre.* Je ne voudrais pas qu'il me fût reproché de m'être fait expliquer tout au long une chose si aisée. Mais les éclipses, comment vont-elles? Il ne tient qu'à vous de le deviner, répondis-je. Quand la lune est nouvelle, qu'elle est entre le soleil et nous, et que toute sa moitié obscure est tournée vers nous, qui avons le jour, vous voyez bien que l'ombre de cette moitié obscure se jette vers nous. Si la lune est justement sous le soleil, cette ombre nous le cache, et en même temps noircit une partie de cette moitié lumineuse de la terre qui était vue par la moitié obscure de la lune. Voilà donc une éclipse de soleil pour nous pendant notre jour, et une éclipse de terre pour la lune pendant sa nuit. Lorsque la lune est pleine, la terre est entre elle et le soleil, et toute la moitié obscure de la terre est tournée vers toute la moitié lumineuse de la lune. L'ombre de la terre se jette donc vers la lune; si elle tombe sur le corps de la lune, elle noircit cette moitié lumineuse que nous voyons, et à cette moitié lumineuse qui avait le jour, elle lui dérobe le soleil. Voilà donc une éclipse de lune pendant notre nuit, et une éclipse de soleil pour la lune pendant le jour dont elle jouissait. Ce qui fait qu'il n'arrive pas des éclipses toutes les fois que la lune est entre le soleil et la terre, ou la terre entre le soleil et la lune, c'est que souvent ces trois corps ne sont pas exactement rangés en ligne droite, et que par conséquent celui qui devrait faire l'éclipse, jette son ombre un peu à côté de celui qui en devrait être couvert.

Je suis fort étonnée, dit la marquise, qu'il y ait si peu de mystère aux éclipses, et que tout le monde n'en devine pas la cause. Ah! vraiment, répondis-je, il y a bien des peuples qui, de la manière dont il s'y prennent, ne la devineront encore de long-temps. Dans toutes les Indes orientales, on croit que, quand le soleil et la lune s'éclipsent, c'est qu'un certain dragon, qui a les griffes fort noires, les étend sur ces astres, dont il veut se saisir; et vous voyez, pendant ce temps-là, les rivières couvertes de têtes d'Indiens, qui se sont mis dans l'eau jusqu'au col, parce que c'est une situation très dévote, selon eux, et très propre à obtenir du soleil et de la lune qu'ils se défendent bien contre le dragon. En Amérique, on était persuadé que le soleil et la lune étaient fâchés quand ils s'éclipsaient; et Dieu sait ce qu'on ne faisait pas pour se raccommoder avec eux. Mais les Grecs, qui étaient si raffinés, n'ont-ils pas cru long-temps que la lune était ensorcelée, et que des magiciennes la faisaient descendre du ciel, pour jeter sur les herbes une certaine écume malfaisante? Et nous, n'eûmes-nous pas belle peur, il n'y a que trente deux ans (en 1654), à une certaine éclipse de soleil, qui, à la vérité, fut totale? Une infinité de gens ne se tinrent-ils pas enfermés dans des caves? Et les philosophes, qui écrivirent pour nous rassurer, n'écrivirent-ils pas en vain, ou à peu près? Ceux qui s'étaient réfugiés dans les caves, en sortirent-ils?

En vérité, reprit-elle, tout cela est trop honteux pour les hommes; il devrait y avoir un arrêt du genre humain, qui défendît qu'on parlât jamais d'éclipse, de peur que l'on ne conserve la mémoire des sottises qui ont été faites ou dites sur ce chapitre-là. Il faudrait donc, répliquai-je, que le même arrêt abolît la mémoire de toutes choses, et défendît qu'on parlât jamais de rien ; car je ne sache rien au monde qui ne soit le monument de quelque sottise des hommes.

Dites-moi, je vous prie, une chose , dit la marquise; ont-ils autant de peur des éclipses dans la lune, que nous en avons ici? Il me paraîtrait tout-à-fait burlesque que les Indiens de ce pays-là se missent à l'eau comme les nôtres ; que les Américains crussent notre terre fâchée contre eux ; que les Grecs s'imaginassent que nous fussions ensorcelés, et que nous allassions gâter leurs herbes, et qu'enfin nous leur rendissions la consternation qu'ils causent ici bas. Je n'en doute nullement, répondis-je. Je voudrais bien savoir pourquoi messieurs de la lune auraient l'esprit plus fort que nous. De quel droit nous feront-ils peur sans que nous leur en fassions? Je croirais même, ajoutai-je en riant, que comme un nombre prodigieux d'hommes ont été assez fous, et le sont encore assez pour adorer la lune, il y a des gens dans la lune qui adorent aussi la terre, et que nous sommes à genoux les uns devant les autres. Après cela, dit-elle, nous pouvons bien prétendre à envoyer des influences à la lune, et à donner des crises à ses malades; mais comme il ne faut qu'un peu d'esprit et d'habileté dans les gens de ce pays-là, pour détruire tous ces honneurs dont nous nous flattons, j'avoue que je crains toujours que nous n'ayons quelque désavantage.

Ne craignez rien, répondis-je, il n'y a pas d'apparence que nous soyons la seule sotte espèce de l'univers. L'ignorance est quelque chose de bien propre à être généralement répandue; et quoique je ne fasse que deviner celle des gens de la lune, je n'en doute non plus que des nouvelles les plus sûres qui nous viennent de là.

DEUXIÈME SOIR.

Et quelles sont ces nouvelles sûres, interrompit-elle? Ce sont celles, répondis-je, qui nous sont rapportées par ces savans qui y voyagent tous les jours avec des lunettes d'approche. Ils vous diront qu'ils y ont découvert des terres, des mers, des lacs, de très hautes montagnes, des abîmes très profonds.

Vous me surprenez, reprit-elle. Je conçois bien qu'on peut découvrir sur la lune des montagnes et des abîmes; cela se reconnaît apparemment à des inégalités remarquables : mais comment distinguer des terres et des mers? On les distingue, répondis-je, parce que les eaux qui laissent passer au travers d'elles-mêmes une partie de la lumière, et qui en renvoient moins, paraissent de loin comme des taches obscures, et que les terres qui, par leur solidité, la renvoient toute, sont des endroits plus brillans. L'illustre Cassini, l'homme du monde à qui le ciel est le mieux connu, a découvert sur la lune quelque chose qui se sépare en deux, se réunit ensuite, et se va perdre dans une espèce de puits. Nous pouvons nous flatter, avec bien de l'apparence, que c'est une rivière. Enfin, on connaît assez toutes ces différentes parties pour leur avoir donné des noms, et ce sont souvent des noms de savans. Un endroit s'appelle Copernic, un autre Archimède, un autre Galilée; il y a un promontoire des songes, une mer des pluies, une mer de nectar, une mer de crises; enfin, la description de la lune est si exacte, qu'un savant qui s'y trouverait présentement ne s'y égarerait non plus que je ferais dans Paris.

Mais, reprit-elle, je serais bien aise de savoir encore plus en détail comment est fait le dedans du pays. Il n'est pas possible, répliquai-je, que messieurs de l'ob-

servatoire vous en instruisent; il faut demander à
Astolfe, qui fut conduit dans la lune par saint Jean. Je
vous parle d'une des plus agréables folies de l'Arioste,
et je suis sûr que vous serez bien aise de la savoir.
J'avoue qu'il eût mieux fait de n'y pas mêler saint Jean,
dont le nom est si digne de respect; mais enfin, c'est
une licence poétique, qui peut seulement passer pour
un peu trop gaie. Cependant, tout le poème est dédié
à un cardinal, et un grand pape l'a honoré d'une approbation éclatante, que l'on voit au-devant de quelques éditions. Voici de quoi il s'agit. Roland, neveu
de Charlemagne, était devenu fou, parce que la belle
Angélique lui avait préféré Médor. Un jour Astolfe,
brave paladin, se trouva dans le paradis terrestre, qui
était sur la cîme d'une montagne très haute, où son
hippogriffe l'avait porté. Là, il rencontra saint Jean,
qui lui dit, que pour guérir la folie de Roland, il était
nécessaire qu'ils fissent ensemble le voyage de la lune.
Astolfe, qui ne demandait qu'à voir du pays, ne se
fait point prier, et aussitôt voilà un chariot de feu qui
enlève, par les airs, l'apôtre et le paladin. Comme Astolfe n'était pas grand philosophe, il fut fort surpris
de voir la lune beaucoup plus grande qu'elle ne lui
avait paru de dessus la terre. Il fut bien plus surpris
encore de voir d'autres fleuves, d'autres lacs, d'autres
montagnes, d'autres villes, d'autres forêts, et, ce qui
m'aurait bien surpris aussi, des nymphes qui chassaient dans ces forêts. Mais ce qu'il vit de plus rare
dans la lune, c'était un vallon où se trouvait tout ce
qui se perdait sur la terre de quelqu'espèce qu'il fût, et
les couronnes, et les richesses, et la renommée, et une
infinité d'espérances, et le temps qu'on donne au jeu,

et les aumônes qu'on fait faire après sa mort, et les vers qu'on présente aux princes, et les soupirs des amans.

Pour les soupirs des amans, interrompit la marquise, je ne sais pas si, du temps de l'Arioste, ils étaient perdus ; mais, en ce temps-ci, je n'en connais point qui aillent dans la lune. N'y eût-il que vous, Madame, repris-je, vous y en avez fait aller un assez bon nombre. Enfin, la lune est si exacte à recueillir ce qui se perd ici bas, que tout y est ; mais l'Arioste ne vous dit cela qu'à l'oreille, tout y est jusqu'à la donation de Constantin. C'est que les papes ont prétendu être maîtres de Rome et de l'Italie, en vertu d'une donation que l'empereur Constantin leur en avait faite ; et la vérité est qu'on ne saurait dire ce qu'elle est devenue. Mais devinez de quelle sorte de chose on ne trouve point dans la lune ? De la folie. Tout ce qu'il y en a jamais eu sur la terre s'y est très bien conservé. En récompense, il n'est pas croyable combien il y a dans la lune d'esprits perdus. Ce sont autant de fioles pleines d'une liqueur fort subtile, et qui s'évapore aisément si elle n'est enfermée ; et sur chacune de ces fioles est écrit le nom de celui à qui l'esprit appartient. Je crois que l'Arioste les met toutes en un tas ; mais j'aime mieux me figurer qu'elles sont rangées bien proprement dans de longues galeries. Astolfe fut fort étonné de voir que les fioles de beaucoup de gens, qu'il avait cru très sages, étaient pourtant bien pleines ; et pour moi, je suis persuadé que la mienne s'est remplie considérablement depuis que je vous entretiens de visions, tantôt philosophiques, tantôt poétiques. Mais ce qui me console, c'est qu'il n'est pas possible que, par tout ce que je

vous dis, je ne vous fasse avoir bientôt aussi une petite fiole dans la lune. Le bon paladin ne manqua pas de trouver la sienne parmi tant d'autres. Il s'en saisit avec la permission de saint Jean, et reprit tout son esprit par le nez, comme de l'eau de la reine de Hongrie; mais l'Arioste dit qu'il ne le porta pas bien loin, et qu'il le laissa retourner dans la lune par une folie qu'il fit à quelque temps de là. Il n'oublia pas la fiole de Roland, qui était le sujet du voyage. Il eut assez de peine à la porter; car l'esprit de ce héros était de sa nature assez pesant, et il n'y en manquait pas une seule goutte. Ensuite l'Arioste, selon sa louable coutume de dire tout ce qu'il lui plaît, apostrophe sa maîtresse, et lui dit en de fort beaux vers : « Qui montera aux cieux,
» ma belle, pour en rapporter l'esprit que vos charmes
» m'ont fait perdre? Je ne me plaindrais pas de cette
» perte là, pourvu qu'elle n'allât pas plus loin; mais
» s'il faut que la chose continue comme elle a com-
» mencé, je n'ai qu'à m'attendre à devenir tel que j'ai
» décrit Roland. Je ne crois pourtant pas que, pour
» ravoir mon esprit, il soit besoin que j'aille par les
» airs jusques dans la lune; mon esprit ne loge pas si
» haut, il va errant sur vos yeux, sur votre bouche;
» et si vous voulez bien que je m'en ressaisisse, per-
» mettez que je le recueille avec mes lèvres. » Cela n'est-il pas joli? Pour moi, à raisonner comme l'Arioste, je serais d'avis qu'on ne perdît jamais l'esprit que par l'amour; car vous voyez qu'il ne va pas bien loin, et qu'il ne faut que des lèvres qui sachent le recouvrer; mais quand on le perd par d'autres voies, comme nous le perdons, par exemple, à philosopher présentement, il va droit dans la lune, et on ne le rattrape pas quand

on veut. En récompense, répondit la marquise, nos fioles seront honorablement dans le quartier des fioles philosophiques ; au lieu que nos esprits iraient peut-être errants sur quelqu'un qui n'en serait pas digne. Mais pour achever de m'ôter le mien, dites-moi, et dites-moi bien sérieusement, si vous croyez qu'il y ait des hommes dans la lune ; car jusqu'à présent vous ne m'en avez pas parlé d'une manière assez positive. Moi, repris-je ; je ne crois point du tout qu'il y ait des hommes dans la lune. Voyez combien la face de la nature est changée d'ici à la Chine ; d'autres visages, d'autres figures, d'autres mœurs, et presque d'autres principes de raisonnement. D'ici à la lune, le changement doit être bien plus considérable. Quand on va vers de certaines terres nouvellement découvertes, à peine sont-ce des hommes que les habitans qu'on y trouve ; ce sont des animaux à figure humaine, encore quelquefois assez imparfaite, mais presque sans aucune raison humaine : qui pourrait pousser jusqu'à la lune, assurément ce ne seraient plus des hommes qu'on y trouverait.

Quelles sortes de gens seraient-ce donc, reprit la marquise, avec un air d'impatience ? De bonne foi, Madame, répliquai-je, je n'en sais rien. S'il se pouvait faire que nous eussions de la raison, et que nous ne fussions pourtant pas hommes ; et si d'ailleurs nous habitions la lune, nous imaginerions-nous bien qu'il y eût ici bas cette espèce bizarre de créatures qu'on appelle le genre humain ? Pourrions-nous bien nous figurer quelque chose qui y eût des passions si folles et des réflexions si sages ; une durée si courte, et des vues si longues ; tant de science sur des choses presque inutiles, et tant d'ignorance sur les plus importantes ; tant d'ardeur pour la liberté, et tant d'inclination à la servitude ; une si forte envie d'être heureux, et une si grande incapacité de l'être ? Il faudrait que les gens de la lune eussent bien de l'esprit s'ils devinaient tout cela. Nous nous voyons incessamment nous-mêmes, et nous en sommes encore à deviner comment nous sommes faits. On a été réduit à dire que les dieux étaient ivres de nectar, lorsqu'ils firent les hommes ; et que quand ils vinrent à regarder leur ouvrage de sang-froid, ils ne purent s'empêcher d'en rire. Nous voilà donc bien en sûreté du côté des gens de la lune, dit la marquise ; ils ne nous devineront pas : mais je voudrais que nous les pussions deviner ; car, en vérité, cela inquiète de savoir qu'ils sont là-haut dans cette lune que nous voyons, et de ne pouvoir pas se figurer comment ils sont faits. Et pourquoi, répondis-je, n'avez-vous point d'inquiétude sur les habitans de cette grande terre australe, qui nous est encore entièrement inconnue ? Nous sommes portés eux et nous sur un même vaisseau, dont ils occupent la proue et nous la poupe. Vous voyez que, de la poupe à la proue, il n'y a aucune communication, et qu'à un bout du navire on ne sait point quels gens sont à l'autre, ni ce qu'ils y font ; et vous voudriez savoir ce qui se passe dans la lune, dans cet autre vaisseau qui flotte loin de nous par les cieux ?

Oh ! reprit-elle, je compte les habitans de la terre australe pour connus, parce qu'assurément ils doivent nous ressembler beaucoup ; et qu'enfin on les connaitra, quand on voudra se donner la peine de les aller voir ; ils demeureront toujours là, et ne nous échapperont pas : mais ces gens de la lune, on ne les connaîtra jamais, cela est désespérant. Si je vous répondais sérieusement, répliquai-je, qu'on ne sait ce qui arrivera, vous vous moqueriez de moi, et je le mériterais sans doute. Cependant, je me défendrais assez bien, si je voulais. J'ai une pensée très ridicule, qui a un air de vraisemblance qui me surprend ; je ne sais où elle peut l'avoir pris, étant aussi impertinente qu'elle est. Je gage que je vais vous réduire à avouer, contre toute raison, qu'il pourra y avoir un jour du commerce entre la terre et la lune. Remettez-vous dans l'esprit l'état où était l'Amérique avant qu'elle eût été découverte par Christophe Colomb. Ses habitans vivaient dans une ignorance extrême. Loin de connaître les sciences, ils ne connaissaient pas les arts les plus simples et les plus nécessaires ; ils allaient nus ; ils n'avaient point d'autres armes que l'arc : ils n'avaient jamais conçu que les hommes pussent être portés par des animaux ; ils regardaient la mer comme un grand espace défendu aux hommes, qui se joignait au ciel, et au-delà duquel il n'y avait rien. Il est vrai, qu'après avoir passé des années entières à creuser le tronc d'un gros arbre, avec des pierres tranchantes, ils se mettaient sur la mer dans ce tronc, et allaient terre-à-terre, portés par le vent et par les flots. Mais comme ce vaisseau était sujet à être souvent renversé, il fallait qu'ils se missent aussitôt à la nage pour le rattraper ; et, à proprement parler, ils nageaient toujours, hormis le temps qu'ils se délassaient. Qui leur eût dit qu'il y avait une sorte de navigation incomparablement plus parfaite, qu'on pouvait traverser cette étendue infinie d'eaux de tel côté et de tel sens qu'on voulait ; qu'on s'y pouvait arrêter sans mouvement au milieu des flots émus; qu'on était maître de la vitesse avec laquelle on allait; qu'enfin, cette mer, quelque vaste qu'elle fût, n'était point un obstacle à la communication des peuples, pourvu seulement qu'il y eût des peuples au-delà. Vous pouvez compter qu'ils ne l'eussent jamais cru. Cependant, voilà un beau jour le spectacle du monde le plus étrange et le moins attendu qui se présente à eux. De grands corps énormes qui paraissent avoir des ailes blanches, qui volent sur la mer, qui vomissent du feu de toutes parts, et qui viennent jeter sur le rivage des gens inconnus, tout écaillés de fer, disposant, comme ils veulent, des monstres qui courent sous eux, et tenant en leur main des foudres, dont ils terrassent tout ce qui leur résiste. D'où sont-ils venus? Qui a pu les amener par-dessus les mers? Qui a mis le feu en leur disposition? Sont-ce les enfans du soleil? car assurément ce ne sont pas des hommes. Je ne sais, Madame, si vous entrez comme moi dans la surprise des Américains; mais jamais il ne peut y en avoir eu une pareille dans le monde. Après cela, je ne veux plus jurer qu'il ne puisse y avoir commerce quelque jour entre la lune et la terre. Les Américains eussent-ils cru qu'il eût dû y en avoir entre l'Amérique et l'Europe, qu'ils ne connaissaient seulement pas? Il est vrai qu'il faudra traverser ce grand espace d'air et de ciel, qui est entre la terre et la lune; mais ces grandes mers paraissent-elles aux Américains plus propres à être traversées? En vérité, dit la marquise, en me regardant, vous êtes fou. Qui vous dit le contraire, répondis-je? Mais je veux vous le prouver, reprit-elle; je ne me contente pas de l'aveu que vous en faites. Les Américains étaient si ignorans, qu'ils n'avaient garde de soupçonner qu'on pût se faire des chemins au travers de mers si vastes ; mais nous qui avons tant de connaissances, nous nous figurerions bien qu'on pût aller par les airs, si l'on pouvait effectivement y aller. On fait plus que se figurer la chose possible, répliquai-je ; on commence déjà à voler un peu. Plusieurs personnes différentes ont trouvé le secret de s'ajuster des ailes qui les soutinssent en l'air, de leur donner du mouvement, et de passer par-dessus des rivières. A la vérité, ce n'a pas été un vol d'aigle, et il en a quelquefois coûté à ces nouveaux oiseaux un bras ou une jambe, mais enfin, cela ne représente encore que les premières planches que l'on a mises sur l'eau, et qui ont été le commencement de la navigation. De ces planches là, il y avait bien loin jusqu'à de gros navires qui pussent faire le tour du monde. Cependant, peu à peu sont venus les gros navires. L'art de voler ne fait que de naître ; il se perfectionnera encore; et quelque jour on ira jusqu'à la lune. Prétendons-nous avoir découvert toutes choses, ou les avoir mises à un point qu'on n'y puisse rien ajouter ? Eh ! de grâce, consentons qu'il y ait encore quelque chose à faire pour les siècles à venir. Je ne consentirai point, dit-elle, qu'on vole jamais que d'une manière à se rompre aussitôt le cou. Eh bien, lui répondis-je, si vous voulez qu'on vole toujours si mal ici, on volera mieux dans la lune ; ses habitans seront plus propres que nous à ce métier, car il n'importe que nous allions là, ou qu'ils viennent ici ; et nous serons comme les Américains, qui ne se figuraient pas qu'on pût naviguer, quoiqu'à l'autre bout du monde on naviguât fort bien. Les gens de la lune seraient donc déjà venus? reprit-elle presque en colère. Les Européens n'ont été en Amérique qu'au bout de six mille ans, répliquai-je, en éclatant de rire; il leur fallut ce temps-là pour perfectionner la navigation, jusqu'au point de pouvoir traverser l'Océan. Les gens de la lune savent peut-être déjà faire de petits voyages dans l'air. A l'heure qu'il est, ils s'exercent : quand ils seront plus habiles et plus expérimentés, nous les verrons, et Dieu sait quelle surprise. Vous êtes insupportable, dit-elle, de me pousser à bout avec un raisonnement aussi creux que celui-là. Si vous me fâchez, repris-je, je sais bien ce que j'ajouterai encore pour le fortifier. Remarquez que le monde se développe peu à peu. Les anciens se tenaient bien sûrs que la zone torride et les zones glaciales ne pouvaient être habitées, à cause de l'excès, ou du chaud, ou du froid ; et du temps des Romains, la carte générale de la terre n'était guère plus étendue que la carte de leur empire, ce qui avait de la grandeur en un sens, et marquait beaucoup d'ignorance en un autre. Cependant, il ne laissa pas de se trouver des hommes, et dans les pays très chauds, et dans les pays très froids. Voilà déjà le monde augmenté ; ensuite, on jugea que l'Océan couvrait toute la terre, hormis ce qui était connu alors, et qu'il n'y avait point d'antipodes, car on n'en avait jamais ouï parler ; et puis, auraient-ils eu les pieds en haut et la tête en bas? Après ce beau raisonnement, on découvre pourtant les antipodes. Nouvelle réformation à la carte, nouvelle moitié de la terre. Vous m'entendez bien, Madame, ces antipodes là, qu'on a trouvés contre toute espérance, devraient nous apprendre à être retenus dans nos jugemens. Le monde achèvera peut-être de se développer pour nous ; on connaîtra jusqu'à la lune. Nous n'en sommes pas encore là, parce que toute la terre n'est pas découverte, et qu'apparemment il faut que tout cela se fasse d'ordre. Quand nous aurons bien connu notre habitation, il nous sera permis de connaître celle de nos voisins les gens de la lune. Sans mentir, dit la marquise, en me regardant attentivement, je vous trouve si profond sur cette matière, qu'il n'est pas possible que vous ne croyez tout de bon ce que vous dites. J'en serais bien fâché, répondis-je ; je veux seulement vous faire voir qu'on peut assez bien soutenir une opinion chimérique pour embarrasser une personne d'esprit, mais non pas assez bien pour la persuader. Il n'y a que la vérité qui persuade, même sans avoir besoin de paraître avec toutes ses preuves. Elle entre si naturellement dans l'esprit, que quand on l'apprend pour la première fois, il semble qu'on ne fasse que s'en souvenir. Ah ! vous me soulagez, répliqua la marquise ; votre faux raisonnement m'incommodait, et je me sens plus en état d'aller me coucher tranquillement, si vous voulez bien que nous nous retirions.

TROISIÈME SOIR.

Particularités du Monde de la Lune. Que les autres Planètes sont habitées aussi.

La marquise voulut m'engager, pendant le jour, à poursuivre nos entretiens ; mais je lui représentai que nous ne devions confier de telles rêveries qu'à la lune et aux étoiles, puisqu'aussi bien elles en étaient l'objet. Nous ne manquâmes pas à aller le soir dans le parc, qui devenait un lieu consacré à nos conversations savantes.

J'ai bien des nouvelles à vous apprendre, lui dis-je ; la lune que je vous disais hier, qui, selon toutes les apparences, était habitée, pourrait bien ne l'être point ; j'ai pensé à une chose qui met ses habitans en péril. Je ne souffrirai point cela, répondit-elle. Hier, vous m'aviez préparée à voir ces gens là venir ici au premier jour, et aujourd'hui ils ne seraient seulement pas au monde ? Vous ne vous jouerez point ainsi de moi. Vous m'avez fait croire les habitans de la lune ; j'ai surmonté la peine que j'y avais ; je les croirai. Vous allez bien vite, repris-je ; il faut ne donner que la moitié de son esprit aux choses de cette espèce que l'on croit, et en réserver une autre moitié libre, où le contraire puisse être admis s'il en est besoin. Je ne me paie point de sentences ; répliqua-t-elle ; allons au fait. Ne faut-il pas raisonner de la lune comme de Saint-Denis ? Non, répondis-je ; la lune ne ressemble pas autant à la terre que Saint-Denis ressemble à Paris. Le soleil élève de la terre et des eaux des exhalaisons et des vapeurs, qui, montant en l'air jusqu'à quelque hauteur, s'y assemblent, et forment les nuages. Ces nuages suspendus voltigent irrégulièrement autour de notre globe, et ombragent tantôt un pays, tantôt un autre. Qui verrait la terre de loin, remarquerait souvent quelques changemens sur sa surface, parce qu'un grand pays, couvert par des nuages, serait un endroit obscur, et deviendrait plus lumineux dès qu'il serait découvert. On verrait des taches qui changeraient de place, ou s'assembleraient diversement, ou disparaîtraient tout-à-fait. On verrait donc aussi ces mêmes changemens sur la surface de la lune, si elle avait des nuages autour d'elle, mais tout au contraire, toutes ses taches sont fixes, ses endroits lumineux le sont toujours, et voilà le malheur. A ce compte-là, le soleil n'élève point de vapeurs ni d'exhalaisons de dessus la lune. C'est donc un corps infiniment plus dur et plus solide que notre terre, dont les parties les plus subtiles se dégagent aisément d'avec les autres, et montent en haut dès qu'elles sont mises en mouvement par la chaleur. Il faut que ce soit quelque amas de rochers et de marbres, où il ne se fait point d'évaporation : d'ailleurs, elles se font si naturellement et si nécessairement où il y a des eaux, qu'il ne doit point y avoir d'eaux où il ne s'en fait point. Qui sont donc les habitans de ces rochers qui ne peuvent rien produire, et de ce pays qui n'a point d'eaux ? Eh quoi, s'écria-t-elle, il ne vous souvient plus que vous m'avez assuré qu'il y avait dans la lune des mers que l'on distinguait d'ici ? Ce n'est qu'une conjecture, répondis-je ; j'en suis bien fâché. Ces endroits obscurs, qu'on prend pour des mers, ne sont peut-être que de grandes cavités. De la distance où nous sommes, il est permis de ne pas deviner tout-à-fait juste. Mais, dit-elle, cela suffira-t-il pour nous faire abandonner les habitans de la lune ? Non pas tout-à-fait, Madame, répondis-je ; nous ne nous déterminerons, ni pour eux, ni contre eux. Je vous avoue ma faiblesse, répliqua-t-elle ; je ne suis point capable d'une si parfaite détermination, j'ai besoin de croire. Fixez-moi promptement à une opinion sur les habitans de la lune ; conservons-les ou anéantissons-les pour jamais, et qu'il n'en soit plus parlé : mais conservons-le plutôt, s'il se peut : j'ai pris pour eux une inclination que j'aurais de la peine à perdre. Je ne laisserai donc pas la lune déserte, repris-je, repeuplons-la, pour vous faire plaisir. A la vérité, puisque l'apparence des taches de la lune ne change point, on ne peut pas croire qu'elle ait des nuages autour d'elle, qui ombragent, tantôt une partie, tantôt une autre; mais ce n'est pas à dire qu'elle ne pousse point hors d'elle de vapeurs ni d'exhalaisons. Nos nuages, que nous voyons portés en l'air, ne sont que des exhalaisons et des vapeurs, qui, au sortir de la terre, étaient séparées en trop petites parties pour pouvoir être vues, et qui ont rencontré un peu plus haut un froid qui les a resserrées et rendues visibles, par la réunion de leurs parties; après quoi ce sont de gros nuages qui flottent en l'air, où ils sont des corps étrangers, jusqu'à ce qu'ils retombent en pluies. Mais ces mêmes vapeurs et ces mêmes exhalaisons se tiennent quelquefois assez dispersées pour être imperceptibles, et ne se ramassent qu'en formant des rosées très subtiles, qu'on ne voit tomber d'aucune nuée. Je suppose donc qu'il sorte des vapeurs de la lune, car enfin il faut qu'il en sorte; il n'est pas croyable que la lune soit une masse, dont toutes les parties soient d'une égale solidité, toutes également en repos les unes auprès des autres, toutes incapables de recevoir aucun changement par l'action du soleil sur elles. Nous ne connaissons aucun corps de cette nature, les marbres mêmes n'en sont pas; tout ce qui est le plus solide change et s'altère, ou par le mouvement secret et invisible qu'il a en lui-même, ou par celui qu'il reçoit de dehors. Mais les vapeurs de la lune ne se rassembleront point autour d'elle en nuages, et ne retomberont point sur elle en pluies ; elles ne formeront que des rosées. Il suffit, pour cela, que l'air dont apparemment la lune est environnée en son particulier, comme notre terre l'est du sien, soit un peu différent de notre air, et les vapeurs de la lune un peu différentes des vapeurs de la terre, ce qui est quelque chose de plus que vraisemblable. Sur ce pied-là, il faudra que la matière étant disposée dans la lune autrement que sur la terre, les effets soient différens : mais il n'importe ; du moment que nous avons trouvé un mouvement intérieur dans les parties de la lune, ou produit par des causes étrangères, voilà ses habitans qui renaissent, et nous avons le fonds nécessaire pour leur subsistance. Cela nous fournira des fruits, des blés, des eaux, et tout ce que nous voudrons. J'entends des fruits, des blés, des eaux à la manière de la lune, que je fais profession de ne pas connaître, le tout proportionné aux besoins de ses habitans, que je ne connais pas non plus.

C'est-à dire, me dit la marquise, que vous savez seulement que tout est bien, sans savoir comment il est. C'est beaucoup d'ignorance sur bien peu de science; mais il faut s'en consoler. Je suis encore trop heureuse que vous ayez rendu à la lune ses habitans; je suis même fort contente que vous lui donniez un air qui l'enveloppe en son particulier ; il me semblerait désormais que, sans cela, une planète serait trop nue.

Ces deux airs différens, repris-je, contribuent à empêcher la communication des deux planètes. S'il ne tenait qu'à voler, que savons-nous, comme je vous disais hier, si on ne volera pas fort bien quelque jour? J'avoue pourtant qu'il n'y a pas beaucoup d'apparence. Le grand éloignement de la lune à la terre, serait encore une difficulté à surmonter, qui est assurément considérable ; mais quand même elle ne s'y rencontrerait pas, quand même les deux planètes seraient fort proches, il ne serait pas possible de passer de l'air de l'une dans l'air de l'autre. L'eau est l'air des poissons ; ils ne passent jamais dans l'air des oiseaux, ni les oiseaux dans l'air des poissons. Ce n'est pas la distance qui les en empêche, c'est que chacun a pour prison l'air qu'il respire. Nous trouvons que le nôtre est mêlé de vapeurs plus épaisses et plus grossières que celui de la lune. A ce compte, un habitant de la lune, qui serait arrivé aux confins de notre monde, se noyerait dès qu'il entrerait dans notre air, et nous le verrions tomber mort sur la terre.

Oh ! que j'aurais d'envie, s'écria la marquise, qu'il arrivât quelque grand naufrage, qui répandit ici bon nombre de ces gens là, dont nous irions considérer à notre aise les figures extraordinaires ! Mais, répliquai-je, s'ils étaient assez habiles pour naviguer sur la surface extérieure de notre air, et que de là, par la curiosité de nous voir, ils nous pêchassent comme des poissons, cela vous plairait-il ? Pourquoi non, répondit-elle en riant ? Pour moi, je me mettrais de mon propre mouvement dans leurs filets, seulement pour avoir le plaisir de voir ceux qui m'auraient pêchée.

Songez, répliquai-je, que vous n'arriveriez que bien malade au haut de notre air ; il n'est pas respirable pour nous dans toute son étendue, il s'en faut bien : on dit qu'il ne l'est déjà presque plus au haut de certaines montagnes ; et je m'étonne bien que ceux qui ont la folie de croire que des génies corporels habitent l'air le plus pur, ne disent aussi que ce qui fait que ces génies ne nous rendent que des visites et très rares et très courtes, c'est qu'il y en a peu d'entre eux qui sachent plonger, et que ceux là même ne peuvent faire jusqu'au fond de cet air épais où nous sommes, que des plongeons de très peu de durée. Voilà donc bien des barrières naturelles qui nous défendent la sortie de notre monde, et l'entrée de celui de la lune. Tâchons du moins, pour notre consolation, à deviner ce que nous pourrons de ce monde là. Je crois par exemple, qu'il faut qu'on y voie le ciel, le soleil et les astres d'une autre couleur que nous ne les voyons. Tous ces objets ne nous paraissent qu'au travers d'une espèce de lunette naturelle, qui nous les change. Cette lunette, c'est notre air, mêlé comme il est de vapeurs et d'exhalaisons, et qui ne s'étend pas bien haut. Quelques modernes prétendent que de lui-même il est bleu, aussi bien que l'eau de la mer, et que cette couleur ne paraît dans l'un et dans l'autre qu'à une grande profondeur. Le ciel, disent-ils, où sont attachées les étoiles fixes, n'a de lui-même aucune lumière, et par conséquent il devrait paraître noir; mais on le voit au travers de l'air qui est bleu, et il paraît bleu. Si cela est, les rayons du soleil et des étoiles ne peuvent passer au travers de l'air sans se teindre un peu de sa couleur, et perdre autant de celle qui leur est naturelle. Mais quand même l'air ne serait pas coloré de lui-même, il est certain qu'au travers d'un gros brouillard, la lumière d'un flambeau, qu'on voit un peu de loin, paraît toute rougeâtre, quoique ce ne soit pas sa vraie couleur; et notre air n'est non plus qu'un gros brouillard, qui nous doit altérer la vraie couleur, et du ciel, et du soleil, et des étoiles. Il n'appartiendrait qu'à la matière céleste de nous apporter la lumière et les couleurs dans toute leur pureté, et telles qu'elles sont. Ainsi, puisque l'air de la lune est d'une autre nature que notre air, ou il est teint en lui-même d'une autre couleur, ou du moins c'est un autre brouillard qui cause une autre altération aux couleurs des corps célestes. Enfin, à l'égard des gens de la lune, cette lunette au travers de laquelle on voit tout, est changée.

Cela me fait préférer notre séjour à celui de la lune, dit la marquise ; je ne saurais croire que l'assortiment des couleurs célestes y soit aussi beau qu'il l'est ici. Mettons si vous voulez un ciel rouge et des étoiles vertes, l'effet n'est pas si agréable que les étoiles couleur d'or sur du bleu. On dirait, à vous entendre, repris-je, que vous assortiriez un habit ou un meuble : mais, croyez-moi, la nature a bien de l'esprit ; laissez-lui le soin d'inventer un assortiment de couleurs pour la lune, et je vous garantis qu'il sera bien entendu. Elle n'aura pas manqué de varier le spectacle de l'univers à chaque point de vue différent, et de le varier d'une manière toujours agréable.

Je reconnais son adresse, interrompit la marquise ; elle s'est épargné la peine de changer les objets pour chaque point de vue ; elle n'a changé que les lunettes, et elle a l'honneur de cette grande diversité, sans en avoir fait la dépense. Avec un air bleu, elle nous donne un ciel bleu ; et peut-être avec un air rouge, elle donne un ciel rouge aux habitans de la lune : c'est pourtant toujours le même ciel. Il me paraît qu'elle nous a mis dans l'imagination certaines lunettes, au travers desquelles on voit tout, et qui changent fort les objets, à l'égard de chaque homme. Alexandre voyait la terre comme une belle place bien propre à y établir un grand empire; Céladon ne la voyait que comme le séjour d'Astrée; un philosophe la voit comme une grosse planète qui va par les cieux toute couverte de fous. Je ne crois pas que le spectacle change plus de la terre à la lune, qu'il fait ici d'imagination à imagination.

Le changement de spectacle est plus surprenant dans nos imaginations, répliquai-je, car ce ne sont que les mêmes objets qu'on voit si différemment; du moins, dans la lune, on peut voir d'autres objets, ou ne pas voir quelques uns de ceux qu'on voit ici. Peut-être ne connaissent-ils point en ce pays là l'aurore ni les crépuscules. L'air qui nous environne, et qui est élevé au-dessus de nous, reçoit des rayons qui ne pourraient pas tomber sur la terre; et parce qu'il est fort grossier, il en arrête une partie, et nous les renvoie, quoiqu'ils ne nous fussent pas naturellement destinés. Ainsi l'aurore et les crépuscules sont une grâce que la nature nous fait; c'est une lumière que régulièrement nous ne devrions point avoir, et qu'elle nous donne par-dessus ce qui nous est dû. Mais dans la lune, où apparemment l'air est plus pur, il pourrait bien n'être pas si propre à renvoyer en bas les rayons qu'il reçoit avant que le soleil se lève, ou après qu'il est couché. Les pauvres habitans n'ont donc point cette lumière de faveur, qui, en se fortifiant peu à peu, les préparerait agréablement à l'arrivée du soleil, ou qui, en s'affaiblissant comme de nuance en nuance, les accoutumerait à sa perte. Ils sont dans des ténèbres profondes, et tout d'un coup il semble qu'on tire un rideau, voilà leurs yeux frappés de tout l'éclat qui est dans le soleil ; ils sont dans une lumière vive et éclatante, et tout d'un coup les voilà tombés dans des ténèbres profondes. Le jour et la nuit ne sont point liés par un milieu qui tienne de l'un et de l'autre. L'arc-en-ciel est encore une chose qui manque aux gens de la lune ; car si l'aurore est un effet de la grossièreté de l'air et des vapeurs, l'arc-en-ciel se forme dans les pluies qui tombent en certaines circonstances, et nous devons les plus belles choses du monde à celles qui le sont le moins. Puisqu'il n'y a autour de la lune, ni vapeurs assez grossières, ni nuages pluvieux, adieu l'arc-en-ciel avec l'aurore, et à quoi ressembleront les belles de ce pays là? Quelle source de comparaisons perdue!

Je n'aurais pas grand regret à ces comparaisons là, dit la marquise, et je trouve qu'on est assez bien récompensé dans la lune de n'avoir ni aurore ni arc-en-ciel, car on ne doit avoir, par la même raison, ni foudres ni tonnerres, puisque ce sont aussi des choses qui se forment dans les nuages. On a de beaux jours toujours sereins, pendant lesquels on ne perd point le soleil de vue : on n'a point de nuits où toutes les étoiles ne se montrent; on ne connaît, ni les orages, ni les tempêtes, ni tout ce qui paraît être un effet de la colère du ciel. Trouvez-vous qu'on soit tant à plaindre? Vous me faites voir la lune comme un séjour enchanté, répondis-je ; cependant je ne sais s'il est si délicieux d'avoir toujours sur la tête, pendant des jours qui en valent quinze des nôtres, un soleil ardent, dont aucun nuage ne modère la chaleur. Peut-être aussi est-ce à cause de cela que la nature a creusé dans la lune, des espèces de puits qui sont assez grands pour être aperçus par nos lunettes;

car ce ne sont point des vallées qui soient entre des montagnes, ce sont des creux que l'on voit au milieu de certains lieux plats, et en très grand nombre. Que sait-on si les habitans de la lune, incommodés par l'ardeur perpétuelle du soleil, ne se réfugient point dans ces grands puits? Ils n'habitent peut-être point ailleurs; c'est là qu'ils bâtissent leurs villes. Nous voyons ici que la Rome souterraine est plus grande que la Rome qui est sur terre. Il ne faudrait qu'ôter celle-ci, le reste serait une ville à la manière de la lune. Tout un peuple est dans un puits, et d'un puits à l'autre il y a des chemins souterrains pour la communication des peuples. Vous vous moquez de cette vision; j'y consens de tout mon cœur: cependant, à vous parler très sérieusement, vous pourriez vous tromper plutôt que moi. Vous croyez que les gens de la lune doivent habiter sur la surface de leur planète, parce que nous habitons sur la surface de la nôtre: c'est tout le contraire; puisque nous habitons sur la surface de notre planète, ils pourraient bien ne pas habiter sur la surface de la leur. D'ici là, il faut que toutes choses soient bien différentes.

Il n'importe, dit la marquise; je ne puis me résoudre à laisser vivre les habitans de la lune dans une obscurité perpétuelle. Vous y auriez encore plus de peine, repris-je, si vous saviez qu'un grand philosophe de l'antiquité a fait de la lune le séjour des âmes qui ont mérité ici d'être bienheureuses. Toute leur félicité consiste en ce qu'elles y entendent l'harmonie que les corps célestes font par leurs mouvemens. Mais comme il prétend, que quand la lune tombe dans l'ombre de la terre, elles ne peuvent plus entendre cette harmonie; alors, dit-il, ces âmes crient comme des désespérées, et la lune se hâte le plus qu'elle peut de les tirer d'un endroit si fâcheux. Nous devrions donc, répliqua-t-elle, voir arriver ici les bienheureux de la lune, car apparemment on nous les envoie aussi; et, dans ces deux planètes, on croit avoir assez pourvu à la félicité des âmes, de les avoir transportées dans un autre monde. Sérieusement, repris-je, ce ne serait pas un plaisir médiocre de voir plusieurs mondes différens. Ce voyage me réjouit quelquefois beaucoup, à ne le faire qu'en imagination; et que serait-ce si on le faisait en effet? Cela vaudrait bien mieux que d'aller d'ici au Japon; c'est-à-dire, de ramper avec beaucoup de peine d'un point de la terre sur un autre, pour ne voir que des hommes. Eh bien, dit-elle, faisons le voyage des planètes comme nous pourrons; qui nous en empêche? Allons nous placer dans tous ces différens points de vue; et de là, considérons l'univers. N'avons-nous plus rien à voir dans la lune? Ce monde là n'est pas encore épuisé, répondis-je. Vous vous souvenez bien que les deux mouvemens, par lesquels la lune tourne sur elle-même et autour de nous, étant égaux, l'un rend toujours à nos yeux ce que l'autre leur devrait dérober, et qu'ainsi elle nous présente toujours la même face. Il n'y a donc que cette moitié là qui nous voie, et comme la lune doit être censée ne point tourner sur son centre à notre égard, cette moitié qui nous voit, nous voit toujours attachés au même endroit du ciel. Quand elle est dans la nuit, et ces nuits là valent quinze de nos jours, elle voit d'abord un petit coin de la terre éclairée, ensuite un plus grand, et presque d'heure en heure, la lumière lui paraît se répandre sur la face de la terre, jusqu'à ce qu'enfin elle la couvre entière ; au lieu que ces mêmes changemens ne nous paraissent arriver sur la lune que d'une nuit à l'autre, parce que nous la perdons long-temps de vue. Je voudrais bien pouvoir deviner les mauvais raisonnemens que font les philosophes de ce monde là, sur ce que notre terre leur paraît immobile, lorsque tous les autres corps célestes se lèvent et se couchent sur leurs têtes en quinze jours. Ils attribuent apparemment cette immobilité à sa grosseur, car elle est soixante fois plus grosse que la lune ; et quand les poètes veulent louer les princes oisifs, je ne doute pas qu'ils ne se servent de l'exemple de ce repos majestueux. Cependant, ce n'est pas un repos parfait. On voit fort sensiblement, de dedans la lune, notre terre tourner sur son centre. Imaginez-vous notre Europe, notre Asie, notre Amérique, qui se présentent à eux l'une après l'autre en petit, et différemment figurées, à peu près comme nous les voyons sur les cartes. Que ce spectacle doit paraître nouveau aux voyageurs, qui passent de la moitié de la lune qui ne nous voit jamais, à celle qui nous voit toujours ! Ah ! que l'on s'est bien gardé de croire les relations des premiers qui en ont parlé, lorsqu'ils ont été de retour en ce grand pays auquel nous sommes inconnus ! Il me vient à l'esprit, dit la marquise, que de ce pays-là dans l'autre, il se fait des espèces de pélerinages pour venir nous considérer, et qu'il y a des honneurs et des priviléges pour ceux qui ont vu une fois en leur vie la grosse planète. Du moins, repris-je, ceux qui la voient ont le privilége d'être mieux éclairés pendant leurs nuits ; l'habitation de l'autre moitié de la lune doit être beaucoup moins commode à cet égard là.

Mais, Madame, continuons le voyage que nous avions entrepris de faire de planètes en planètes; nous avons assez exactement visité la lune. Au sortir de la lune, en tirant vers le soleil, on trouve Vénus. Sur Vénus, je reprends le Saint-Denis. Vénus tourne sur elle-même et autour du soleil comme la lune. On découvre avec les lunettes d'approche, que Vénus, aussi bien que la lune, est, tantôt en croissant, tantôt en décours, tantôt pleine, selon les diverses situations où elle est à l'égard de la terre. La lune, selon toutes les apparences, est habitée; pourquoi Vénus ne le sera-t-elle pas aussi? Mais, interrompit la marquise, en disant toujours, *pourquoi non*, vous m'allez mettre des habitans dans toutes les planètes. N'en doutez pas, répliquai-je; ce *pourquoi non* a une vertu qui peuplera tout. Nous voyons que toutes les planètes sont de la même nature, toutes des corps opaques, qui ne reçoivent de la lumière que du soleil, qui se la renvoient les uns aux autres, et qui n'ont que les mêmes mouvemens; jusques-là, tout est égal. Cependant, il faudrait concevoir que ces grands corps auraient été faits pour n'être point habités, que ce serait là leur condition naturelle, et qu'il y aurait une exception justement en faveur de la terre toute seule. Qui voudra le croire, le croie; pour moi, je ne m'y puis pas résoudre. Je vous trouve, dit-elle, bien affermi dans votre opinion depuis quelques instans. Je viens de voir le moment que la lune serait déserte, et que vous ne vous en souciez pas beaucoup; et présentement, si on osait vous dire que toutes les planètes ne sont pas aussi habitées que la terre, je vois bien que vous vous mettriez en colère. Il est vrai, répondis-je, que dans le moment où vous

venez de me surprendre, si vous m'eussiez contredit
sur les habitans des planètes, non-seulement je vous
les aurais soutenus, mais je crois que je vous aurais
dit comment ils étaient faits. Il y a des momens pour
croire, et je ne les ai jamais si bien crus que dans celui-
là ; présentement meme que je suis un peu plus de
sang-froid, je ne laisse pas de trouver qu'il serait bien
étrange que la terre fût aussi habitée qu'elle l'est, et
que les autres planètes ne le fussent point du tout; car
ne croyez pas que nous voyons tout ce qui habite la
terre ; il y a autant d'espèces d'animaux invisibles que
de visibles. Nous voyons depuis l'éléphant jusqu'au
ciron ; là finit notre vue : mais au ciron commence
une multitude infinie d'animaux, dont il est l'éléphant,
et que nos yeux ne sauraient apercevoir sans secours.
On a vu avec des lunettes de très petites gouttes d'eau
de pluie, ou de vinaigre, ou d'autres liqueurs, remplies de petits poissons ou de petits serpens, que l'on
n'aurait jamais soupçonnés d'y habiter; et quelques
philosophes croient que le goût qu'elles font sentir, sont
les piqûres que ces petits animaux font à la langue.
Mêlez de certaines choses dans quelques unes de ces
liqueurs, ou exposez-les au soleil, ou laissez-les se corrompre, voilà aussitôt de nouvelles espèces de petits
animaux.

Beaucoup de corps qui paraissent solides, ne sont
presque que des amas de ces animaux imperceptibles,
qui y trouvent pour leurs mouvemens autant de liberté
qu'il leur en faut. Une feuille d'arbre est un petit
monde habité par des vermisseaux invisibles, à qui elle
paraît d'une étendue immense, qui y connaissent des
montagnes et des abîmes, et qui, d'un côté de la feuille

à l'autre, n'ont pas plus de communication avec les autres vermisseaux qui y vivent, que nous avec nos antipodes. A plus forte raison, ce me semble, une grosse planète sera-t-elle un monde habité. On a trouvé jusques dans des espèces de pierres très-dures, de petits vers sans nombre, qui y étaient logés de toutes parts dans des vides insensibles, et qui ne se nourrissaient que de la substance de ces pierres qu'ils rongeaient. Figurez-vous combien il y avait de ces petits vers, et pendant combien d'années ils subsistaient de la grosseur d'un grain de sable; et sur cet exemple, quand la lune ne serait qu'un amas de rochers, je la ferais plutôt ronger par ses habitans, que de n'y en pas mettre. Enfin, tout est vivant, tout est animé. Mettez toutes ces espèces d'animaux nouvellement découvertes, et même toutes celles que l'on conçoit aisément qui sont encore à découvrir, avec celles que l'on a toujours vues, vous trouverez assurément que la terre est peuplée, et que la nature y a si libéralement répandu les animaux, qu'elle ne s'est pas mise en peine que l'on en vît seulement la moitié. Croirez-vous qu'après qu'elle a poussé ici sa fécondité jusqu'à l'excès, elle a été pour toutes les autres planètes d'une stérilité à n'y rien produire de vivant?

Ma raison est assez bien convaincue, dit la marquise; mais mon imagination est accablée de la multitude infinie des habitans de toutes ces planètes, et embarrassée de la diversité qu'il faut établir entre eux ; car je vois bien que la nature, selon qu'elle est ennemie des répétitions, les aura tous fait différens. Mais comment se représenter cela? Ce n'est pas à l'imagination à prétendre se le représenter, répondis-je; elle ne peut aller

plus loin que les yeux. On peut seulement apercevoir
d'une certaine vue universelle, la diversité que la nature doit avoir mise entre tous ces mondes. Tous les
visages sont, en général, sur un même modèle ; mais
ceux de deux grandes nations, comme des Européens,
si vous voulez, et des Africains ou des Tartares, paraissent être faits sur deux modèles particuliers ; il faudrait encore trouver le modèle des visages de chaque
famille. Quel secret doit avoir eu la nature pour varier
en tant de manières une chose aussi simple qu'un visage ? Nous ne sommes dans l'univers que comme une
petite famille, dont tous les visages se ressemblent ;
dans une autre planète, c'est une autre famille dont
les visages ont un autre air.

Apparemment les différences augmentent à mesure
que l'on s'éloigne ; et qui verrait un habitant de la lune
et un habitant de la terre remarquerait bien qu'ils seraient de deux mondes plus voisins qu'un habitant de
la terre et un habitant de Saturne. Ici, par exemple,
on a l'usage de la voix ; ailleurs, on ne parle que par
signes : plus loin, on ne parle point du tout. Ici, le
raisonnement se forme entièrement par l'expérience ;
ailleurs, l'expérience y ajoute fort peu de chose : plus
loin, les vieillards n'en savent pas plus que les enfans.
Ici, on se tourmente de l'avenir plus que du passé ;
ailleurs, on se tourmente du passé plus que de l'avenir : plus loin, on ne se tourmente ni de l'un ni de
l'autre, et ceux-là ne sont peut-être pas les plus malheureux. On dit qu'il pourrait bien nous manquer un
sixième sens naturel, qui nous apprendrait beaucoup
de choses que nous ignorons. Ce sixième sens est apparemment dans quelque autre monde, où il manque

quelqu'un des cinq que nous possédons. Peut-être même y a-t-il effectivement un grand nombre de sens naturels ; mais dans le partage que nous avons fait avec les habitans des autres planètes, il ne nous en est échu que cinq, dont nous nous contentons, faute d'en connaître d'autres. Nos sciences ont de certaines bornes que l'esprit humain n'a jamais pu passer. Il y a un point où elles nous manquent tout à coup; le reste est pour d'autres mondes, où quelque chose de ce que nous savons est inconnu. Cette planète-ci jouit des douceurs de l'amour ; mais elle est toujours désolée, en plusieurs de ses parties, par les fureurs de la guerre. Dans une autre planète, on jouit d'une paix éternelle; mais, au milieu de cette paix, on ne connaît point l'amour, et on s'ennuie. Enfin, ce que la nature pratique en petit entre les hommes pour la distribution du bonheur ou des talens, elle l'aura sans doute pratiqué en grand entre les mondes, et elle se sera bien souvenue de mettre en usage ce secret merveilleux qu'elle a de diversifier toutes choses, et de les égaler en même temps par les compensations.

Êtes-vous contente, Madame, ajoutai-je? Vous ai-je ouvert un assez grand champ à exercer votre imagination? Voyez-vous déjà quelques habitans des planètes? Hélas! non, répondit-elle : tout ce que vous me dites là est merveilleusement vain et vague ; je ne vois qu'un grand je ne sais quoi où je ne vois rien. Il me faudrait quelque chose de plus déterminé, de plus marqué. Hé bien donc, repris-je, je vais me résoudre à ne vous rien cacher de ce que je sais de plus particulier. C'est une chose que je tiens de très-bon lieu, et vous en conviendrez, quand je vous aurai cité mes garans.

Ecoutez, s'il vous plaît, avec un peu de patience ; cela sera assez long.

Il y a dans une planète, que je ne vous nommerai pas encore, des habitans très vifs, très laborieux, très adroits ; ils ne vivent que de pillage, comme quelques uns de nos Arabes, et c'est la leur unique vice. Du reste, ils sont entre eux d'une intelligence parfaite, travaillant sans cesse de concert et avec zèle au bien de l'état, et surtout leur chasteté est incomparable. Il est vrai qu'ils n'y ont pas beaucoup de mérite; ils sont tous stériles; point de sexe chez eux. Mais, interrompit la marquise, n'avez-vous point soupçonné qu'on se moquait, en vous faisant cette belle relation ? Comment la nation se perpétuerait-elle ? On ne s'est point moqué, repris-je d'un grand sang-froid; tout ce que je vous dis est certain, et la nation se perpétue. Ils ont une reine qui ne les mène point à la guerre, qui ne paraît guère se mêler des affaires de l'état, et dont toute la royauté consiste en ce qu'elle est féconde, mais d'une fécondité étonnante. Elle fait des milliers d'enfans; aussi ne fait-elle autre chose. Elle a un grand palais, partagé en une infinité de chambres, qui ont toutes un berceau préparé pour un petit prince, et elle va accoucher dans chacune de ces chambres l'une après l'autre, toujours accompagnée d'une grosse cour, qui lui applaudit sur ce noble privilége, dont elle jouit à l'exclusion de tout son peuple.

Je vous entends, Madame, sans que vous parliez. Vous demandez où elle a pris des amans, ou, pour parler plus honnêtement, des maris. Il y a des reines en Orient et en Afrique, qui ont publiquement des sérails d'hommes : celle-ci apparemment en a un, mais elle en fait grand mystère; et si c'est marquer plus de pudeur, c'est aussi agir avec moins de dignité. Parmi ces Arabes, qui sont toujours en action, soit chez eux, soit au dehors, on reconnaît quelques étrangers en fort petit nombre, qui ressemblent beaucoup, pour la figure, aux naturels du pays, mais qui d'ailleurs sont fort paresseux, qui ne sortent point, qui ne font rien, et qui, selon toutes les apparences, ne seraient pas soufferts chez un peuple extrèmement actif s'ils n'étaient destinés aux plaisirs de la reine, et à l'important ministère de la propagation : en effet, si, malgré leur petit nombre, ils sont les pères des dix mille enfans, plus ou moins, que la reine met au monde, ils méritent bien d'être quittes de tout autre emploi ; et ce qui persuade bien que ç'a été leur unique fonction, c'est qu'aussitôt qu'elle est entièrement remplie, aussitôt que la reine a fait ses dix mille couches, les Arabes vous tuent, sans miséricorde, ces malheureux étrangers, devenus inutiles à l'état.

Est-ce tout, dit la marquise? Dieu soit loué ! Rentrons un peu dans le sens commun, si nous pouvons. De bonne foi, où avez-vous pris tout ce roman là? Quel est le poète qui vous l'a fourni ? Je vous répète encore, lui répondis-je, que ce n'est point un roman. Tout cela se passe ici sur notre terre, sous nos yeux. Vous voilà bien étonnée! Oui, sous nos yeux ; mes Arabes ne sont que des abeilles, puisqu'il faut vous le dire.

Alors, je lui appris l'histoire naturelle des abeilles, dont elle ne connaissait guère que le nom. Après quoi vous voyez bien, poursuivis-je, qu'en transportant seulement, sur d'autres planètes, des choses qui se passent sur la nôtre, nous imaginerions des bizarreries qui paraîtraient extravagantes, et seraient cependant fort réelles, et nous en imaginerions sans fin ; car, afin que vous le sachiez, Madame, l'histoire des insectes en est toute pleine. Je le crois aisément, répondit-elle : n'y eût-il que les vers à soie, qui me sont plus connus que n'étaient les abeilles, ils nous fourniraient des peuples assez surprenans, qui se métamorphoseraient de manière à n'être plus du tout les mêmes, qui ramperaient pendant une partie de leur vie, et voleraient pendant l'autre ; et que sais-je, moi, cent mille autres merveilles qui feront les différens caractères, les différentes coutumes de tous ces habitans inconnus. Mon imagination travaille sur le plan que vous m'avez donné, et je vais même jusqu'à leur composer des figures. Je ne vous les pourrais décrire ; mais je vois pourtant quelque chose. Pour ces figures là, répliquai-je, je vous conseille d'en laisser le soin aux songes que vous aurez cette nuit. Nous verrons demain s'ils vous auront bien servie, et s'ils vous auront appris comment sont faits les habitans de quelque planète.

QUATRIÈME SOIR.

Particularités des Mondes de Vénus, de Mercure, de Mars, de Jupiter et de Saturne.

Les songes ne furent point heureux ; ils représentèrent toujours quelque chose qui ressemblait à ce que l'on voit ici. J'eus lieu de reprocher à la marquise ce que nous reprochent, à la vue de nos tableaux, de certains peuples, qui ne font jamais que des peintures bizarres et grotesques. *Bon*, nous disent-ils, *cela est tout fait comme des hommes; il n'y a pas là d'imagination.* Il fallut donc se résoudre à ignorer les figures des habitans de toutes ces planètes, et se contenter d'en deviner ce que nous pourrions, en continuant le voyage des mondes que nous avions commencé. Nous en étions à Vénus. On est bien sûr, dis-je à la marquise, que Vénus tourne sur elle-même; mais on ne sait pas bien en quel temps, ni par conséquent combien ses jours durent. Pour ses années, elles ne sont que de près de huit mois, puisqu'elle tourne en ce temps-là autour du soleil. Elle est grosse comme la terre, et par conséquent la terre paraît à Vénus de la même grandeur dont Vénus nous paraît. J'en suis bien aise, dit la marquise : la terre pourra être pour Vénus l'étoile du berger et la mère des amours, comme Vénus l'est pour nous. Ces noms-là ne peuvent convenir qu'à une petite planète qui soit jolie, claire, brillante, et qui ait un air galant. J'en conviens, répondis-je; mais savez-vous ce qui rend Vénus si jolie de loin? c'est qu'elle est fort affreuse de près. On a vu, avec les lunettes d'approche, que ce n'était qu'un amas de montagnes beaucoup plus hautes que les nôtres, fort pointues, et apparemment fort sèches; et par cette disposition, la surface d'une planète est la plus propre qu'il se puisse à renvoyer la lumière avec beaucoup d'éclat et de vivacité. Notre terre, dont la surface est fort unie auprès de celle de Vénus, et en partie couverte de mers, pourrait bien n'être pas si agréable à voir de loin. Tant pis, dit la marquise, car ce serait assurément un avantage et un agrément pour elle, que de présider aux amours des habitans de Vénus; ces gens là doivent bien entendre la galanterie. Oh! sans doute, répondis-je, le menu peuple de Vénus n'est composé que de Céladons et de Sylvandres, et leurs conversations les plus communes, valent les plus belles de Clélie. Le climat est très favorable aux amours. Vénus est plus proche que nous du soleil, et en reçoit une lumière plus vive et plus de chaleur. Elle est à peu près aux deux tiers de la distance du soleil à la terre.

Je vois présentement, interrompit la marquise, comment sont faits les habitans de Vénus; ils ressemblent aux Maures grenadins, un petit peuple noir, brûlé du soleil, plein d'esprit et de feu, toujours amoureux, faisant des vers, aimant la musique, inventant tous les jours des fêtes, des danses et des tournois. Permettez-moi de vous dire, Madame, répliquai-je, que vous ne connaissez guère bien les habitans de Vénus. Nos Maures grenadins n'auraient été auprès d'eux que des Lapons et des Groënlandais pour la froideur et pour la stupidité.

Mais que sera-ce des habitans de Mercure? Ils sont plus de deux fois plus proches du soleil que nous. Il faut qu'ils soient fous à force de vivacité. Je crois qu'ils n'ont point de mémoire, non plus que la plupart des nègres, qu'ils ne font jamais de réflexions sur rien; qu'ils n'agissent qu'à l'aventure, et par des mouvemens subits; et qu'enfin c'est dans Mercure que sont les petites maisons de l'univers. Ils voient le soleil neuf fois plus grand que nous le voyons; il leur envoie une lumière si forte, que s'ils étaient ici, ils ne prendraient nos plus beaux jours que pour de très faibles crépuscules, et peut-être n'y pourraient-ils pas distinguer les objets ; et la chaleur à laquelle ils sont accoutumés, est si excessive, que celle qu'il fait ici au fond de l'Afrique, les glacerait. Apparemment notre fer, notre argent, notre or se fondraient chez eux, et on ne les y verrait qu'en liqueur, comme on ne voit ici ordinairement l'eau qu'en liqueur, quoiqu'en de certains temps ce soit un corps fort solide. Les gens de Mercure ne soupçonneraient pas que, dans un autre monde, ces liqueurs là, qui font peut-être leurs rivières, sont des corps des plus durs que l'on connaisse. Leur année n'est que de trois mois. La durée de leur jour ne nous est point connue, parce que Mercure est si petit et si proche du soleil, dans les rayons duquel il est presque toujours perdu, qu'il échappe à toute l'adresse des astronomes, et qu'on n'a pu encore avoir assez de prise sur lui pour observer le mouvement qu'il doit avoir sur son centre : mais ses habitans ont besoin qu'il achève ce tour en peu de temps ; car apparemment, brûlés comme ils sont par un grand poêle ardent, suspendu sur leurs têtes, ils soupirent après la nuit. Ils sont éclairés, pendant ce temps-là, de Vénus et de la terre, qui leur doivent paraître assez grandes. Pour les autres planètes, comme elles sont au-delà de la terre, vers le firmament, ils les voient plus petites que nous ne les voyons, et n'en reçoivent que bien peu de lumière.

Je ne suis pas si touchée, dit la marquise, de cette perte là que font les habitans de Mercure, que de l'incommodité qu'ils reçoivent de l'excès de la chaleur. Je voudrais bien que nous les soulageassions un peu. Donnons à Mercure de longues et d'abondantes pluies qui le rafraîchissent comme on dit qu'il en tombe ici dans les pays chauds pendant des quatre mois entiers, justement dans les saisons les plus chaudes.

Cela se peut, repris-je, et même nous pouvons rafraîchir encore Mercure d'une autre façon. Il y a des pays dans la Chine qui doivent être très chauds par leur situation, et où il fait pourtant de grands froids pendant les mois de juillet et d'août, jusques-là que les rivières se gèlent. C'est que ces contrées-là ont beaucoup de salpêtre; les exhalaisons en sont fort froides, et la force de la chaleur les fait sortir de la terre en grande abondance. Mercure sera, si vous voulez, une petite planète toute de salpêtre, et le soleil tirera d'elle-même le remède au mal qu'il lui pourrait faire. Ce qu'il y a de sûr, c'est que la nature ne saurait faire vivre les gens qu'où ils peuvent vivre, et que l'habitude, jointe à l'ignorance de quelque chose de meilleur, survient, et les y fait vivre agréablement. Ainsi, on pourrait même se passer, dans Mercure, du salpêtre et des pluies.

Après Mercure, vous savez qu'on trouve le soleil. Il n'y a pas moyen d'y mettre d'habitans. Le *pourquoi non* nous manque-là. Nous jugeons par la terre qui est habitée, que les autres corps de la même espèce, doivent l'être aussi: mais le soleil n'est point un corps de la même espèce que la terre, ni que les autres planètes. Il est la source de toute cette lumière que les planètes ne font que se renvoyer les unes aux autres, après l'avoir reçue de lui. Elles en peuvent faire, pour ainsi dire, des échanges entre elles; mais elles ne la peuvent produire. Lui seul tire de soi-même cette précieuse substance; il la pousse avec force de tous côtés de là, elle revient à la rencontre de tout ce qui est solide; et d'une planète à l'autre, il s'épand de longues et vastes traînées de lumière qui se croisent, se traversent et s'entrelacent en mille façons différentes, et forment d'admirables tissus de la plus riche matière qui soit au monde. Aussi le soleil est-il placé dans le centre, qui est le lieu le plus commode d'où il puisse la distribuer également, et animer tout par sa chaleur. Le soleil est donc un corps particulier : mais quelle sorte de corps? on est bien embarrassé à le dire. On avait toujours cru que c'était un feu très-pur; mais on s'en désabusa au commencement de ce siècle, qu'on aperçut des taches sur sa surface. Comme on avait découvert, peu de temps auparavant, de nouvelles planètes, dont je vous parlerai, que tout le monde philosophe n'avait l'esprit rempli d'autre chose, et qu'enfin les nouvelles planètes s'étaient mises à la mode : on jugea aussitôt que ces taches en étaient; qu'elles avaient un mouvement autour du soleil, et qu'elles nous en cachaient nécessairement quelque partie, en tournant leur moitié obscure vers nous. Déjà les savans faisaient leur cour de ces prétendues planètes aux princes de l'Europe. Les uns leur donnaient le nom d'un prince, les autres d'un autre, et peut-être il y aurait eu querelle entre eux à qui serait demeuré le maître des taches pour les nommer comme il eût voulu.

Je ne trouve point cela bon, interrompit la marquise. Vous me disiez l'autre jour, qu'on avait donné aux différentes parties de la lune des noms de savans et d'astronomes, et j'en étais fort contente. Puisque les princes prennent pour eux la terre, il est juste que les savans se réservent le ciel, et y dominent : mais ils n'en devraient point permettre l'entrée à d'autres.

QUATRIÈME SOIR.

Souffrez, répondis-je, qu'ils puissent du moins, en cas de besoin, engager aux princes quelque astre, ou quelque partie de la lune. Quant aux taches du soleil, ils n'en purent faire aucun usage. Il se trouva que ce n'étaient point des planètes, mais des nuages, des fumées, des écumes qui s'élèvent sur le soleil. Elles sont, tantôt en grande quantité, tantôt en petit nombre, tantôt elles disparaissent toutes; quelquefois elles se mettent plusieurs ensemble, quelquefois elles se séparent, quelquefois elles sont plus claires, quelquefois plus noires. Il y a des temps où l'on en voit beaucoup; il y en a d'autres, et même assez longs, où il n'en paraît aucune. On croirait que le soleil est une matière liquide, quelques-uns disent de l'or fondu, qui bouillonne incessamment, et produit des impuretés que la force de son mouvement rejette sur sa surface; elles s'y consument, et puis il s'en produit d'autres. Imaginez-vous quels corps étrangers ce sont là. Il y en a tel qui est dix-sept cent fois plus gros que la terre; car vous saurez qu'elle est plus d'un million de fois plus petite que le globe du soleil. Jugez par là quelle est la quantité de cet or fondu, ou l'étendue de cette grande mer de lumière et de feu. D'autres disent, et avec assez d'apparence, que les taches, du moins pour la plupart, ne sont point des productions nouvelles, et qui se dissipent au bout de quelque temps; mais de grosses masses solides, de figures fort irrégulières, toujours subsistantes, qui, tantôt flottent sur le corps liquide du soleil, tantôt s'y enfoncent ou entièrement ou en partie, et nous présentent différentes pointes ou éminences, selon qu'elles s'enfoncent plus ou moins, et qu'elles se tournent vers nous de différens côtés. Peut-être font-elles partie de quelque grand amas de matière solide, qui sert d'aliment au feu du soleil. Enfin, quoi que ce puisse être que le soleil, il ne paraît nullement propre à être habité. C'est pourtant dommage; l'habitation serait belle : on serait au centre de tout, on verrait toutes les planètes tourner régulièrement autour de soi; au lieu que nous voyons dans leurs cours une infinité de bizarreries, qui n'y paraissent que parce que nous ne sommes pas dans le lieu propre pour en bien juger; c'est-à-dire au centre de leur mouvement. Cela n'est-il pas pitoyable? Il n'y a qu'un lieu dans le monde, d'où l'étude des astres puisse être extrêmement facile; et justement, dans ce lieu-là, il n'y a personne. Vous n'y songez pas, dit la marquise. Qui serait dans le soleil ne verrait rien, ni planètes, ni étoiles fixes. Le soleil n'efface-t-il pas tout? Ce serait ses habitans qui seraient bien fondés à se croire seuls dans toute la nature.

J'avoue que je m'étais trompé, répondis-je; je ne songeais qu'à la situation où est le soleil, et non à l'effet de sa lumière : mais vous qui me redressez si à propos, vous voulez bien que je vous dise que vous vous êtes trompée aussi; les habitans du soleil ne le verraient seulement pas. Ou ils ne pourraient soutenir la force de sa lumière, ou ils ne la pourraient recevoir, faute d'en être à quelque distance; et tout bien considéré, le soleil ne serait qu'un séjour d'aveugles. Encore un coup, il n'est pas fait pour être habité; mais voulez-vous que nous poursuivions notre voyage des mondes? Nous sommes arrivés au centre, qui est toujours le lieu le plus bas dans tout ce qui est rond; et je vous dirai, en passant, que pour aller d'ici là, nous avons fait un che-

QUATRIÈME SOIR.

min de trente-trois millions de lieues. Il faudrait présentement retourner sur nos pas, et remonter. Nous retrouverons Mercure, Vénus, la terre, la lune, toutes planètes que nous avons visitées. Ensuite, c'est Mars qui se présente. Mars n'a rien de curieux que je sache, ses jours sont de plus d'une demi-heure plus longs que les nôtres, et ses années valent deux de nos années, à un mois et demi près. Il est cinq fois plus petit que la terre; il voit le soleil un peu moins grand et moins vif que nous ne le voyons : Enfin, Mars ne vaut pas trop la peine qu'on s'y arrête. Mais la jolie chose que Jupiter, avec ses quatre lunes ou satellites ! Ce sont quatre petites planètes, qui, tandis que Jupiter tourne autour du soleil en douze ans, tournent autour de lui comme notre lune autour de nous. Mais, interrompit la marquise, pourquoi y a-t-il des planètes qui tournent autour d'autres planètes, qui ne valent pas mieux qu'elles? Sérieusement, il me paraîtrait plus régulier et plus uniforme que toutes les planètes, et grandes et petites, n'eussent que le même mouvement autour du soleil.

Ah ! Madame, répliquai-je, si vous saviez ce que c'est que les tourbillons de Descartes, ces tourbillons, dont le nom est si terrible et l'idée si agréable, vous ne parleriez pas comme vous faites. La tête me dût-elle tourner, dit-elle en riant, il est beau de savoir ce que c'est que les tourbillons. Achevez de me rendre folle ; je ne me ménage plus ; je ne connais plus de retenue sur la philosophie ; laissons parler le monde, et donnons-nous aux tourbillons. Je ne vous connaissais pas de pareils emportemens, repris-je ; c'est dommage qu'ils n'aient que les tourbillons pour objet. Ce qu'on appelle un tourbillon, c'est un amas de matière, dont les parties sont détachées les unes des autres, et se meuvent toutes en un même sens ; permis à elles d'avoir, pendant ce temps-là, quelques petits mouvemens particuliers, pourvu qu'elles suivent toujours le mouvement général. Ainsi, un tourbillon de vent, c'est une infinité de petites parties d'air, qui tournent en rond toutes ensemble, et enveloppent ce qu'elles rencontrent. Vous savez que les planètes sont portées dans la matière céleste, qui est d'une subtilité et d'une agitation prodigieuse. Tout ce grand amas de matière céleste, qui est depuis le soleil jusqu'aux étoiles fixes, tourne en rond, et emportant avec soi les planètes, les fait tourner toutes en un même sens autour du soleil, qui occupe le centre; mais en des temps plus ou moins longs, selon qu'elles en sont plus ou moins éloignées. Il n'y a pas jusqu'au soleil qui ne tourne sur lui-même, parce qu'il est justement au milieu de toute cette matière céleste; vous remarquerez, en passant, que quand la terre serait dans la place où il est, elle ne pourrait encore faire moins que de tourner sur elle-même.

Voilà quel est le grand tourbillon dont le soleil est comme le maître; mais en même temps les planètes se composent de petits tourbillons particuliers, à l'imitation de celui du soleil. Chacune d'elles, en tournant autour du soleil, ne laisse pas de tourner autour d'elle-même, et fait tourner aussi autour d'elle en même sens une certaine quantité de cette matière céleste, qui est toujours prête à suivre tous les mouvemens qu'on lui veut donner, s'ils ne la détournent pas de son mouvement général. C'est là le tourbillon particulier de la planète; et elle le pousse aussi loin que la force de son mouvement se peut étendre. S'il faut qu'il tombe dans ce petit tourbillon quelque planète moindre que celle qui y domine, la voilà emportée par la grande, et forcée indispensablement à tourner autour d'elle, et le tout ensemble, la grande planète, la petite, et le tourbillon qui les renferme, n'en tournent pas moins autour du soleil. C'est ainsi qu'au commencement du monde, nous nous fîmes suivre par la lune, parce qu'elle se trouva dans l'étendue de notre tourbillon, et tout-à-fait à notre bienséance. Jupiter, dont je commençais à vous parler, fut plus heureux ou plus puissant que nous. Il y avait dans son voisinage quatre petites planètes; il se les assujétit toutes quatre; et nous qui sommes une planète principale, croyez-vous que nous l'eussions été, si nous nous fussions trouvés proche de lui? Il est mille fois plus gros que nous; il nous aurait engloutis sans peine dans son tourbillon, et nous ne ferions qu'une lune de sa dépendance, au lieu que nous en avons une qui est dans la nôtre; tant il est vrai que le seul hasard de la situation décide souvent de toute la fortune qu'on doit avoir!

Et qui nous assure, dit la marquise, que nous demeurerons toujours où nous sommes? Je commence à craindre que nous ne fassions la folie de nous approcher d'une planète aussi entreprenante que Jupiter, ou qu'il ne vienne vers nous pour nous absorber; car il me paraît que dans ce grand mouvement où vous dites qu'est la matière céleste, elle devrait agiter les planètes irrégulièrement, tantôt les approcher, tantôt les éloigner les unes des autres. Nous pourrions aussitôt y gagner qu'y perdre, répondis-je; peut-être irions-nous soumettre à notre domination Mercure ou Mars, qui sont de plus petites planètes, et qui ne nous pourraient résister. Mais nous n'avons rien à espérer ni à craindre ; les planètes se tiennent où elles sont, et les nouvelles conquêtes leur sont défendues, comme elles l'étaient autrefois aux rois de la Chine. Vous savez bien que quand on met de l'huile avec de l'eau, l'huile surnage. Qu'on mette sur ces deux liqueurs un corps extrêmement léger, l'huile le soutiendra, et il n'ira pas jusqu'à l'eau. Qu'on y mette un autre corps plus pesant, et qui soit justement d'une certaine pesanteur, il passera au travers de l'huile qui sera trop faible pour l'arrêter, et tombera, jusqu'à ce qu'il rencontre l'eau qui aura la force de le soutenir. Ainsi, dans cette liqueur, composée de deux liqueurs qui ne se mêlent point, deux corps inégalement pesants se mettent à deux places différentes, et jamais l'un ne montera, ni l'autre ne descendra. Qu'on mette encore d'autres liqueurs qui se tiennent séparées, et qu'on y plonge d'autres corps, il arrivera la même chose. Représentez-vous que la matière céleste, qui remplit ce grand tourbillon, a différentes couches qui s'enveloppent les unes les autres, et dont les pesanteurs sont différentes, comme celles de l'huile et de l'eau, et des autres liqueurs. Les planètes ont aussi différentes pesanteurs ; chacune d'elles par conséquent s'arrête dans la couche qui a précisément la force nécessaire pour la soutenir, et qui lui fait équilibre, et vous voyez bien qu'il n'est pas possible qu'elle en sorte jamais.

Je conçois, dit la marquise, que ces pesanteurs là règlent fort bien les rangs. Plût à Dieu qu'il y eût quelque chose de pareil qui les réglât parmi nous, et qui fixât les gens dans les places qui leur sont naturellement convenables ! Me voilà fort en repos du côté de Jupiter. Je suis bien aise qu'il nous laisse dans notre petit tourbillon, avec notre lune unique. Je suis d'humeur à me borner aisément, et je ne lui envie point les quatre qu'il a.

Vous auriez tort de les lui envier, repris-je ; il n'en a point plus qu'il ne lui en faut. Il est cinq fois plus éloigné du soleil que nous ; c'est-à-dire qu'il en est à cent soixante-cinq millions de lieues, et par conséquent ses lunes ne reçoivent et ne lui renvoient qu'une lumière assez faible. Le nombre supplée au peu d'effet de chacune. Sans cela, comme Jupiter tourne sur lui-même en dix heures, et que ses nuits, qui n'en durent que cinq, sont fort courtes, quatre lunes ne paraîtraient pas si nécessaires. Celle qui est la plus proche de Jupiter fait son cercle autour de lui en quarante-deux heures, la seconde en trois jours et demi, la troisième en sept, la quatrième en dix-sept ; et par l'inégalité même de leurs cours, elles s'accordent à lui donner les plus jolis spectacles du monde. Tantôt elles se lèvent toutes quatre ensemble, et puis se séparent presque dans le moment ; tantôt elles sont toutes à leur midi rangées l'une au-dessus de l'autre ; tantôt on les voit toutes quatre dans le ciel, à des distances égales ; tantôt, quand deux se lèvent, deux autres se couchent : surtout j'aimerais à voir ce jeu perpétuel d'éclipses qu'elles font ; car il ne se passe point de jour qu'elles ne s'éclipsent les unes les autres, ou qu'elles n'éclipsent le soleil ; et assurément les éclipses s'étant rendues familières en ce monde là, elles y sont un sujet de divertissement et non pas de frayeur, comme en celui-ci.

Et vous ne manquerez pas, dit la marquise, à faire habiter ces quatre lunes, quoique ce ne soient que de petites planètes subalternes, destinées seulement à en éclairer une autre pendant ses nuits? N'en doutez nullement, répondis-je; ces planètes n'en sont pas moins dignes d'être habitées, pour avoir le malheur d'être asservies à tourner autour d'une autre plus importante.

Je voudrais donc, reprit-elle, que les habitans des quatre lunes de Jupiter fussent comme des colonies de Jupiter; qu'elles eussent reçu de lui, s'il était possible, leurs lois et leurs coutumes; que par conséquent elles lui rendissent quelque sorte d'hommage, et ne regardassent la grande planète qu'avec respect. Ne faudrait-il point aussi, lui dis-je, que les quatre lunes envoyassent, de temps en temps, des députés dans Jupiter, pour lui prêter serment de fidélité? Pour moi, je vous avoue que le peu de supériorité que nous avons sur les gens de notre lune, me fait douter que Jupiter en ait beaucoup sur les habitans des siennes; et je crois que l'avantage auquel il puisse le plus raisonnablement prétendre, c'est de leur faire peur. Par exemple, dans celle qui est la plus proche de lui, ils le voient seize cent fois plus grand que notre lune ne nous paraît. Quelle monstrueuse planète suspendue sur leurs têtes! En vérité, si les Gaulois craignaient anciennement que le ciel ne tombât sur eux, et ne les écrasât, les habitans de cette lune auraient bien plus de sujet de craindre une chute de Jupiter. C'est peut-être là aussi la frayeur qu'ils ont, dit-elle, au lieu de celle des éclipses dont vous m'avez assurée qu'ils sont exempts, et qu'il faut bien remplacer par quelque autre sottise. Il le faut de nécessité absolue, répondis-je. L'inventeur du troisième système dont je vous parlais l'autre jour, le célèbre Tycho-Brahé, un des plus grands astronomes qui furent jamais, n'avait garde de craindre les éclipses, comme le vulgaire les craint; il passait sa vie avec elles. Mais croiriez-vous bien ce qu'il craignait en leur place? Si, en sortant de son logis, la première personne qu'il rencontrait était une vieille, si un lièvre traversait son chemin, Tycho-Brahé croyait que la journée devait être malheureuse, et retournait promptement se renfermer chez lui, sans oser commencer la moindre chose.

Il ne serait pas juste, reprit-elle, après que cet homme-là n'a pu se délivrer impunément de la crainte des éclipses, que les habitans de cette lune de Jupiter, dont nous parlions, en fussent quittes à meilleur marché. Nous ne leur ferons pas de quartier : ils subiront la loi commune; et s'ils sont exempts d'une erreur, ils donneront dans quelque autre; mais comme je ne me pique pas de la pouvoir deviner; éclaircissez-moi, je vous prie, une autre difficulté qui m'occupe depuis quelques momens. Si la terre est si petite, à l'égard de Jupiter, Jupiter nous voit-il ? Je crains que nous ne lui soyons inconnus.

De bonne foi, je crois que cela est ainsi, répondis-je. Il faudrait qu'il vît la terre cent fois plus petite que nous ne la voyons. C'est trop peu, il ne la voit point. Voici seulement ce que nous pouvons croire de meilleur pour nous. Il y aura dans Jupiter des astronomes, qui, après avoir bien pris de la peine à composer des lunettes excellentes, après avoir choisi les plus belles nuits pour observer, auront enfin découvert dans les cieux une très petite planète qu'ils n'avaient jamais vue. D'abord le Journal des savans de ce pays là en parle : le peuple de Jupiter, ou n'en entend point parler, ou n'en fait que rire; les philosophes, dont cela détruit les opinions, forment le dessein de n'en rien croire; il n'y a que les gens très raisonnables qui en veulent bien douter. On observe encore : on revoit la petite planète; on s'assure bien que ce n'est point une vision; on commence même à soupçonner qu'elle a un mouvement autour du soleil : on trouve au bout de mille observations que ce mouvement est d'une année; et enfin, grâce à toutes les peines que se donnent les savans, on sait dans Jupiter que notre terre est au monde. Les curieux vont la voir au bout d'une lunette, et la vue à peine peut-elle encore l'attraper.

Si ce n'était, dit la marquise, qu'il n'est point trop agréable de savoir qu'on ne nous peut découvrir de dedans Jupiter qu'avec des lunettes d'approche, je me représenterais avec plaisir ces lunettes de Jupiter, dressées vers nous, comme les nôtres le sont vers lui, et cette curiosité mutuelle avec laquelle les planètes s'entreconsidèrent, et demandent l'une de l'autre : *Quel monde est-ce là? quels gens l'habitent?*

Cela ne va pas si vite que vous pensez, répliquai-je. Quand on verrait notre terre de dedans Jupiter, quand on l'y connaîtrait, notre terre ce n'est pas nous : on n'a pas le moindre soupçon qu'elle puisse être habitée. Si quelqu'un vient à se l'imaginer, Dieu sait comme tout Jupiter se moque de lui. Peut-être même sommes-nous cause qu'on y a fait le procès à des philosophes qui ont voulu soutenir que nous étions. Cependant, je croirais plus volontiers que les habitans de Jupiter sont assez occupés à faire des découvertes sur leur planète, pour ne songer point du tout à nous. Elle est si grande, que s'ils naviguent, assurément leurs Christophe Colomb ne sauraient manquer d'emploi. Il faut que les peuples de ce monde là ne connaissent pas seulement de réputation la centième partie des autres peuples; au lieu que dans Mercure, qui est fort petit, il sont tous voisins les uns des autres; ils vivent familièrement ensemble et ne comptent que pour une promenade de faire le tour de leur monde. Si on ne nous voit point dans Jupiter, vous jugez bien qu'on y voit encore moins Vénus, qui est plus éloignée de lui, et encore moins Mercure, qui est et plus petit et plus éloigné. En récompense, ses habitans voient leurs quatre lunes, et Saturne avec les siennes, et Mars. Voilà assez de planetes pour embarrasser ceux d'entre eux qui sont astronomes; la nature a eu la bonté de leur cacher ce qui en reste dans l'univers.

Quoi, dit la marquise, vous comptez cela pour une grâce? Sans doute, répondis-je : il y a dans tout ce grand tourbillon seize planètes. La nature, qui veut nous épargner la peine d'étudier tous leurs mouvemens, ne nous en montre que sept ! n'est-ce pas là une assez grande faveur? Mais nous, qui n'en sentons pas le prix, nous faisons si bien, que nous attrapons les neuf autres qui avaient été cachées; aussi en sommes-nous punis par les grands travaux que l'astronomie demande présentement.

Je vois, reprit-elle, par ce nombre de seize planètes, qu'il faut que Saturne ait cinq lunes. Il les a aussi, répliquai-je, et avec d'autant plus de justice, que comme il tourne en trente ans autour du soleil, il a des pays où la nuit dure quinze ans, par la même raison que sur la terre, qui tourne en un an, il y a des nuits de six mois sous les pôles. Mais Saturne étant deux fois plus éloigné du soleil que Jupiter, et par conséquent dix fois plus que nous, ses cinq lunes, si faiblement éclairées, lui donneraient-elles assez de lumière pendant ses nuits? Non, il a encore une ressource singulière et unique dans tout l'univers connu. C'est un grand cercle ou un grand anneau assez large qui l'environne, et qui, étant assez élevé pour être presque entièrement hors de l'ombre du corps de cette planète, réfléchit la lumière du soleil dans des lieux qui ne le voient point, et la réfléchit de plus près, et avec plus de force que toutes les cinq lunes, parce qu'il est moins élevé que la plus basse.

En vérité, dit la marquise, de l'air d'une personne qui rentrait en elle-même avec étonnement, tout cela est d'un grand ordre; il paraît bien que la nature a eu en vue les besoins de quelques êtres vivans, et que la distribution des lunes n'a pas été faite au hasard. Il n'en est tombé en partage qu'aux planètes éloignées du soleil, à la terre, à Jupiter, à Saturne; car ce n'était pas la peine d'en donner à Vénus et à Mercure, qui ne reçoivent que trop de lumière, dont les nuits sont fort courtes, et qui les comptent apparemment pour de plus grands bienfaits de la nature que leurs jours mêmes. Mais attendez, il me semble que Mars, qui est encore plus éloigné du soleil que la terre, n'a point de lune. On ne peut pas vous le dissimuler, répondis-je; il n'en a point, et il faut qu'il ait pour ses nuits des ressources, que nous ne savons pas. Vous avez vu des phosphores, de ces matières liquides ou sèches, qui, en recevant la lumière du soleil, s'en imbibent et s'en pénètrent, et ensuite jettent un assez grand éclat dans l'obscurité. Peut-être Mars a-t-il de grands rochers fort élevés, qui sont des phosphores naturels, et qui prennent, pendant le jour, une provision de lumière qu'ils rendent pendant la nuit. Vous ne sauriez nier que ce ne fût un spectacle assez agréable de voir tous ces rochers s'allumer de toutes parts, dès que le soleil serait couché, et faire, sans aucun art, des illuminations magnifiques, qui ne pourraient incommoder par leur chaleur. Vous savez encore qu'il y a en Amérique des oiseaux qui sont si lumineux dans les ténèbres, qu'on s'en peut servir pour lire. Que savons-nous si Mars n'a point un grand nombre de ces oiseaux, qui dès que la nuit est venue, se dispersent de tous côtés, et vont répandre un nouveau jour?

Je ne me contente, reprit-elle, ni de vos rochers, ni de vos oiseaux. Cela ne laisserait pas d'être joli : mais puisque la nature a donné tant de lunes à Saturne et à Jupiter, c'est une marque qu'il faut des lunes. J'eusse été bien aise que tous les mondes éloignés du soleil en eussent eu, si Mars ne nous fût point venu faire une exception désagréable. Ah! vraiment, répliquai-je, si vous vous mêliez de philosophie plus que vous ne faites, il faudrait bien que vous vous accoutumassiez à voir des exceptions dans les meilleurs systèmes. Il y a toujours quelque chose qui y convient le plus juste du monde, et puis quelque chose aussi qu'on y fait convenir comme on peut, ou qu'on laisse là, si on désespère d'en pouvoir venir à bout. Usons-en de même pour Mars, puisqu'il ne nous est point favorable, et ne parlons point de lui. Nous serions bien étonnés, si nous étions dans Saturne, de voir sur nos têtes, pendant la nuit, ce grand anneau qui irait en forme de demi-cercle d'un bout à l'autre de l'horizon, et qui, nous renvoyant la lumière du soleil, ferait l'effet d'une lune continue. Et ne mettrons-nous point d'habitans dans ce grand anneau, interrompit-elle en riant? Quoique je sois d'humeur, répondis-je, à en envoyer partout assez hardiment, je vous avoue que je n'oserais en mettre là; cet anneau me paraît une habitation trop irrégulière. Pour les cinq petites lunes, on ne peut pas se dispenser de les peupler. Si cependant l'anneau n'était, comme quelques uns le soupçonnent, qu'un cercle de lunes qui se suivissent de fort près, et eussent un mouvement égal, et que les cinq petites lunes fussent cinq échappées de ce grand cercle, que de mondes dans le tourbillon de Saturne! Quoi qu'il en soit, les gens de Saturne sont assez misérables, même avec le secours de l'anneau. Il leur donne la lumière; mais quelle lumière dans l'éloignement où il est du soleil! Le soleil même qu'ils voient cent fois plus petit que nous ne le voyons, n'est pour eux qu'une petite étoile blanche et pâle, qui n'a qu'un éclat et qu'une chaleur bien faibles; et si vous les mettiez dans nos pays les plus froids, dans le Groënland, ou dans la Laponie, vous les verriez suer à grosses gouttes, et expirer de chaud. S'ils avaient de l'eau, ce ne serait point de l'eau pour eux, mais une pierre polie, un marbre; et l'esprit de vin, qui ne gèle jamais ici, serait dur comme nos diamans.

Vous me donnez une idée de Saturne, qui me glace, dit la marquise; au lieu que tantôt vous m'échauffiez en me parlant de Mercure. Il faut bien, répliquai-je, que les deux mondes, qui sont aux extrémités de ce grand tourbillon, soient opposés en toutes choses.

Ainsi, reprit-elle, on est bien sage dans Saturne ; car vous m'avez dit que tout le monde était fou dans Mercure. Si on n'est pas bien sage dans Saturne, repris-je, du moins, selon toutes les apparences, on y est bien flegmatique. Ce sont des gens qui ne savent ce que c'est que de rire, qui prennent toujours un jour pour répondre à la moindre question qu'on leur fait, et qui eussent trouvé Caton d'Utique trop badin et trop folâtre.

Il me vient une pensée, dit-elle. Tous les habitans de Mercure sont vifs, tous ceux de Saturne sont lents. Parmi nous, les uns sont vifs, les autres sont lents : cela ne viendrait-il point de ce que notre terre étant justement au milieu des autres mondes, nous participons des extrémités ? Il n'y a point pour les hommes de caractère fixe et déterminé ; les uns sont faits comme les habitans de Mercure, les autres comme ceux de Saturne, et nous sommes un mélange de toutes les espèces qui se trouvent dans les autres planètes. J'aime assez cette idée, repris-je : nous formons un assemblage si bizarre, qu'on pourrait croire que nous serions ramassés de plusieurs mondes différens. A ce compte, il est assez commode d'être ici : on y voit tous les autres mondes en abrégé.

Du moins, reprit la marquise, une commodité fort réelle qu'a notre monde par sa situation, c'est qu'il n'est, ni si chaud que celui de Mercure ou de Vénus, ni si froid que celui de Jupiter ou de Saturne. De plus, nous sommes justement dans un endroit de la terre où nous ne sentons l'excès ni du chaud ni du froid. En vérité, si un certain philosophe rendait grâce à la nature d'être homme et non pas bête, Grec et non pas

Barbare, moi je veux lui rendre grâce d'être sur la planète la plus tempérée de l'univers, et dans un des lieux les plus tempérés de cette planète.

Si vous m'en croyez, Madame, répondis-je, vous lui rendrez grâce d'être jeune, et non pas vieille ; jeune et belle, et n'on pas jeune et laide ; jeune et belle française, et non pas jeune et belle italienne. Voilà bien d'autres sujets de reconnaissance que ceux que vous tirez de la situation de votre tourbillon, ou de la température de votre pays.

Mon Dieu ! répliqua-t-elle, laissez-moi avoir de la reconnaissance sur tout, jusques sur le tourbillon où je suis placée. La mesure de bonheur qui nous a été donnée, est assez petite ; il n'en faut rien perdre, et il est bon d'avoir pour les choses les plus communes et les moins considérables, un goût qui les mette à profit. Si on ne voulait que des plaisirs vifs, on en aurait peu ; on les attendrait long-temps, et on les paierait bien. Vous me promettez donc, répliquai-je, que si on vous proposait de ces plaisirs vifs, vous vous souviendriez des tourbillons et de moi, et que vous ne nous négligeriez pas tout-à-fait? Oui, répondit-elle; mais faites que la philosophie me fournisse toujours des plaisirs nouveaux. Du moins pour demain, répondis-je, j'espère qu'ils ne vous manqueront pas. J'ai des étoiles fixes qui passent tout ce que vous avez vu jusqu'ici.

CINQUIÈME SOIR.

Que les Étoiles fixes sont autant de Soleils, dont chacun éclaire un Monde.

La marquise sentit une vraie impatience de savoir ce que les étoiles fixes deviendraient. Seront-elles habitées comme les planètes, me dit-elle? Ne le seront-elles pas? Enfin, qu'en ferons-nous? Vous le devineriez peut-être, si vous en aviez bien envie, répondis-je. Les étoiles fixes ne sauraient être moins éloignées de la terre que de vingt-sept mille six cent soixante fois la distance d'ici au soleil, qui est de trente-trois millions de lieues; et si vous fâchiez un astronome, il les mettrait encore plus loin. La distance du soleil à Saturne, qui est la planète la plus éloignée, n'est que de trois cent trente millions de lieues; ce n'est rien par rapport à la distance du soleil ou de la terre aux étoiles fixes, et on ne prend pas la peine de la compter. Leur lumière, comme vous voyez, est assez vive et assez éclatante. Si elles la recevaient du soleil, il faudrait qu'elles la reçussent déjà bien faible après un si épouvantable trajet; il faudrait que, par une réflexion qui l'affaiblirait encore beaucoup, elles nous la renvoyassent à cette même distance. Il serait impossible qu'une lumière, qui aurait essuyé une réflexion, et fait deux fois un semblable chemin, eût cette force et cette vivacité qu'a celle des étoiles fixes. Les voilà donc lumineuses par elles-mêmes, et toutes, en un mot, autant de soleils.

Ne me trompé-je point, s'écria la marquise, ou si je vois où vous me voulez mener? M'allez-vous dire : « Les étoiles fixes sont autant de soleils; notre soleil est » le centre d'un tourbillon qui tourne autour de lui : » pourquoi chaque étoile fixe ne sera-t-elle pas aussi le » centre d'un tourbillon qui aura un mouvement au- » tour d'elle? Notre soleil a des planètes qu'il éclaire; » pourquoi chaque étoile fixe n'en aura-t-elle pas aussi » qu'elle éclairera? » Je n'ai à vous répondre, lui dis-je, que ce que répondit Phèdre à OEnone : *C'est toi qui l'as nommé.*

Mais, reprit-elle, voilà l'univers si grand que je m'y perds; je ne sais plus où je suis; je ne suis plus rien. Quoi, tout sera divisé en tourbillons jetés confusément les uns parmi les autres? Chaque étoile sera le centre d'un tourbillon, peut-être aussi grand que celui où nous sommes? Tout cet espace immense, qui comprend notre soleil et nos planètes, ne sera qu'une petite parcelle de l'univers? Autant d'espaces pareils que d'étoiles fixes? Cela me confond, me trouble, m'épouvante. Et moi, répondis-je, cela me met à mon aise. Quand le ciel n'était que cette voûte bleue où les étoiles étaient clouées, l'univers me paraissait petit et étroit; je m'y sentais comme oppressé. Présentement qu'on a donné infiniment plus d'étendue et de profondeur à cette voûte, en la partageant en mille et mille tourbillons, il me semble que je respire avec plus de liberté, et que je suis dans un plus grand air, et assurément l'univers a toute une autre magnificence. La nature n'a rien épargné en le produisant; elle a fait une profusion de richesses tout-à-fait digne d'elle. Rien n'est si beau à se représenter que ce nombre prodigieux de tourbillons dont le milieu est occupé par un soleil qui fait tourner des planètes autour de lui. Les habitans d'une planète d'un de ces tourbillons infinis, voient de tous côtés les soleils des tourbillons dont ils sont environnés ; mais ils n'ont garde d'en voir les planètes qui, n'ayant qu'une lumière faible, empruntée de leur soleil, ne la poussent point au-delà de leur monde.

Vous m'offrez, dit-elle, une espèce de perspective si longue, que la vue n'en peut attraper le bout. Je vois clairement les habitans de la terre ; ensuite vous me faites voir ceux de la lune et des autres planètes de notre tourbillon assez clairement à la vérité, mais moins que ceux de la terre. Après eux viennent les habitans des planètes des autres tourbillons. Je vous avoue qu'ils sont tout-à-fait dans l'enfoncement, et que quelque effort que je fasse pour les voir, je ne les aperçois presque point. Et en effet, ne sont-ils pas presque anéantis par l'expression même dont vous êtes obligé de vous servir en parlant d'eux ? Il faut que vous les appeliez les habitans d'une des planètes de l'un de ces tourbillons, dont le nombre est infini. Nous-mêmes, à qui la même expression convient, avouez que vous ne sauriez presque plus nous démêler au milieu de tant de mondes. Pour moi, je commence à voir la terre si effroyablement petite, que je ne crois pas avoir désormais d'empressement pour aucune chose. Assurément, si on a tant d'ardeur de s'agrandir, si on fait desseins sur desseins, si on se donne tant de peine, c'est que l'on ne connaît pas les tourbillons. Je prétends bien que ma paresse profite de mes nouvelles lumières; et quand on me reprochera mon indolence, je répondrai : *Ah! si vous saviez ce que c'est que les étoiles fixes!* Il faut qu'Alexandre ne l'ait pas su, répliquai-je; car un certain auteur, qui tient que la lune est habitée, dit fort sérieusement qu'il n'était pas possible qu'Aristote ne fût dans une opinion si raisonnable (comment une vérité eût-elle échappé à Aristote?); mais qu'il n'en voulut jamais rien dire, de peur de fâcher Alexandre, qui eût été au désespoir de voir un monde qu'il n'eût pas pu conquérir. A plus forte raison lui eût-on fait mystère des tourbillons des étoiles fixes, quand on les eût connus en ce temps-là ; c'eût été faire trop mal sa cour que de lui en parler. Pour moi, qui les connais, je suis bien fâché de ne pouvoir tirer d'utilité de la connaissance que j'en ai. Ils ne guérissent tout au plus, selon votre raisonnement, que de l'ambition et de l'inquiétude, et je n'ai point ces maladies là. Un peu de faiblesse pour ce qui est beau, voilà mon mal, et je ne crois pas que les tourbillons y puissent rien. Les autres mondes vous rendent celui-ci petit, mais ils ne vous gâtent point de beaux yeux ou une belle bouche; cela vaut toujours son prix, en dépit de tous les mondes possibles.

C'est une étrange chose que l'amour, répondit-elle en riant; il se sauve de tout, et il n'y a point de système qui lui puisse faire de mal. Mais aussi, parlez-moi franchement, votre système est-il bien vrai ? Ne me déguisez rien ; je vous garderai le secret. Il me semble qu'il n'est appuyé que sur une petite convenance bien légère. Une étoile fixe est lumineuse d'elle-même comme le soleil ; par conséquent il faut qu'elle soit, comme le soleil, le centre et l'âme d'un monde, et qu'elle ait ses planètes qui tournent autour d'elle. Cela est-il d'une nécessité bien absolue ? Écoutez, Madame, répondis-je, puisque nous sommes en humeur de mêler toujours des folies de galanterie à nos discours les plus sérieux, les raisonnemens de mathématiques sont faits comme l'amour. Vous ne sauriez accorder si peu de chose à un amant, que bientôt après il ne faille lui en accorder davantage, et à la fin, cela va loin. De même, accordez à un mathématicien le moindre principe, il va vous en tirer une conséquence qu'il faudra que vous lui accordiez aussi, et de cette conséquence encore une autre ; et malgré vous-même, il vous mène si loin, qu'à peine le pouvez-vous croire. Ces deux sortes de gens là prennent toujours plus qu'on ne leur donne. Vous convenez que quand deux choses sont semblables en tout ce qui me paraît, je les puis croire aussi semblables en ce qui ne me paraît point, s'il n'y a rien d'ailleurs qui m'en empêche. De là, j'ai tiré que la lune était habitée, parce qu'elle ressemble à la terre ; les autres planètes, parce qu'elles ressemblent à la lune. Je trouve que les étoiles fixes ressemblent à notre soleil ; je leur attribue tout ce qu'il a. Vous êtes engagée trop avant pour pouvoir reculer ; il faut franchir le pas de bonne grâce. Mais, dit-elle, sur le pied de cette ressemblance que vous mettez entre les étoiles fixes et notre soleil, il faut que les gens d'un autre grand tourbillon ne le voient que comme une petite étoile fixe, qui se montre à eux seulement pendant leurs nuits.

Cela est hors de doute, répondis-je. Notre soleil est si proche de nous, en comparaison des soleils des autres tourbillons, que sa lumière doit avoir infiniment plus de force sur nos yeux que la leur. Nous ne voyons donc que lui quand nous le voyons, et il efface tout : mais dans un autre grand tourbillon, c'est un autre soleil qui y domine ; et il efface à son tour le nôtre, qui n'y paraît que pendant les nuits avec le reste des autres soleils étrangers, c'est-à-dire, des étoiles fixes. On l'attache avec elles à cette grande voûte du ciel, et il y fait partie de quelque ourse ou de quelque taureau. Pour les planètes qui tournent autour de lui, notre terre, par exemple, comme on ne les voit point de si loin, on n'y songe seulement pas. Ainsi, tous les soleils sont soleils de jour pour le tourbillon où ils sont placés, et soleils de nuit pour tous les autres tourbillons. Dans leur monde, ils sont uniques en leur espèce ; partout ailleurs, ils ne servent qu'à faire nombre. Ne faut-il pas pourtant, reprit-elle, que les mondes, malgré cette égalité, diffèrent en mille choses? car un fond de ressemblance ne laisse pas de porter des différences infinies.

Assurément, repris-je; mais la difficulté est de deviner. Que sais-je? Un tourbillon a plus de planètes qui tournent autour de son soleil, un autre en a moins. Dans l'un, il y a des planètes subalternes, qui tournent autour de planètes plus grandes : dans l'autre, il n'y en a point. Ici, elles sont toutes ramassées autour de leur soleil, et font comme un petit peloton, au-delà duquel s'étend un grand espace vide, qui va jusqu'aux tourbillons voisins : ailleurs, elles prennent leurs cours vers les extrémités du tourbillon, et laissent le milieu vide. Je ne doute pas même qu'il ne puisse y avoir quelques tourbillons déserts et sans planètes : d'autres dont le soleil, n'étant pas au centre, ait un véritable mouvement, et emporte ses planètes avec soi ; d'autres dont les planètes s'élèvent ou s'abaissent, à l'égard de leur soleil, par le changement de l'équilibre qui les tient suspendues. Enfin, que voudriez-vous ? En voilà bien assez pour un homme qui n'est jamais sorti de son tourbillon.

Ce n'en est guère, répondit-elle, pour la quantité des mondes. Ce que vous dites ne suffit que pour cinq ou six, et j'en vois d'ici des milliers.

Que serait-ce donc, repris-je, si je vous disais qu'il y a bien d'autres étoiles fixes que celles que vous voyez ; qu'avec des lunettes on en découvre un nombre infini qui ne se montrent point aux yeux ; et que dans une seule constellation, où l'on en comptait peut-être douze ou quinze, il s'en trouve autant que l'on en voyait auparavant dans le ciel ?

Je vous demande grâce, s'écria-t-elle ; je me rends ; vous m'accablez de mondes et de tourbillons. Je sais bien, ajoutai-je, ce que je vous garde. Vous voyez cette blancheur qu'on appelle la voie de lait. Vous figureriez-vous bien ce que c'est ? Une infinité de petites étoiles invisibles aux yeux à cause de leur petitesse, et semées si près les unes des autres, qu'elles paraissent former une lueur continue. Je voudrais que vous vissiez, avec des lunettes, cette fourmilière d'astres, et cette graine de mondes. Ils ressemblent en quelque sorte aux îles Maldives, à ces douze mille petites îles ou bancs de sable, séparés seulement par des canaux de mer, que l'on sauterait presque comme des fossés. Ainsi, les petits tourbillons de la voie de lait sont si serrés, qu'il me semble que, d'un monde à l'autre, on pourrait se parler, ou même se donner la main. Du moins, je crois que les oiseaux d'un monde passent aisément dans un autre, et que l'on y peut dresser des pigeons à porter des lettres comme ils en portent ici dans le Levant d'une ville à une autre. Ces petits mondes sortent apparemment de la règle générale, par laquelle un soleil dans son tourbillon, efface, dès qu'il paraît, tous les soleils étrangers. Si vous êtes dans un des petits tourbillons de la voie de lait, votre soleil n'est presque pas plus proche de vous, et n'a pas sensiblement plus de force sur vos yeux, que cent mille autres soleils des petits tourbillons voisins. Vous voyez donc votre ciel briller d'un nombre infini de feux qui sont fort proches les uns des autres, et peu éloignés de vous. Lorsque vous perdez de vue votre soleil particulier, il vous en reste encore assez ; et votre nuit n'est pas moins éclairée que le jour : du moins la différence ne peut pas être sensible ; et pour parler plus juste, vous n'avez jamais de nuit. Ils seraient bien étonnés, les gens de ces mondes là, accoutumés comme ils sont à une clarté perpétuelle, si on leur disait qu'il y a des malheureux qui ont de véritables nuits, qui tombent dans des ténèbres profondes, et qui, quand ils jouissent de la lumière, ne voient même qu'un seul soleil. Ils nous regarderaient comme des êtres disgraciés de la nature, et notre condition les ferait frémir d'horreur.

Je ne vous demande pas, dit la marquise, s'il y a des lunes dans les mondes de la voie de lait ; je vois bien qu'elles n'y seraient de nul usage aux planètes principales qui n'ont point de nuit, et qui d'ailleurs marchent dans des espaces trop étroits pour s'embarrasser de cet attirail de planètes subalternes. Mais savez-vous bien qu'à force de me multiplier les mondes si libéralement, vous me faites naître une véritable difficulté? Les tourbillons dont nous voyons les soleils, touchent le tourbillon où nous sommes. Les tourbillons sont ronds, n'est-il pas vrai? Et comment tant de boules en peuvent-elles toucher une seule? Je veux m'imaginer cela, et je sens bien que je ne le puis.

Il y a beaucoup d'esprit, répondis-je, à avoir cette difficulté là, et même à ne la pouvoir résoudre; car elle est très bonne en soi, et de la manière dont vous la concevez, elle est sans réponse; et c'est avoir bien peu d'esprit que de trouver des réponses à ce qui n'en a point. Si notre tourbillon était de la figure d'un dé, il aurait six faces plates, et serait bien éloigné d'être rond; mais sur chacune de ces faces on y pourrait mettre un tourbillon de la même figure. Si au lieu de six faces plates, il en avait vingt, cinquante, mille, il y aurait jusqu'à mille tourbillons, qui pourraient poser sur lui, chacun sur une face; et vous concevez bien, que plus un corps a de faces plates, qui le terminent au dehors, plus il approche d'être rond, en sorte qu'un diamant, taillé à facettes de tous côtés, si les facettes étaient fort petites, serait quasi aussi rond qu'une perle de même grandeur. Les tourbillons ne sont ronds que de cette manière là. Ils ont une infinité de faces en dehors, dont chacune porte un autre tourbillon. Ces faces sont fort inégales; ici, elles sont plus grandes; là, plus petites. Les plus petites de notre tourbillon, par exemple, répondent à la voie de lait, et soutiennent tous ces petits mondes. Que deux tourbillons, qui sont appuyés sur deux faces voisines, laissent quelque vide entre eux par en-bas, comme cela doit arriver très souvent, aussitôt la nature, qui ménage bien le terrain, vous remplit ce vide par un petit tourbillon ou deux, peut-être par mille, qui n'incommodent point les autres, et ne laissent pas d'être un, ou deux, ou mille mondes de plus. Ainsi, nous pouvons voir beaucoup plus de mondes que notre tourbillon n'a de faces pour en porter. Je gagerais que, quoique ces petits mondes n'aient été faits que pour être jetés dans des coins de l'univers, qui fussent demeurés inutiles, quoiqu'ils soient inconnus aux autres mondes qui les touchent, ils ne laissent pas d'être fort contens d'eux-mêmes. Ce sont eux, sans doute, dont on ne découvre les petits soleils qu'avec des lunettes d'approche, et qui sont en une quantité si prodigieuse. Enfin, tous ces tourbillons s'ajustent les uns avec les autres le mieux qu'il est possible ; et comme il faut que chacun tourne autour de son soleil, sans changer de place, chacun prend la manière de tourner qui est la plus commode et la plus aisée dans la situation où il est. Ils s'engrènent en quelque façon les uns dans les autres, comme les roues d'une montre, et aident mutuellement leurs mouvemens. Il est pourtant vrai qu'ils agissent aussi les uns contre les autres. Chaque monde, à ce qu'on dit, est comme un ballon qui s'étendrait, si on le laissait faire; mais il est aussitôt repoussé par les mondes voisins, et il rentre en lui-même, après quoi il recommence à s'enfler, et ainsi de suite : et quelques philosophes prétendent que les étoiles fixes ne nous envoient cette lumière tremblante, et ne paraissent briller à reprises, que parce que leurs tourbillons poussent perpétuellement le nôtre, et en sont perpétuellement repoussés.

CINQUIEME SOIR.

J'aime fort toutes ces idées là, dit la marquise. J'aime ces ballons qui s'enflent et se désenflent à chaque moment, et ces mondes qui se combattent toujours; et surtout j'aime à voir comment ce combat fait entre eux un commerce de lumière, qui apparemment est le seul qu'ils puissent avoir.

Non, non, repris-je, ce n'est pas le seul. Les mondes voisins nous envoient quelquefois visiter, et même assez magnifiquement. Il nous en vient des comètes qui sont ornées, ou d'une chevelure éclatante, ou d'une barbe vénérable, ou d'une queue majestueuse.

Ah! quels députés, dit-elle en riant. On se passerait bien de leur visite, elle ne sert qu'à faire peur. Ils ne font peur qu'aux enfans, répliquai-je, à cause de leur équipage extraordinaire; mais les enfans sont en grand nombre. Les comètes ne sont que des planètes qui appartiennent à un tourbillon voisin. Elles avaient leur mouvement vers ses extrémités; mais ce tourbillon étant peut-être différemment pressé par ceux qui l'environnent, est plus rond par en haut, et plus plat par en bas, et c'est par en bas qu'il nous regarde. Ces planètes qui auront commencé vers le haut à se mouvoir en cercle, ne prévoyaient pas qu'en bas le tourbillon leur manquerait, parce qu'il est là comme écrasé; et pour continuer leur mouvement circulaire, il faut nécessairement qu'elles entrent dans un autre tourbillon, que je suppose qui est le nôtre, et qu'elles en occupent les extrémités. Aussi sont-elles toujours fort élevées à notre égard; on peut croire qu'elles marchent au-dessus de Saturne. Il est nécessaire, vu la prodigieuse distance des étoiles fixes, que depuis Saturne jusqu'aux extrémités de notre tourbillon, il y ait un grand espace vide et sans planètes. Nos ennemis nous reprochent l'inutilité de ce grand espace. Qu'ils ne s'inquiètent plus, nous en avons trouvé l'usage; c'est l'appartement des planètes étrangères qui entrent dans notre monde.

J'entends, dit-elle. Nous ne leur permettons pas d'entrer jusques dans le cœur de notre tourbillon, et de se mêler avec nos planètes; nous les recevons comme le grand Seigneur reçoit les ambassadeurs qu'on lui envoie. Il ne leur fait pas l'honneur de les loger à Constantinople, mais seulement dans un faubourg de la ville. Nous avons encore cela de commun avec les Ottomans, repris-je, qu'ils reçoivent des ambassadeurs sans en renvoyer, et que nous ne renvoyons point de nos planètes aux mondes voisins.

A en juger par toutes ces choses, répliqua-t-elle, nous sommes bien fiers. Cependant, je ne sais pas trop encore ce que j'en dois croire. Ces planètes étrangères ont un air bien menaçant avec leurs queues et leurs barbes, et peut-être on nous les envoie pour nous insulter; au lieu que les nôtres, qui ne sont pas faites de la même manière, ne seraient pas si propres à se faire craindre quand elles iraient dans les autres mondes.

Les queues et les barbes, répondis-je, ne sont que de pures apparences. Les planètes étrangères ne diffèrent en rien des nôtres; mais en entrant dans notre tourbillon, elles prennent la queue ou la barbe par une certaine sorte d'illumination qu'elles reçoivent du soleil, et qui, entre nous, n'a pas encore été trop bien expliquée: mais toujours on est sûr qu'il ne s'agit que d'une espèce d'illumination; on la devinera quand on pourra. Je voudrais donc bien, reprit-elle, que notre Saturne allât prendre une queue ou une barbe dans quelque autre tourbillon, et y répandre l'effroi ; et qu'ensuite, ayant mis bas cet accompagnement terrible, il revînt se ranger ici avec les autres planètes à ses fonctions ordinaires. Il vaut mieux pour lui, répondis-je, qu'il ne sorte point de notre tourbillon. Je vous ai dit le choc qui se fait à l'endroit où deux tourbillons se poussent et se repoussent l'un l'autre ; je crois que, dans ce pas-là, une pauvre planète est agitée assez rudement, et que ses habitans ne s'en portent pas mieux. Nous croyons, nous autres, être bien malheureux quand il nous paraît une comète ; c'est la comète elle-même qui est bien malheureuse. Je ne le crois point, dit la marquise ; elle nous apporte tous ses habitans en bonne santé. Rien n'est si divertissant que de changer ainsi de tourbillon. Nous qui ne sortons jamais du nôtre, nous menons une vie assez ennuyeuse. Si les habitans d'une comète ont assez d'esprit pour prévoir le temps de leur passage dans notre monde, ceux qui ont déjà fait le voyage, annoncent aux autres par avance ce qu'ils y verront. Vous découvrirez bientôt une planète qui a un grand anneau autour d'elle, disent-ils peut-être, en parlant de Saturne. Vous en verrez une autre qui en a quatre petites qui la suivent. Peut-être même y a-t-il des gens destinés à observer le moment où ils entrent dans notre monde, et qui crient aussitôt : *Nouveau soleil, nouveau soleil*, comme ces matelots qui crient : *Terre, terre*.

Il ne faut donc plus songer, lui dis-je, à vous donner de la pitié pour les habitans d'une comète ; mais j'espère du moins que vous plaindrez ceux qui vivent dans un tourbillon dont le soleil vient à s'éteindre, et qui demeurent dans une nuit éternelle. Quoi, s'écria-t-elle, des soleils s'éteignent? Oui, sans doute, répondis-je. Les anciens ont vu dans le ciel des étoiles fixes que nous n'y voyons plus. Ces soleils ont perdu leur lumière, grande désolation assurément dans tout le tourbillon; mortalité générale sur toutes les planètes; car que faire sans soleil? Cette idée est trop funeste, reprit-elle. N'y aurait-il pas moyen de me l'épargner? Je vous dirai, si vous voulez, répondis-je, ce que disent de fort habiles gens, que les étoiles fixes qui ont disparu, ne sont pas pour cela éteintes; que ce sont des soleils qui ne le sont qu'à demi, c'est-à-dire, qui ont une moitié obscure, et l'autre lumineuse; que comme ils tournent sur eux-mêmes, tantôt ils nous présentent la moitié lumineuse, tantôt la moitié obscure, et qu'alors nous ne les voyons plus. Selon toutes les apparences, la cinquième lune de Saturne est faite ainsi; car pendant une partie de sa révolution, on la perd absolument de vue, et ce n'est pas qu'elle soit alors plus éloignée de la terre; au contraire, elle en est quelquefois plus proche que dans d'autres temps où elle se laisse voir; et quoique cette lune soit une planète qui naturellement ne tire pas à conséquence pour un soleil, on peut fort bien imaginer un soleil qui soit en partie couvert de taches fixes, au lieu que le nôtre n'en a que de passagères. Je prendrais bien, pour vous obliger, cette opinion-là, qui est plus douce que l'autre; mais je ne puis la prendre qu'à l'égard de certaines étoiles, qui ont des temps réglés pour paraître et pour disparaître, ainsi qu'on a commencé à s'en apercevoir; autrement les demi-soleils ne peuvent pas subsister. Mais que dirons-nous des étoiles qui disparaissent, et ne se remontrent pas après le temps pendant lequel

CINQUIÈME SOIR.

elles auraient dû assurément achever de tourner sur elles-mêmes? Vous êtes trop équitable pour vouloir m'obliger à croire que ce soient des demi-soleils ; cependant, je ferai encore un effort en votre faveur. Ces soleils ne se seront pas éteints ; ils se seront seulement enfoncés dans la profondeur immense du ciel, et nous ne pouvons plus les voir : en ce cas, le tourbillon aura suivi son soleil, et tout s'y portera bien. Il est vrai que la plus grande partie des étoiles fixes n'ont pas ce mouvement par lequel elles s'éloignent de nous; car en d'autres temps elles devraient s'en rapprocher, et nous les verrions, tantôt plus grandes, tantôt plus petites, ce qui n'arrive pas. Mais nous supposerons qu'il n'y a que quelques petits tourbillons plus légers et plus agiles qui se glissent entre les autres, et font de certains tours, au bout desquels ils reviennent, tandis que le gros des tourbillons demeure immobile : mais voici un étrange malheur. Il y a des étoiles fixes qui passent beaucoup de temps à ne faire que paraître et disparaître, et enfin disparaissent entièrement. Des demi-soleils reparaîtraient dans des temps réglés ; des soleils qui s'enfonceraient dans le ciel, ne disparaîtraient qu'une fois pour ne reparaître de long-temps. Prenez votre résolution, Madame, avec courage; il faut que ces étoiles soient des soleils qui s'obscurcissent assez pour cesser d'être visibles à nos yeux, et ensuite se rallument, et à la fin s'éteignent tout-à-fait. Comment un soleil peut-il s'obscurcir et s'éteindre, dit la marquise, lui qui est en lui-même une source de lumière? Le plus aisément du monde, selon Descartes, répondis-je. Il suppose que les taches de notre soleil étant ou des écumes ou des brouillards, elles peuvent s'épaissir, se mettre plusieurs ensemble, s'accrocher les unes aux autres ; ensuite, elles iront jusqu'à former autour du soleil une croûte qui s'augmentera toujours, et adieu le soleil. Si le soleil est un feu attaché à une matière solide qui le nourrit, nous n'en sommes pas mieux ; la matière solide se consumera. Nous l'avons déja même échappé belle, dit-on. Le soleil a été très pâle pendant des années entières, pendant celle, par exemple, qui suivit la mort de César : c'était la croûte qui commençait à se faire ; la force du soleil la rompit et la dissipa; mais si elle eût continué, nous étions perdus. Vous me faites trembler, dit la marquise. Présentement que je sais les conséquences de la pâleur du soleil, je crois qu'au lieu d'aller voir les matins, à mon miroir, si je ne suis point pâle, j'irai voir au ciel si le soleil ne l'est point lui-même. Ah! Madame, répondis-je, rassurez-vous ; il faut du temps pour ruiner un monde. Mais enfin, dit-elle, il ne faut que du temps. Je vous l'avoue, repris-je. Toute cette masse immense de matière qui compose l'univers, est dans un mouvement perpétuel dont aucune de ses parties n'est entièrement exempte; et dès qu'il y a du mouvement quelque part, ne vous y fiez point : il faut qu'il arrive des changemens, soit lents, soit prompts, mais toujours dans des temps proportionnés à l'effet. Les anciens étaient plaisans de s'imaginer que les corps célestes étaient de nature à ne changer jamais, parce qu'ils ne les avaient pas encore vus changer. Avaient-ils eu le loisir de s'en assurer par l'expérience ? Les anciens étaient jeunes auprès de nous. Si les roses, qui ne durent qu'un jour, faisaient des histoires, et se laissaient des mémoires les unes aux autres, les premières auraient fait le portrait de leur jar-

dinier d'une certaine façon, et de plus de quinze mille âges de roses ; les autres qui l'auraient encore laissé à celles qui les devaient suivre, n'y auraient rien changé. Sur cela, elles diraient : «Nous avons toujours
» vu le même jardinier ; de mémoire de rose on n'a vu
» que lui ; il a toujours été fait comme il est : assuré-
» ment il ne meurt point comme nous ; il ne change
» seulement pas. » Le raisonnement des roses serait-il bon? Il aurait pourtant plus de fondement que celui que faisaient les anciens sur les corps célestes ; et quand même il ne serait arrivé aucun changement dans les cieux jusqu'à aujourd'hui, quand ils paraîtraient marquer qu'ils seraient faits pour durer toujours, sans aucune altération, je ne les en croirais pas encore ; j'attendrais une plus longue expérience. Devons-nous établir notre durée, qui n'est que d'un instant, pour la mesure de quelqu'autre ? Serait-ce à dire que ce qui aurait duré cent mille fois plus que nous, dût toujours durer ? On n'est pas si aisément éternel. Il faudrait qu'une chose eût passé bien des âges d'homme mis bout à bout pour commencer à donner quelque signe d'immortalité. Vraiment, dit la marquise, je vois les mondes bien éloignés d'y pouvoir prétendre. Je ne leur ferais seulement pas l'honneur de les comparer à ce jardinier qui dure tant à l'égard des roses ; ils ne sont que comme les roses mêmes qui naissent et qui meurent dans un jardin les unes après les autres ; car je m'attends bien que s'il disparaît des étoiles anciennes, il en paraît de nouvelles ; il faut que l'espèce se répare. Il n'est pas à craindre qu'elle périsse, répondis-je. Les uns vous diront que ce ne sont que des soleils qui se rapprochent de nous, après avoir été long-temps perdus pour

nous dans la profondeur du ciel. D'autres vous diront que ce sont des soleils qui se sont dégagés de cette croûte obscure qui commençait à les environner. Je crois aisément que tout cela peut être ; mais je crois aussi que l'univers peut avoir été fait de sorte qu'il s'y formera de temps en temps des soleils nouveaux. Pourquoi la matière propre à faire un soleil ne pourra-t-elle pas, après avoir été dispersée en plusieurs endroits différens, se ramasser à la longue en un certain lieu, et y jeter les fondemens d'un nouveau monde ? J'ai d'autant plus d'inclination à croire ces nouvelles productions, qu'elles répondent mieux à la haute idée que j'ai des ouvrages de la nature. N'aurait-elle le pouvoir que de faire naître et mourir des planètes ou des animaux par une révolution continuelle ? Je suis persuadé, et vous l'êtes déjà aussi, qu'elle met en usage ce même pouvoir sur les mondes, et qu'il ne lui en coûte pas davantage. Mais nous avons sur cela plus que de simples conjectures. Le fait est, que depuis près de cent ans que l'on voit avec les lunettes un ciel tout nouveau et inconnu aux anciens, il n'y a pas beaucoup de constellations où il ne soit arrivé quelque changement sensible; et c'est dans la voie de lait qu'on en remarque le plus, comme si dans cette fourmilière de petits mondes il régnait plus de mouvement et d'inquiétude. De bonne foi, dit la marquise, je trouve à présent les mondes, les cieux et les corps célestes si sujets au changement, que m'en voilà tout-à-fait revenue. Revenons-en encore mieux, si vous m'en croyez, répliquai-je, n'en parlons plus ; aussi bien, vous voilà arrivée à la dernière voûte des cieux; et pour vous dire s'il y a encore des étoiles au-delà, il faudrait être plus habile que je ne suis. Mettez-y encore des mondes, n'y en mettez pas, cela dépend de vous. C'est proprement l'empire des philosophes que ces grands pays invisibles qui peuvent être ou n'être pas si on veut, ou être tels que l'on veut. Il me suffit d'avoir mené votre esprit aussi loin que vont vos yeux.

Quoi, s'écria-t-elle, j'ai dans la tête tout le système de l'univers ! Je suis savante ! Oui, répliquai-je ; vous l'êtes assez raisonnablement, et vous l'êtes avec la commodité de pouvoir ne rien croire de tout ce que je vous ai dit, dès que l'envie vous en prendra. Je vous demande seulement, pour récompense de mes peines, de ne voir jamais le soleil, ni le ciel, ni les étoiles, sans songer à moi.

Nota. Puisque j'ai rendu compte de ces *Entretiens* au public, je crois ne lui devoir plus rien cacher sur cette matière. Je publierai un nouvel *Entretien* qui vint long-temps après les autres, mais qui fut précisément de la même espèce. Il portera le nom de *Soir*, puisque les autres l'ont porté ; il vaut mieux que tout soit sous le même titre.

SIXIÈME SOIR.

Nouvelles pensées qui confirment celles des Entretiens précédens. Dernières découvertes qui ont été faites dans le Ciel

Il y avait long-temps que nous ne parlions plus des mondes, madame L. M. D. G. et moi, et nous commencions même à oublier que nous en eussions jamais parlé, lorsque j'allai un jour, chez elle, et y entrai justement comme deux hommes d'esprit, et assez connus dans le monde, en sortaient. Vous voyez bien, me dit-elle aussitôt qu'elle me vit, quelle visite je viens de recevoir; je vous avouerai qu'elle m'a laissée avec quelque soupçon que vous pourriez bien m'avoir gâté l'esprit. Je serais bien glorieux, lui répondis-je, d'avoir eu tant de pouvoir sur vous ; je ne crois pas qu'on pût rien entreprendre de plus difficile. Je crains pourtant que vous ne l'ayez fait, reprit-elle. Je ne sais comment la conversation s'est tournée sur les mondes, avec ces deux hommes qui viennent de sortir; peut-être ont-ils amené ce discours malicieusement. Je n'ai pas manqué de leur dire aussitôt que toutes les planètes étaient habitées. L'un deux m'a dit qu'il était fort persuadé que je ne le croyais pas : moi, avec toute la naïveté possible, je lui ai soutenu que je le croyais; il a toujours pris cela pour une feinte d'une personne qui voulait se divertir, et j'ai cru que ce qui le rendait si opiniâtre à ne me pas croire moi-même sur mes sentimens, c'est qu'il m'estimait trop pour s'imaginer que je fusse capable d'une opinion si extravagante. Pour l'autre, qui ne m'estime pas tant, il m'a cru sur ma parole. Pourquoi m'avez-vous entêtée d'une chose que les gens qui m'estiment ne peuvent pas croire que je soutienne sérieusement ? Mais, Madame, lui répondis-je, pourquoi la soutenez-vous sérieusement avec des gens que je suis sûr qui n'entreraient dans aucun raisonnement qui fût un peu sérieux ? Est-ce ainsi qu'il faut commettre les habitans des planètes ? Contentons-nous d'être une petite troupe choisie qui les croyons, et ne divulguons pas nos mystères dans le peuple. Comment, s'écria-t-elle, appelez-vous peuple les hommes qui sortent d'ici? Ils ont bien de l'esprit, répliquai-je; mais ils ne raisonnent jamais. Les raisonneurs, qui sont gens durs, les appelleront peuple sans difficulté. D'autre part, ces gens-ci s'en vengent en tournant les raisonneurs en ridicule ; et c'est, ce me semble, un ordre très bien établi, que chaque espèce méprise ce qui lui manque. Il faudrait, s'il est possible, s'accommoder à chacune; il eût bien mieux valu plaisanter des habitans des planètes avec ces deux hommes que vous venez de voir, puisqu'ils savent plaisanter, que d'en raisonner, puisqu'ils ne le savent pas faire. Vous en seriez sortie avec leur estime, et les planètes n'y aurait pas perdu un seul de leurs habitans. Trahir la vérité ! dit la marquise ; vous n'avez point de conscience. Je vous avoue, répondis-je, que je n'ai pas un grand zèle pour ces vérités là, et que je les sacrifie volontiers aux moindres commodités de la société. Je vois, par exemple, à quoi il tient, et à quoi il tiendra toujours que l'opinion des habitans des planètes ne passe pour aussi vraisemblable qu'elle l'est. Les planètes se présentent toujours aux yeux comme des corps qui jettent de la lumière, et non point comme de grandes campagnes ou de grandes prairies. Nous croirions bien que des prairies et des campagnes seraient habitées ; mais des corps lumineux, il n'y a pas moyen. La raison a beau venir nous dire qu'il y a dans les planètes des campagnes, des prairies; la raison vient trop tard, le premier coup d'œil a fait son effet sur nous avant elle; nous ne la voulons plus écouter. Les planètes ne sont que des corps lumineux ; et puis comment seraient faits leurs habitans? Il faudrait que notre imagination nous représentât aussitôt leurs figures, elle ne le peut pas; c'est le plus court de croire qu'ils ne sont point. Voudriez-vous que pour établir les habitans des planètes, dont les intérêts me touchent d'assez loin, j'allasse attaquer ces redoutables puissances qu'on appelle les sens et l'imagination? Il faudrait bien du courage pour cette entreprise; on ne persuade pas facilement aux hommes de mettre leur raison en la place de leurs yeux. Je vois quelquefois bien des gens assez raisonnables pour vouloir bien croire, après mille preuves, que les planètes sont des terres; mais ils ne le croient pas de la même façon qu'ils le croiraient, s'ils ne les avaient pas vues sous une apparence différente ; il leur souvient toujours de la première idée qu'ils en ont prise, et ils n'en reviennent pas bien. Ce sont ces gens-là qui, en croyant notre opinion, semblent cependant lui faire grâce, et ne la favoriser qu'à cause d'un certain plaisir que leur fait sa singularité.

Eh quoi! interrompit-elle, n'en est-ce pas assez pour une opinion qui n'est que vraisemblable? Vous seriez bien étonnée, repris-je, si je vous disais que le terme de vraisemblance est assez modeste. Est-il simplement vraisemblable qu'Alexandre ait été? Vous vous en tenez fort sûre, et sur quoi est fondée cette certitude? sur ce que vous en avez toutes les preuves que vous pouvez souhaiter en pareille matière, et qu'il ne se présente pas le moindre sujet de douter, qui suspende et qui arrête votre esprit ; car du reste vous n'avez jamais vu Alexandre, et vous n'avez pas de démonstration mathématique qu'il ait dû être. Mais que direz-vous, si les habitans des planètes étaient à peu près dans le même cas? On ne saurait vous les faire voir, et vous ne pouvez pas demander qu'on vous les démontre comme l'on ferait une affaire de mathématique : mais toutes les preuves qu'on peut souhaiter d'une pareille chose, vous les avez ; la ressemblance entière des planètes avec la terre qui est habitée, l'impossibilité d'imaginer aucun autre usage pour lequel elles eussent été faites, la fécondité et la magnificence de la nature, de certains égards qu'elle paraît avoir eus pour les besoins de leurs habitans, comme d'avoir donné des lunes aux planètes éloignées du soleil, et plus de lunes aux plus éloignées ; et ce qui est très important, tout est de ce côté là, et rien du tout de l'autre ; et vous ne sauriez imaginer le moindre sujet de doute, si vous ne reprenez les yeux et l'esprit du peuple. Enfin, supposé qu'ils soient, ces habitans des planètes, ils ne sauraient se déclarer par plus de marques, et par des marques plus sensibles, et après cela, c'est à vous à voir si vous ne les voulez traiter que de chose purement vraisemblable. Mais vous ne voudriez pas, reprit-elle, que cela me parût aussi certain qu'il me le paraît qu'Alexandre a été ? Non pas tout-à-fait, répondis-je ; car, quoique nous ayons sur les habitans des planètes autant de preuves que nous en pouvons avoir dans la situation où nous sommes, le nombre de ces preuves n'est pourtant pas grand. Je m'en vais renoncer aux habitans des planètes, interrompit-elle ; car je ne sais plus en quel rang les mettre dans mon esprit : ils ne sont pas tout-à-fait certains ; ils sont plus que vraisemblables ; cela m'embarrasse trop. Ah ! Madame, répliquai-je, ne vous découragez pas. Les horloges les plus communes et les plus grossières marquent les heures ; il n'y a que celles qui sont travaillées avec plus d'art qui marquent les minutes. De même les esprits ordinaires sentent bien la différence d'une simple vraisemblance à une certitude entière ; mais il n'y a que les esprits fins qui sentent le plus ou le moins de certitude ou de vraisemblance, et qui en marquent, pour ainsi dire, les minutes par leur sentiment. Placez les habitans des planètes un peu au-dessous d'Alexandre, mais au-dessus de je ne sais combien de points d'histoire qui ne sont pas tout-à-fait prouvés : je crois qu'ils seront bien là. J'aime l'ordre, dit-elle, et vous me faites plaisir d'arranger mes idées ; mais pourquoi n'avez-vous pas déjà pris ce soin là? Parce que, quand vous croirez les habitans des planètes un peu plus ou un peu moins qu'ils ne méritent, il n'y aura pas grand mal, répondis-je. Je suis sûr que vous ne croyez pas le mouvement de la terre autant qu'il devrait être cru ; en êtes-vous beaucoup à plaindre ? Oh ! pour cela, reprit-elle, j'en fais bien mon devoir, vous n'avez rien à me reprocher ; je crois fermement que la terre tourne. Je ne vous ai pourtant pas dit la meilleure raison qui le prouve, répliquai-je. Ah ! s'écria-t-elle, c'est une trahison de m'avoir fait croire les choses avec de faibles preuves. Vous ne me jugiez donc pas digne de croire sur de bonnes raisons ? Je ne vous prouvais les choses, répondis-je, qu'avec de petits raisonnemens doux, et accommodés à votre usage ; en eussé-je employé d'aussi solides et d'aussi robustes, que si j'avais eu à attaquer un docteur ? Oui, dit-elle ; prenez-moi présentement pour un docteur, et voyons cette nouvelle preuve du mouvement de la terre.

Volontiers, repris-je ; la voici. Elle me plaît fort, peut-être parce que je crois l'avoir trouvée ; cependant elle est si bonne et si naturelle, que je n'oserais m'assurer d'en être l'inventeur. Il est toujours sûr qu'un savant entêté, qui y voudrait répondre, serait réduit à parler beaucoup ; ce qui est la seule manière dont un savant puisse être confondu. Il faut, ou que tous les corps célestes tournent en vingt-quatre heures autour de la terre, ou que la terre, tournant sur elle-même en vingt-quatre heures, attribue ce mouvement à tous les corps célestes. Mais qu'ils aient réellement cette révolution de vingt-quatre heures autour de la terre; c'est bien la chose du monde où il y a le moins d'apparence, quoique l'absurdité n'en saute pas d'abord aux yeux. Toutes les planètes font certainement leurs grandes révolutions autour du soleil : mais ces révolutions sont inégales entre elles, selon les distances où les planètes sont du soleil; les plus éloignées font leurs cours en plus de temps, ce qui est fort naturel. Cet ordre s'observe même entre les petites planètes subalternes, qui tournent autour d'une grande. Les quatre lunes de Jupiter, les cinq de Saturne, font leurs cercles en plus ou moins de temps autour de leur grande planète, selon qu'elles en sont plus ou moins éloignées. De plus, il est sûr que les planètes ont des mouvemens sur leurs propres centres; ces mouvemens sont encore inégaux : on ne sait pas bien sur quoi se règle cette inégalité; si c'est, ou sur la différente grosseur des planètes, ou sur leur différente solidité, ou sur la différente vitesse des tourbillons particuliers qui les enferment, et des matières liquides où elles sont portées : mais enfin l'inégalité est très certaine; et en général tel est l'ordre de la nature, que tout ce qui est commun à plusieurs choses, se trouve en même temps varié par des différences particulières.

Je vous entends, interrompit la marquise, et je crois que vous avez raison. Oui, je suis de votre avis : si les planètes tournaient autour de la terre, elles tourneraient en des temps inégaux selon leurs distances, ainsi qu'elles font autour du soleil ; n'est-ce pas ce que vous voulez me dire ? Justement, Madame, repris-je ; leurs distances inégales, à l'égard de la terre, devraient produire des différences dans ce mouvement prétendu autour de la terre ; et les étoiles fixes, qui sont si prodigieusement éloignées de nous, si fort au-dessus de tout ce qui pourrait prendre autour de nous un mouvement général, du moins situées en lieu où ce mouvement devrait être fort affaibli, n'y aurait-il pas bien de l'apparence qu'elles ne tourneraient pas autour de nous en vingt-quatre heures, comme la lune qui en est si proche ? Les comètes qui sont étrangères dans notre tourbillon, qui y tiennent des routes différentes les unes des autres, qui ont aussi des vitesses si différentes, ne devraient-elles pas être dispensées de tourner toutes autour de nous dans ce temps de vingt-quatre heures ? Mais non, planètes, étoiles fixes, comètes, tout tournera en vingt-quatre heures autour de la terre. Encore, s'il y avait dans ces mouvemens quelques minutes de différence, on pourrait s'en contenter : mais ils seront tous de la plus exacte égalité, ou plutôt de la seule égalité exacte qui soit au monde ; pas une minute de plus ou de moins. En vérité, cela doit être étrangement suspect.

Oh ! dit la marquise, puisqu'il est possible que cette grande égalité ne soit que dans notre imagination, je me tiens fort sûre qu'elle n'est point hors de là. Je suis bien aise qu'une chose qui n'est point du génie de la nature, retombe entièrement sur nous, et qu'elle en soit déchargée, quoique ce soit à nos dépens. Pour moi, repris-je, je suis si ennemi de l'égalité parfaite, que je ne trouve pas bon que tous les tours que la terre fait chaque jour sur elle-même, soient précisément de vingt-quatre heures, et toujours égaux les uns aux autres; j'aurais assez d'inclination à croire qu'il y a des différences. Des différences, s'écria-t-elle; et nos pendules ne marquent-elles pas une entière égalité? Oh! répondis-je, je récuse les pendules; elles ne peuvent pas elles-mêmes être tout-à-fait justes; et quelquefois qu'elles le seront en marquant qu'un tour de vingt-quatre heures sera plus long ou plus court qu'un autre, on aimera mieux les croire déréglées que de soupçonner la terre de quelque irrégularité dans ses révolutions. Voilà un plaisant respect qu'on a pour elle ; je ne me fierais guère plus à la terre qu'à une pendule : les mêmes choses à peu près qui dérégleront l'une, dérégleront l'autre; je crois seulement qu'il faut plus de temps à la terre qu'à une pendule pour se dérégler sensiblement ; c'est tout l'avantage qu'on lui peut accorder. Ne pourrait-elle pas peu à peu s'approcher du soleil? Et alors se trouvant dans un endroit où la matière serait plus agitée et le mouvement plus rapide, elle ferait en moins de temps sa double révolution, et autour du soleil, et autour d'elle-même. Les années seraient plus courtes, et les jours aussi; mais on ne pourrait s'en apercevoir, parce qu'on ne laisserait pas de partager toujours les années en trois cent soixante-cinq jours, et les jours en vingt-quatre heures. Ainsi, sans vivre plus que nous ne vivons présentement, on vivrait plus d'années; et au contraire, que la terre s'éloigne du soleil, on vivra moins d'années que nous, et on ne vivra pas moins. Il y a beaucoup d'apparence, dit-elle, que quand cela serait, de longues suites de siècles ne produiraient que de bien petites différences. J'en conviens, répondis-je ; la conduite de la nature n'est pas brusque, et sa méthode est d'amener tout par des degrés qui ne sont sensibles que dans les changemens fort prompts et fort aisés. Nous ne sommes presque capables de nous apercevoir que de celui des saisons : pour les autres, qui se font avec une certaine lenteur, ils ne manquent guère de nous échapper. Cependant, tout est dans un branle perpétuel, et par conséquent tout change ; et il n'y a pas jusqu'à une certaine demoiselle, que l'on a vue dans la lune avec des lunettes, il y a peut-être quarante ans, qui ne soit considérablement vieillie. Elle avait un assez beau visage ; ses joues se sont enfoncées, son nez s'est allongé, son front et son menton se sont avancés, de sorte que tous ses agrémens sont évanouis, et que l'on craint même pour ses jours.

Que me contez-vous là ? interrompit la marquise. Ce n'est point une plaisanterie, repris-je. On apercevait dans la lune une figure particulière, qui avait de l'air d'une tête de femme qui sortait d'entre des rochers, et il est arrivé du changement dans cet endroit là. Il est tombé quelques morceaux de montagnes, et ils ont laissé à découvert trois pointes, qui ne peuvent plus servir qu'à composer un front, un nez et un menton de vieille. Ne semble-t-il pas, dit-elle, qu'il y ait une destinée malicieuse qui en veuille particulièrement à la beauté ? Ç'a été justement cette tête de demoiselle qu'elle a été attaquer sur toute la lune. Peut-être qu'en récompense, répliquai-je, les changemens qui arrivent sur notre terre embellissent quelque visage que les gens de la lune y voient ; j'entends quelque visage à la manière de la lune; car chacun transporte sur les objets les idées dont il est rempli. Nos astronomes voient sur la lune des visages de demoiselles ; il pourrait être que des femmes, qui observeraient, y verraient de beaux visages d'hommes. Moi, Madame, je ne sais si je ne vous y verrais point. J'avoue, dit-elle, que je ne pourrais pas me défendre d'être obligée à qui me trouverait là : mais je retourne à ce que vous me disiez tout à l'heure ; arrive-t-il sur la terre des changemens considérables ?

Il y a beaucoup d'apparence, répondis-je, qu'il y en est arrivé. Plusieurs montagnes élevées, et fort éloignées de la mer, ont de grands lits de coquillages, qui marquent nécessairement que l'eau les a autrefois couvertes. Souvent assez loin encore de la mer, on trouve des pierres où sont des poissons pétrifiés. Qui peut les avoir mis là, si la mer n'y a pas été? Les fables disent qu'Hercule sépara, avec ses deux mains, deux montagnes, nommées Calpé et Abila, qui étant situées entre l'Afrique et l'Espagne, arrêtaient l'Océan, et qu'aussitôt la mer entra avec violence dans les terres, et fit ce grand golfe, qu'on appelle la Méditerranée. Les fables ne sont pas tout-à-fait des fables ; ce sont des histoires des temps reculés, mais qui ont été défigurées, ou par l'ignorance des peuples, ou par l'amour qu'ils avaient pour le merveilleux, très ancienne maladie des hommes. Qu'Hercule ait séparé deux montagnes avec ses deux mains, cela n'est pas trop croyable : mais que du temps de quelque Hercule, car il y en a cinquante, l'Océan ait enfoncé deux montagnes plus faibles que les autres, peut-être à l'aide de quelque tremblement de terre, et se soit jeté entre l'Europe et l'Afrique, je le croirais sans beauconp de peine. Ce fut alors une belle tache que les habitans de la lune virent paraître tout à coup sur notre terre ; car vous savez, Madame, que les mers sont des taches. Du moins l'opinion commune est que la Sicile a été séparée de l'Italie, et Cypre de la Syrie : il s'est quelquefois formé de nouvelles îles dans la mer ; des tremblemens de terre ont abimé des montagnes, en ont fait naître d'autres, et ont changé le cours des rivières. Les philosophes nous font craindre que le royaume de Naples et la Sicile, qui sont des terres appuyées sur de grandes voûtes souterraines, remplies de soufre, ne fondent quelque jour, quand les voûtes ne seront plus assez fortes pour résister aux feux qu'elles renferment, et qu'elles exhalent présentement par des soupiraux tels que le Vésuve et l'Etna. En voilà assez pour diversifier un peu le spectacle que nous donnons aux gens de la lune.

J'aimerais bien mieux, dit la marquise, que nous les ennuyassions en leur donnant toujours le même, que de les divertir par des provinces abîmées.

Cela ne serait encore rien, repris-je, en comparaison de ce qui se passe dans Jupiter. Il paraît sur sa surface comme des bandes dont il serait enveloppé, et que l'on distingue les unes des autres, ou des intervalles qui sont entre elles, par des différens degrés de clarté ou d'obscurité. Ce sont des terres et des mers, ou enfin de grandes parties de la surface de Jupiter aussi différentes entre elles. Tantôt ces bandes s'étrécissent, tantôt elles s'élargissent; elles s'interrompent quelquefois, et se réunissent ensuite ; il s'en forme de nouvelles en divers endroits, et il s'en efface, et tous ces changemens, qui ne sont sensibles qu'à nos meilleures lunettes, sont

SIXIEME SOIR.

en eux-mêmes beaucoup plus considérables que si notre Océan inondait toute la terre ferme, et laissait en sa place de nouveaux continens. A moins que les habitans de Jupiter ne soient amphibies, et qu'ils ne vivent également sur la terre et dans l'eau, je ne sais pas trop bien ce qu'ils deviennent. On voit aussi, sur la surface de Mars, de grands changemens, et même d'un mois à l'autre. En aussi peu de temps des mers couvrent de grands continens, ou se retirent par un flux et reflux infiniment plus violent que le nôtre, ou du moins c'est quelque chose d'équivalent. Notre planète est bien tranquille auprès de ces deux là, et nous avons grand sujet de nous en louer, et encore plus, s'il est vrai qu'il y ait eu dans Jupiter des pays grands comme toute l'Europe embrâsés. Embrâsés! s'écria la marquise. Vraiment ce serait-là une nouvelle considérable! Très considérable, répondis-je. On a vu en Jupiter, il y a peut-être vingt ans, une longue lumière plus éclatante que le reste de la planète. Nous avons eu ici des déluges, mais rarement; peut-être que dans Jupiter ils ont rarement aussi de grands incendies, sans préjudice des déluges qui y sont communs. Mais, quoi qu'il en soit, cette lumière de Jupiter n'est nullement comparable à une autre, qui, selon les apparences, est aussi ancienne que le monde, et que l'on n'avait pourtant jamais vue. Comment une lumière fait-elle pour se cacher, dit-elle? il faut pour cela une adresse singulière.

Celle-là, repris-je, ne paraît que dans le temps des crépuscules, de sorte que le plus souvent ils sont assez longs et assez forts pour la couvrir; et que quand ils peuvent la laisser paraître, ou les vapeurs de l'horizon la dérobent, ou elle est si peu sensible, qu'à moins d'être fort exact, on la prend pour les crépuscules mêmes. Mais enfin, depuis trente ans on l'a démêlée sûrement, et elle a fait quelque temps les délices des astronomes, dont la curiosité avait besoin d'être réveillée par quelque chose d'une espèce nouvelle. Ils eussent eu beau découvrir de nouvelles planètes subalternes, ils n'en étaient presque plus touchés. Les deux dernières lunes de Saturne, par exemple, ne les ont pas charmés ni ravis, comme avaient fait les satellites ou les lunes de Jupiter; on s'accoutume à tout. On voit donc un mois devant et après l'équinoxe de mars, lorsque le soleil est couché et le crépuscule fini, une certaine lumière blanchâtre, qui ressemble à une queue de comète. On la voit avant le lever du soleil et avant le crépuscule vers l'équinoxe de septembre, et on la voit soir et matin vers le solstice d'hiver. Hors de là, elle ne peut, comme je viens de vous dire, se dégager des crépuscules, qui ont trop de force et de durée; car on suppose qu'elle subsiste toujours, et l'apparence y est tout entière. On commence à conjecturer qu'elle est produite par quelque grand amas de matière un peu épaisse qui environne le soleil jusqu'à une certaine étendue. La plupart de ses rayons percent cette enceinte, et viennent à nous en ligne droite; mais il y en a qui, allant donner contre la surface intérieure de cette matière, en sont renvoyés vers nous, et y arrivent lorsque les rayons directs, ou ne peuvent pas encore y arriver le matin, ou ne peuvent plus y arriver le soir. Comme ces rayons réfléchis partent de plus haut que les rayons directs, nous devons les avoir plus tôt, et les perdre plus tard.

Sur ce pied-là, je dois me dédire de ce que je vous

SIXIEME SOIR.

avais dit, que la lune ne devait point avoir de crépuscules, faute d'être environnée d'un air épais, ainsi que la terre. Elle n'y perdra rien : ses crépuscules lui viendront de cette espèce d'air épais qui environne le soleil, et qui en renvoie les rayons dans les lieux où ceux qui partent directement de lui ne peuvent aller. Mais ne voilà-t-il pas aussi, dit la marquise, des crépuscules assurés pour toutes les planètes qui n'auront pas besoin d'être enveloppées chacune d'un air grossier, puisque celui qui enveloppe le soleil seul peut faire cet effet là pour tout ce qu'il y a de planètes dans le tourbillon? Je croirais assez volontiers que la nature, selon le penchant que je lui connais à l'économie, ne se serait servie que de ce seul moyen. Cependant, répliquai-je, malgré cette économie, il y aurait, à l'égard de notre terre, deux causes de crépuscules, dont l'une qui est l'air épais du soleil, serait assez inutile, et ne pourrait être qu'un objet de curiosité pour les habitans de l'Observatoire. Mais il faut tout dire : il se peut qu'il n'y ait que la terre qui pousse hors de soi des vapeurs et des exhalaisons assez grossières pour produire des crépuscules; et la nature aura eu raison de pourvoir par un moyen général aux besoins de toutes les autres planètes, qui seront, pour ainsi dire, plus pures, et dont les évaporations seront plus subtiles. Nous sommes peut-être ceux d'entre tous les habitans des mondes de notre tourbillon, à qui il fallait donner à respirer l'air le plus grossier et le plus épais. Avec quel mépris nous regarderaient les habitans des autres planètes, s'ils savaient cela?

Ils auraient tort, dit la marquise; on n'est pas à mépriser pour être enveloppé d'un air épais, puisque le soleil lui-même en a un qui l'enveloppe. Dites-moi, je vous prie, cet air n'est-il point produit par de certaines vapeurs que vous m'avez dit autrefois qui sortaient du soleil, et ne sert-il point à rompre la première force des rayons, qui aurait peut-être été excessive? Je conçois que le soleil pourrait-être naturellement voilé, pour être plus proportionné à nos usages. Voilà, Madame, répondis-je, un petit commencement de système que vous avez fait assez heureusement. On y pourrait ajouter que ces vapeurs produiraient des espèces de pluies, qui retomberaient dans le soleil pour le rafraîchir, de la même manière que l'on jette quelquefois de l'eau dans une forge dont le feu est trop ardent. Il n'y a rien qu'on ne doive présumer de l'adresse de la nature; mais elle a une autre sorte d'adresse toute particulière pour se dérober à nous, et on ne doit pas s'assurer aisément d'avoir deviné sa manière d'agir, ni ses desseins. En fait de découvertes nouvelles, il ne se faut pas trop presser de raisonner, quoiqu'on en ait toujours assez d'envie; et les vrais philosophes sont comme les éléphans, qui, en marchant, ne posent jamais le second pied à terre que le premier ne soit bien affermi. La comparaison me paraît d'autant plus juste, interrompit-elle, que le mérite de ces deux espèces, éléphans et philosophes, ne consiste nullement dans les agrémens extérieurs. Je consens que nous imitions le jugement des uns et des autres; apprenez-moi encore quelques unes des dernières découvertes, et je vous promets de ne point faire de système précipité.

Je viens de vous dire, répondis-je, toutes les nouvelles que je sais du ciel, et je ne crois pas qu'il y en ait de plus fraîches. Je suis bien fâché qu'elles ne soient pas aussi sur-

SIXIÈME SOIR.

prenantes et aussi merveilleuses que quelques observations que je lisais l'autre jour dans un abrégé des annales de la Chine, écrit en latin. On voit des mille étoiles à la fois qui tombent du ciel dans la mer, avec un grand fracas, ou qui se disolvent et s'en vont en pluie. Cela n'a pas été vu pour une fois à la Chine, j'ai trouvé cette observation en deux temps assez éloignés; sans compter une étoile qui s'en va crever vers l'orient comme une fusée, toujours avec grand bruit. Il est fâcheux que ces spectacles là soient réservés pour la Chine, et que ces pays-ci n'en aient jamais eu leur part. Il n'y a pas long-temps que tous nos philosophes se croyaient fondés en expérience, pour soutenir que les cieux et tous les corps célestes étaient incorruptibles et incapables de changement; et pendant ce temps là d'autres hommes à l'autre bout de la terre voyaient des étoiles se dissoudre par milliers : cela est assez différent. Mais, dit-elle, n'ai-je pas toujours ouï dire que les Chinois étaient de si grands astronomes ? Il est vrai, repris-je ; mais les Chinois y ont gagné à être séparés de nous par un long espace de terre, comme les Grecs et les Romains à être séparés par une longue suite de siècles ; tout éloignement est en droit de nous en imposer. En vérité, je crois toujours, de plus en plus, qu'il y a un certain génie qui n'a point encore été hors de notre Europe, ou qui du moins ne s'en est pas beaucoup éloigné. Peut-être qu'il ne lui est pas permis de se répandre dans une grande étendue de terre à la fois, et que quelque fatalité lui prescrit des bornes assez étroites. Jouissons-en tandis que nous le possédons : ce qu'il y a de meilleur, c'est qu'il ne se renferme pas dans les sciences et dans les spéculations sèches : il s'étend avec autant de succès jusqu'aux choses d'agrément, sur lesquelles je doute qu'aucun peuple nous égale. Ce sont celles là, Madame, auxquelles il vous appartient de vous occuper, et qui doivent composer toute votre philosophie.

LETTRE

De Fontenelle à Basnage de Beauval, *imprimée dans l'*Histoire des Ouvrages des Savans, *septembre* 1699, *page* 415.

J'ai vu, Monsieur, dans les *Nouvelles de la République des Lettres*, une lettre qui me regarde. L'auteur ne se nomme point; mais, quel qu'il soit, je le remercie de l'extrême honnêteté avec laquelle il me traite. C'est une chose assez rare dans le monde savant, qu'une critique si civile. Je conviens, avec l'auteur, que quand j'ai supposé (*Pluralité des Mondes*) qu'un homme, suspendu en l'air, verrait passer au-dessous de lui, en vingt-quatre heures, tous les différens peuples de la terre, cela est, rigoureusement parlant, contre le système de *Copernic*, parce que la terre, dans le temps qu'elle fait un tour sur son axe, par son mouvement journalier, avance aussi, par son mouvement annuel, sur le cercle qu'elle décrit autour du soleil, et qu'ainsi elle se déroberait bientôt de dessous les pieds du spectateur suspendu. Mais aussi je ne l'ai fait que pour donner une image sensible du mouvement journalier de la terre, et je n'ai point du tout prétendu y enfermer le mouvement annuel. Il n'y a dans une supposition, comme dans un marché, que ce qu'on y met. Je ne voulais alors expliquer qu'un seul mouvement; et dans tout cet ouvrage, une de mes plus grandes attentions a été de démêler extrêmement les idées pour ne pas embarrasser l'esprit des ignorans, qui étaient mes véritables marquises. Il est vrai qu'un peu auparavant j'avais établi les deux mouvemens de la terre; mais je ne m'étais pas pour cela privé du droit de les pouvoir séparer ensuite, quand la netteté de l'explication, ou l'ornement de la matière le demanderaient. Cette supposition est d'autant plus pardonnable, que je n'en ai tiré aucune conséquence philosophique, ni que je prétendisse donner pour vraie; et c'est une chose que je crois avoir assez exactement observée dans le mélange perpétuel de vrai et de faux, qui compose ce petit livre. Quand j'ai voulu raisonner, j'ai tâché d'établir des principes solides. Quand il n'a été question que de badiner, je n'y ai point regardé de si près. Mais, que direz-vous, Monsieur, et que dirait l'auteur de la lettre, si je soutenais que ma supposition peut être exactement et philosophiquement vraie? Mon spectateur suspendu en l'air serait enfermé dans l'atmosphère; et il faut bien qu'il y soit pour être à portée de voir les objets que je lui fais considérer. Or, l'atmosphère enveloppe la terre, et ne l'abandonne jamais. L'atmosphère suit le mouvement que la terre a sur son axe, et en même temps elle suit la terre qui tourne autour du soleil. Mon homme ne serait immobile qu'à l'égard du mouvement par lequel l'atmosphère tourne sur l'axe de la terre, mais non pas à l'égard du mouvement par lequel l'atmosphère et la terre, tout ensemble, tournent autour du soleil. Ainsi, la terre ne se retirerait point de dessous lui, et différens peuples passeraient en vingt-quatre heures sous ses yeux. Je n'en ai pas voulu tant dire à la marquise, surtout dans les commencemens. Mais l'auteur ne doit pas être traité comme elle. Voilà, Monsieur, tout ce que j'ai à répondre à la principale, et, ce me semble, à l'unique objection de l'auteur; car, ce qu'il dit après cela ne me regarde point. Il demande ce que deviendrait le spectateur abandonné par la terre, et s'il tomberait dans le soleil? Je n'en sais en vérité rien, et il serait bon d'avoir sur ce sujet quelques expériences avant que d'en raisonner. A parler sérieusement, cela dépend du système de la pesanteur, non pas renfermé dans notre petit tourbillon de la terre, mais étendu au grand tourbillon qui comprend le soleil et toutes les planètes. Il y a bien de l'apparence que les planètes pèsent, à l'égard du soleil, comme les corps terrestres à l'égard de la terre, et quelques philosophes modernes nous ont déjà ouvert de grandes vues sur cette matière. Mais à Dieu ne plaise que je m'y aille embarquer. L'auteur ne paraît pas bien convaincu que le soleil tourne sur son axe. Les astronomes croient pourtant avoir observé qu'il tourne en vingt-sept jours. On s'en est assuré par les taches; et d'ailleurs, il paraît impossible, selon la mécanique, qu'un corps placé au centre d'un liquide qui tourne, se dispense de tourner sur lui-même.

FIN DES MONDES.

HISTOIRE
DES ORACLES.

PRÉFACE.

Il y a long-temps qu'il me tomba entre les mains un livre latin sur les *Oracles des Païens*, composé depuis peu par Van-Dale, docteur en médecine, et imprimé en Hollande. Je trouvai que cet auteur détruisait, avec assez de force, ce que l'on croit communément des oracles rendus par les démons, et de leur cessation entière à la venue de Jésus-Christ; et tout l'ouvrage me parut plein d'une grande connaissance de l'antiquité, et d'une érudition très étendue. Il me vint en pensée de le traduire, afin que les femmes, et ceux même d'entre les hommes qui ne lisent pas volontiers du latin, ne fussent point privés d'une lecture si agréable et si utile. Mais je fis réflexion qu'une traduction de ce livre ne serait pas bonne pour l'effet que je prétendais. Van-Dale n'a écrit que pour les savans, et il a eu raison de négliger des agrémens dont ils ne feraient aucun cas. Il rapporte un grand nombre de passages qu'il cite très fidèlement, et dont il fait des versions d'une exactitude merveilleuse, lorsqu'il les prend du grec; il entre dans la discussion de beaucoup de points de critique, quelquefois peu nécessaires, mais toujours curieux. Voilà ce qu'il faut aux gens doctes. Qui leur égayerait tout cela par des réflexions, par des traits, ou de morale, ou même de plaisanterie, ce serait un soin dont ils n'auraient pas grande reconnaissance. De plus, Van-Dale ne fait nulle difficulté d'interrompre très souvent le fil de son discours, pour y faire entrer quelqu'autre chose qui se présente; et dans cette parenthèse là, il y enchâsse une autre parenthèse, qui même n'est peut-être pas la dernière. Il a encore raison; car ceux pour qui il a prétendu écrire, sont faits à la fatigue en matière de lecture, et ce désordre savant ne les embarrasse pas. Mais ceux pour qui j'aurais fait une traduction, ne s'en fussent guère accommodés, si elle eût été en cet état. Les dames, et pour ne rien dissimuler, la plupart des hommes de ce pays-ci, sont bien aussi sensibles à l'agrément, ou du tour, ou des expressions, ou des pensées, qu'à la solide beauté des recherches les plus exactes, ou des discussions les plus profondes. Surtout, comme on est fort paresseux, on veut de l'ordre dans un livre, pour être d'autant moins obligé à l'attention. Je n'ai donc plus songé à traduire, et j'ai cru qu'il valait mieux, en conservant le fond et la matière principale de l'ouvrage, lui donner toute une autre forme. J'avoue qu'on ne peut pas pousser cette liberté plus loin que j'ai fait; j'ai changé toute la disposition du livre, j'ai retranché tout ce qui m'a paru avoir peu d'utilité en soi, ou trop peu d'agrément pour récompenser le peu d'utilité; j'ai ajouté, non-seulement tous les ornemens dont j'ai pu m'aviser, mais encore assez de choses qui prouvent ou qui éclaircissent ce qui est en question. Sur les mêmes faits et sur les mêmes passages que me fournissait Van-Dale, j'ai quelquefois raisonné autrement que lui; je ne me suis point fait un scrupule d'insérer beaucoup de raisonnemens qui ne sont que de moi ; enfin, j'ai refondu tout l'ouvrage, pour

PREFACE.

le remettre dans le même état où je l'eusse mis d'abord selon mes vues particulières, si j'avais eu autant de savoir que Van-Dale. Comme j'en suis extrêmement éloigné, j'ai pris sa science, et j'ai hasardé de me servir de mon esprit tel qu'il est ; je n'eusse pas manqué sans doute de prendre le sien, si j'avais eu affaire aux mêmes gens que lui. Au cas que ceci vienne à sa connaissance, je le supplie de me pardonner la licence dont j'ai usé ; elle servira à faire voir combien son livre est excellent, puisque assurément ce qui lui appartient ici paraîtra encore tout-à-fait beau, quoiqu'il ait passé par mes mains.

Au reste, j'apprends depuis peu deux choses qui ont rapport à ce livre. La première, que j'ai prise dans les *Nouvelles de la République des Lettres*, est que Moëbius, doyen des professeurs en théologie à Leipsick, a entrepris de réfuter Van-Dale. Véritablement il lui passe que les oracles n'ont pas cessé à la venue de Jésus-Christ, ce qui est effectivement incontestable, quand on a examiné la question ; mais il ne lui peut accorder que les démons n'aient pas été les auteurs des oracles. C'est déjà faire une brèche très considérable au système ordinaire, que de laisser les oracles s'étendre au-delà du temps de la venue de Jésus-Christ ; et c'est un grand préjugé qu'ils n'ont pas été rendus par des démons, si le Fils de Dieu ne leur a pas imposé silence. Il est certain que selon la liaison que l'opinion commune a mise entre ces deux choses, ce qui détruit l'une ébranle beaucoup l'autre, ou même la ruine entièrement ; et peut-être après la lecture de ce livre, entrera-t-on encore mieux dans cette pensée ; mais ce qui est plus remarquable, c'est que par l'extrait de la

République des Lettres, il paraît qu'une des plus fortes raisons de Moëbius contre Van-Dale, est que Dieu défendit aux Israélites de consulter les devins et les esprits de Python; d'où l'on conclut que Python, c'est-à-dire les démons, se mêlaient des oracles, et apparemment l'histoire de l'apparition de Samuel vient à la suite. Van Dale répondra ce qu'il jugera à propos; pour moi, je déclare que, sous le nom d'oracle, je ne prétends pas comprendre la magie dont il est indubitable que le démon se mêle : aussi n'est-elle nullement comprise dans ce que nous entendons ordinairement par ce mot, non pas même selon le sens des anciens païens, qui, d'un côté, regardaient les oracles avec respect, comme une partie de leur religion; et de l'autre, avaient la magie en horreur aussi bien que nous. Aller consulter un nécromancien, ou quelqu'une de ces sorcières de Thessalie, pareille à l'Ericto de Lucain, cela ne s'appelait pas aller à l'oracle; et s'il faut marquer encore cette distinction, même selon l'opinion commune, on prétend que les oracles ont cessé à la venue de Jésus-Christ, et cependant on ne peut pas prétendre que la magie ait cessé. Ainsi, l'objection de Moëbius ne fait rien contre moi, s'il laisse le mot d'oracle dans sa signification ordinaire et naturelle, tant ancienne que moderne.

La seconde chose que j'ai à dire, c'est que l'on m'a averti que le R. P. Thomassin, prêtre de l'Oratoire, fameux par tant de beaux livres, où il a accordé une piété solide avec une profonde érudition, avait enlevé à ce livre-ci l'honneur de la nouveauté du paradoxe, en traitant les oracles de pures fourberies, dans sa *Méthode d'étudier et d'enseigner chrétiennement les poëtes.*

J'avoue que j'en ai été un peu fâché; cependant je me suis consolé par la lecture du chap. XXI du livre II de cette Méthode, où je n'ai trouvé que dans l'article XIX, en assez peu de paroles, ce qui me pouvait être commun avec lui. Voici comme il parle : « La véritable
» raison du silence imposé aux oracles, était que par
» l'incarnation du verbe divin, la vérité éclairait le
» monde, et y répandait une abondance de lumières
» toute autre qu'auparavant. Ainsi, on se détrompait
» des illusions des augures, des astrologues, des ob-
» servations des entrailles des bêtes, et de la plupart
» des oracles, qui n'étaient effectivement que des im-
» postures où les hommes se trompaient les uns les
» autres par des paroles obscures et à double sens.
» Enfin, s'il y avait des oracles où les démons don-
» naient des réponses, l'avènement de la vérité in-
» carnée avait condamné à un silence éternel le père
» du mensonge. Il est au moins bien certain qu'on
» consultait les démons lorsqu'on avait recours aux
» enchantemens et à la magie, comme Lucain le rap-
» porte du jeune Pompée, et comme l'Écriture l'assure
» de Saül. » Je conviens que, dans un gros traité où l'on ne parle des oracles que par occasion, très brièvement et sans aucun dessein d'approfondir la matière, c'est bien en dire assez que d'attribuer la plupart des oracles à l'imposture des hommes, de révoquer en doute s'il y en a eu où les démons aient eu part, de ne donner une fonction certaine aux démons que dans les enchantemens et dans la magie, et enfin de faire cesser les oracles, non pas précisément parce que le fils de Dieu leur imposa silence tout d'un coup, mais parce que les esprits plus éclairés par la publication de

l'Évangile, se désabusèrent ; ce qui suppose encore des fourberies humaines, et ne s'est pu faire si promptement. Cependant, il me paraît qu'une question décidée en si peu de paroles peut être traitée de nouveau dans toute son étendue naturelle, sans que le public ait droit de se plaindre de la répétition ; c'est lui remettre en grand ce qu'il n'a vu qu'en petit, et tellement en petit, que les objets en étaient quasi imperceptibles.

Je ne sais s'il m'est permis d'alonger encore ma *préface* par une petite observation sur le style dont je me suis servi. Il n'est que de conversation ; je me suis imaginé que j'entretenais mon lecteur. J'ai pris cette idée d'autant plus aisément, qu'il fallait, en quelque sorte, disputer contre lui ; et les matières que j'avais en main étant le plus souvent assez susceptibles de ridicule, m'ont invité à une manière d'écrire fort éloignée du sublime. Il me semble qu'il ne faudrait donner dans le sublime qu'à son corps défendant ; il est si peu naturel ! J'avoue que le style bas est encore quelque chose de pis : mais il y a un milieu, et même plusieurs ; c'est ce qui fait l'embarras : on a bien de la peine à prendre juste le ton que l'on veut, et à n'en point sortir.

HISTOIRE
DES ORACLES.

Mon dessein n'est pas de traiter directement l'*Histoire des Oracles*; je ne me propose que de combattre l'opinion commune qui les attribue aux démons, et les fait cesser à la venue de Jésus-Christ; mais, en la combattant, il faudra nécessairement que je fasse toute l'histoire des oracles, et que j'explique leur origine, leur progrès, les différentes manières dont ils se rendaient, et enfin leur décadence, avec la même exactitude que si je suivais, dans ces matières, l'ordre naturel et historique.

Il n'est pas surprenant que les effets de la nature donnent bien de la peine aux philosophes. Les principes en sont si cachés, que la raison humaine ne peut presque, sans témérité, songer à les découvrir : mais quand il n'est question que de savoir si les oracles ont pu être un jeu et un artifice des prêtres païens, où peut être la difficulté? Nous qui sommes hommes, ne savons-nous pas bien jusqu'à quel point d'autres hommes ont pu être ou imposteurs, ou dupes? Surtout quand il n'est question que de savoir en quel temps les oracles ont cessé, d'où peut naître le moindre sujet de douter? Tous les livres sont pleins d'oracles. Voyons en quel temps ont été rendus les derniers dont nous ayons connaissance.

Mais nous n'avons garde de permettre que la décision des choses soit si facile : nous y faisons entrer des préjugés qui y forment des embarras bien plus grands que ceux qui s'y fussent trouvés naturellement; et ces difficultés, qui ne viennent que de notre part, sont celles dont nous avons nous-mêmes le plus de peine à nous démêler.

L'affaire des oracles n'en aurait pas, à ce que je crois, de bien considérables, si nous ne les y avions mises. Elle était de sa nature une affaire de religion chez les païens; elle en est devenue une sans nécessité chez les chrétiens; et de toutes parts on l'a chargée de préjugés qui ont obscurci des vérités fort claires.

J'avoue que les préjugés ne sont pas communs d'eux-mêmes à la vraie et aux fausses religions. Ils régnent nécessairement dans celles qui ne sont l'ouvrage que de l'esprit humain : mais dans la vraie, qui est un ouvrage de Dieu seul, il ne s'y en trouverait jamais aucun, si ce même esprit humain pouvait s'empêcher d'y toucher et d'y mêler quelque chose du sien. Tout ce qu'il y ajoute de nouveau, que serait-ce que des préjugés sans fondement? Il n'est pas capable d'ajouter rien de réel et de solide à l'ouvrage de Dieu.

Cependant ces préjugés, qui entrent dans la vraie religion, trouvent, pour ainsi dire, le moyen de se faire confondre avec elle, et de s'attirer un respect qui n'est dû qu'à elle seule. On n'ose les attaquer, de peur d'attaquer en même temps quelque chose de sacré. Je ne reproche point cet excès de religion à ceux qui en sont capables; au contraire, je les en loue : mais enfin, quelque louable que soit cet excès, on ne peut disconvenir que le juste milieu ne vaille encore mieux, et qu'il ne soit plus raisonnable de démêler l'erreur d'avec la vérité, que de respecter l'erreur mêlée avec la vérité.

Le christianisme a toujours été par lui-même en état de se passer de fausses preuves; mais il y est encore présentement plus que jamais, par les soins que de grands hommes de ce siècle ont pris de l'établir sur ses véritables fondemens, avec plus de force que les anciens n'avaient jamais fait. Nous devons être remplis, sur notre religion, d'une confiance qui nous fasse rejeter de faux avantages qu'un autre parti que le nôtre pourrait ne pas négliger.

Sur ce pied là, j'avance hardiment que les oracles, de quelque nature qu'ils aient été, n'ont point été rendus par les démons, et qu'ils n'ont point cessé à la venue de Jésus-Christ. Chacun de ces deux points mérite bien une dissertation.

PREMIÈRE DISSERTATION.

Que les Oracles n'ont point été rendus par les Démons.

Il est constant qu'il y a des démons, des génies malfaisans, et condamnés à des tourmens éternels; la religion nous l'apprend. La raison nous apprend ensuite que ces démons ont pu rendre des oracles, si Dieu le leur a permis. Il n'est question que de savoir s'ils ont reçu de Dieu cette permission.

Ce n'est donc qu'un point de fait dont il s'agit; et, comme ce point de fait a uniquement dépendu de la volonté de Dieu, il était de nature à nous devoir être révélé, si la connaissance nous en eût été nécessaire.

Mais l'Écriture-Sainte ne nous apprend en aucune manière que les oracles aient été rendus par des démons, et dès lors nous sommes en liberté de prendre parti sur cette matière; elle est du nombre de celles que la sagesse divine a jugées assez indifférentes pour les abandonner à nos disputes.

Cependant les avis ne sont point partagés; tout le monde tient qu'il y a eu quelque chose de surnaturel dans les oracles. D'où vient cela? La raison en est bien aisée à trouver, pour ce qui regarde le temps présent. On a cru, dans les premiers siècles du christianisme, que les oracles étaient rendus par des démons : il ne nous en faut pas davantage pour le croire aujourd'hui. Tout ce qu'ont dit les anciens, soit bon, soit mauvais, est sujet à être bien répété; et ce qu'ils n'ont pu eux-mêmes prouver par des raisons suffisantes, se prouve à présent par leur autorité seule. S'ils ont prévu cela, ils ont bien fait de ne se pas donner toujours la peine de raisonner si exactement.

Mais pourquoi tous les premiers chrétiens ont-ils cru que les oracles avaient quelque chose de surnaturel? Recherchons-en présentement les raisons, nous verrons ensuite si elles étaient assez solides.

CHAPITRE PREMIER.

Première raison pourquoi les anciens Chrétiens ont cru que les Oracles étaient rendus par les Démons. Les histoires surprenantes qui couraient sur le fait des Oracles et des Génies.

L'antiquité est pleine de je ne sais combien d'histoires surprenantes et d'oracles qu'on croit ne pouvoir attribuer qu'à des génies. Nous n'en rapporterons que quelques exemples, qui représenteront tout le reste.

Tout le monde sait ce qui arriva au pilote Thamus. Son vaisseau étant un soir vers de certaines îles de la mer Égée, le vent cessa tout-à-fait. Tout les gens du vaisseau étaient bien éveillés; la plupart même passaient le temps à boire les uns avec les autres, lorsqu'on entendit tout d'un coup une voix qui venait des îles, et qui appelait Thamus. Thamus se laissa appeler deux fois sans répondre; mais à la troisième il répondit. La voix lui commanda que, quand il serait arrivé à un certain lieu, il criât que le grand Pan était mort. Il n'y eut personne dans le navire qui ne fût saisi de frayeur et d'épouvante. On délibérait si Thamus devait obéir à la voix : mais Thamus conclut que si, quand ils seraient arrivés au lieu marqué, il faisait assez de vent pour passer outre, il ne fallait rien dire; mais que si un calme les arrêtait là, il fallait s'acquitter de l'ordre qu'il avait reçu. Il ne manqua point d'être surpris d'un calme à cet endroit là, et aussitôt il se mit à crier de toute sa force que le grand Pan était mort. A peine avait-il cessé de parler, que l'on entendit de tous côtés des plaintes et des gémissemens, comme d'un grand nombre de personnes surprises et affligées de cette nouvelle. Tous ceux qui étaient dans le vaisseau furent témoins de l'aventure. Le bruit s'en répandit en peu de temps jusqu'à Rome; et l'empereur Tibère ayant voulu voir Thamus lui-même, assembla des gens savans dans la théologie païenne, pour apprendre d'eux qui était ce grand Pan; et il fut conclu que c'était le fils de Mercure et de Pénélope. C'est ainsi que, dans le dialogue où Plutarque traite des oracles qui ont cessé, Cléombrote conte cette histoire, et dit qu'il la tient d'Épithersès, son maître de grammaire, qui était dans le vaisseau de Thamus, lorsque la chose arriva.

Thulis fut un roi d'Égypte, dont l'empire s'étendait jusqu'à l'Océan. C'est lui, à ce qu'on dit, qui donna le nom de Thulé à l'île qu'on appelle présentement Islande. Comme son empire allait apparemment jusques là, il était d'une belle étendue. Ce roi, enflé de ses succès et de sa prospérité, alla à l'oracle de Sérapis, et lui dit :

« Toi qui es le maître du feu, et qui gouvernes le
» cours du ciel, dis-moi la vérité. Y a-t-il jamais eu et
» y aura-t-il jamais quelqu'un aussi puissant que moi ? »

L'oracle lui répondit :

« Premièrement Dieu, ensuite la parole et l'esprit
» avec eux, tous s'assemblant en un, dont le pouvoir
» ne peut finir. Sors d'ici promptement, mortel, dont
» la vie est toujours incertaine. »

Au sortir de là, Thulis fut égorgé.

Eusèbe a tiré des écrits mêmes de Porphyre, ce grand ennemi des chrétiens, les oracles suivans :

« 1. Gémissez, Trépiés. Apollon vous quitte; il

» vous quitte, forcé par une lumière céleste. Jupiter
» a été; il est, et il sera. O grand Jupiter! hélas! mes
» fameux oracles ne sont plus.

» 2. La voix ne peut revenir à la prêtresse : elle
» est déjà condamnée au silence depuis long-temps.
» Faites toujours à Apollon des sacrifices dignes d'un
» Dieu.

» 3. Malheureux prêtre, disait Apollon à son prêtre,
» ne m'interroge plus sur le divin père, ni sur son fils
» unique, ni sur l'esprit qui est l'âme de toutes choses.
» C'est cet esprit qui me chasse à jamais de ces lieux. »

Auguste, déjà vieux, et songeant à se choisir un successeur, alla consulter l'oracle de Delphes. L'oracle ne répondait point, quoique Auguste n'épargnât pas les sacrifices. A la fin cependant il en tira cette réponse :

« L'enfant hébreux, à qui tous les dieux obéissent,
» me chasse d'ici, et me renvoie dans les enfers. Sors
» de ce temple sans parler. »

Il est aisé de voir que sur de pareilles histoires, on n'a pas pu douter que les démons ne se mêlassent des oracles. Ce grand Pan qui meurt sous Tibère, aussi bien que Jésus-Christ, est le maître des démons, dont l'empire est ruiné par cette mort d'un Dieu si salutaire à l'univers; ou si cette explication ne vous plaît pas, car enfin on peut, sans impiété, donner des sens contraires à une même chose, quoiqu'elle regarde la religion, ce grand Pan est Jésus-Christ lui-même, dont la mort cause une douleur et une consternation générales parmi les démons, qui ne peuvent plus exercer leur tyrannie sur les hommes. C'est ainsi qu'on a trouvé moyen de donner à ce grand Pan deux faces bien différentes.

L'oracle rendu au roi Thulis, un oracle si positif sur la sainte Trinité, peut-il être une fiction humaine? Comment le prêtre de Sérapis aurait-il deviné un si grand mystère, inconnu alors à toute la terre, et aux juifs mêmes?

Si ces autres oracles eussent été rendus par des prêtres imposteurs, qui obligeait ces prêtres à se décréditer eux-mêmes, et à publier la cessation de leurs oracles? N'est-il pas visible que c'étaient des démons que Dieu même forçait à rendre témoignage à la vérité? De plus, pourquoi les oracles cessaient-ils, s'ils n'étaient rendus que par des prêtres?

CHAPITRE II.

Seconde raison des anciens Chrétiens pour croire les Oracles surnaturels. Convenance de cette opinion avec le système du christianisme.

Les démons étant une fois constans par le christianisme, il a été assez naturel de leur donner le plus d'emploi qu'on pouvait, et de ne les pas épargner pour les oracles, et les autres miracles païens qui semblaient en avoir besoin. Par là, on se dispensait d'entrer dans la discussion des faits, qui eût été longue et difficile; et tout ce qu'ils avaient de surprenant et d'extraordinaire, on l'attribuait à ces démons que l'on avait en main. Il semblait qu'en leur rapportant ces événemens, on confirmât leur existence, et la religion même qui nous la révèle.

De plus, il est certain que, vers le temps de la naissance de Jésus-Christ, il est souvent parlé de la cessation des oracles, même dans les auteurs profanes. Pourquoi ce temps-là plutôt qu'un autre avait-il été destiné à leur anéantissement? Rien n'était plus aisé à expliquer, selon le système de la religion chrétienne. Dieu avait fait son peuple du peuple juif, et avait abandonné l'empire du reste de la terre aux démons jusqu'à l'arrivée de son fils : mais alors il les dépouille du pouvoir qu'il leur avait laissé prendre, il veut que tout fléchisse sous Jésus-Christ, et que rien ne fasse obstacle à l'établissement de son royaume sur les nations. Il y a je ne sais quoi de si heureux dans cette pensée, que je ne m'étonne pas qu'elle ait eu beaucoup de cours ; c'est une de ces choses à la vérité desquelles on est bien aise d'aider, et qui persuadent, parce qu'on y est favorable.

CHAPITRE III.

Troisième raison des anciens Chrétiens. Convenance de leur opinion avec la philosophie de Platon.

Jamais philosophie n'a été plus à la mode qu'y fut celle de Platon chez les chrétiens, pendant les premiers siècles de l'Eglise. Les païens se partageaient encore entre les différentes sectes de philosophes : mais la conformité que l'on trouva qu'avait le platonisme avec la religion, mit dans cette seule secte presque tous les chrétiens savans. De là vient l'estime prodigieuse dont on s'entêta pour Platon ; on le regardait comme une espèce de prophète, qui avait deviné plusieurs points importans du christianisme, surtout la sainte Trinité, que l'on ne peut guère nier qui ne soit assez clairement contenue dans ses écrits. Aussi ne manqua-t-on pas de prendre ses ouvrages pour des commentaires de l'Ecriture, et de concevoir la nature du verbe comme il l'avait conçue. Il se figurait Dieu tellement élevé au-dessus des créatures, qu'il ne croyait pas qu'elles pussent être sorties immédiatement de ses mains, et il mettait entre elles et lui ce verbe, comme un degré par lequel l'action de Dieu pût passer jusqu'à elles. Les chrétiens prirent cette même idée de Jésus-Christ; et c'est là peut-être la cause pourquoi jamais hérésie n'a été ni plus généralement embrassée, ni soutenue avec plus de chaleur que l'arianisme.

Ce platonisme donc, qui semblait faire honneur à la religion chrétienne, lorsqu'il lui était favorable, se trouva tout plein de démons; et de là ils se répandirent aisément dans le système que les chrétiens imaginèrent sur les oracles.

Platon veut que les démons soient d'une nature moyenne entre celle des dieux et celle des hommes; que ce soient des génies aériens destinés à faire tout le commerce des dieux et de nous; que, quoiqu'ils soient proche de nous, nous ne les puissions voir; qu'ils pénètrent dans toutes nos pensées, qu'ils aient de l'amour pour les bons, et de la haine pour les méchans; et que ce soit en leur honneur qu'on a établi tant de sortes de sacrifices, et tant de cérémonies différentes.

Il ne paraît point par là que Platon reconnût de mauvais démons, auxquels on pût donner le soin des fourberies des oracles. Plutarque, dans le dialogue des oracles qui ont cessé, assure cependant qu'il en reconnaissait; et à l'égard des platoniciens, la chose est hors de doute. Eusèbe, dans sa *Préparation évangélique*, rapporte quantité de passages de Porphyre, où ce philosophe païen assure que les mauvais démons sont les auteurs des enchantemens, des philtres et des maléfices; qu'ils ne font que tromper nos yeux par des spectres et par des fantômes; que le mensonge est essentiel à leur nature; qu'ils excitent en nous la plupart de nos passions; qu'ils ont l'ambition de vouloir passer pour des dieux; que leurs corps aériens et spirituels se nourrissent de suffumigation, de sang répandu, et de la graisse des sacrifices; qu'il n'y a qu'eux qui se mêlent de rendre des oracles, et à qui cette fonction, pleine de tromperie, soit tombée en partage; et enfin à la tête de cette troupe de mauvais démons, il met Hécate et Sérapis.

Jamblique, autre platonicien, en dit autant; et comme la plupart de ces choses là sont vraies, les chrétiens reçurent le tout avec joie, et y ajoutèrent même un peu du leur, selon Tertullien, dans son *Apologétique* : par exemple, que les démons dérobaient, dans les écrits des prophètes, quelque connaissance de l'avenir, et puis s'en faisaient honneur dans leurs oracles.

Ce système des chrétiens avait cela de commode, qu'il découvrait aux païens, par leurs propres principes, l'origine de leur faux culte, et la source de l'erreur où ils avaient toujours été. Ils étaient persuadés qu'il y avait quelque chose de surnaturel dans leurs oracles; et les chrétiens qui avaient à disputer contre eux, ne songeaient point à leur ôter cette pensée. Les démons, dont on convenait de part et d'autre, servaient à expliquer tout ce surnaturel. On reconnaissait cette espèce de miracle ordinaire qui s'était fait dans la religion des païens : mais on leur en faisait perdre tout l'avantage par les auteurs auxquels on l'attribuait : et cette voie était bien plus courte et plus aisée que celle de contester le miracle même par une longue suite de recherches et de raisonnemens.

Voilà, comment s'établit, dans les premiers siècles de l'Église, l'opinion qu'on y prit sur les oracles des païens. Je pourrais aux trois raisons que j'ai apportées, en ajouter une quatrième, aussi bonne peut-être que toutes les autres ; c'est que dans le système des oracles rendus par les démons, il y a du merveilleux ; et si l'on a un peu étudié l'esprit humain, on sait quelle force le merveilleux a sur lui. Mais je ne prétends pas m'étendre sur cette réflexion : ceux qui y entreront m'en croiront bien, sans que je me mette en peine de la prouver : et ceux qui n'y entreront pas, ne m'en croiraient pas peut-être après toutes mes preuves.

Examinons présentement, l'une après l'autre, les raisons qu'on a eues de croire les oracles surnaturels.

CHAPITRE IV.

Que les histoires surprenantes qu'on débite sur les Oracles doivent être fort suspectes.

Il serait difficile de rendre raison des histoires et des oracles que nous avons rapportés, sans avoir recours aux démons ; mais aussi tout cela est-il bien vrai ? Assurons-nous bien du fait, avant que de nous inquiéter de la cause. Il est vrai que cette méthode est bien lente pour la plupart des gens qui courent naturellement à la cause, et passent par-dessus la vérité du fait ; mais enfin nous éviterons le ridicule d'avoir trouvé la cause de ce qui n'est point.

Ce malheur arriva si plaisamment sur la fin du siècle

passé à quelques savans d'Allemagne, que je ne puis m'empêcher d'en parler ici.

En 1593, le bruit courut que les dents étant tombées à un enfant de Silésie, âgé de 7 ans, il lui en était venu une d'or à la place d'une de ses grosses dents. Horstius, professeur en médecine dans l'université de Helmstad, écrivit, en 1595, l'histoire de cette dent, et prétendit qu'elle était en partie naturelle, en partie miraculeuse, et qu'elle avait été envoyée de Dieu à cet enfant, pour consoler les chrétiens affligés par les Turcs. Figurez-vous quelle consolation, et quel rapport de cette dent aux chrétiens ni aux Turcs. En la même année, afin que cette dent d'or ne manquât pas d'historiens, Rullandus en écrit encore l'histoire. Deux ans après, Ingolsteterus, autre savant, écrit contre le sentiment que Rullandus avait de la dent d'or, et Rullandus fait aussitôt une belle et docte réplique. Un autre grand homme, nommé Libavius, ramasse tout ce qui avait été dit de la dent, et y ajoute son sentiment particulier. Il ne manquait autre chose à tant de beaux ouvrages, sinon qu'il fût vrai que la dent était d'or. Quand un orfèvre l'eût examinée, il se trouva que c'était une feuille d'or appliquée à la dent, avec beaucoup d'adresse; mais on commença par faire des livres, et puis on consulta l'orfèvre.

Rien n'est plus naturel que d'en faire autant sur toutes sortes de matières. Je ne suis pas si convaincu de notre ignorance par les choses qui sont, et dont la raison nous est inconnue, que par celles qui ne sont point, et dont nous trouvons la raison. Cela veut dire que, non-seulement nous n'avons pas les principes qui mènent au vrai, mais que nous en avons d'autres qui s'accommodent très-bien avec le faux.

De grands physiciens ont fort bien trouvé pourquoi les lieux souterrains sont chauds en hiver, et froids en été. De plus grands physiciens ont trouvé depuis peu que cela n'était pas.

Les discussions historiques sont encore plus susceptibles de cette sorte d'erreur. On raisonne sur ce qu'ont dit les historiens; mais ces historiens n'ont-ils été, ni passionnés, ni crédules, ni mal instruits, ni négligens? Il en faudrait trouver un qui eût été spectateur de toutes choses, indifférent, et appliqué.

Surtout quand on écrit des faits qui ont liaison avec la religion, il est assez difficile que, selon le parti dont on est, on ne donne à une fausse religion des avantages qui ne lui sont point dûs, ou qu'on ne donne à la vraie de faux avantages dont elle n'a pas besoin. Cependant on devrait être persuadé qu'on ne peut jamais ajouter de la vérité à celle qui est vraie, ni en donner à celles qui sont fausses.

Quelques chrétiens des premiers siècles, faute d'être instruits ou convaincus de cette maxime, se sont laissés aller à faire, en faveur du christianisme, des suppositions assez hardies, que la plus saine partie des chrétiens ont ensuite désavouées. Ce zèle inconsidéré a produit une infinité de livres apocryphes, auxquels on donnait des noms d'auteurs païens ou juifs; car comme l'église avait affaire à ces deux sortes d'ennemis qu'y avait-il de plus commode que de les battre avec leurs propres armes, en leur présentant des livres, qui quoique faits, à ce qu'on prétendait, par des gens de leur parti, fussent néanmoins très avantageux au christianisme? Mais à force de vouloir tirer de ces ouvrages supposés un grand effet pour la religion, on les a empéchés d'en faire aucun. La clarté dont ils sont les trahit, et nos mystères y sont si nettement développés, que les prophètes de l'ancien et du nouveau testament n'y auraient rien entendu auprès de ces auteurs juifs et païens. De quelque côté qu'on se puisse tourner pour sauver ces livres, on trouvera toujours, dans ce trop de clarté, une difficulté insurmontable. Si quelques chrétiens étaient bien capables de supposer des livres aux païens ou aux juifs, les hérétiques ne faisaient point de façon d'en supposer aux orthodoxes. Ce n'étaient que faux évangiles, fausses épîtres d'apôtres, fausses histoires de leurs vies; et ce ne peut être que par un effet de la providence divine, que la vérité s'est démêlée de tant d'ouvrages apocryphes qui l'étouffaient.

Quelques grands hommes de l'Église ont été quelque fois trompés, soit aux suppositions des hérétiques contre les orthodoxes, soit à celles des chrétiens contre les païens ou les juifs, mais plus souvent à ces dernières. Ils n'ont pas toujours examiné d'assez près ce qui leur semblait favorable à la religion; l'ardeur avec laquelle ils combattaient pour une si bonne cause, ne leur laissait pas toujours la liberté de choisir assez bien leurs armes. C'est ainsi qu'il leur arrive quelquefois de se servir des livres des sibylles, ou de ceux d'Hermès Trismégiste, roi d'Egypte.

On ne prétend point par là affaiblir l'autorité, ni attaquer le mérite de ces grands hommes. Après qu'on aura remarqué toutes les méprises où ils peuvent être tombés sur un certain nombre de faits, il leur restera une infinité de raisonnemens solides, et de belles découvertes, sur quoi on ne les peut assez admirer. Si avec les vrais titres de notre religion ils nous en ont laissé d'autres qui peuvent être suspects, c'est à nous à ne recevoir d'eux que ce qui est légitime, et à pardonner à leur zèle de nous avoir fourni plus de titres qu'il ne nous en faut.

Il n'est pas surprenant que ce même zèle les ait persuadés de la vérité de je ne sais combien d'oracles avantageux à la religion, qui coururent dans les premiers siècles de l'Église. Les auteurs des livres des sibylles et de ceux d'Hermès, ont bien pu l'être aussi de ces oracles; du moins il était plus aisé d'en supposer que des livres entiers. L'histoire de Thamus est païenne d'origine; mais Eusèbe et d'autres grands hommes lui ont fait l'honneur de la croire. Cependant elle est immédiatement suivie, dans Plutarque, d'un autre conte si ridicule, qu'il suffirait pour la décréditer entièrement. Démétrius dit dans cet endroit, que la plupart des îles qui sont vers l'Angleterre, sont désertes, et consacrées à des démons et à des héros; qu'ayant été envoyé par l'empereur pour les reconnaître, il aborda à une de celles qui étaient habitées, que peu de temps après qu'il y fut arrivé, il y eut une tempête et des tonnerres effroyables, qui firent dire aux gens du pays, qu'assurément quelqu'un des principaux démons venait de mourir, parce que leur mort était toujours accompagnée de quelque chose de funeste. A cela, Démétrius ajoute, que l'une de ces îles est la prison de Saturne, qui y est gardé par Briarée, et enseveli dans un sommeil perpétuel, ce qui rend, ce me semble, le géant assez inutile pour sa garde; et qu'il est environné d'une infinité de démons, qui sont à ses pieds comme ses esclaves.

Ce Démétrius ne faisait-il pas des relations bien curieuses de ses voyages? Et n'est-il pas beau de voir un philosophe comme Plutarque nous conter froidement ces merveilles? Ce n'est pas sans raison qu'on a nommé Hérodote le père de l'histoire. Toutes les histoires grecques, qui, à ce compte là, sont ses filles, tiennent beaucoup de son génie; elles ont peu de vérité, mais beaucoup de merveilleux et de choses amusantes. Quoi qu'il en soit, l'histoire de Thamus serait presque suffisamment réfutée, quand elle n'aurait point d'autre défaut que celui de se trouver dans un même traité avec les démons de Démétrius.

Mais de plus, elle ne peut recevoir un sens raisonnable. Si ce grand Pan était un démon, les démons ne pouvaient-ils se faire savoir sa mort les uns aux autres, sans y employer Thamus? N'ont-ils point d'autres voies pour s'envoyer des nouvelles? et d'ailleurs sont-ils si imprudens que de révéler aux hommes leurs malheurs et la faiblesse de leur nature? Dieu les y forçait, direz-vous. Dieu avait donc un dessein; mais voyons ce qui s'en ensuivit. Il n'y eut personne qui se désabusât du paganisme, pour avoir appris la mort du grand Pan. Il fut arrêté que c'était le fils de Mercure et de Pénélope, et non pas celui que l'on reconnaissait en Arcadie pour le Dieu de *tout*, ainsi que son nom le porte. Quoique la voix eût nommé le grand Pan, cela s'entendit pourtant du petit Pan; sa mort ne tira guère à conséquence, et il ne paraît pas qu'on y ait eu grand regret.

Si ce grand Pan était Jésus-Christ, les démons n'annoncèrent aux hommes une mort si salutaire, que parce que Dieu les y contraignait. Mais qu'en arriva-t-il? Quelqu'un entendit-il ce mot de Pan dans son vrai sens? Plutarque vivait dans le second siècle de l'Église, et cependant personne ne s'était encore avisé de dire que Pan fût Jésus-Christ mort en Judée.

L'histoire de Thulis est rapportée par Suidas, auteur qui ramasse beaucoup de choses, mais qui ne les choisit guère. Son oracle de Sérapis pèche de la même manière que les livres des sybilles, par le trop de clarté sur nos mystères; mais de plus, ce Thulis, roi d'Egypte, n'était pas assurément un des Ptolomées. Et que deviendra tout l'oracle, s'il faut que Sérapis soit un Dieu qui n'ait été amené en Egypte que par un Ptolomée, qui le fit venir de Pont, comme beaucoup de savans le prétendent sur des apparences très fortes? Du moins, il est certain qu'Hérodote, qui aime tant à discourir sur l'ancienne Egypte, ne parle point de Sérapis, et que Tacite conte tout au long comment et pourquoi un des Ptolomées fit venir de Pont le dieu Sérapis, qui n'était alors connu que là.

L'oracle rendu à Auguste sur l'enfant hébreu, n'est point du tout recevable. Cédrénus le cite d'Eusèbe, et aujourd'hui il ne s'y trouve point. Il ne serait pas impossible que Cédrénus citât à faux, ou citât quelque ouvrage faussement attribué à Eusèbe. Il est bien homme à vous rapporter sur la foi de certains faux actes de saint Pierre, qui couraient encore de son temps, que Simon le magicien avait à sa porte un gros dogue, qui dévorait ceux que son maître ne voulait pas laisser entrer; que saint Pierre voulant parler à Simon, ordonna à ce chien de lui aller dire, en langage humain, que Pierre, serviteur de Dieu, le demandait; que le chien s'acquitta de cet ordre, au grand étonnement de ceux qui étaient alors avec Simon; mais que Simon, pour leur faire voir qu'il n'en savait pas moins que saint Pierre, ordonna au chien, à son tour, d'aller lui dire qu'il entrât, ce qui fut exécuté aussitôt. Voilà ce qui s'appelle, chez les Grecs, écrire l'histoire. Cédrénus vivait dans un siècle ignorant, où la licence d'écrire impunément des fables, se joignait encore à l'inclination générale qui y porte les Grecs.

Mais quand Eusèbe, dans quelque ouvrage qui ne serait pas venu jusqu'à nous, aurait effectivement parlé de l'oracle d'Auguste, Eusèbe lui-même se trompait quelquefois, et on en a des preuves constantes. Les premiers défenseurs du christianisme, Justin, Tertullien, Théophile, Tatien, auraient-ils gardé le silence sur un oracle si favorable à la religion? Etaient-ils assez peu zélés pour négliger cet avantage? Mais ceux mêmes qui nous donnent cet oracle, le gâtent, en y ajoutant qu'Auguste, de retour à Rome, fit élever, dans le capitole, un autel, avec cette inscription : *C'est ici l'autel du fils unique*, ou *aîné de Dieu*. Où avait-il pris cette idée d'un fils unique de Dieu, dont l'oracle ne parle point?

Enfin, ce qu'il y a de plus remarquable, c'est qu'Auguste, depuis le voyage qu'il fit en Grèce, dix-neuf ans avant la naissance de Jésus-Christ, n'y retourna jamais; et même, lorsqu'il en revint, il n'était guère dans la disposition d'élever des autels à d'autres dieux qu'à lui; car il souffrit, non-seulement que les villes d'Asie lui en élevassent et lui célébrassent des jeux sacrés, mais même qu'à Rome on consacrât un autel à la Fortune, qui était de retour, *Fortunæ reduci*, c'est-à-dire à lui-même, et que l'on mît le jour d'un retour si heureux entre les jours de fête.

Les oracles qu'Eusèbe rapporte de Porphyre, parais

sent plus embarrassans que tous les autres. Eusèbe n'aura pas supposé à Porphyre des oracles qu'il ne citait point; et Porphyre, qui était si attaché au paganisme, n'aura pas cité de faux oracles sur la cessation des oracles mêmes, et à l'avantage de la religion chrétienne. Voici, ce semble, le cas où le témoignage d'un ennemi a tant de force.

Mais aussi, d'un autre côté, Porphyre n'était pas assez mal habile homme pour fournir aux chrétiens des armes contre le paganisme, sans y être nécessairement engagé par la suite de quelque raisonnement, et c'est ce qui ne paraît point ici. Si ces oracles eussent été allégués par les chrétiens, et que Porphyre, en convenant qu'ils avaient été effectivement rendus, se fût défendu des conséquences qu'on en voulait tirer, il est sûr qu'ils seraient d'un très grand poids; mais c'est de Porphyre même que les chrétiens, selon qu'il paraît par l'exemple d'Eusèbe, tiennent ces oracles; c'est Porphyre qui prend plaisir à ruiner sa religion et à établir la nôtre. En vérité, cela est suspect de soi-même, et le devient encore davantage par l'excès où il pousse la chose; car on nous rapporte de lui-même je ne sais combien d'autres oracles très clairs et très positifs sur la personne de Jésus-Christ, sur sa résurrection, sur son ascension; enfin, le plus entêté et le plus habile des païens nous accable de preuves du christianisme. Défions-nous de cette générosité.

Eusèbe a cru que c'était un assez grand avantage de pouvoir mettre le nom de Porphyre à la tête de tant d'oracles si favorables à la religion. Il nous les donne dépouillés de tout ce qui les accompagnait dans les écrits de Porphyre. Que savons-nous s'il ne les réfutait pas ? Selon l'intérêt de sa cause, il le devait faire ; et s'il ne l'a pas fait, assurément il avait quelque intention cachée.

On soupçonne que Porphyre était assez méchant pour faire de faux oracles, et les présenter aux chrétiens, à dessein de se moquer de leur crédulité, s'ils les recevaient pour vrais, et appuyaient leur religion sur de pareils fondemens. Il en eût tiré des conséquences pour des choses bien plus importantes que ces oracles, et eût attaqué tout le christianisme par cet exemple, qui, au fond, n'eût pourtant rien conclu.

Il est toujours certain que ce même Porphyre, qui nous fournit tous ces oracles, soutenait, comme nous avons vu, que les oracles étaient rendus par des génies menteurs. Il se pourrait donc bien faire qu'il eût mis en oracles tous les mystères de notre religion, exprès pour tâcher à les détruire, et pour les rendre suspects de fausseté, parce qu'ils auraient été attestés par de faux témoins. Je sais bien que les chrétiens ne le prenaient pas ainsi : mais comment eussent-ils jamais prouvé par raisonnement, que les démons étaient quelquefois forcés à dire la vérité ? Ainsi Porphyre demeurait toujours en état de se servir de ses oracles contre eux ; et selon le tour de cette dispute, ils devaient nier que ces oracles eussent jamais été rendus, comme nous le nions présentement. Cela, ce me semble, explique pourquoi Porphyre était si prodigue d'oracles favorables à notre religion, et quel tour avait pu prendre le grand procès d'entre les chrétiens et les païens. Nous ne faisons que le deviner, car toutes les pièces n'en sont pas venues jusqu'à nous. C'est ainsi qu'en examinant un peu les choses de près, on trouve que ces oracles, qui paraissent si merveilleux, n'ont jamais été. Je n'en rapporterai point d'autres exemples; tout le reste est de la même nature.

CHAPITRE V.

Que l'opinion commune, sur les Oracles, ne s'accorde pas si bien qu'on pense avec la Religion.

Le silence de l'Ecriture sur ces démons que l'on prétend qui président aux oracles, ne nous laisse pas seulement en liberté de n'en rien croire, mais il nous y porte assez naturellement. Serait-il possible que l'Ecriture n'eût point appris aux juifs et aux chrétiens une chose qu'ils ne pouvaient jamais deviner sûrement par leur raison naturelle, et qu'il leur importait extrêmement de savoir, pour n'être pas ébranlés par ce qu'ils verraient arriver de surprenant dans les autres religions? Car je conçois que Dieu n'a parlé aux hommes que pour suppléer à la faiblesse de leurs connaissances, qui ne suffisaient pas à leurs besoins, et que tout ce qu'il ne leur a pas dit est de telle nature qu'ils le peuvent apprendre d'eux-mêmes, ou qu'il n'est pas nécessaire qu'ils le sachent. Ainsi, si les oracles eussent été rendus par de mauvais démons, Dieu nous l'eût appris pour nous empêcher de croire qu'il les rendît lui-même, et qu'il y eût quelque chose de divin dans des religions fausses.

David reproche aux païens des dieux qui ont une bouche et n'ont point de parole, et souhaite à leurs adorateurs pour toute punition, de devenir semblables à ce qu'ils adorent : mais si ces dieux eussent eu, non-seulement l'usage de la parole, mais encore la connaissance des choses futures, je ne vois pas que David eût pu faire ce reproche aux païens, ni qu'ils eussent dû être fâchés de ressembler à leurs dieux.

Quand les saints Pères s'emportent avec tant de raison contre le culte des idoles, ils supposent toujours qu'elles ne peuvent rien; et si elles eussent parlé, si elles eussent prédit l'avenir, il ne fallait pas attaquer avec mépris leur impuissance; il fallait désabuser les peuples du pouvoir extraordinaire qui paraissait en elles. En effet, aurait-on eu tant de tort d'adorer ce qu'on croyait être animé d'une vertu divine, ou tout au moins d'une vertu plus qu'humaine? Il est vrai que ces démons étaient ennemis de Dieu: mais les païens pouvaient-ils le deviner? Si les démons demandaient des cérémonies barbares et extravagantes, les païens les croyaient bizarres ou cruels; mais ils ne laissaient pas pour cela de les croire plus puissans que les hommes, et ils ne savaient pas que le vrai Dieu leur offrait sa protection contre eux. Ils ne se soumettaient le plus souvent à leurs dieux que comme à des ennemis redoutables qu'il fallait apaiser à quelque prix que ce fût; et cette soumission et cette crainte n'étaient pas sans fondement, si en effet les démons donnaient des preuves de leur pouvoir, qui fussent au-dessus de la nature. Enfin, le paganisme, ce culte si abominable aux yeux de Dieu, n'eût été qu'une erreur involontaire et excusable.

Mais, direz-vous, si les faux prêtres ont toujours trompé les peuples, le paganisme n'a été non plus qu'une simple erreur où tombaient les peuples crédules, qui, au fond, avaient dessein d'honorer un être supérieur.

La différence est bien grande. C'est aux hommes à se précautionner contre les erreurs où ils peuvent être jetés par d'autres hommes, mais ils n'ont nul moyen de se précautionner contre celles où ils seraient jetés par des génies qui sont au-dessus d'eux. Mes lumières suffisent pour examiner si une statue parle ou ne parle pas ; mais du moment qu'elle parle, rien ne me peut plus désabuser de la divinité que je lui attribue. En un mot, Dieu n'est obligé, par les lois de sa bonté, qu'à me garantir des surprises dont je ne puis me garantir moi-même ; pour les autres, c'est à ma raison à faire son devoir.

Aussi voyons-nous que quand Dieu a permis aux démons de faire des prodiges, il les a en même temps confondus par des prodiges plus grands. Pharaon eût pu être trompé par ses magiciens ; mais Moïse était là plus puissant que les magiciens de Pharaon. Jamais les démons n'ont eu tant de pouvoir, ni n'ont fait tant de choses surprenantes que du temps de Jésus-Christ et des apôtres.

Cela n'empêche pas que le paganisme n'ait toujours été appelé, avec justice, le culte des démons. Premièrement, l'idée qu'on y prend de la divinité, ne convient nullement au vrai Dieu, mais à ces génies réprouvés et éternellement malheureux.

Secondement, l'intention des païens n'était pas tant d'adorer le premier être, la source de tous les biens, que ces êtres malfaisans, dont ils craignaient la colère ou le caprice. Enfin, les démons, qui ont sans contredit le pouvoir de tenter les hommes et de leur tendre des piéges, favorisaient, autant qu'il était en eux, l'erreur grossière des païens, et leur fermaient les yeux sur des impostures visibles. De là vient qu'on dit que le paganisme roulait, non pas sur les prodiges, mais sur les prestiges des démons ; ce qui suppose qu'en tout ce qu'ils faisaient, il n'y avait rien de réel ni de vrai.

Il peut être cependant que Dieu ait quelquefois permis aux démons quelques effets réels. Si cela est arrivé, Dieu avait alors ses raisons, et elles sont toujours dignes d'un profond respect ; mais à parler en général, la chose n'a point été ainsi. Dieu permit au diable de brûler les maisons de Job, de désoler ses pâturages, de faire mourir tous ses troupeaux, de frapper son corps de mille plaies ; mais ce n'est pas à dire que le diable soit lâché sur tous ceux à qui les mêmes malheurs arrivent. On ne songe point au diable, quand il est question d'un homme malade ou ruiné. Le cas de Job est un cas particulier : on raisonne indépendamment de cela, et nos raisonnemens généraux n'excluent jamais les exceptions que la toute-puissance de Dieu peut faire à tout.

Il paraît donc que l'opinion commune, sur les oracles, ne s'accorde pas bien avec la bonté de Dieu, et qu'elle décharge le paganisme d'une bonne partie de l'extravagance, et même de l'abomination que les saints Pères y ont toujours trouvée. Les païens devaient dire, pour se justifier, que ce n'était pas merveille qu'ils eussent obéi à des génies qui animaient des statues, et faisaient tous les jours cent choses extraordinaires ; et les chrétiens, pour leur ôter toute excuse, ne devaient jamais leur accorder ce point. Si toute la religion païenne n'avait été qu'une imposture des prêtres, le christianisme profitait de l'excès du ridicule où elle tombait.

Aussi y a-t-il bien de l'apparence que les disputes des chrétiens et des païens étaient en cet état, lorsque Porphyre avouait si volontiers que les oracles étaient rendus par de mauvais démons. Ces mauvais démons lui étaient d'un double usage. Il s'en servait, comme nous avons vu, à rendre inutiles, et même désavantageux à la religion chrétienne, les oracles dont les chrétiens prétendaient se parer ; mais de plus, il rejetait sur ces génies cruels et artificieux toute la folie et toute la barbarie d'une infinité de sacrifices que l'on reprochait sans cesse aux païens.

C'est donc attaquer Porphyre jusques dans ses derniers retranchemens ; et c'est prendre les vrais intérêts du christianisme, que de soutenir que les démons n'ont point été les auteurs des oracles.

CHAPITRE VI.

Que les Démons ne sont pas suffisamment établis par le paganisme.

Dans les premiers temps, la poésie et la philosophie étaient la même chose ; toute sagesse était renfermée dans les poèmes. Ce n'est pas que par cette alliance la poésie en valut mieux, mais la philosophie en valait beaucoup moins. Homère et Hésiode ont été les premiers philosophes grecs, et de là vient que les autres philosophes ont toujours pris fort sérieusement ce qu'ils avaient dit, et ne les ont cités qu'avec honneur.

Homère confond le plus souvent les dieux et les démons : mais Hésiode distingue quatre espèces de natures raisonnables ; les dieux, les démons, les demi-dieux ou héros, et les hommes. Il va plus loin, il marque la durée de la vie des démons ; car ce sont des démons que les nymphes dont il parle dans l'endroit que nous allons citer, et Plutarque l'entend ainsi :

« Une corneille, dit Hésiode, vit neuf fois autant
» qu'un homme ; un cerf quatre fois autant qu'une
» corneille ; un corbeau trois fois autant qu'un cerf;
» le phénix neuf fois autant qu'un corbeau ; et les
» nymphes enfin, dix fois autant que le phénix. »

On ne prendrait volontiers tout ce calcul que pour une pure rêverie poétique, indigne qu'un philosophe y fasse aucune réflexion, et indigne même qu'un poète l'imite ; car l'agrément y manque autant que la vérité ; mais Plutarque n'est pas de cet avis. Comme il voit qu'en supposant la vie de l'homme de soixante-dix ans, ce qui en est la durée ordinaire, les démons devraient vivre six cent quatre-vingt mille quatre cents ans, et qu'il ne conçoit pas bien qu'on ait pu avoir l'expérience d'une si longue vie dans les démons, il aime mieux croire qu'Hésiode, par le mot d'âge d'homme, n'a entendu qu'une année. L'interprétation n'est pas trop naturelle ; mais sur ce pied là on ne compte pour la vie des démons que sept mille neuf cent vingt ans, et alors Plutarque n'a plus de peine à concevoir comment on a pu expérimenter que les démons vivaient ce temps là. De plus, il remarque dans le nombre de sept mille neuf cent vingt, de certaines perfections pythagoriciennes qui le rendent tout-à-fait digne de marquer la durée de la vie des démons. Voila les raisonnemens de cette antiquité si vantée.

Des poèmes d'Homère et d'Hésiode, les démons ont passé dans la philosophie de Platon. Il ne peut être trop loué de ce qu'il est celui d'entre les Grecs qui a conçu la plus haute idée de Dieu ; mais cela même l'a jeté dans de faux raisonnemens. Parce que Dieu est infiniment élevé au-dessus des hommes, il a cru qu'il devait y avoir entre lui et nous des espèces moyennes qui fissent la communication de deux extrémités si éloignées, et par le moyen desquelles l'action de Dieu passât jusqu'à nous. Dieu, disait-il, ressemble à un triangle qui a ses trois côtés égaux, les démons à un triangle qui n'en a que deux égaux, et les hommes à un triangle qui les a inégaux tous les trois. L'idée est assez belle, il ne lui manque que d'être mieux fondée.

Mais quoi, ne se trouve-t-il pas après tout que Platon a raisonné juste ? Et ne savons-nous pas certainement, par l'Ecriture Sainte, qu'il y a des génies, ministres des volontés de Dieu, et ses messagers auprès des hommes ? N'est-il pas admirable que Platon ait découvert cette vérité par ses seules lumières naturelles ?

J'avoue que Platon a deviné une chose qui est vraie, et cependant je lui reproche de l'avoir devinée. La révélation nous assure de l'existence des anges et des démons; mais il n'est point permis à la raison humaine de nous en assurer. On est embarrassé de cet espace infini qui est entre Dieu et les hommes, et on le remplit de génies et de démons; mais de quoi remplira-t-on l'espace infini qui sera entre Dieu et ces génies, ou ces démons mêmes? Car de Dieu à quelque créature que ce soit, la distance est infinie. Comme il faut que l'action de Dieu traverse, pour ainsi dire, ce vide infini pour aller jusqu'aux démons, elle pourra bien aller aussi jusqu'aux hommes, puisqu'ils ne sont plus éloignés que de quelques degrés qui n'ont nulle proportion avec ce premier éloignement. Lorsque Dieu traite avec les hommes, par le moyen des anges, ce n'est pas à dire que les anges soient nécessaires pour cette communication, ainsi que Platon le prétendait; Dieu les y emploie pour des raisons que la philosophie ne pénétrera jamais, et qui ne peuvent être parfaitement connues que de lui seul.

Selon l'idée que donne la comparaison des triangles, on voit que Platon avait imaginé les démons, afin que, de créature plus parfaite en créature plus parfaite, on montât enfin jusqu'à Dieu, de sorte que Dieu n'aurait que quelques degrés de perfection par-dessus la première des créatures. Mais il est visible que, comme elles sont toutes infiniment imparfaites à son égard, parce qu'elles sont toutes infiniment éloignées de lui, les différences de perfection qui sont entre elles, disparaissent dès qu'on les compare avec Dieu; ce qui les élève les unes au-dessus des autres, ne les approche pourtant pas de lui.

Ainsi, à ne consulter que la raison humaine, on n'a besoin de démons, ni pour faire passer l'action de Dieu jusqu'aux hommes, ni pour mettre entre Dieu et nous quelque chose qui approche de lui, plus que nous ne pouvons en approcher.

Peut-être Platon lui-même n'était-il pas aussi sûr de l'existence de ses démons que les platoniciens l'ont été depuis. Ce qui me le fait soupçonner, c'est qu'il met l'Amour au nombre des démons ; car il mêle souvent la galanterie avec la philosophie, et ce n'est pas la galanterie qui lui réussit le plus mal. Il dit que l'Amour est fils du dieu des richesses et de la pauvreté; qu'il tient de son père la grandeur de courage, l'élévation des pensées, l'inclination à donner, la prodigalité, la confiance en ses propres forces, l'opinion de son mérite, l'envie d'avoir toujours la préférence ; mais qu'il tient de sa mère cette indigence qui fait qu'il demande toujours, cette importunité avec laquelle il demandait, cette timidité qui l'empêche quelquefois d'oser demander, cette disposition qu'il a à la servitude, et cette crainte d'être méprisé qu'il ne peut jamais perdre. Voilà, à mon sens, une des plus jolies fables qui se soient jamais faites. Il est plaisant que Platon en fît quelquefois d'aussi galantes et d'aussi agréables qu'avait pu faire Anacréon lui-même, et quelquefois aussi ne raisonnât pas plus solidement que n'aurait fait Anacréon. Cette origine de l'Amour explique parfaitement bien toutes les bizarreries de sa nature ; mais aussi on ne sait plus ce que c'est que les démons, du moment que l'Amour en est un. Il n'y a pas d'apparence que Platon ait entendu cela dans un sens naturel et philosophique, ni qu'il ait voulu dire que l'Amour fût un être hors de nous, qui habitât les airs. Assurément il l'a entendu dans un sens galant, et alors il me semble qu'il nous permet de croire que tous ses démons sont de la même espèce que l'Amour ; et puisqu'il mêle de gaieté de cœur des fables dans son système, il ne se soucie pas beaucoup que le reste de son système passe pour fabuleux. Jusqu'ici, nous n'avons fait que répondre aux raisons qui ont fait croire que les oracles avaient quelque chose de surnaturel ; commençons présentement à attaquer cette opinion.

CHAPITRE VII.

Que de grandes sectes de philosophes Païens n'ont point cru qu'il y eût rien de surnaturel dans les Oracles.

Si au milieu de la Grèce même, où tout retentissait d'oracles, nous avions soutenu que ce n'étaient que des impostures, nous n'aurions étonné personne par la hardiesse de ce paradoxe, et nous n'aurions point eu besoin de prendre des mesures pour le débiter secrètement. La philosophie s'était partagée sur le fait des oracles; les platoniciens et les stoïciens tenaient leur parti : mais les cyniques, les péripatiticiens et les épicuriens s'en moquaient hautement. Ce qu'il y avait de miraculeux dans les oracles, ne l'était pas tant que la moitié des savans de la Grèce ne fussent encore en liberté de n'en rien croire, et cela malgré le préjugé commun à tous les Grecs, qui mérite d'être compté pour quelque chose.

Eusèbe, liv. 4 de la *Prép. évang.*, nous dit que six cents personnes d'entre les païens avaient écrit contre les oracles : mais je crois qu'un certain Œnomaüs, dont il nous parle, et dont il nous a conservé quelques fragmens, est un de ceux dont les ouvrages méritent le plus d'être regrettés.

Il y a plaisir à voir, dans ses fragmens qui nous restent, cet Œnomaüs, plein de la liberté cynique, argumenter sur chaque oracle contre le Dieu qui l'a rendu, et le prendre lui-même à partie. Voici, par exemple, comment il traite le dieu de Delphes, sur ce qu'il avait répondu à Crésus :

« Crésus, en passant le fleuve Halis, renversera un
» grand empire. »

En effet, Crésus, en passant le fleuve Halis, attaqua Cyrus, qui, comme tout le monde sait, vint fondre sur lui, et le dépouilla de tous ses états.

« Tu t'étais vanté dans un autre oracle rendu à Cré-
» sus, dit OEnomaüs à Apollon, que tu savais le nom-
» bre des grains de sable : tu t'étais bien fait valoir sur
» ce que tu voyais de Delphes cette tortue que Crésus
» faisait cuire en Lydie dans le même moment. Voilà
» de belles connaissances pour en être si fier ! Quand on
» te vient consulter sur le succès qu'aura la guerre de
» Crésus et de Cyrus, tu demeures court; car si tu lis
» dans l'avenir ce qui en arrivera, pourquoi te sers-tu
» de façons de parler qu'on ne peut entendre? Ne sais-tu
» point qu'on ne les entendra pas ? Si tu le sais, tu te
» plais donc à te jouer de nous ? Si tu ne le sais point,
» apprends de nous qu'il faut parler plus clairement, et
» qu'on ne t'entend point. Je te dirai même, que si tu
» as voulu te servir d'équivoques, le mot grec par le-
» quel tu exprimes que Crésus renversera un grand
» empire, n'est pas bien choisi, et qu'il ne peut signi-
» fier que la victoire de Crésus sur Cyrus. S'il faut né-
» cessairement que les choses arrivent, pourquoi nous
» amuser avec tes ambiguités? Que fais-tu à Delphes,
» malheureux, occupé, comme tu es, à nous chanter
» des prophéties inutiles? Pourquoi tous ces sacrifices
» que nous te faisons ? Quel fureur nous possède ! »

Mais OEnomaüs est encore de plus mauvaise humeur sur cet oracle que rendit Apollon aux Athéniens, lorsque Xercès fondit sur la Grèce avec toutes les forces de l'Asie. La Pythie leur donna pour réponse, que Minerve, protectrice d'Athènes, tâchait en vain, par toutes sortes de moyens, d'apaiser la colère de Jupiter; que cependant Jupiter, en faveur de sa fille, voulait bien souffrir que les Athéniens se sauvassent dans des murailles de bois, et que Salamine verrait la perte de beaucoup d'enfans chers à leurs mères, soit quand Cérès serait dispersée, soit quand elle serait ramassée.

Sur cela OEnomaüs perd entièrement le respect pour le dieu de Delphes. « Ce combat du père et de la fille,
» dit-il, sied bien à des dieux; il est beau qu'il y ait
» dans le ciel des inclinations et des intérêts contraires.
» Jupiter est courroucé contre Athènes, il a fait venir
» contre elle toutes les forces de l'Asie; mais s'il n'a
» pas pu la ruiner autrement, s'il n'avait plus de fou-
» dres, s'il a été réduit à emprunter des forces étran-
» gères, comment a-t-il eu le pouvoir de faire venir
» contre cette ville toutes les forces de l'Asie? Après
» cela cependant il permet qu'on se sauve dans des
» murailles de bois; sur qui donc tombera sa colère?
» Sur des pierres? Beau devin, tu ne sais point à qui
» seront ces enfans dont Salamine verra la perte, s'ils
» seront Grecs ou Perses; il faut bien qu'ils soient de
» l'une ou de l'autre armée : mais ne sais-tu point du
» moins qu'on verra que tu ne le sais point? Tu caches
» le temps de la bataille sous ces belles expressions poé-
» tiques, *soit quand Cérès sera dispersée, soit quand elle*
» *sera ramassée;* tu veux nous éblouir par ce langage
» pompeux : mais ne sait-on pas bien qu'il faut qu'une
» bataille navale se donne au temps des semailles ou de
» la moisson? Apparemment ce ne sera pas en hiver.
» Quoi qu'il arrive, tu te tireras d'affaire par le moyen
» de ce Jupiter que Minerve tâche d'apaiser. Si les Grecs

» perdent la bataille, Jupiter a été inexorable ; s'ils la
» gagnent, Jupiter s'est enfin laissé fléchir. Tu dis,
» Apollon, qu'on fuie dans des murs de bois; tu con-
» seilles, tu ne devines pas. Moi qui ne sais point de-
» viner, j'en eusse bien dit autant; j'eusse bien jugé
» que l'effet de la guerre serait tombé sur Athènes ; et
» que puisque les Athéniens avaient des vaisseaux, le
» meilleur pour eux était d'abandonner leur ville, et
» de se mettre tous sur la mer. »

Telle était la vénération que de grandes sectes de philosophes avaient pour les oracles, et pour les dieux mêmes qu'on en croyait auteurs. Il est assez plaisant que toute la religion païenne ne fût qu'un problème de philosophie. Les dieux prennent-ils soin des affaires des hommes? n'en prennent-ils pas soin? Cela est essentiel; il s'agit de savoir si on les adorera, ou si on les laissera là sans aucun culte : tous les peuples ont déjà pris le parti d'adorer ; on ne voit de tous côtés que temples, que sacrifices; cependant une grande secte de philosophes soutient publiquement que ces sacrifices, ces temples, ces adorations, sont autant de choses inutiles, et que les dieux, loin de s'y plaire, n'en ont aucune connaissance. Il n'y a point de Grec qui n'aille consulter les oracles sur ses affaires ; mais cela n'empêche pas que dans trois grandes écoles de philosophie, on ne traite hautement les oracles d'impostures.

Qu'il me soit permis de pousser un peu plus loin cette réflexion ; elle pourra servir à faire entendre ce que c'était que la religion chez les païens. Les Grecs, en général, avaient extrêmement de l'esprit ; mais ils étaient fort légers, curieux, inquiets, incapables de se modérer sur rien, et, pour dire tout ce que j'en pense, ils avaient tant d'esprit, que leur raison en souffrait un peu. Les Romains étaient d'un autre caractère; gens solides, sérieux, appliqués, qui savaient suivre un principe et prévoir de loin une conséquence. Je ne serais pas surpris que les Grecs, sans songer aux suites, eussent traité étourdiment le pour et le contre de toutes choses, qu'ils eussent fait des sacrifices, en disputant si les sacrifices pouvaient toucher les dieux, et qu'ils eussent consulté les oracles, sans être assurés que les oracles ne fussent pas de pures illusions. Apparemment les philosophes s'intéressaient assez peu au gouvernement pour ne se pas soucier de choquer la religion dans leurs disputes, et peut-être le peuple n'avait pas assez de foi aux philosophes pour abandonner la religion, ni pour y rien changer sur leur parole ; et enfin la passion dominante des Grecs était de discourir sur toutes les matières, à quelque prix que ce pût être. Mais il est sans doute plus étonnant que les Romains, et les plus habiles d'entre les Romains, et ceux qui savaient le mieux combien la religion tirait à conséquence pour la politique, aient osé publier des ouvrages, où non-seulement ils mettaient leur religion en question, mais même la tournaient entièrement en ridicule. Je parle de Cicéron, qui, dans ses livres de la divination, n'a rien épargné de ce qui était le plus saint à Rome. Après qu'il a fait voir assez vivement à ceux contre qui il dispute, quelle extrême folie c'était de consulter les entrailles d'animaux, il les réduit à répondre que les dieux, qui sont tout-puissans, changent les entrailles dans le moment du sacrifice, afin de marquer par elles leur volonté et l'avenir. Cette réponse étoit de Chrysippe, d'Antipater et de Possidonius, tous grands phi-

losophes, et chefs du parti des stoïciens. « Ah! que
» dites-vous? reprend Cicéron, il n'y a point de vieilles
» si ridicules que vous. Croyez-vous que le même veau
» ait le foie bien disposé, s'il est choisi pour le sacri-
» fice par une certaine personne, et mal disposé, s'il
» est choisi par une autre? Cette disposition de foie
» peut-elle changer en un instant, pour s'accommoder à
» la fortune de ceux qui sacrifient? Ne voyez-vous pas
» que c'est le hasard qui fait le choix des victimes?
» L'expérience même ne vous l'apprend-elle pas? Car
» souvent les entrailles d'une victime sont tout-à-fait
» funestes, et celles de la victime qu'on immole immé-
» diatement après, sont les plus heureuses du monde.
» Que deviennent les menaces de ces premières en-
» trailles? ou comment les dieux se sont-ils apaisés si
» promptement? Mais vous dites qu'un jour il ne se
» trouva point de cœur à un bœuf que César sacrifiait,
» et que, comme cet animal ne pouvait pas pourtant
» vivre sans en avoir un, il faut nécessairement qu'il
» se soit retiré dans le moment du sacrifice. Est-il pos-
» sible que vous ayez assez d'esprit pour voir qu'un
» bœuf n'a pu vivre sans cœur, et que vous n'en ayez
» pas assez pour voir que ce cœur n'a pu en un moment
» s'envoler je ne sais où? » Et un peu après il ajoute :
« Croyez-moi, vous ruinez toute la physique pour dé-
» fendre l'art des aruspices : car ce ne sera pas le cours
» ordinaire de la nature qui fera naître et mourir toutes
» choses, et il y aura quelques corps qui viendront de
» rien, et retourneront dans le néant. Quel physicien
» a jamais soutenu cette opinion? il faut pourtant que
» les aruspices la soutiennent. »

Je ne donne ce passage de Cicéron que comme un

exemple de l'extrême liberté avec laquelle il insultait à la religion qu'il suivait lui-même ; en mille autres endroits, il ne fait pas plus de grâce aux poulets sacrés, au vol des oiseaux, et à tous les miracles dont les annales des pontifes étaient remplies.

Pourquoi ne lui faisait-on pas son procès sur son impiété ? Pourquoi tout le peuple ne le regardait-il pas avec horreur ? Pourquoi tous les colléges des prêtres ne s'élevaient-ils pas contre lui ? Il y a lieu de croire que, chez les païens, la religion n'était qu'une pratique, dont la spéculation était indifférente. Faites comme les autres, et croyez ce qu'il vous plaira. Ce principe est fort extravagant ; mais le peuple, qui n'en reconnaissait pas l'impertinence, s'en contentait, et les gens d'esprit s'y soumettaient aisément, parce qu'il ne les gênait guère.

Aussi voit-on que toute la religion païenne ne demandait que des cérémonies, et nuls sentimens du cœur. Les dieux sont irrités, tous leurs foudres sont prêts à tomber ; comment les apaisera-t-on ? Faut-il se repentir des crimes qu'on a commis ? Faut-il rentrer dans les voies de la justice naturelle, qui devrait être entre tous les hommes ? Point du tout ; il faut seulement prendre un veau de telle couleur, né en tel temps, l'égorger avec un tel couteau, et cela désarmera tous les dieux : encore vous est-il permis de vous moquer en vous-même du sacrifice, si vous voulez ; il n'en ira pas plus mal.

Apparemment qu'il en était de même des oracles ; y croyait qui voulait ; mais on ne laissait pas de les consulter. La coutume a sur les hommes une force qui n'a nullement besoin d'être appuyée de la raison.

CHAPITRE VIII.

Que d'autres que des philosophes ont assez souvent fait peu de cas des Oracles.

Les histoires sont pleines d'oracles, ou méprisés par ceux qui les recevaient, ou modifiés à leur fantaisie. Pactias (Hérodote, l. 1.), Lydien, et sujet des Perses, s'étant réfugié à Cumes, ville grecque, les Perses ne manquèrent pas d'envoyer demander qu'on le leur livrât. Les Cuméens firent aussitôt consulter l'oracle des Branchides, pour savoir comment ils en devaient user. L'oracle répondit qu'ils livrassent Pactias. Aristodicus, un des premiers de Cumes, qui n'était pas de cet avis, obtint par son crédit qu'on envoyât une seconde fois vers l'oracle, et même il se fit mettre du nombre des députés. L'oracle ne lui fit que la réponse qu'il avait déjà faite. Aristodicus, peu satisfait, s'avisa, en se promenant autour du temple, d'en faire sortir de petits oiseaux, qui y faisaient leurs nids. Aussitôt, il sortit du sanctuaire une voix qui lui criait : « Détestable mortel,
» qui te donne la hardiesse de chasser d'ici ceux qui
» sont sous ma protection ? Eh quoi ! grand Dieu, ré-
» pondit bien vite Aristodicus, vous nous ordonnez
» bien de chasser Pactias qui est sous la nôtre ? Oui, je
» vous l'ordonne, reprit le dieu, afin que vous, qui
» êtes des impies, vous périssiez plutôt, et que vous ne
» veniez plus importuner les oracles sur vos affaires. »

Il paraît bien que le dieu était poussé à bout, puisqu'il avait recours aux injures ; il paraît bien aussi qu'Aristodicus ne croyait par trop que ce fût un dieu qui rendit ces oracles, puisqu'il cherchait à l'attraper par la comparaison des oiseaux ; et après qu'il l'eut attrapé en effet, apparemment il le crut moins dieu que jamais. Les Cuméens eux-mêmes n'en devaient être guère persuadés, puisqu'ils croyaient qu'une seconde députation pouvait le faire dédire, et que du moins il penserait mieux à ce qu'il devait répondre. Je remarque ici, en passant, que, puisqu'Aristodicus tendait un piége à ce dieu, il fallait qu'il eût prévu qu'on ne lui laisserait pas chasser les oiseaux d'un asile si saint sans en rien dire, et que, par conséquent, les prêtres étaient extrêmement jaloux de leurs temples.

Ceux d'Égine (Hérodote, l. 5.) ravageaient les côtes de l'Attique, et les Athéniens se préparaient à une expédition contre Égine, lorsqu'il leur vint de Delphes un oracle qui les menaçait d'une ruine entière, s'ils faisaient la guerre aux Éginètes plus tôt que dans trente ans ; mais, ces trente ans passés, ils n'avaient qu'à bâtir un temple à Éaque, et entreprendre la guerre, et alors tout devait leur réussir. Les Athéniens, qui brûlaient d'envie de se venger, coupèrent l'oracle par la moitié ; ils n'y déférèrent qu'en ce qui regardait le temple d'Eaque ; et ils le bâtirent sans retardement : mais pour les trente ans, ils s'en moquèrent ; ils allèrent aussitôt attaquer Egine, et eurent tout l'avantage. Ce n'est point un particulier qui a si peu d'égard pour les oracles ; c'est tout un peuple, et un peuple très superstitieux.

Il n'est pas trop aisé de dire comment les peuples païens regardaient leur religion. Nous avons dit qu'ils se contentaient que les philosophes se soumissent aux cérémonies ; cela n'est pas tout-à-fait vrai. Je ne sache point que Socrate refusât d'offrir de l'encens aux dieux, ni de faire son personnage comme les autres dans les fêtes publiques ; cependant le peuple lui fit son procès sur les sentimens particuliers qu'on lui imputait en matière de religion, et qu'il fallait presque deviner en lui, parce qu'il ne s'en était jamais expliqué ouvertement. Le peuple entrait donc en connaissance de ce qui se traitait dans les écoles de philosophie ; et comment souffrait-il qu'on y soutînt hautement tant d'opinions contraires au culte établi, et souvent à l'existence même des dieux? Du moins, il savait parfaitement ce qui se jouait sur les théâtres. Ces spectacles étaient faits pour lui, et il est sûr que jamais les dieux n'ont été traités avec moins de respect que dans les comédies d'Aristophane. Mercure, dans le Plutus, vient se plaindre de ce qu'on a rendu la vue au dieu des richesses, qui auparavant était aveugle; et de ce que Plutus, commençant à favoriser également tout le monde, les autres dieux à qui on ne fait plus de sacrifices pour avoir du bien, meurent tous de faim. Il pousse la chose jusqu'à demander un emploi, quel qu'il soit, dans une maison bourgeoise, pour avoir du moins de quoi manger. Les Oiseaux d'Aristophane sont encore bien libres. Toute la pièce roule sur ce qu'une certaine ville des oiseaux, que l'on a dessein de bâtir dans les airs, interromprait le commerce qui est entre les dieux et les hommes, rendrait les oiseaux maîtres de tout, et réduirait les dieux à la dernière misère. Je vous laisse à juger si tout cela est bien dévot. Ce fut pourtant ce même Aristophane qui commença à exciter le peuple contre la prétendue impiété de Socrate. Il y a là je ne sais quoi d'inconcevable qui se trouve souvent dans les affaires du monde.

Il est toujours constant par ces exemples, et il le serait encore par une infinité d'autres, s'il en était besoin, que le peuple était quelquefois d'humeur à écouter des plaisanteries sur sa religion. Il en pratiquait les cérémonies seulement pour se délivrer des inquiétudes qu'il eût pu avoir en ne les pratiquant pas; mais, au fond, il ne paraît pas qu'il y eût trop de foi. A l'égard des oracles, il en usait de même. Le plus souvent, il les consultait pour n'avoir plus à les consulter ; et s'ils ne s'accommodaient pas à ses desseins, il ne se gênait pas beaucoup pour leur obéir. Ainsi, ce n'était peut-être pas une chose si constante, même parmi le peuple, que les oracles fussent rendus par des divinités.

Après cela, il serait fort inutile de rapporter des histoires de grands capitaines, qui ne se sont pas fait une affaire de passer par-dessus des oracles ou des auspices. Ce qu'il y a de remarquable, c'est que cela s'est pratiqué même dans les premiers siècles de la république romaine, dans ces temps d'une heureuse grossièreté, où l'on était si scrupuleusement attaché à la religion, et où, comme dit Tite-Live, dans l'endroit même que nous allons citer de lui, on ne connaissait point encore cette philosophie qui apprend à mépriser les dieux. Papirius faisait la guerre aux Samnites; et dans les conjonctures où l'on était, l'armée romaine souhaitait, avec une extrême ardeur, que l'on en vînt à un combat. Il fallut auparavant consulter les poulets sacrés ; et l'envie de combattre était si générale, que, quoique les poulets ne mangeassent point quand on les mit hors de la cage, ceux qui avaient soin d'observer l'auspice, ne laissèrent pas de rapporter au consul qu'ils avaient fort bien mangé. Sur cela, le consul promet en même temps à ses soldats et la bataille et la victoire. Cependant il y eut contestation entre les gardes des poulets sur cet auspice, qu'on avait rapporté à faux. Le bruit en vint jusqu'à Papirius, qui dit qu'on lui avait rapporté un auspice favorable, et qu'il s'en tenait là; que si on ne lui avait pas dit la vérité, c'était l'affaire de ceux qui prenaient les auspices, et que tout le mal devait tomber sur leur tête. Aussitôt il ordonna qu'on mît ces malheureux aux premiers rangs; et avant que l'on n'eût encore donné le signal de la bataille, un trait partit sans que l'on sût de quel côté, et alla percer le garde des poulets, qui avait rapporté l'auspice à faux. Dès que le consul sut cette nouvelle, il s'écria : « Les dieux sont ici présens, le criminel est » puni ; ils ont déchargé toute leur colère sur celui qui » la méritait : nous n'avons plus que des sujets d'espé- » rances. » Aussitôt il fit donner le signal, et il remporta une victoire entière sur les Samnites.

Il y a bien de l'apparence que les dieux eurent moins de part que Papirius à la mort de ce pauvre garde des poulets, et que le général en voulut tirer un sujet de rassurer les soldats que le faux auspice pouvait avoir ébranlés. Les Romains savaient déjà de ces sortes de tours dans le temps de leur plus grande simplicité.

Il faut donc avouer que nous aurions grand tort de croire les auspices ou les oracles plus miraculeux que les païens ne les croyaient eux-mêmes. Si nous n'en sommes pas aussi désabusés que quelques philosophes et quelques généraux d'armées, soyons-le du moins autant que le peuple l'était quelquefois.

Mais tous les païens méprisaient-ils les oracles ? Non, sans doute. Eh bien! quelques particuliers qui n'y ont point eu d'égard, suffisent-ils pour les décréditer entièrement ? A l'autorité de ceux qui n'y croyaient pas, il ne faut qu'opposer l'autorité de ceux qui y croyaient.

Ces deux autorités ne sont pas égales. Le témoignage de ceux qui croient une chose déjà établie, n'a point de force pour l'appuyer ; mais le témoignage de ceux qui ne la croient pas, a de la force pour la détruire. Ceux qui croient, peuvent n'être pas instruits des raisons de ne point croire ; mais il ne se peut guère que ceux qui ne croient point, ne soient point instruits des raisons de croire.

C'est tout le contraire quand la chose s'établit : le témoignage de ceux qui la croient, est de soi-même plus fort que celui de ceux qui ne la croient point ; car naturellement ceux qui la croient, doivent l'avoir examinée, et ceux qui ne la croient point, peuvent ne l'avoir pas fait.

Je ne veux pas dire que dans l'un ni dans l'autre cas, l'autorité de ceux qui croient ou ne croient point, soit de décision ; je veux dire seulement, que si on n'a point d'égard aux raisons sur lesquelles les deux partis se fondent, l'autorité des uns est tantôt plus recevable, tantôt celle des autres. Cela vient, en général, de ce que pour quitter une opinion commune, ou pour en recevoir une nouvelle, il faut faire quelque usage de sa raison, bon ou mauvais ; mais il n'est point besoin d'en faire aucun pour rejeter une opinion nouvelle, ou pour en prendre une qui est commune. Il faut des forces pour résister au torrent, mais il n'en faut point pour le suivre.

Et il n'importe sur le fait des oracles que parmi ceux qui y croyaient quelque chose de divin et de surnaturel, il se trouve des philosophes d'un grand nom, tels que les stoïciens. Quand les philosophes s'entêtent une fois d'un préjugé, ils sont plus incurables que le peuple même, parce qu'ils s'entêtent également et du préjugé et des fausses raisons dont ils le soutiennent. Les stoïciens en particulier, malgré le faste de leur secte, avaient des opinions qui font pitié. Comment n'eussent-ils pas cru aux oracles? Ils croyaient bien aux songes. Le grand Chrysippe ne retranchait de sa créance aucun des points qui entraient dans celle de la moindre femmelette.

CHAPITRE IX.

Que les anciens Chrétiens eux-mêmes n'ont pas trop cru que les Oracles fussent rendus par les Démons.

Quoiqu'il paraisse que les chrétiens savans des premiers siècles aimassent assez à dire que les oracles étaient rendus par les démons, ils ne laissaient pas de reprocher aux païens, qu'ils étaient joués par leurs prêtres. Il fallait que la chose fût bien vraie, puisqu'ils la publiaient aux dépens de ce système des démons, qu'ils croyaient leur être si favorable.

Voici comment parle Clément Alexandrin, au troisième livre des *Tapisseries :* « Vante-nous, si tu veux,
» ces oracles remplis de folie et d'impertinence, ceux
» de Claros, d'Apollon Pythien, de Dydime, d'Amphi-
» locus : tu peux encore y ajouter les augures, et les
» interprètes des songes et des prodiges. Fais-nous pa-
» raître aussi devant l'Apollon Pythien, ces gens qui
» devinaient par la farine ou par l'orge, et ceux qui

» ont été si estimés, parce qu'ils parlaient du ventre.
» Que les secrets des temples des Égyptiens, et que la
» nécromancie des Étrusques demeurent dans les ténè-
» bres ; toutes ces choses ne sont certainement que des
» impostures extravagantes, et de pures tromperies pa-
» reilles à celle des jeux de dés. Les chèvres qu'on a
» dressées à la divination, et les corbeaux qu'on a in-
» struits à rendre des oracles, ne sont, pour ainsi dire,
» que les associés de ces charlatans qui fourbent tous
» les hommes. »

Eusèbe, au commencement du quatrième livre de sa *Préparation évangélique*, propose dans toute leur étendue les meilleures raisons qui soient au monde, pour prouver que tous les oracles ont pu n'être que des impostures ; et ce n'est que sur ces mêmes raisons que je prétends m'appuyer dans la suite, quand je viendrai au détail des fourberies des oracles.

J'avoue cependant que, quoique Eusèbe sût si bien tout ce qui pouvait empêcher qu'on les crût surnaturels, il n'a pas laissé de les attribuer aux démons ; et il semble que l'autorité d'un homme si bien instruit des raisons des deux partis, est d'un grand préjugé pour le parti qu'il embrasse.

Mais remarquez qu'Eusèbe, après avoir fort bien prouvé que les oracles ont pu n'être que des impostures des prêtres, assure, sans détruire ni affaiblir ses premières preuves, qu'ils ont pourtant été le plus souvent rendus par des démons. Il fallait qu'il apportât quelque oracle non suspect, et rendu dans de telles circonstances, que quoique beaucoup d'autres pussent être imputés à l'artifice des prêtres, celui-là n'y pût jamais être imputé ; mais c'est ce qu'Eusèbe ne fait point du tout. Je vois bien que tous les oracles peuvent n'avoir été que des fourberies, mais je ne le veux pourtant pas croire. Pourquoi? parce que je suis bien aise d'y faire entrer les démons. Voilà une assez pitoyable espèce de raisonnement. Ce serait autre chose, si Eusèbe, dans les circonstances des temps où il s'est trouvé, n'avait osé dire ouvertement que les oracles ne fussent pas l'ouvrage des démons; mais qu'en faisant semblant de le soutenir, il eût insinué le contraire avec le plus d'adresse qu'il eût pu.

C'est à nous à croire l'un ou l'autre, selon que nous estimerons plus ou moins Eusèbe. Pour moi, je crois voir clairement que dans l'endroit dont il est question, il n'y a placé les démons que par manière d'acquit, et par un respect forcé qu'il a eu pour l'opinion commune.

Un passage d'Origène, dans son livre septième contre Celse, prouve assez bien qu'il n'attribuait les oracles aux démons que pour s'accommoder au temps, et à l'état où était alors cette grande dispute entre les chrétiens et les païens. « Je pourrais, dit-il, me servir de
» l'autorité d'Aristote et des péripatéticiens, pour ren-
» dre la Pythie fort suspecte; je pourrais tirer des écrits
» d'Épicure et de ses sectateurs, une infinité de choses
» qui décréditeraient les oracles, et je ferais voir aisé-
» ment que les Grecs eux-mêmes n'en faisaient pas trop
» de cas; mais j'accorde que ce n'étaient point des fic-
» tions ni des impostures; voyons si en ce cas-là même,
» à examiner la chose de près, il serait besoin que quel-
» que dieu s'en fût mêlé, et s'il ne serait pas plus
» raisonnable d'y faire présider de mauvais démons, et
» des génies ennemis du genre humain. »

Il paraît assez que naturellement Origène eût cru

des oracles ce que nous en croyons ; mais les païens qui les produisaient pour un titre de la divinité de leur religion, n'avaient garde de consentir qu'ils ne fussent qu'un artifice de leurs prêtres. Il fallait donc, pour gagner quelque chose sur les païens, leur accorder ce qu'ils soutenaient si opiniâtrément, et leur faire voir que, quand même il y aurait eu du surnaturel dans les oracles, ce n'était pas à dire que la vraie divinité y eût eu part; alors on était obligé de mettre les démons en jeu.

Il est vrai qu'absolument parlant, il valait mieux en exclure tout-à-fait les démons, et que l'on eût donné par là une plus grande atteinte à la religion païenne : mais tout le monde ne pénétrait peut-être pas si avant dans cette matière ; et l'on croyait faire bien assez, lorsque par l'hypothèse des démons, qui satisfait à tout avec deux paroles, on rendrait inutiles aux païens toutes les choses miraculeuses qu'ils pouvaient jamais alléguer en faveur de leur faux culte.

Voilà apparemment ce qui fut cause que, dans les premiers siècles de l'Eglise, on embrassa si généralement ce système sur les oracles. Nous perçons encore assez dans les ténèbres d'une antiquité si éloignée, pour y démêler que les chrétiens ne prenaient pas tant cette opinion, à cause de la vérité qu'ils y trouvaient, qu'à cause de la facilité qu'elle leur donnait à combattre le paganisme ; et s'ils renaissaient dans les temps où nous sommes, délivrés, comme nous, des raisons étrangères qui les déterminaient à ce parti, je ne doute point qu'ils ne suivissent presque tous le nôtre.

Jusqu'ici nous n'avons fait que lever les préjugés qui sont contraires à notre opinion, et que l'on tire ou du système de la religion chrétienne, ou de la philosophie, ou du sentiment général des païens, et des chrétiens mêmes. Nous avons répondu à tout cela, non pas en nous tenant simplement sur la défensive, mais le plus souvent même en attaquant. Il faut présentement attaquer encore avec plus de force, et faire voir, par toutes les circonstances particulières qu'on peut remarquer dans les oracles, qu'ils n'ont jamais mérité d'être attribués à des génies.

CHAPITRE X.

Oracles corrompus.

On corrompait les oracles avec une facilité qui faisait bien voir qu'on avait affaire à des hommes. La *Pythie Philippise*, disait Démosthène, lorsqu'il se plaignait que les oracles de Delphes étaient toujours conformes aux intérêts de Philippe.

Quand Cléomène, roi de Sparte, voulut dépouiller de la royauté Démarate l'autre roi, sous prétexte qu'il n'était pas fils d'Ariston son prédécesseur, et qu'Ariston lui-même s'était plaint qu'il lui était né trop peu de temps après son mariage, on envoya à l'oracle sur une question si difficile; et en effet, elle était de la nature de celles qui ne peuvent être décidées que par les dieux. Mais Cléomène avait pris les devans auprès de la supérieure des prêtresses de Delphes; elle déclara que Démarate n'était point fils d'Ariston. La fourberie fut découverte quelque temps après, et la prêtresse privée de sa dignité. Il fallait bien venger l'honneur de l'oracle, et tâcher de le réparer.

Pendant qu'Hippias était tyran d'Athènes, quelques

citoyens qu'il avait bannis, obtinrent de la Pythie, à force d'argent, que quand il viendrait des Lacédémoniens la consulter sur quoi que ce pût être, elle leur dît toujours qu'ils eussent à délivrer Athènes de la tyrannie. Les Lacédémoniens, à qui on redisait toujours la même chose à tout propos, crurent enfin que les dieux ne leur pardonneraient jamais de mépriser des ordres si fréquens, et prirent les armes contre Hippias, quoiqu'il fût leur allié.

Si les démons rendaient les oracles, les démons ne manquaient pas de complaisance pour les princes qui étaient devenus redoutables, et on peut remarquer que l'enfer avait bien des égards pour Alexandre et pour Auguste. Quelques historiens disent nettement qu'Alexandre voulut, d'autorité absolue, être fils de Jupiter Ammon, et pour l'intérêt de sa vanité, et pour l'honneur de sa mère, qui était soupçonnée d'avoir eu quelque amant moins considérable que Jupiter. On y a ajouté qu'avant que d'aller au temple, il fit avertir le Dieu de sa volonté, et que le Dieu l'exécuta de fort bonne grâce. Les autres auteurs tiennent tout au moins que les prêtres imaginèrent d'eux-mêmes ce moyen de flatter Alexandre. Il n'y a que Plutarque qui fonde toute cette divinité d'Alexandre sur une méprise du prêtre d'Ammon, qui, en saluant ce roi, et lui voulant dire en grec : *O mon fils*, prononça dans ces mots *S* au lieu d'une *N*, parce qu'étant Lybien, il ne savait pas trop bien prononcer le grec, et ces mots, avec ce changement, signifiaient : *O fils de Jupiter*. Toute la cour ne manqua pas de relever cette faute à l'avantage d'Alexandre ; et sans doute le prêtre lui-même la fit passer pour une inspiration du Dieu qui avait conduit sa langue, et confirma, par des oracles, sa mauvaise prononciation. Cette dernière façon de conter l'histoire est peut-être la meilleure. Les petites origines conviennent assez aux grandes choses.

Auguste fut si amoureux de Livie, qu'il l'enleva à son mari toute grosse qu'elle était, et ne se donna pas le loisir d'attendre qu'elle fût accouchée pour l'épouser. Comme l'action était un peu extraordinaire, on en consulta l'oracle. L'oracle, qui savait faire sa cour, ne se contenta pas de l'approuver; il assura que jamais un mariage ne réussissait mieux que quand on épousait une personne déjà grosse. Voilà pourtant, ce me semble, une étrange maxime.

Il n'y avait à Sparte que deux maisons dont on pût prendre des rois. Lysander, un des plus grands hommes que Sparte ait jamais eus, forma le dessein d'ôter cette distinction trop avantageuse à deux familles, et trop injurieuse à toutes les autres, et d'ouvrir le chemin de la royauté à tous ceux qui se sentiraient assez de mérite pour y prétendre. Il fit pour cela un plan si composé, et qui embrassait tant de choses, que je m'étonne qu'un homme d'esprit en ait pu espérer quelque succès. Plutarque dit fort bien que c'était comme une démonstration de mathématiques, à laquelle on n'arrive que par de longs circuits. Il y avait une femme dans le Pont qui prétendait être grosse d'Apollon. Lysander jeta les yeux sur ce fils d'Apollon, pour s'en servir quand il serait né. C'était avoir des vues bien étendues. Il fit courir le bruit que les prêtres de Delphes gardaient d'anciens oracles qu'il ne leur était pas permis de lire, parce qu'Apollon avait réservé ce droit à quelqu'un qui serait sorti de son sang, et qui viendrait à Delphes faire reconnaître sa naissance. Ce fils d'Apollon devait être le petit enfant du Pont; et parmi ces oracles si mystérieux, il devait y en avoir qui eussent annoncé aux Spartiates qu'il ne fallait donner la couronne qu'au mérite, sans avoir égard aux familles. Il n'était plus question que de composer des oracles, de gagner le fils d'Apollon, qui s'appelait Silenus, de le faire venir à Delphes, et de corrompre les prêtres. Tout cela était fait, ce qui me paraît fort surprenant; car quelles machines n'avait-il pas fallu faire jouer? Déjà Silenus était en Grèce, et il se préparait à s'aller faire reconnaître à Delphes pour fils d'Apollon; mais malheureusement un des ministres de Lysander fut effrayé, quoique tard, de se voir embarqué dans une affaire si délicate, et il ruina tout.

On ne peut guère voir un exemple plus remarquable de la corruption des oracles : mais en le rapportant, je ne veux pas dissimuler ce que mon auteur dissimule; c'est que Lysander avait déjà essayé de corrompre beaucoup d'autres oracles, et n'en avait pu venir à bout. Dodone avait résisté à son argent, Jupiter Ammon avait été inflexible, et même les prêtres du lieu députèrent à Sparte pour accuser Lysander; mais il se tira d'affaire par son crédit. La grande prêtresse même de Delphes avait refusé de lui vendre sa voix; et cela me fait croire qu'il y avait à Delphes deux colléges qui n'avaient rien de commun, l'un de prêtres, et l'autre de prêtresses; car Lysander, qui ne put corrompre la grande prêtresse, corrompit bien les prêtres. Les prêtresses étaient les seules qui rendissent les oracles de vive voix, et qui fissent les enragées sur le trépied; mais apparemment les prêtres avaient un bureau de prophéties écrites, dont ils étaient les maîtres, les dispensateurs et les interprètes.

Je ne doute point que ces gens là, pour l'honneur de leur métier, ne fissent quelquefois les difficiles avec ceux qui les voulaient gagner, surtout si on leur demandait des choses dont il n'y eût pas lieu d'espérer beaucoup de succès, tel qu'était la nouveauté que Lysander avait dessein d'introduire dans le gouvernement de Sparte. Peut-être même le parti d'Agésilas, qui était alors opposé à celui de Lysander, avait soupçonné quelque chose de ce projet, et avait pris les devans auprès des oracles. Les prêtres d'Ammon eussent-ils pris la peine de venir du fond de la Lybie à Sparte, faire un procès à un homme tel que Lysander, s'ils ne se fussent entendus avec ses ennemis, et s'ils n'y eussent été poussés par eux?

CHAPITRE XI.

Nouveaux établissemens d'Oracles.

Les oracles qu'on établissait quelquefois de nouveau, font autant de tort aux démons que les oracles corrompus.

Après la mort d'Ephestion, Alexandre voulut absolument, pour se consoler, qu'Ephestion fût dieu. Tous les courtisans y consentirent sans peine; aussitôt voilà des temples que l'on bâtit à Ephestion en plusieurs villes, des fêtes qu'on institue en son honneur, des sacrifices qu'on lui fait, des guérisons miraculeuses qu'on lui attribue, et, afin qu'il n'y manquât rien, des oracles qu'on lui fait rendre. Lucien dit qu'Alexandre étonné d'abord de voir la divinité d'Ephestion réussir si bien, la crut enfin vraie lui-même, et se sut bon gré de n'être pas seulement dieu, mais d'avoir encore le pouvoir de faire des dieux.

Adrien fit les mêmes folies pour le bel Antinoüs. Il fit bâtir, en mémoire de lui, la ville d'Antinopolis, lui donna des temples et des prophètes, dit saint Jérôme. Or, il n'y avait des prophètes que dans les temples à oracles. Nous avons encore une inscription grecque, qui porte :

A ANTINOÜS,

Le compagnon des Dieux d'Égypte, M. Ulpius Apollonius son prophète.

Après cela on ne sera pas surpris qu'Auguste ait aussi rendu des oracles, ainsi que nous l'apprenons de Prudence. Assurément Auguste valait bien Antinoüs et Ephestion, qui, selon toutes les apparences, ne durent leur divinité qu'à leur beauté.

Sans doute ces nouveaux oracles faisaient faire des réflexions à ceux qui étaient le moins du monde capables d'en faire. N'y avait-il pas assez de sujet de croire qu'ils étaient de la même nature que les anciens; et pour juger de l'origine de ceux d'Amphiaraüs, de Trophonius, d'Orphée, d'Apollon même, ne suffisait-il pas de voir l'origine de ceux d'Antinoüs, d'Ephestion et d'Auguste?

Nous ne voyons pourtant pas, à dire le vrai, que ces nouveaux oracles fussent dans le même crédit que les anciens; il s'en fallait beaucoup.

On ne faisait rendre à ces dieux de nouvelle création, qu'autant de réponses qu'il en fallait pour en pouvoir faire sa cour aux princes; mais du reste, on ne les consultait pas bien sérieusement; et quand il était question de quelque chose d'important, on allait à Delphes. Les vieux trépieds étaient en possession de l'avenir, depuis un temps immémorial; et la parole d'un dieu expérimenté était bien plus sûre que celle de ces dieux qui n'avaient encore nulle expérience.

Les empereurs romains, qui étaient intéressés à faire valoir la divinité de leurs prédécesseurs, puisqu'une pareille divinité les attendait, auraient dû tâcher à rendre plus célèbres les oracles des empereurs déifiés comme Auguste, si ce n'eût été que les peuples accoutumés à leur anciens oracles, ne pouvaient prendre la même confiance pour les autres. Je croirais bien même que quelque penchant qu'ils eussent aux plus ridicules superstitions, ils se moquaient de ces nouveaux oracles, et en général, de toutes les nouvelles institutions de dieux. Le moyen qu'on prît l'aigle qui se lâchait du bûcher d'un empereur romain, pour l'âme de cet empereur qui allait prendre sa place au ciel?

Pourquoi donc le peuple avait-il été trompé, à la première institution des dieux et des oracles? En voici, je crois, la raison. Pour ce qui regarde les dieux, le paganisme n'en a eu que de deux sortes principales; ou des dieux que l'on supposait être essentiellement de nature divine, ou des dieux qui ne l'étaient devenus qu'après avoir été de nature humaine. Les premiers avaient été annoncés par les sages ou par les législateurs, avec beaucoup de mystère, et le peuple, ni ne les voyait, ni ne les avait vus. Les seconds, quoiqu'ils eussent été hommes aux yeux de tout le monde, avaient été érigés en dieux par un mouvement naturel des peuples, touchés de leurs bienfaits. On se formait une idée très relevée des uns, parce qu'on ne les voyait point; et des autres, parce qu'on les aimait; mais on n'en pouvait pas faire autant pour un empereur romain, qui était dieu par ordre de la cour, et non pas par l'amour du peuple, et qui, outre cela, venait d'être homme publiquement.

Quant aux oracles, leur premier établissement n'est pas non plus difficile à expliquer. Donnez-moi une demi-douzaine de personnes à qui je puisse persuader que ce n'est pas le soleil qui fait le jour, je ne désespérerai pas que des nations entières n'embrassent cette opinion. Quelque ridicule que soit une pensée, il ne faut que trouver moyen de la maintenir pendant quelque temps; la voilà qui devient ancienne, et elle est suffisamment prouvée. Il y avait sur le Parnasse un trou, d'où il sortait un exhalaison qui faisait danser les chèvres, et qui montait à la tête. Peut-être quelqu'un qui en fut entêté, se mit à parler sans savoir ce qu'il disait, et dit quelque vérité. Aussitôt il faut qu'il y ait quelque chose de divin dans cette exhalaison; elle contient la science de l'avenir : on commence à ne s'approcher plus de ce trou qu'avec respect; les cérémonies se forment peu à peu. Ainsi naquit apparemment l'oracle de Delphes ; et comme il devait son origine à une exhalaison qui entêtait, il fallait absolument que la Pythie entrât en fureur pour prophétiser. Dans la plupart des autres oracles, la fureur n'était pas nécessaire. Qu'il y en ait une fois un d'établi, vous jugez bien qu'il va s'en établir mille. Si les dieux parlent bien là, pourquoi ne parleront-ils point ici? Les peuples, frappés du merveilleux de la chose, et avides de l'utilité qu'ils en espèrent, ne demandent qu'à voir naître des oracles en tous lieux, et puis l'ancienneté survient à tous ces oracles, qui leur fait tous les biens du monde. Les nouveaux n'avaient garde de réussir tant; c'était les princes qui les établissaient. Les peuples croient bien mieux à ce qu'ils ont fait eux-mêmes.

Ajoutez à tout cela, que dans le temps de la première institution et des dieux et des oracles, l'ignorance était beaucoup plus grande qu'elle ne fut dans la suite. La philosophie n'était point encore née, et les superstitions les plus extravagantes n'avaient aucune contradictions à essuyer de sa part. Il est vrai que ce qu'on appelle le peuple n'est jamais fort éclairé : cependant, la grossièreté dont il est toujours, reçoit encore quelque différence selon les siècles; du moins, il y en a où tout le monde est peuple, et ceux-là sont sans comparaison les plus favorables à l'établissement des erreurs. Ce n'est donc pas merveille, si les peuples faisaient moins de cas des nouveaux oracles que des anciens; mais cela n'empêchait pas que les anciens ne ressemblassent parfaitement aux nouveaux. Ou un démon allait se loger dans un temple d'Ephestion, pour y rendre des oracles, dès qu'il avait plu à Alexandre d'en faire élever un à Ephestion comme à un dieu ; ou, s'il se rendait des oracles dans ce temple sans démon, il pouvait bien s'en rendre de même dans le temple d'Apollon Pythien. Or, il serait, ce me semble, fort étrange et fort surprenant qu'il n'eût fallu qu'une fantaisie d'Alexandre pour envoyer un démon en possession d'un temple, et faire naître par là une éternelle occasion d'erreur à tous les hommes.

CHAPITRE XII.

Lieux où étaient les Oracles.

Nous allons entrer présentement dans le détail des artifices que pratiquaient les prêtres : cela renferme beaucoup de choses de l'antiquité assez agréables et assez particulières.

Les pays montagneux, et par conséquent pleins d'antres et de cavernes, étaient les plus abondans en oracles. Telle était la Béotie, qui anciennement, dit Plutarque, en avait une très grande quantité. Remarquez, en passant, que les Béotiens étaient en réputation d'être les plus sottes gens du monde ; c'était là un bon pays pour les oracles ; des sots et des cavernes !

Je ne crois point que le premier établissement des oracles ait été une imposture méditée ; mais le peuple tomba dans quelque superstition qui donna lieu à des gens un peu plus raffinés d'en profiter. Car les sottises du peuple sont telles assez souvent, qu'elles n'ont pu être prévues ? et quelquefois ceux qui le trompent ne songeaient à rien moins, et ont été invités par lui-même à le tromper. Ainsi ma pensée est qu'on n'a point mis d'abord des oracles dans la Béotie, parce qu'elle est montagneuse ; mais que l'oracle de Delphes ayant une fois pris naissance dans la Béotie de la manière que nous avons dit, les autres que l'on fit à son imitation dans le même pays, furent mis dans des cavernes, parce que les prêtres en avaient reconnu la commodité.

Cet usage ensuite se répandit presque partout. Le prétexte des exhalaisons divines rendait les cavernes nécessaires ; et il semble de plus que les cavernes inspirent d'elles-mêmes je ne sais quelle horreur qui n'est pas inutile à la superstition. Dans les choses qui ne sont faites que pour frapper l'imagination des hommes, il ne faut rien négliger. Peut-être la situation de Delphes a-t-elle bien servi à la faire regarder comme une ville sainte. Elle était à moitié chemin de la montagne du Parnasse, bâtie sur un peu de terre-plein, et environnée de précipices, qui la fortifiaient sans le secours de l'art. La partie de la montagne, qui était au-dessus, avait à peu près la figure d'un théâtre, et le cri des hommes et le son des trompettes se multipliaient dans les rochers. Croyez qu'il n'y avait pas jusqu'à ces échos qui ne valussent leur prix.

La commodité des prêtres et la majesté des oracles demandaient donc également des cavernes ; aussi ne voyez-vous pas un si grand nombre de temples prophétiques en plat pays ; mais s'il y en avait quelques uns, on savait bien remédier à ce défaut de leur situation ; au lieu de cavernes naturelles on en faisait d'artificielles, c'est-à-dire, de ces sanctuaires qui étaient des espèces d'antres où résidait particulièrement la divinité, et où d'autres que les prêtres n'entraient jamais.

Quand la Pythie se mettait sur le trépied, c'était dans son sanctuaire, lieu obscur et éloigné d'une certaine petite chambre où se tenaient ceux qui venaient consulter l'oracle. L'ouverture même de ce sanctuaire était couverte de feuillages de laurier ; et ceux à qui on permettait d'en approcher, n'avaient garde d'y rien voir.

D'où croyez-vous que vienne la diversité avec laquelle les anciens parlent de la forme de leurs oracles ? c'est qu'ils ne voyaient point ce qui se passait dans le fond de leurs temples.

Par exemple, ils ne s'accordent point les uns avec les autres sur l'oracle de Dodone; et cependant que devait-il y avoir de plus connu des Grecs? Aristote, au rapport de Suidas, dit qu'à Dodone il y a deux colonnes, sur l'une desquelles est un bassin d'airain, et sur l'autre la statue d'un enfant qui tient un fouet, dont les cordes, étant aussi d'airain, font du bruit contre le bassin, lorsqu'elles y sont poussées par le vent.

Démon, selon le même Suidas, dit que l'oracle de Jupiter Dodonéen, est tout environné de bassins qui, aussitôt que l'un est poussé contre l'autre, se communiquent ce mouvement en rond, et font un bruit qui dure assez de temps.

D'autres disent que c'était un chêne résonnant qui secouait ses branches et ses feuilles lorsqu'il était consulté, et qui déclarait ses volontés par des prêtresses nommées Dodonides.

Il paraît bien, par tout cela, qu'il n'y avait que le bruit de constant, parce qu'on l'entendait de dehors; mais comme on ne voyait point le dedans du lieu où se rendait l'oracle, on ne savait que par conjecture ou par le rapport infidèle des prêtres, ce qui causait le bruit. Il se trouve pourtant dans l'histoire, que quelques personnes ont eu le privilége d'entrer dans ces sanctuaires; mais ce n'était pas des gens moins considérables qu'Alexandre et Vespasien. Strabon rapporte de Callisthène, qu'Alexandre entra seul avec le prêtre dans le sanctuaire d'Ammon, et que tous les autres n'entendirent l'oracle que de dehors.*

Tacite dit aussi que Vespasien étant à Alexandrie,

et ayant déjà des desseins sur l'empire, voulut consulter l'oracle de Sérapis; mais qu'il fit auparavant sortir tout le monde du temple. Peut-être cependant n'entra-t-il pas pour cela dans le sanctuaire. A ce compte, les exemples d'un tel privilége seront très rares; car mon auteur avoue qu'il n'en connait point d'autres que ces deux là, si ce n'est peut-être qu'on y veuille ajouter ce que Tacite dit de Titus, à qui le prêtre de la Vénus de Paphos ne voulut découvrir qu'en secret beaucoup de grandes choses qui regardaient les desseins qu'il méditait alors; mais cet exemple prouve encore moins que celui de Vespasien, la liberté que les prêtres accordaient aux grands d'entrer dans les sanctuaires de leurs temples. Sans doute il fallait un grand crédit pour les obliger à la confidence de leurs mystères, et même ils ne la faisaient qu'à des princes naturellement intéressés à leur garder le secret, et qui, dans le cas où ils se trouvaient, avaient quelque raison particulière de faire valoir les oracles.

Dans ces sanctuaires ténébreux étaient cachées toutes les machines des prêtres, et ils y entraient par des conduits souterrains. Rufin nous décrit le temple de Sérapis tout plein de chemins couverts; et pour rapporter un témoignage encore plus fort que le sien, l'Ecriture-Sainte ne nous apprend-t-elle pas comment Daniel découvrit l'imposture des prêtres de Bélus, qui savaient bien rentrer secrètement dans son temple pour prendre les viandes qu'on y avait offertes? Il me semble que cette histoire seule devait décider toute la question en notre faveur. Il s'agit là d'un des miracles du paganisme qui était cru le plus universellement, de ces victimes que les dieux prenaient la peine de venir manger eux-mêmes. L'Ecriture attribue-t-elle ce prodige aux démons? Point du tout, mais à des prêtres imposteurs; et c'est là la seule fois où l'Ecriture s'étend un peu sur un prodige du paganisme; et en ne nous avertissant point que tous les autres n'étaient pas de la même nature, elle nous donne à entendre fort clairement qu'ils en étaient. Combien, après tout, devait-il être plus aisé de persuader aux peuples que les dieux descendaient dans des temples pour leur parler, leur donner des instructions utiles, que de leur persuader qu'ils venaient manger des membres de chèvres et de moutons? Et si les prêtres mangeaient bien en la place des dieux, à plus forte raison pouvaient-ils parler aussi en leur place.

Les voûtes des sanctuaires augmentaient la voix, et faisaient un retentissement qui imprimait de la terreur : aussi voyez-vous, dans tous les poètes, que la Pythie poussait une voix plus que humaine; peut-être même les trompettes, qui multipliaient le son, n'étaient-elles pas alors tout-à-fait inconnues; peut-être le chevalier Morland n'a-t-il fait que renouveler un secret que les prêtres païens avaient su avant lui, et dont ils avaient mieux aimé tirer du profit, en ne le publiant pas, que de l'honneur en le publiant. Du moins le P. Kirker assure qu'Alexandre avait une de ces trompettes avec laquelle il se faisait entendre de toute son armée en même temps.

Je ne veux pas oublier une bagatelle, qui peut servir à marquer l'extrême application que les prêtres avaient à fourber. Du sanctuaire ou du fond des temples, il sortait quelquefois une vapeur très agréable, qui remplissait tout le lieu où étaient les consultans. C'était l'arrivée du dieu qui parfumait tout. Jugez si des gens qui poussaient jusqu'à ces minuties presque inutiles l'exactitude de leurs impostures, pouvaient rien négliger d'essentiel.

CHAPITRE XIII.

Distinctions de jours et autres mystères des Oracles.

Les prêtres n'oubliaient aucune sorte de précaution. Ils marquaient à leur gré de certains jours où il n'était point permis de consulter l'oracle. Cela avait un air mystérieux, ce qui est déjà beaucoup en pareilles matières ; mais la principale utilité qu'ils en retiraient, c'est qu'ils pouvaient vous renvoyer sur ce prétexte, s'ils avaient des raisons pour ne pas vouloir vous répondre, ou que pendant ce temps de silence ils prenaient leurs mesures et faisaient leurs préparatifs.

A l'occasion de ces prétendus jours malheureux, il fut rendu à Alexandre un des plus jolis oracles qui ait jamais été. Il était allé à Delphes pour consulter le dieu ; et la prêtresse, qui prétendait qu'il n'était point alors permis de l'interroger, ne voulait point entrer dans le temple. Alexandre, qui était brusque, la prit par le bras pour l'y mener de force, et elle s'écria : *Ah ! mon fils, on ne peut te résister. Je n'en veux pas davantage*, dit Alexandre, *cet oracle me suffit*.

Les prêtres avaient encore un secret pour gagner du temps, quand il leur plaisait. Avant que de consulter l'oracle, il fallait sacrifier ; et si les entrailles des victimes n'étaient pas heureuses, le dieu n'était pas encore en humeur de répondre. Et qui jugeait des entrailles des victimes ? les prêtres. Le plus souvent même ainsi qu'il paraît par beaucoup d'exemples, ils étaient seuls à les examiner; et tel qu'on obligeait à recommencer le sacrifice, avait pourtant immolé un animal dont le cœur et le foie étaient les plus beaux du monde.

Ce qu'on appelait les mystères et les cérémonies secrètes d'un dieu, était sans doute un des meilleurs artifices que les prêtres eussent imaginés pour leur sûreté. Ils ne pouvaient si bien couvrir leur jeu, que bien des gens ne soupçonnassent la fourberie. Ils s'avisèrent d'établir de certains mystères qui engageaient à un secret inviolable ceux qui y étaient initiés.

Il est vrai qu'il y avait de ces mystères dans des temples qui n'avaient point d'oracles; mais il y en avait aussi dans beaucoup de temples à oracles, par exemple, dans celui de Delphes. Plutarque, dans ce dialogue si souvent cité, dit qu'il n'y avait personne à Delphes, ni dans tout ce pays, qui ne fut initié aux mystères. Ainsi tout était dans la dépendance des prêtres; si quelqu'un eût osé ouvrir la bouche contre eux, on eût bien crié à l'athée et à l'impie, et on lui eût fait des affaires dont il ne se fût jamais tiré.

Sans les mystères, les habitans de Delphes n'eussent pas laissé d'être toujours engagés à garder le secret aux prêtres sur leurs friponneries; car Delphes était une ville qui n'avait point d'autre revenu que celui de son temple, et qui ne vivait que d'oracles; mais les prêtres s'assuraient encore mieux de ces peuples, en se les attachant par le double lien de l'intérêt et de la superstition. On eût été bien reçu à parler contre les oracles dans une telle ville!

Ceux qu'on initiait aux mystères donnaient des assurances de leur discrétion ; ils étaient obligés à faire aux prêtres une confession de tout ce qu'il y avait de plus caché dans leur vie, et c'était après cela à ces pauvres initiés à prier les prêtres de leur garder le secret. Ce fut sur cette confession qu'un Lacédémonien, qui s'allait faire initier aux mystères de Samothrace, dit brusquement aux prêtres : *Si j'ai fait des crimes, les dieux le savent bien.*

Un autre répondit à peu près de la même façon. *Est-ce à toi ou au dieu qu'il faut confesser ses crimes? C'est au dieu*, dit le prêtre. *Hé bien, retire-toi donc*, reprit le Lacédémonien, *et je les confesserai au dieu.* Tous ces Lacédémoniens n'avaient pas extrêmement l'esprit de dévotion. Mais ne pouvait-il pas se trouver quelque impie qui allât, avec une fausse confession, se faire initier aux mystères, et qui en découvrît ensuite toute l'extravagance, et publiât la fourberie des prêtres?

Je crois que ce malheur a pu arriver, et je crois aussi que les prêtres le prévenaient autant qu'il leur était possible. Ils voyaient bien à qui ils avaient affaire, et je vous garantis que les deux Lacédémoniens, dont nous venons de parler, ne furent point reçus. De plus, on avait déclaré les épicuriens incapables d'être initiés aux mystères, parce que c'étaient des gens qui faisaient profession de s'en moquer, et je ne crois pas même qu'on leur rendît d'oracles. Ce n'était pas une chose difficile que de les reconnaître ; tous ceux d'entre les Grecs qui se mêlaient un peu de littérature, faisaient choix d'une secte de philosophie ; et le surnom qu'ils tiraient de leur secte, était presque ce qu'est parmi nous celui qu'on prend d'une terre. On distinguait, par exemple, trois Démétrius, parce que l'un était Démétrius le cynique, l'autre Démétrius le stoïcien, l'autre Démétrius le péripatéticien.

La coutume d'exclure les épicuriens de tous les mystères était si générale et si nécessaire pour la sûreté des choses sacrées, qu'elle fut prise par ce grand fourbe dont Lucien nous décrit si agréablement la vie, cet Alexandre qui joua si long-temps les Grecs avec ses serpens. Il avait même ajouté les chrétiens aux épicuriens, parce qu'à son égard ils ne valaient pas mieux les uns que les autres; et avant que de commencer ses cérémonies, il criait : *Qu'on chasse d'ici les chrétiens;* à quoi le peuple répondait, comme en une espèce de chœur : *Qu'on chasse les épicuriens.* Il fit bien pis; car se voyant tourmenté par ces deux sortes de gens, qui, quoique poussés par différens intérêts, conspiraient à tourner ces cérémonies en ridicule, il déclara que le Pont, où il faisait alors sa demeure, se remplissait d'impies, et que le dieu dont il était le prophète, ne parlerait plus, si on ne l'en voulait défaire; et sur cela, il fit courir sus aux chrétiens et aux épicuriens.

L'Apollon de Daphné, faubourg d'Antioche, était dans la même peine, lorsque, du temps de Julien l'apostat, il répondit à ceux qui lui demandaient la cause de son silence, qu'il s'en fallait prendre à de certains morts enterrés dans le voisinage. Ces morts étaient des martyrs chrétiens, et entre autres saint Babylas. On veut communément que ce fût la présence de ces corps bienheureux qui ôtait aux démons le pouvoir de parler dans l'oracle; mais il y a plus d'apparence que le grand concours de chrétiens qui se faisait aux sépulcres de ces martyrs, incommodait les prêtres d'Apollon, qui n'aimaient pas à avoir pour témoins de leurs actions des ennemis clairvoyans, et qu'ils tâchèrent par ce faux oracle d'obtenir d'un empereur païen qu'il fît jeter hors de là ces corps dont le dieu se plaignait.

Pour revenir présentement aux artifices dont les oracles étaient pleins, et pour comprendre en une seule réflexion toutes celles qu'on peut faire là-dessus, je voudrais bien qu'on me dît pourquoi les démons ne pouvaient prédire l'avenir que dans des trous, dans des cavernes et dans des lieux obscurs, et pourquoi ils ne s'avisaient jamais d'animer une statue, ou de faire parler une prêtresse dans un carrefour, exposée de toutes parts aux yeux de tout le monde.

On pourra dire que les oracles qui se rendaient sur des billets cachetés, et plus encore ceux qui se rendaient en songe, avaient absolument besoin de démons; mais il nous sera bien aisé de faire voir qu'ils n'avaient rien de plus miraculeux que les autres.

CHAPITRE XIV.

Des Oracles qui se rendaient sur les billets cachetés.

Les prêtres n'étaient pas scrupuleux jusqu'au point de n'oser décacheter les billets qu'on leur apportait : il fallait qu'on les laissât sur l'autel, après quoi on fermait le temple, où les prêtres savaient bien rentrer sans qu'on s'en aperçût; ou bien il fallait mettre ces billets entre les mains des prêtres, afin qu'ils dormissent dessus, et reçussent en songe la réponse qu'il y fallait faire; et dans l'un et l'autre cas, ils avaient le loisir et la liberté de les ouvrir. Ils savaient pour cela plusieurs secrets, dont nous voyons quelques uns mis en pratique par le faux prophète de Lucien. On peut les voir dans Lucien même, si l'on est curieux d'apprendre comment on pouvait décacheter les billets des anciens, sans qu'il y parût.

Assurément on s'était servi de quelqu'un de ces secrets pour ouvrir le billet que ce gouverneur de Cilicie, dont parle Plutarque, avait envoyé à l'oracle de Mopsus, qui était à Malle, ville de cette province. Le gouverneur ne savait que croire des dieux; il était obsédé d'épicuriens, qui lui avaient jeté beaucoup de doutes dans l'esprit. Il se résolut, comme dit agréablement Plutarque, d'envoyer un espion chez les dieux, pour apprendre ce qui en était. Il lui donna un billet bien cacheté pour le porter à l'oracle de Mopsus. Cet envoyé dormit dans le temple, et vit en songe un homme fort bien fait, qui lui dit *noir*. Il porta cette réponse au gouverneur. Elle parut très ridicule à tous les épicuriens de sa cour; mais il en fut frappé d'étonnement et d'admiration; et en leur ouvrant son billet, il leur montra ces mots qu'il y avait écrits : *T'immolerai-je un bœuf blanc ou noir?* Après ce miracle, il fut toute sa vie fort dévot au dieu Mopsus. Nous éclaircirons ensuite ce qui regarde le songe; il suffit présentement que le billet avait pu être décacheté et refermé avec adresse. Il avait toujours fallu le porter au temple, et il n'eût pas été nécessaire qu'il fût sorti des mains du gouverneur, si un démon eût dû y répondre.

Si les prêtres n'osaient se hasarder à décacheter les billets, ils tâchaient de savoir adroitement ce qui amenait les gens à l'oracle. D'ordinaire, c'étaient des gens considérables, qui avaient dans la tête quelque dessein ou quelque passion qui n'était pas inconnue dans le monde. Les prêtres avaient tant de commerce avec eux, à l'occasion des sacrifices qu'il fallait faire, ou des délais qu'il fallait observer avant que l'oracle parlât, qu'il n'était pas trop difficile de tirer de leur bouche, ou du moins de conjecturer quel était le sujet de leur voyage. On leur faisait recommencer sacrifices sur sacrifices, jusqu'à ce qu'on se fût éclairci. On les mettait entre les mains de certains menus officiers du temple, qui, sous prétexte de leur en montrer les antiquités, les statues, les peintures, les offrandes, avaient l'art de les faire parler sur leurs affaires. Ces antiquaires, pareils à ceux qui vivent aujourd'hui de ce métier en Italie, se trouvaient dans tous les temples un peu considérables. Ils savaient par cœur tous les miracles qui s'y étaient faits; ils vous faisaient bien valoir la puissance et les merveilles du dieu; ils vous contaient fort au long l'histoire de chaque présent qu'on lui avait consacré. Sur cela, Lucien dit assez plaisamment que tous ces gens-là ne vivaient et ne subsistaient que de fables, et que dans la Grèce on eût été bien fâché d'apprendre des vérités dont il n'eût rien coûté. Si ceux qui venaient consulter l'oracle ne parlaient point, leurs domestiques se taisaient-ils? Il faut savoir que dans une ville à oracle, il n'y avait presque que des officiers de l'oracle. Les uns étaient prophètes et prêtres; les autres poètes, qui habillaient en vers les oracles rendus en prose; les autres simples interprètes; les autres petits sacrificateurs, qui immolaient les victimes, et en examinaient les entrailles; les autres vendeurs de parfums ou d'encens, ou de bêtes pour les sacrifices; les autres antiquaires; les autres enfin, n'étaient que des hôteliers, que le grand abord des étrangers enrichissait. Tous ces gens-là étaient dans les intérêts de l'oracle et du dieu ; et si, par le moyen des domestiques des étrangers, ils découvraient quelque chose qui fût bon à savoir, vous ne devez pas douter que les prêtres n'en fussent avertis.

Le faux prophète Alexandre, qui avait établi son oracle dans le Pont, avait bien jusques dans Rome des correspondans, qui lui mandaient les affaires les plus secrètes de ceux qui l'allaient consulter.

Par ces moyens, on pouvait répondre même sans avoir besoin de recevoir de billet ; et ces moyens n'étaient pas sans doute inconnus aux prêtres de l'Apollon de Claros, s'il est vrai qu'il suffisait de leur dire le nom de ceux qui les consultaient. Voici comme Tacite en parle au deuxième livre des Annales : « Germanicus » alla consulter Apollon de Claros. Ce n'est point une » femme qui y rend les oracles comme à Delphes, mais » un homme qu'on choisit dans de certaines familles, » et qui est presque toujours de Milet. Il suffit de lui dire » le nombre et les noms de ceux qui viennent le con- » sulter ; ensuite il se retire dans une grotte, et ayant » pris de l'eau d'une source qui y est, il vous répond » en vers à ce que vous avez dans l'esprit, quoique le » plus souvent il soit très ignorant. »

Nous pourrions remarquer ici que l'on confiait bien à une femme l'oracle de Delphes, parce qu'il n'était question que d'y faire la démoniaque ; mais que comme celui de Claros avait plus de difficulté, on ne le donnait qu'à un homme. Nous pourrions remarquer encore que l'ignorance du prophète, sur laquelle roule une bonne partie de ce qu'il y a de miraculeux dans l'oracle, ne pouvait jamais être fort bien prouvée ; qu'enfin le démon de l'oracle, tout démon qu'il était, ne pouvait se passer de savoir les noms de ceux qui le consultaient. Mais nous n'en sommes pas là présentement ; c'est assez d'avoir fait voir comment on pouvait répondre, non-seulement à des billets cachetés, mais à de simples pensées. Il est vrai qu'on ne pouvait pas répondre aux pensées de tout le monde, et que ce que le prêtre de Claros faisait pour Germanicus, il ne l'eût pas pu faire pour un simple bourgeois de Rome.

CHAPITRE XV.

Des Oracles en songes.

Le nombre est fort grand des oracles qui se rendaient par songes. Cette manière avait plus de merveilleux qu'aucune autre, et avec cela, elle n'était pas fort difficile dans la pratique.

Le plus fameux de tous ces oracles était celui de Trophonius, dans la Béotie. Trophonius n'était qu'un simple héros ; mais ses oracles se rendaient avec plus de cérémonies que ceux d'aucun dieu. Pausanias, qui avait été lui-même le consulter, et qui avait passé par toutes ces cérémonies, nous en a laissé une description fort ample, dont je crois qu'on sera bien aise de trouver ici un abrégé exact.

Avant que de descendre dans l'antre de Trophonius, il fallait passer un certain nombre de jours dans une espèce de petite chapelle, qu'on appelait de la Bonne-Fortune et du Bon-Génie. Pendant ce temps, on recevait des expiations de toutes les sortes : on s'abstenaient d'eaux chaudes ; on se lavait souvent dans le fleuve Hircinas, on sacrifiait à Trophonius et à toute sa famille, à Apollon, à Jupiter, surnommé roi, à Saturne, à Junon, à une Cérès-Europe, qui avait été nourrice de Trophonius, et on ne vivait que des chairs sacrifiées. Les prêtres apparemment ne vivaient aussi d'autre chose. Il fallait consulter les entrailles de toutes ces victimes, pour voir si Trophonius trouvait bon que l'on descendît dans son antre : mais quand elles auraient été toutes les plus heureuses du monde, ce n'était encore rien; les entrailles qui décidaient étaient celles d'un certain bélier qu'on immolait en dernier lieu. Si elles étaient favorables, on vous menait la nuit au fleuve Hircinas. Là, deux jeunes enfans, de douze ou treize ans, vous frottaient tout le corps d'huile. Ensuite, on vous conduisait jusqu'à la source du fleuve, et on vous y faisait boire de deux sortes d'eaux, celles de Léthé, qui effaçaient de votre esprit toutes les pensées profanes qui vous avaient occupé auparavant, et celles de Mnémosyne, qui avaient la vertu de vous faire retenir tout ce que vous deviez voir dans l'antre sacré.

Après tous ces préparatifs, on vous faisait voir la statue de Trophonius à qui vous faisiez vos prières : on vous équipait d'une tunique de lin; on vous mettait de certaines bandelettes sacrées, et enfin vous alliez à l'oracle.

L'oracle était sur une montagne, dans une enceinte faite de pierres blanches, sur laquelle s'élevaient des obélisques d'airain. Dans cette enceinte était une caverne, de la figure d'un four, taillée de main d'homme. Là s'ouvrait un trou assez étroit, où l'on ne descendait point par des degrés, mais par de petites échelles. Quand on y était descendu, on trouvait une autre petite caverne, dont l'entrée était assez étroite. On se couchait à terre : on prenait dans chaque main de certaines compositions de miel, qu'il fallait nécessairement porter ; on passait les pieds dans l'ouverture de la petite caverne, et aussitôt on se sentait emporté au dedans avec beaucoup de force et de vitesse.

C'était là que l'avenir se déclarait, mais non pas à tous d'une même manière. Les uns voyaient, les autres entendaient. Vous sortiez de l'antre, couché par terre comme vous y étiez entré, et les pieds les premiers. Aussitôt on vous mettait dans la chaise de Mnémosyne, où l'on vous demandait ce que vous aviez vu ou entendu. De là, on vous ramenait dans cette chapelle du Bon-Génie, encore tout étourdi et tout hors de vous. Vous repreniez vos sens peu à peu, et vous recommenciez à pouvoir rire ; car jusques-là la grandeur des mystères et la divinité dont vous étiez rempli, vous en avaient bien empêché. Pour moi, il me semble qu'on n'eût pas dû attendre si tard à rire.

Pausanias nous dit qu'il n'y a jamais eu qu'un homme qui soit entré dans l'antre de Trophonius, et qui n'en soit pas sorti. C'était un certain espion, que Démétrius y envoya pour voir s'il n'y avait pas dans ce lieu saint quelque chose qui fût bon à piller. On trouva loin de là le corps de ce malheureux, qui n'avait point été jeté dehors par l'ouverture sacrée de l'antre.

Il ne nous est que trop aisé de faire nos réflexions sur tout cela. Quel loisir n'avaient pas les prêtres, pendant tous ces différens sacrifices qu'ils faisaient faire, d'examiner si on était propre à être envoyé dans l'antre ! Car assurément Trophonius choisissait ses gens, et ne recevait pas tout le monde. Combien toutes ces ablutions, et ces expiations, et ces voyages nocturnes, et ces passages dans des cavernes étroites et obscures,

remplissaient-elles l'esprit de superstition, de frayeur
et de crainte? Combien de machines pouvaient jouer
dans ces ténèbres? L'histoire de l'espion de Démétrius
nous apprend qu'il n'y avait pas de sûreté dans l'antre
pour ceux qui n'y apportaient pas de bonnes inten-
tions ; et de plus, qu'outre l'ouverture sacrée qui était
connue de tout le monde, l'antre en avait une secrète
qui n'était connue que des prêtres. Quand on s'y sentait entraîné par les pieds, on était sans doute tiré par
des cordes, et on n'avait garde de s'en apercevoir en y
portant les mains, puisqu'elles étaient embarrassées de
ces compositions de miel qu'il ne fallait pas lâcher. Ces
cavernes pouvaient être pleines de parfums et d'odeurs
qui troublaient le cerveau ; ces eaux de Léthé et de
Mnémosyne pouvaient aussi être préparées pour le
même effet. Je ne dis rien des spectacles et des bruits
dont on pouvait être épouvanté ; et quand on sortait
de là tout hors de soi, on disait ce qu'on avait vu ou
entendu, à des gens qui, profitant de ce désordre, le
recueillaient comme il leur plaisait, y changeaient ce
qu'ils voulaient, ou enfin en étaient toujours les interprètes.

Ajoutez à tout cela, que de ces oracles qui se rendaient par songes, il y en avait auxquels il fallait se
préparer par des jeûnes, comme celui d'Amphiaraüs
(Philostrate, liv. 2 de la vie d'Apollonius) dans l'Attique ; que si vos songes ne pouvaient pas recevoir quelque interprétation apparente, on vous faisait dormir
dans le temple sur nouveaux frais ; que l'on ne manquait
jamais de vous remplir l'esprit d'idées propres à vous
faire avoir des songes, où il entrât des dieux et des
choses extraordinaires ; et qu'on vous faisait dormir le

plus souvent sur des peaux de victimes, qui pouvaient avoir été frottées de quelque drogue qui fît son effet sur le cerveau.

Quand c'étaient les prêtres qui, en dormant sur les billets cachetés, avaient eux-mêmes les songes prophétiques, il est clair, que la chose est encore plus aisée à expliquer. En vérité, il y avait du superflu dans les soins que prenaient les prêtres païens pour cacher leurs impostures. Si on était assez crédule et assez stupide pour se contenter de leurs songes, et pour y ajouter foi, il n'était pas besoin qu'ils laissassent aux autres la liberté d'en avoir; ils pouvaient se réserver ce droit à eux seuls, sans qu'on y eût trouvé à redire. De la manière dont ces peuples étaient faits, c'était leur faire trop d'honneur que de les fourber avec quelque précaution et quelque adresse.

Croira-t-on bien qu'il y avait dans l'Achaïe un oracle de Mercure qui se rendait de cette sorte? Après beaucoup de cérémonies, on parle au dieu à l'oreille, et on lui demande ce qu'on veut. Ensuite on se bouche les oreilles avec les mains; on sort du temple, et les premières paroles qu'on entend au sortir de là, c'est la réponse du dieu. Encore, afin qu'il fût plus aisé de faire entendre, sans être aperçu, telles paroles qu'on voudrait, cet oracle ne se rendait que le soir.

CHAPITRE XVI.

Ambiguité des Oracles.

Un des plus grands secrets des oracles, et une des choses qui marquent autant que les hommes s'en mêlaient, c'est l'ambiguïté des réponses, et l'art qu'on avait de les accommoder à tous les événemens qu'on pouvait prévoir.

Lorsqu'Alexandre tomba malade tout d'un coup à Babylone, quelques uns des principaux de sa cour allèrent passer une nuit dans le temple de Sérapis, pour demander à ce dieu s'il ne serait point à propos de lui faire apporter le roi, afin qu'il le guérît. Le dieu répondit qu'il valait mieux pour Alexandre qu'il demeurât où il était. Sérapis avait raison; car s'il se le fût fait apporter, et qu'Alexandre fût mort en chemin, ou même dans le temple, que n'eût-on pas dit? Mais si le roi recouvrait sa santé à Babylone, quelle gloire pour l'oracle! S'il mourait, c'est qu'il lui était avantageux de mourir, après des conquêtes qu'il ne pouvait ni augmenter ni conserver. Il s'en fallut tenir à cette dernière interprétation, qui ne manqua pas d'être trouvée à l'avantage de Sérapis, sitôt qu'Alexandre fut mort.

Macrobe dit que quand Trajan eut pris le dessein d'aller attaquer les Parthes, on le pria d'en consulter l'oracle de la ville d'Héliopolis, auquel il ne fallait qu'envoyer un billet cacheté. Trajan ne se fiait point trop aux oracles, il voulut auparavant éprouver celui-là. Il y envoie un billet cacheté, où il n'y avait rien; on lui en renvoie autant: voilà Trajan convaincu de la divinité de l'oracle. Il y envoie une seconde fois un autre billet cacheté, par lequel il demandait au dieu s'il retournerait à Rome après avoir mis fin à la guerre qu'il entreprenait. Le dieu ordonna que l'on prît une vigne qui était une des offrandes de son temple, qu'on la mît par morceaux, et qu'on la portât à Trajan. L'événement, dit Macrobe, fut parfaitement conforme à cet oracle; car Trajan mourut à cette guerre, et on reporta à Rome ses os qui avaient été représentés par la vigne rompue.

Tout le monde savait assurément que l'empereur songeait à faire la guerre aux Parthes, et qu'il ne consultait l'oracle que sur cela; et l'oracle eut l'esprit de lui rendre une réponse allégorique et si générale, qu'elle ne pouvait manquer d'être vraie. Car, que Trajan retournât à Rome victorieux, mais blessé, ou ayant perdu une partie de ses soldats; qu'il fût vaincu, et que son armée fût mise en fuite; qu'il y arrivât seulement quelque division; qu'il en arrivât dans celles des Parthes; qu'il en arrivât même dans Rome, en l'absence de l'empereur; que les Parthes fussent absolument défaits; qu'ils ne fussent défaits qu'en partie; qu'ils fussent abandonnés de quelques uns de leurs alliés, la vigne rompue convenait merveilleusement à tous ces cas différens; il y eût eu bien du malheur, s'il n'en fût arrivé aucun; et je crois que les os de l'empereur reportés à Rome, sur quoi l'on fit tomber l'explication de l'oracle, étaient pourtant la seule chose à quoi l'oracle n'avait point pensé.

A propos de cette vigne, je ne crois pas devoir oublier une espèce d'oracle qui s'accommodait à tout, dont Apulée nous apprend que les prêtres de la déesse de Syrie avaient été les inventeurs. Ils avaient fait deux vers dont le sens était : *Les bœufs attelés coupent la terre, afin que les campagnes produisent leurs fruits.* Avec ces deux vers, il n'y avait rien à quoi ils ne répondissent. Si on les venait consulter sur un mariage, c'était la même chose, des bœufs attelés ensemble, des campagnes fécondes. Si on les consultait sur quelque terre que l'on voulait acheter, voilà des bœufs pour la labourer, voilà des champs fertiles. Si on les consultait sur un voyage, les bœufs sont attelés et tout prêts à partir, et ces campagnes fécondes vous promettent un grand gain. Si on allait à la guerre, ces bœufs, sous le joug, ne nous annoncent-ils pas que vous y mettrez aussi vos ennemis? Cette déesse de Syrie apparemment n'aimait pas à parler, et elle avait trouvé moyen de satisfaire par une seule réponse, à toutes sortes de questions.

Ceux qui recevaient ces oracles ambigus, prenaient volontiers la peine d'y ajuster l'événement, et se chargeaient eux-mêmes de le justifier. Souvent ce qui n'avait eu qu'un sens dans l'intention de celui qui avait rendu l'oracle, se trouvait en avoir deux après l'événement; et le fourbe pouvait se reposer sur ceux qu'il fourbait, du soin de sauver son honneur. Quand le faux prophète Alexandre répondit à Rutilien, qui lui demandait quels précepteurs il donnerait à son fils, qu'il lui donnât Pythagore et Homère, il entendit tout simplement qu'on lui fît étudier la philosophie et les belles-lettres. Le jeune homme mourut peu de jours après, et on représentait à Rutilien que son prophète s'était bien mépris. Mais Rutilien trouvait, avec beaucoup de subtilité, la mort de son fils annoncée dans l'oracle parce qu'on lui donnait pour précepteurs Pythagore et Homère, qui étaient morts.

CHAPITRE XVII.

Fourberies des Oracles manifestement découvertes.

Il n'est plus question de deviner les finesses des prêtres par des moyens qui pourraient eux-mêmes paraître trop fins : un temps a été qu'on les a découvertes de toutes parts aux yeux de toute la terre; ce fut quand la religion chrétienne triompha hautement du paganisme sous les empereurs chrétiens.

Théodoret dit que Théophile, évêque d'Alexandrie, fit voir à ceux de cette ville les statues creuses où les prêtres entraient par des chemins cachés, pour y rendre les oracles.

Lorsque, par l'ordre de Constantin, on abattit le temple d'Esculape à Égès en Cilicie, *on en chassa*, dit Eusèbe dans la vie de cet empereur, *non pas un dieu ni un démon, mais le fourbe qui avait si long-temps imposé à la crédulité des peuples*. A cela il ajoute, en général, que, dans les simulacres des dieux abattus, on n'y trouvait rien moins que des dieux ou des démons ; non pas même quelques malheureux spectres obscurs et ténébreux ; mais seulement du foin et de la paille, ou des ordures, ou des os de morts. C'est de lui que nous apprenons l'histoire de ce Théotecnus, qui consacra, dans la ville d'Antioche, une statue de Jupiter, dieu de l'Amitié, à laquelle il fit sans doute rendre des oracles, puisqu'Eusèbe dit que ce dieu avait des prophètes. Théotecnus se mit par là en si grand crédit, que Maximin le fit gouverneur de toute la province. Mais Lucinius étant venu à Antioche, et se doutant de l'imposture, y fit mettre à la question les prêtres et les prophètes de ce nouveau Jupiter. Il avouèrent tout, et furent punis du dernier supplice, eux et leurs associés; et avant eux tous, Théotecnus leur maître. Le même Eusèbe nous assure encore, au 4ᵉ livre de la *Préparation évangélique* que de son temps le plus fameux prophète d'entre les païens et leurs théologiens les plus célèbres, dont quelques uns même étaient magistrats dans leurs villes, avaient été obligés, par les tourmens, d'expliquer en détail tout l'appareil de la fourberie des oracles. S'il s'agissait présentement de ce que les chrétiens en ont cru, tous ces passages d'Eusèbe décideraient, ce me semble, la question. On plaçait les démons dans un certain système général qui servait pour les disputes : mais quand on venait à un point de fait particulier, on ne parlait guère d'eux; au contraire, on leur donnait nettement l'exclusion.

Je ne crois pas qu'il puisse jamais y avoir de meilleurs témoins contre les démons que les prêtres païens ; ainsi, après leurs dépositions, la chose me paraît terminée. J'ajouterai seulement ici un chapitre sur les *sorts*, non pas pour en découvrir l'imposture, car cela est compris dans ce que nous avons dit sur les oracles, et de plus elle se découvre assez d'elle-même, mais pour ne pas oublier une espèce d'oracles très fameux dans l'antiquité.

CHAPITRE XVIII.

Des Sorts.

Le sort est l'effet du hasard, et comme la décision ou l'oracle de la fortune; mais les sorts sont les instrumens dont on se sert pour savoir quelle est cette décision.

Les sorts étaient le plus souvent des espèces de dés, sur lesquels étaient gravés quelques caractères, ou quelques mots dont on allait chercher l'explication dans des tables faites exprès. Les usages étaient différens sur les sorts : dans quelques temples, on les jetait soi-même ; dans d'autres, on les faisait sortir d'une urne, d'où est venue cette manière de parler si ordinaire aux Grecs, *le sort est tombé.*

Ce jeu de dés était toujours précédé de sacrifices et de beaucoup de cérémonies. Apparemment les prêtres savaient manier les dés ; mais s'ils ne voulaient pas prendre cette peine, ils n'avaient qu'à les laisser aller ; ils étaient toujours maîtres de l'explication.

Les Lacédémoniens allèrent un jour consulter les sorts de Dodone, sur quelque guerre qu'ils entreprenaient ; car outre les chênes parlans, et les colombes, et les bassins, et l'oracle, il y avait encore des sorts à Dodone. Après toutes les cérémonies faites, sur le point qu'on allait jeter les sorts avec beaucoup de respect et de vénération, voilà un singe du roi des Molosses, qui, étant entré dans le temple, renverse les sorts et l'urne. La prêtresse, effrayée, dit aux Lacédémoniens qu'ils ne devaient pas songer à vaincre, mais seulement à se sauver ; et tous les écrivains (Cicéron, livre 2 de la *Divination*) assurent que jamais Lacédémone ne reçut un présage plus funeste.

Les plus célèbres entre les sorts étaient à Préneste et à Antium, deux petites villes d'Italie. A Préneste était la fortune, et à Antium les fortunes.

Les fortunes d'Antium avaient cela de remarquable, que c'étaient des statues qui se remuaient d'elles-mêmes, selon le témoignage de Macrobe, liv. 1, chap. 23, et dont les mouvemens différens, ou servaient de réponse, ou marquaient si l'on pouvait consulter les sorts.

Un passage de Cicéron, au livre 2 de la *Divination*, où il dit que l'on consultait les sorts de Préneste par le consentement de la fortune, peut faire croire que cette fortune savait aussi remuer la tête, ou donner quelque autre signe de ses volontés.

Nous trouvons encore quelques statues qui avaient cette même propriété. Diodore de Sicile et Quinte-Curce disent que Jupiter Ammon était porté par quatre-vingts prêtres dans une gondole d'or, d'où pendaient des coupes d'argent ; qu'il était suivi d'un grand nombre de femmes et de filles, qui chantaient des hymnes en langue du pays ; et que ce Dieu, porté par ses prêtres, les conduisait en leur marquant par quelques mouvemens où il voulait aller.

Le dieu d'Héliopolis de Syrie, selon Macrobe, en faisait autant. Toute la différence était qu'il voulait être porté par des gens les plus qualifiés de la province, qui eussent long-temps auparavant vécu en continence, et qui se fussent fait raser la tête.

Lucien, dans le traité *de la déesse de Syrie*, dit qu'il a vu un Apollon encore plus miraculeux ; car étant porté sur les épaules de ses prêtres, il s'avisa de les laisser là, et de se promener par les airs, et cela aux yeux d'un homme tel que Lucien ; ce qui est considérable.

Je suis si las de découvrir les fourberies des prêtres païens, et je suis si persuadé aussi qu'on est las de m'en entendre parler, que je ne m'amuserai point à dire comment on pouvait faire jouer de pareilles marionnettes.

Dans l'Orient, les sorts étaient des flèches, et aujourd'hui encore les Turcs et les Arabes s'en servent de la même manière. Ezéchiel dit que Nabuchodonosor mêla ses flèches contre Ammon et Jérusalem, et que la flèche sortit contre Jérusalem. C'était là une belle manière de résoudre auquel de ces deux peuples il ferait la guerre.

Dans la Grèce et dans l'Italie, on tirait souvent les sorts de quelque poète célèbre, comme Homère ou Euripide; ce qui se présentait à l'ouverture du livre était l'arrêt du ciel. L'histoire en fournit mille exemples.

On voit même que quelque deux cents ans après la mort de Virgile, on faisait déjà assez de cas de ses vers pour les croire prophétiques, et pour les mettre en la place des sorts qui avaient été à Préneste. Car Alexandre Sévère, encore particulier, et dans le temps que l'empereur Héliogabale ne lui voulait pas de bien, reçut pour réponse, dans le temple de Préneste, cet endroit de Virgile dont le sens est : *Si tu peux surmonter les destins contraires, tu seras Marcellus.*

Ici mon auteur se souvient que Rabelais à parlé des *sorts virgilianes*, que Panurge va consulter sur son mariage; et il trouve cet endroit du livre aussi savant qu'il est agréable et badin. Il dit que les bagatelles et les sottises de Rabelais valent souvent mieux que les discours les plus sérieux des autres. Je n'ai point voulu oublier cet éloge, parce que c'est une chose singulière de le rencontrer au milieu d'un traité des oracles, plein de science et d'érudition. Il est certain que Rabelais avait beaucoup d'esprit et de lecture, et un art très particulier de débiter des choses savantes comme de pures fadaises, et de dire de pures fadaises, le plus souvent sans ennuyer. C'est dommage qu'il n'ait vécu dans un siècle qui l'eût obligé à plus d'honnêteté et de politesse.

Les sorts passèrent jusques dans le christianisme; on les prit dans les livres sacrés, au lieu que les païens les prenaient dans leurs poètes. Saint Augustin, dans l'épître 119 à Januarius, paraît ne désapprouver cet usage que sur ce qui regarde les affaires du siècle. Grégoire de Tours nous apprend lui-même quelle était sa pratique; il passait plusieurs jours dans le jeûne et dans la prière: ensuite il allait au tombeau de saint Martin, où il ouvrait tel livre de l'Ecriture qu'il voulait, et il prenait pour la réponse de Dieu, le premier passage qui s'offrait à ses yeux. Si ce passage ne faisait rien au sujet, il ouvrait un autre livre de l'Ecriture.

D'autres prenaient pour sort divin la première chose qu'ils entendaient chanter en entrant dans l'Eglise.

Mais qui croirait que l'empereur Héraclius, délibérant en quel lieu il ferait passer l'hiver à son armée, se détermina par cette espèce de sort? Il fit purifier son armée pendant trois jours, ensuite il ouvrit le livre des Évangiles, et trouva que son quartier d'hiver lui était marqué dans l'Albanie. Était-ce là une affaire dont on pût espérer de trouver la décision dans l'Écriture?

L'Eglise est enfin venue à bout d'exterminer cette superstition; mais il lui a fallu du temps. Du moment que l'erreur est en possession des esprits, c'est une merveillle si elle ne s'y maintient toujours.

DEUXIÈME DISSERTATION.

Que les Oracles n'ont point cessé au temps de la venue de Jésus-Christ.

La plus grande difficulté qui regarde les oracles, est surmontée, depuis que nous avons reconnu que les démons n'ont point dû y avoir de part. Les oracles étant ainsi devenus indifférens à la religion chrétienne, on ne s'intéressera plus à les faire finir précisément à la venue de Jésus-Christ.

CHAPITRE PREMIER.

Faiblesse des raisons sur lesquelles cette opinion est fondée.

Ce qui a fait croire à la plupart des gens que les oracles avaient cessé à la venue de Jésus-Christ, ce sont les oracles mêmes qui ont été rendus sur le silence des oracles, et l'aveu des païens qui, vers le temps de Jésus-Christ, disent souvent qu'ils ont cessé.

Nous avons déjà vu la fausseté de ces prétendus oracles, par lesquels un démon, devenu muet, disait lui-même, qu'il était muet. Ils ont été, ou supposés par le trop de zèle des chrétiens, ou trop facilement reçus par leur crédulité.

Voici un de ceux sur lesquels Eusèbe se fonde pour soutenir que la naissance de Jésus-Christ les a fait cesser. Il est tiré de Porphyre, et Eusèbe ne manque jamais de se prévaloir autant qu'il peut du témoignage de cet ennemi.

« Je t'apprendrai la vérité sur les oracles et de Delphes » et de Claros, *disait Apollon à son prêtre*. Autrefois il sor- » tit du sein de la terre une infinité d'oracles, et des fon- » taines, et des exhalaisons qui inspiraient des fureurs » divines. Mais la terre, par les changemens continuels » que le temps amène, a repris et fait rentrer en elle- » même, et fontaines, et exhalaisons, et oracles. Il ne » reste plus que les eaux de Micale, dans les campagnes » de Didyme, et celles de Claros, et l'oracle du Par- » nasse. » Sur cela Eusèbe conclut, en général, que tous les oracles avaient cessé.

Il est certain qu'il y en a du moins trois d'exceptés, selon cet oracle qu'il rapporte lui-même; mais il ne songe qu'à ce commencement qui lui est favorable, et ne s'inquiète point du reste.

Mais cet oracle de Porphyre nous dit-il quand tous ces autres oracles avaient cessé? point du tout. Eusèbe veut l'entendre du temps de la venue de Jésus-Christ. Son zèle est louable, mais sa manière de raisonner ne l'est pas tout-à-fait.

Et quand même l'oracle de Porphyre parlerait du temps de Jésus-Christ, il s'ensuivrait qu'alors plusieurs oracles cessèrent, mais qu'il en resta pourtant encore quelques uns.

Eusèbe a peut-être cru que cette exception n'était rien, et qu'il suffisait que le plus grand nombre d'ora- cles eût cessé; mais cela ne va pas ainsi. Si les oracles ont été rendus par des démons, que la naissance de Jésus-Chraist ait condamnés au silence, nul démon n'a été privilégié. Qu'il soit resté un seul oracle après

Jésus-Christ, il ne m'en faut pas davantage; ce n'est point sa naissance qui a fait taire les oracles. C'est ici un de ces cas, où la moindre exception ruine la proposition générale.

Mais peut-être les démons, à la naissance de Jésus-Christ, ont cessé de rendre des oracles, et les oracles n'ont pas laissé de continuer, parce que les prêtres les ont contrefaits.

Cette proposition serait sans aucun fondement. Je prouverai que les oracles ont duré quatre cents ans après Jésus-Christ. On n'a remarqué aucune différence entre ces oracles qui ont suivi la naissance de Jésus-Christ, et ceux qui l'avaient précédée. Si les prêtres ont si bien fourbé pendant quatre cents ans, pourquoi ne l'ont-ils pas toujours fait?

Un des auteurs païens qui a le plus servi à faire croire que les oracles avaient cessé à la venue de Jésus-Christ, c'est Plutarque. Il vivait quelque cent ans après Jésus-Christ, et il a fait un dialogue sur les oracles qui avaient cessé. Bien des gens, sur ce titre seul, ont formé leur opinion, et pris leur parti. Cependant Plutarque excepte positivement l'oracle de Lébadie, c'est-à-dire de Trophonius, et celui de Delphes, où il dit qu'il fallait anciennement deux prêtresses, bien souvent trois, mais qu'alors c'était assez d'une. Du reste, il avoue que les oracles étaient taris dans la Béotie, qui en avait été autrefois une source très féconde.

Tout cela prouve la cessation de quelques oracles et la diminution de quelques autres, mais non pas la cessation entière de tous les oracles; ce qui serait pourtant absolument nécessaire pour le système commun,

Encore l'oracle de Delphes n'était-il pas si fort déchu du temps de Plutarque ; car lui-même, dans un autre traité, nous dit que le temple de Delphes était plus magnifique qu'on ne l'avait jamais vu ; qu'on en avait relevé d'anciens bâtimens que le temps commençait à ruiner, et qu'on y en avait ajouté d'autres tout modernes ; que même on voyait une petite ville qui, s'étant formée peu à peu auprès de Delphes, en tirait sa nourriture comme un petit arbre qui pousse au pied d'un grand, et que cette petite ville était parvenue à être plus considérable qu'elle n'avait été depuis mille ans. Mais dans ce dialogue même des oracles qui ont cessé, Démétrius Cilicien, l'un des interlocuteurs, dit qu'avant qu'il commençât ses voyages, les oracles d'Amphilochus et de Mopsus en son pays étaient aussi florissans que jamais ; que véritablement depuis qu'il en était parti, il ne savait pas ce qui leur pouvait être arrivé.

Voilà ce qu'on trouve dans ce traité de Plutarque, auquel je ne sais combien de gens savans vous renvoient, pour vous prouver que les oracles ont cessé à la venue de Jésus-Christ.

Ici mon auteur prétend qu'on est tombé aussi dans une méprise grossière sur un passage du second livre de la *Divination*. Cicéron se moque d'un oracle qu'on disait qu'Apollon avait rendu en latin à Pyrrhus, qui le consultait sur la guerre qu'il allait faire aux Romains. Cet oracle est équivoque, de sorte qu'on ne sait s'il veut dire que Pyrrhus vaincra les Romains, ou que les Romains vaincront Pyrrhus. L'équivoque est attachée à la construction de la phrase latine, et nous ne la saurions rendre en français. Voici les propres termes de Cicéron sur cet oracle.

« Premièrement, *dit-il*, Apollon n'a jamais parlé
» latin. Secondement, les Grecs ne connaissent point
» cet oracle. Troisièmement, Apollon, du temps de
» Pyrrhus, avait déjà cessé de faire des vers. Enfin,
» quoique les Éacides, de la famille desquels était Pyr-
» rhus, ne fussent pas gens d'un esprit bien fin ni bien
» pénétrant, cependant l'équivoque de l'oracle était
» si manifeste, que Pyrrhus eût dû s'en apercevoir...
» Mais ce qui est le principal, pourquoi y a-t-il déjà
» longtemps qu'il ne se rend plus d'oracles à Delphes
» de cette sorte, ce qui fait qu'il n'y a présentement
» rien de plus méprisé ? »

C'est sur ces dernières paroles que l'on s'est fondé, pour dire que, du temps de Cicéron, il ne se rendait plus d'oracles à Delphes.

Mon auteur dit qu'on se trompe, et que ces mots : *Pourquoi ne se rend-il plus d'oracles de cette sorte ?* marquent bien que Cicéron ne parle que des oracles en vers, puisqu'il était alors question d'un oracle renfermé en un vers.

Je ne sais s'il faut être tout-à-fait de son avis ; car voici comme Cicéron continue immédiatement. « Ici,
» quand on presse les défenseurs des oracles, ils ré-
» pondent que cette vertu, qui était dans l'exhalaison
» de la terre, et qui inspirait la Pythie, s'est évaporée
» avec le temps. Vous diriez qu'ils parlent de quelque
» vin qui a perdu sa force. Quel temps peut consumer
» ou épuiser une vertu toute divine ? Or, qu'y a-t-il de
» plus divin qu'une exhalaison de la terre qui fait un
» tel effet sur l'âme, qu'elle lui donne, et la connais-
» sance de l'avenir, et le moyen de s'en expliquer en
» vers ? »

Il me semble que Cicéron entend que la vertu tout
entière avait cessé, et il eût bien vu qu'il en eût toujours
dû demeurer une bonne partie, quand il ne se fût plus
rendu à Delphes que des oracles en prose. N'est-ce donc
rien qu'une prophétie, à moins qu'elle ne soit en vers?

Je ne crois pas qu'on ait eu tant de tort de prendre
ce passage pour une preuve de la cessation entière de
l'oracle de Delphes; mais on a eu tort de prétendre en
tirer avantage pour attribuer cette cessation à la naissance de Jésus-Christ. L'oracle a cessé trop tôt, puisque, selon ce passage, il avait cessé long-temps avant
Cicéron.

Mais il n'est pas vrai que la chose soit comme Cicéron
paraît l'avoir entendue en cet endroit. Lui-même, au
premier livre de la *Divination*, fait parler en ces termes
Quintus son frère, qui soutient les oracles : « Je m'ar-
» rête sur ce point. Jamais l'oracle de Delphes n'eût
» été si célèbre, et jamais il n'eût reçu tant d'offrandes
» des peuples et des rois, si de tout temps on n'eût
» reconnu la vérité de ses prédictions. Il n'est pas si
» célèbre présentement. Comme il l'est moins, parce
». que ses prédictions sont moins vraies, jamais, si
» elles n'eussent été extrêmement vraies, il n'eût été
» célèbre au point qu'il l'a été. »

Mais ce qui est encore plus fort, Cicéron même, à
ce que dit Plutarque dans sa vie, avait dans sa jeunesse
consulté l'oracle de Delphes sur la conduite qu'il devait tenir dans le monde, et il lui avait été répondu
qu'il suivît son génie plutôt que de se régler sur les
opinions vulgaires. S'il n'est pas vrai que Cicéron ait
consulté l'oracle de Delphes, il faut du moins que, du
temps de Cicéron, on le consultât encore.

CHAPITRE II.

Pourquoi les auteurs anciens se contredisent souvent sur le temps de la cessation des Oracles.

D'où vient donc, dira-t-on, que Lucain, au cinquième livre de la Pharsale, parle en ces termes de l'oracle de Delphes? « L'oracle de Delphes, qui a gardé
» le silence depuis que les grands ont redouté l'avenir,
» et ont défendu aux dieux de parler, est la plus consi-
» dérable de toutes les faveurs du ciel que notre siècle
» a perdues. *Et peu après:* Appius, qui voulait savoir
» quelle serait la destinée de l'Italie, eut la hardiesse
» d'aller interroger cette caverne depuis si long-temps
» muette, et d'aller remuer ce trépied oisif depuis si
» long-temps. »

D'où vient que Juvénal dit en un endroit, *puisque l'oracle ne parle plus à Delphes.*

D'où vient enfin que, parmi les auteurs d'un même temps, on en trouve qui disent que l'oracle de Delphes ne parle plus, d'autres qui disent qu'il parle encore? Et d'où vient que quelquefois un même auteur se contredit sur ce chapitre?

C'est qu'assurément les oracles n'étaient plus dans leur ancienne vogue, et qu'aussi ils n'étaient pas encore tout-à-fait ruinés. Ainsi, par rapport à ce qu'ils avaient été autrefois, ils n'étaient plus rien ; et en effet, ils ne laissaient pourtant pas d'être encore quelque chose.

Il y a plus : il arrivait qu'un oracle était ruiné pour un temps, et qu'ensuite il se relevait ; car les oracles étaient sujets à diverses aventures. Il ne les faut pas croire anéantis, du moment qu'on les voit muets; ils, pourront reprendre la parole.

Plutarque dit qu'anciennement un dragon, qui s'était venu loger sur le Parnasse, avait fait déserter l'oracle de Delphes; qu'on croyait communément que c'était la solitude qui y avait fait venir le dragon : mais qu'il y avait plus d'apparence que le dragon y avait causé la solitude; que depuis, la Grèce s'était remplie de villes, etc.

Vous voyez que Plutarque vous parle d'un temps assez éloigné. Ainsi l'oracle, depuis sa naissance, avait déjà été abandonné une fois; ensuite, il est sûr qu'il s'était merveilleusement bien rétabli.

Après cela, le temple de Delphes essuya diverses fortunes. Il fut pillé par un brigand descendu de Phlegios, par l'armée de Xercès, par les Phocenses, par Pyrrhus, par Néron, enfin par les chrétiens sous Constantin. Tout cela ne faisait pas de bien à l'oracle : les prêtres étaient, ou massacrés, ou dispersés; on abandonnait le lieu; les ustensiles sacrés étaient perdus : il fallait des soins, des frais et du temps pour remettre l'oracle sur pied.

Il se peut donc faire que Cicéron ait, pendant sa jeunesse, consulté l'oracle de Delphes; que pendant la guerre de César et de Pompée, et dans ce désordre général de l'univers, l'oracle ait été muet, comme le veut Lucain; qu'enfin, après la fin de cette guerre, lorsque Cicéron écrivait ses livres de philosophie, il commençât à se rétablir assez pour donner lieu à Quintus de dire qu'il était encore au monde, et assez peu pour donner lieu à Cicéron de supposer qu'il n'y était plus.

Quand Dorimaque, au rapport de Polybe, brûla les

portiques du temple de Dodone, renversa de fond en comble le lieu sacré de l'oracle, pilla ou ruina toutes les offrandes, un auteur de ce temps-là aurait bien pu dire que l'oracle de Dodone ne parlait plus. Cela n'empêcherait pas que, dans le siècle suivant, on ne trouvât un autre auteur qui en rapporterait quelque réponse.

CHAPITRE III.

Histoire de la durée de l'Oracle de Delphes, et de quelques autres Oracles.

Nous ne saurions mieux prouver, que vers le temps de la naissance de Jésus-Christ, où l'on parle tant du silence de l'oracle de Delphes, il n'avait pas cessé tout-à-fait, mais était seulement interrompu, qu'en rapportant toutes les occasions différentes où l'on trouve, depuis ce temps-là, qu'il a parlé.

Suétone, dans la vie de Néron, dit que l'oracle de Delphes l'avertit qu'il se donnât de garde des soixante-treize ans; que Néron crut qu'il ne devait mourir qu'à cet âge-là, et ne songea point au vieux Galba, qui, étant âgé de soixante-treize ans, lui ôta l'empire. Cela le persuada si bien de son bonheur, qu'ayant perdu par un naufrage des choses d'un très grand prix, il se vanta que les poissons les lui rapporteraient.

Il fallait qu'il eût reçu du même oracle de Delphes quelque réponse qui lui parût moins agréable, ou qu'il ne se contentât plus d'être destiné à vivre soixante-treize ans, lorsqu'il ôta aux prêtres de Delphes les champs de Cirrhe pour les donner à des soldats; qu'il enleva du temple plus de 500 statues, soit d'hommes, soit de dieux, toutes de bronze; et que, pour profaner ou pour abolir à jamais l'oracle, il fit égorger des hommes à l'ouverture de la caverne sacrée, d'où sortait l'esprit divin.

Que l'oracle, après une telle aventure, ait été muet jusqu'au temps de Domitien, en sorte que Juvénal ait pu dire alors que Delphes ne parlait plus, cela est merveilleux.

Cependant il ne faut pas qu'il ait été tout-à-fait muet depuis Néron jusqu'à Domitien ; car voici comme parle Philostrate, dans la vie d'Apollonius de Tyane, qui a vu Domitien : « Apollonius visita tous les oracles de la » Grèce, et celui de Dodone, et celui de Delphes, et » celui d'Amphiaraüs, etc. » Ailleurs il parle encore ainsi : « Vous pouvez voir Apollon de Delphes, illustre » par les oracles qu'il rend au milieu de la Grèce. Il » répond à ceux qui le consultent, comme vous le sa- » vez vous-même, en peu de paroles, et sans accompa- » gner sa réponse de prodiges, quoiqu'il lui fût fort » aisé de faire trembler le Parnasse, d'arrêter la course » du Céphyse, et de changer les eaux de Castalie en » vin. Il vous dit simplement la vérité, et ne s'amuse » point à faire une montre inutile de son pouvoir. » Il est assez plaisant que Philostrate prétende faire valoir son Apollon, parce qu'il n'était pas grand faiseur de miracles. Il pourrait y avoir en cet endroit-là quelque venin contre les chrétiens.

Nous avons vu comment, du temps de Plutarque, qui vivait sous Trajan, cet oracle était encore sur pied, quoique réduit à une seule prêtresse, après en avoir eu deux ou trois. Sous Adrien, Dion Chrysostôme dit qu'il consulta l'oracle de Delphes, et il en rapporta une réponse qui lui parut assez embarrassée, et qui l'est effectivement.

Sous les Antonins, Lucien dit qu'un prêtre de Tyane alla demander à ce faux prophète Alexandre, si les oracles, qui se rendaient alors à Didyme, à Claros et à Delphes, étaient véritablement des réponses d'Apollon, ou des impostures. Alexandre eut des égards pour ces oracles qui étaient de la nature du sien, et répondit aux prêtres qu'il n'était pas permis de savoir cela. Mais quand cet habile prêtre demanda ce qu'il serait après sa mort, on lui répondit hardiment : « Tu » seras chameau, puis cheval, puis philosophe, puis » prophète aussi grand qu'Alexandre. »

Après les Antonins, trois empereurs se disputèrent l'empire, Severus Septimus, Pescennius Niger, Clodius Albinus. « On consulta Delphes, *dit Spartien*, » pour savoir lequel des trois la république devait » souhaiter; et l'oracle répondit en un vers : le noir » est le meilleur, l'africain est bon, le blanc est le » pire. » Par le noir, on entendait Pescennius Niger, par l'africain Sévère, qui était d'Afrique, et par le blanc, Clodius Albinus. On demanda ensuite qui demeurerait le maître de l'empire; et il fut répondu : « On versera le sang du blanc et du noir, l'africain » gouvernera le monde. » On demande encore combien de temps il gouvernerait, et il fut répondu : « Il mon- » tera sur la mer d'Italie avec vingt vaisseaux, si cepen- » dant un vaisseau peut traverser la mer; » par où l'on entendit que Sévère régnerait vingt ans. Il est vrai que l'oracle se réservait une restriction obscure pour se pouvoir sauver en cas de besoin; mais enfin, dans le temps que Delphes était le plus florissant, il ne s'y rendait pas de meilleurs oracles que ceux-là.

On trouve cependant que Clément Alexandrin, dans son exhortation aux gentils, qu'il a composée, ou sous Sévère, ou à peu près en ce temps là, dit nettement que la fontaine de Castalie qui appartenait à l'oracle de Delphes, et celle de Colophon, et toutes les autres fontaines prophétiques, avaient enfin, quoique tard, perdu leurs vertus fabuleuses.

Peut-être en ce temps là ces oracles tombèrent-ils dans un de ces silences auxquels ils étaient devenus sujets par intervalles; peut-être parce qu'ils n'étaient plus guère en vogue, Clément Alexandrin aimait-il autant dire qu'ils ne subsistaient plus du tout.

Il est toujours certain que sous Constantius, père de Constantin, et pendant la jeunesse de Contantin, Delphes n'était pas encore ruiné, puisque Eusèbe fait dire à Constantin, dans sa vie, que le bruit courait alors qu'Apollon avait rendu un oracle, non par la bouche d'une prêtresse, mais du fond de son obscure caverne, par lequel il disait que les hommes justes, qui étaient en terre, étaient cause qu'il ne pouvait plus dire vrai. Voilà un plaisant aveu. De plus, il fallait que l'oracle de Delphes fut alors bien misérable, puisqu'on en avait retranché la dépense d'une prêtresse.

Il reçut un terrible coup sous Constantin, qui commanda ou qui permit que l'on pillât Delphes. « Alors,
» *dit Eusèbe, dans la vie de Constantin*, on produisit aux
» yeux du peuple, dans les places de Constantinople,
» ces statues, dont l'erreur des hommes avait fait si
» long-temps des objets de vénération et de culte. Ici,
» l'Apollon Pythien ; là le Sminthien, les trépieds

» dans le cirque, et les muses Héliconides dans le pa-
» lais, furent exposés aux railleries de tout le monde. »

L'oracle de Delphes se releva pourtant encore une fois. L'empereur Julien l'envoya consulter sur l'expédition qu'il méditait contre les Perses. Si l'oracle de Delphes a été plus loin ; du moins nous ne pouvons pas pousser plus loin son histoire. Il n'en est plus parlé dans les livres; mais en effet il y a bien de l'apparence que c'est là le temps où il cessa, et que ses dernières paroles s'adressèrent à l'empereur Julien, qui était si zélé pour le paganisme. Je ne sais pas trop bien comment de grands hommes ont pu mettre Auguste en la place de Julien, et avancer hardiment que l'oracle de Delphes avait fini par la réponse qu'il avait rendue à Auguste sur l'enfant hébreu.

Quelques auteurs modernes, qui ont trouvé cet oracle digne d'une fin éclatante, lui en ont fait une. Ils ont lu dans Sozomène et dans Théodoret, que sous Julien le feu avait pris au temple d'Apollon, qui était dans un faubourg d'Antioche, appelé Daphné, sans qu'on eût pu découvrir l'auteur ou la cause de cet incendie; que les païens en accusaient les chrétiens, et que les chrétiens l'attribuaient à un foudre lancé de la main de Dieu. A la vérité, Théodoret dit que le tonnerre était tombé sur ce temple; mais Sozomène n'en parle point. Ces modernes se sont avisés de transporter cet événement au temple de Delphes, qui était fort éloigné de là, et de dire que, par une juste vengeance de Dieu, les foudres l'avaient renversé au milieu d'un grand tremblement de terre. Ce tremblement de terre, dont ni Sozomène, ni Théodoret ne parlent dans l'incendie même de Daphné, a été mis là pour tenir compagnie aux foudres, et pour honorer l'aventure.

Ce serait une chose ennuyeuse de faire l'histoire de la durée de tous les oracles depuis la naissance de Jésus-Christ : il suffira de remarquer en quels temps on trouve que quelques uns des principaux ont parlé pour la dernière fois ; et souvenez-vous toujours que ce n'est pas à dire qu'ils aient effectivement parlé pour la dernière fois, dans la dernière occasion où les auteurs nous apprennent qu'ils aient parlé.

Dion, qui ne finit son histoire qu'à la huitième année d'Alexandre Sévère, c'est-à-dire l'an 230 de Jésus-Christ, dit que de son temps, Amphilocus rendait encore des oracles en songes. Il nous apprend aussi qu'il y avait dans la ville d'Apollonie un oracle, où l'avenir se déclarait par la manière dont le feu prenait à l'encens qu'on jetait sur un autel. Il n'était permis de faire à cet oracle des questions ni de mort, ni de mariage. Ces restrictions bizarres étaient quelquefois fondées sur l'histoire particulière du dieu qui avait eu sujet, pendant sa vie, de prendre de certaines choses en aversion. Je crois aussi qu'elles pouvaient venir quelquefois du mauvais succès qu'avaient eu les réponses de l'oracle sur de certaines matières.

Sous Aurélien, vers l'an de Jésus-Christ 272, les Palmiréniens révoltés consultèrent un oracle d'Apollon Sarpédonien en Cilicie. Ils consultèrent encore celui de Vénus Aphacite, dont la forme était assez singulière pour mériter d'être rapportée ici. Aphaca est un lieu entre Héliopolis et Biblos. Auprès du temple de Vénus, est un lac semblable à une citerne. A de certaines assemblées que l'on y fait dans des temps réglés, on voit dans ces lieux là un feu en forme de globe ou de lampe; et ce feu, dit Zozime, s'est vu jusqu'à notre temps, c'est-à-dire jusques vers l'an de Jésus-Christ 400. On jette dans le lac des présens pour la déesse : il n'importe de quelle espèce ils soient. Si elle les reçoit, ils vont au fond ; si elle ne les reçoit pas, ils surnagent, fût-ce de l'argent ou de l'or. L'année qui précéda la ruine des Palmiréniens, leurs présens allèrent au fond, mais l'année suivante tout surnagea.

Licinius ayant dessein de recommencer la guerre contre Constantin, consulta l'oracle d'Apollon de Didyme, et en eut pour réponse deux vers d'Homère, dont le sens est : « Malheureux vieillard, ce n'est point » à toi à combattre contre les jeunes gens; tu n'as point » de forces, et ton âge t'accable. »

Un dieu assez inconnu, nommé Besa, dit Ammian Marcellin, rendait encore des oracles sur des billets, à Abide, dans l'extrémité de la Thébaïde, sous l'empire de Constantius; car on envoya à cet empereur des billets qui avaient été laissés dans le temple de Besa, sur lesquels il commença à faire des informations très-rigoureuses, et jeta dans les prisons, ou envoya en exil, ou fit tourmenter cruellement un assez grand nombre de personnes. C'est que par ces billets on consultait le dieu sur la destinée de l'empire, ou sur la durée que devait avoir le règne de Constantius, ou même sur le succès de quelque dessein que l'on formait contre lui.

Enfin Macrobe, qui vivait sous Arcadius et Honorius, fils de Théodose, parle du dieu d'Héliopolis de Syrie et de son oracle, et des fortunes d'Antium, en des termes qui marquent positivement que tout cela subsistait encore de son temps.

Remarquez qu'il n'importe pour notre dessein que toutes ces histoires soient vraies, ni que ces oracles aient effectivement rendu les réponses qu'on leur attribue. On n'a pu attribuer de fausses réponses qu'à des oracles que l'on savait qui subsistaient encore effectivement; et les histoires que tant d'auteurs en ont débitées, prouvent du moins que l'on ne croyait pas qu'ils eussent cessé.

CHAPITRE IV.

Cessation générale des Oracles avec celle du Paganisme.

En général, les oracles n'ont cessé qu'avec le paganisme, et le paganisme ne cessa pas à la venue de Jésus-Christ.

Constantin abattit peu de temples, encore n'osa-t-il les abattre qu'en prenant le prétexte des crimes qui s'y commettaient. C'est ainsi qu'il fit renverser celui de Vénus Aphacite, et celui d'Esculape qui était à Éges en Cilicie, tous deux temples à oracles. Mais il défendit que l'on sacrifiât aux dieux, et commença à rendre, par cet édit, les temples inutiles.

On trouve des édits de Constantius et de Julien, alors Césars, par lesquels toute divination est défendue sur peine de la vie, non-seulement celle des astrologues, et des interprètes des songes, et des magiciens, mais aussi celle des augures et des aruspices, ce qui donnait une grande atteinte à la religion des Romains. Il est vrai que les empereurs avaient un intérêt particulier à défendre toutes les divinations, parce qu'on ne faisait autre chose que s'enquérir de leur destinée et principalement des successeurs qu'ils devaient avoir; et tel se révoltait et prétendait à l'empire, pour avoir été flatté par un devin.

Nous avons vu qu'il restait encore beaucoup d'oracles, lorsque Julien se vit empereur; mais de ceux qui étaient ruinés, il s'appliqua à en rétablir le plus qu'il put. Celui du faubourg de Daphné, par exemple, avait été détruit par Adrien, qui, pendant qu'il était encore particulier, ayant trempé une feuille dans la fontaine Castalienne (car il y en avait une de ce nom à Daphné aussi bien qu'à Delphes), avait trouvé sur cette feuille, en la retirant de l'eau, l'histoire de ce qui lui devait arriver, et des avis de songer à l'empire. Il craignait, quand il fut empereur, que cet oracle ne donnât le même conseil à quelque autre, et il fit jeter dans la fontaine sacrée une grande quantité de pierres dont on la boucha. Il y avait beaucoup d'ingratitude dans ce procédé : mais Julien, selon Ammian Marcellin, rouvrit la fontaine ; il fit ôter d'alentour les corps qui y étaient enterrés, et purifia le lieu de la même manière dont les Athéniens avaient autrefois purifié l'île de Délos.

Julien fit plus; il voulut être prophète de l'oracle de Didyme. C'était le moyen de remettre en honneur la prophétie qui n'était plus guère estimée. Il était souverain pontife, puisqu'il était empereur; mais les empereurs n'avaient pas coutume de faire grand usage de cette dignité sacerdotale. Pour lui, il prit la chose bien plus sérieusement; et nous voyons dans une de ses lettres qui sont venues jusqu'à nous, qu'en qualité de souverain pontife, il défend à un prêtre païen de faire, pendant trois mois, aucune fonction de prêtre. La lettre qu'il écrivit à Arsace, pontife de la Galatie, nous apprend de quelle manière il se prenait à faire refleurir le paganisme. Il se félicite d'abord des grands effets que son zèle a produits en fort peu de temps. Il juge que le meilleur secret pour rétablir le paganisme, est d'y transporter les vertus du christianisme, la charité pour les étrangers, le soin d'enterrer les morts, et la sainteté de vie que les chrétiens, dit-il, feignent si bien. Il veut que ce pontife, par raison ou par menaces, oblige les prêtres de la Galatie à vivre régulièrement, à s'abstenir des spectacles et des cabarets, à quitter tous les emplois bas ou infâmes, à s'adonner uniquement, avec toute leur famille, au culte des dieux, et à avoir l'œil sur les Galiléens, pour réprimer leurs impiétés et leurs profanations. Il remarque qu'il est honteux que les juifs et les Galiléens nourrissent, non-seulement leurs pauvres, mais ceux des païens, et que les païens abandonnent les leurs, et ne se souviennent plus que l'hospitalité et la libéralité sont des vertus qui leur sont propres, puisque Homère fait ainsi parler Eumée : « Mon hôte, quand il me vien» drait quelqu'un moins considérable que toi, il ne » me serait pas permis de ne le point recevoir. Tous » viennent de la part de Jupiter, et étrangers et pau» vres. Je donne peu, mais je donne avec joie. » Enfin, il dit quelles distributions il a ordonné que l'on fasse tous les ans aux pauvres de la Galatie, et il commande à ce pontife de faire bâtir dans chaque ville plusieurs hôpitaux, où soient reçus, non-seulement les païens, mais aussi les autres. Il ne veut point que le pontife aille souvent voir les gouverneurs chez eux, mais seulement qu'il leur écrive, ni que les prêtres aillent au-devant d'eux quand ils entrent dans les villes, mais seulement quand ils viennent aux temples ; encore ne veut-il pas qu'on les aille recevoir plus loin que le vestibule. Il défend à ces gouverneurs, dans cette occasion, de faire marcher devant eux des soldats, parce qu'alors ils ne sont que des personnes privées ; mais il permet aux soldats de les suivre, s'ils veulent.

Avec ces soins et cette imitation du christianisme, Julien, s'il eût vécu, eût apparemment retardé la ruine de sa religion ; mais Dieu ne lui laissa pas achever deux années de règne.

Jovien, qui lui succéda, commençait à se porter avec zèle à la destruction du paganisme ; mais en sept mois qu'il régna, il ne put pas faire de grands progrès.

Valens, qui eut l'empire d'Orient, permit à chacun d'adorer tels dieux qu'il voudrait, et prit plus à cœur de soutenir l'arianisme que le christianisme même. Aussi, pendant son règne, on immolait publiquement, et on faisait publiquement des repas de victimes immolées. Ceux qui étaient initiés aux mystères de Bacchus, les célébraient sans crainte ; ils couraient avec des boucliers, déchiraient des chiens, et faisaient toutes les extravagances que cette dévotion demandait.

Valentinien son frère, qui eut l'Occident, fut plus zélé pour la gloire du christianisme ; cependant sa conduite ne fut pas aussi ferme qu'elle eût dû être. Il avait fait une loi par laquelle il défendait toutes les cérémonies nocturnes. Prétextatus, proconsul de la Grèce, lui représenta qu'en ôtant aux Grecs ces cérémonies auxquelles ils étaient très attachés, on leur rendait la vie tout-à-fait désagréable. Valentinien se laissa toucher, et consentit que, sans avoir d'égard à sa loi, on pratiquât les anciennes coutumes. Il est vrai que c'est

Zozime, un païen, de qui nous tenons cette histoire ; on peut dire qu'il l'a supposée pour donner à croire que les empereurs considéraient encore les païens. On peut répondre aussi que Zozime, dans l'état où étaient les affaires de sa religion, devait être plutôt d'humeur à se plaindre du mal qu'on ne lui faisait pas, qu'à se louer d'une grâce qu'on ne lui aurait pas faite.

Ce qui est constant, c'est que l'on a des inscriptions et de Rome et d'autres villes d'Italie, par lesquelles il paraît que, sous l'empire de Valentinien, des personnes de grande considération firent les sacrifices nommés *taurobolia* et *criobolia*, c'est-à-dire, aspersion de sang de taureau, ou de sang de bélier. Il semble même, par la quantité des inscriptions, que cette cérémonie ait été principalement à la mode du temps de Valentinien, et des deux autres empereurs du même nom.

Comme elle est une des plus bizarres et des plus singulières du paganisme, je crois qu'on ne sera pas fâché de la connaître. Prudence, qui pouvait l'avoir vue, nous la décrit assez au long.

On creusait une fosse assez profonde, où celui pour qui se devait faire la cérémonie descendait avec des bandelettes sacrées à la tête, avec une couronne, enfin avec tout un équipage mystérieux. On mettait sur la fosse un couvercle de bois, percé de quantité de trous. On amenait sur ce couvercle un taureau couronné de fleurs, et ayant les cornes et le front ornés de petites lames d'or. On l'égorgeait avec un couteau sacré ; son sang coulait par ces trous dans la fosse, et celui qui y était le recevait avec beaucoup de respect ; il y présentait son front, ses joues, ses bras, ses épaules, enfin toutes les parties de son corps, et tâchait à n'en pas laisser tomber une goutte ailleurs que sur lui. Ensuite, il sortait de là hideux à voir, tout souillé de ce sang, ses cheveux, sa barbe, ses habits tout dégouttans : mais aussi il était purgé de tous ses crimes, et régénéré pour l'éternité; car il paraît positivement, par les inscriptions, que ce sacrifice était pour ceux qui le recevaient, une régénération mystique et éternelle.

Il fallait le renouveler tous les vingt ans, autrement il perdait cette force qui s'étendait dans tous les siècles à venir.

Les femmes recevaient cette régénération aussi bien que les hommes. On y associait qui l'on voulait, et, ce qui est encore plus remarquable, des villes entières la recevaient par députés.

Quelquefois on faisait ce sacrifice pour le salut des empereurs. Des provinces faisaient leur cour d'envoyer un homme se barbouiller, en leur nom, de sang de taureau, pour obtenir à l'empereur une longue et heureuse vie. Tout cela est clair par les inscriptions.

Nous voici enfin sous Théodose et ses fils, à la ruine entière du paganisme.

Théodose commença par l'Egypte, où il fit fermer tous les temples. Ensuite, il alla jusqu'à faire abattre celui de Sérapis, le plus fameux de toute l'Egypte.

Selon Strabon, il n'y avait rien de plus gai dans toute la religion païenne, que les pélerinages qui se faisaient à Sérapis. Vers le temps de certaines fêtes, dit-il, on ne saurait croire la multitude de gens qui descendent sur un canal d'Alexandrie à Canope, où est ce temple. Jour et nuit ce ne sont que bateaux pleins d'hommes et de femmes, qui chantent et qui dansent avec toute la liberté imaginable. A Canope, il y a sur le canal une infinité d'hôtelleries qui servent à retirer ces voyageurs, et à favoriser leurs divertissemens.

Aussi le sophiste Eunapius, païen, paraît avoir grand regret au temple de Sérapis, et nous en décrit la fin malheureuse avec assez de bile. Il dit que des gens qui n'avaient jamais entendu parler de la guerre, se trouvèrent pourtant fort vaillans contre les pierres de ce temple, et principalement contre les riches offrandes dont il était plein ; que dans ces lieux saints on y plaça des moines, gens infâmes et inutiles, qui, pourvu qu'ils eussent un habit noir et mal-propre, prenaient une autorité tyrannique sur l'esprit des peuples ; et que ces moines, au lieu des dieux que l'on voyait par les lumières de la raison, donnaient à adorer des têtes de brigands punis pour leurs crimes, qu'on avait salées afin de les conserver. C'est ainsi que cet impie traite les moines et les reliques : il fallait que la licence fût encore bien grande du temps qu'on écrivait de pareilles choses sur la religion des empereurs. Rufin ne manque pas de nous marquer qu'on trouva le temple de Sérapis tout plein de chemins couverts, et de machines disposées pour les fourberies des prêtres. Il nous apprend, entre autres choses, qu'il y avait à l'orient du temple une petite fenêtre par où entrait à certain jour un rayon du soleil qui allait donner sur la bouche de Sérapis. Dans le même temps, on apportait un simulacre du soleil qui était de fer, et qui, étant attiré par de l'aimant caché dans la voûte, s'élevait vers Sérapis. Alors, on disait que le soleil saluait ce dieu ; mais quand le simulacre de fer retombait, et que le rayon se retirait de dessus la bouche de Sérapis, le soleil lui avait assez fait sa cour, et il allait à ses affaires.

Après que Théodose eut défait le rebelle Eugène, il alla à Rome où tout le sénat tenait encore pour le paganisme. La grande raison des païens était que, depuis douze cents ans, Rome s'était fort bien trouvée de ses dieux, et qu'elle en avait reçu toutes sortes de prospérités. L'empereur harangua le sénat, et l'exhorta à embrasser le christianisme; mais on lui répondit toujours que, par l'usage et l'expérience, on avait reconnu le paganisme pour une bonne religion, et que si on le quittait pour le christianisme, on ne savait ce qui en arriverait. Voilà quelle était la théologie du sénat romain. Quand Théodose vit qu'il ne gagnait rien sur ces gens-là, il leur déclara que le fisc était trop chargé des dépenses qu'il fallait faire pour les sacrifices, et qu'il avait besoin de cet argent-là pour payer ses troupes. On eut beau lui représenter que les sacrifices n'étaient point légitimes s'ils ne se faisaient de l'argent public, il n'eut point d'égard à cet inconvénient. Ainsi, les sacrifices et les anciennes cérémonies cessèrent, et Zozime ne manque pas de remarquer que depuis ce temps-là, toutes sortes de malheurs fondirent sur l'empire Romain.

Le même auteur raconte qu'à ce voyage que Théodose fit à Rome, Serena, femme de Stilicon, voulut entrer dans le temple de la mère des dieux pour lui insulter, et qu'elle ne fit point de difficulté de s'accommoder d'un beau collier que la déesse portait. Une vieille vestale lui reprocha fort aigrement cette impiété, et la poursuivit jusques hors du temple avec mille imprécations. Depuis cela, dit Zozime, la pauvre Serena eut souvent, soit en dormant, soit en veillant, une vision qui la menaçait de la mort.

Les derniers efforts du paganisme furent ceux que fit Symmaque, pour obtenir des empereurs Valentinien, Théodose et Arcadius, le rétablissement des priviléges des vestales, et de l'autel de la Victoire dans le capitole; mais tout le monde sait avec quelle vigueur saint Ambroise s'y opposa.

Il paraît pourtant, par les pièces mêmes de ce fameux procès, que Rome avait encore l'air extrêmement païen, car saint Ambroise demande à Symmaque s'il ne suffit pas aux païens d'avoir les places publiques, les portiques, les bains remplis de leurs simulacres, et s'il faut encore que leur autel de la Victoire soit placé dans le capitole, qui est le lieu de la ville où il vient le plus de chrétiens. « Afin que ces chrétiens, *dit-il*, recoivent
» malgré eux la fumée des sacrifices dans leurs yeux,
» la musique dans leurs oreilles, les cendres dans leur
» gosier, et l'encens dans leur nez. »

Mais lors même que Rome était assiégée par Alaric, sous Honorius, elle était encore pleine d'idoles. Zozime dit que, comme tout devait alors conspirer à la perte de cette malheureuse ville, non-seulement on ôta aux dieux leurs parures, mais que l'on fondit quelques uns de ces dieux qui étaient d'or ou d'argent, et que de ce nombre fut la vertu ou la force, après quoi aussi elle abandonna entièrement les Romains. Zozime ne doutait pas que cette belle pointe ne renfermât la véritable cause de la prise de Rome.

On ne sait si, sur la foi de cet auteur, on peut recevoir l'histoire suivante. Honorius défendit à ceux qui n'étaient pas chrétiens, de paraître à la cour avec un baudrier, ni d'avoir aucun commandement. Générid, païen, et même barbare, mais très brave homme, qui commandait les troupes de Pannonie et de Dalmatie, ne parut plus chez l'empereur, mit bas le baudrier, et ne fit plus aucunes fonctions de sa charge. Honorius lui demandant un jour pourquoi il ne venait pas au palais en son rang, selon qu'il y était obligé, il lui représenta qu'il y avait une loi qui lui ôtait le baudrier et le commandement. L'empereur lui dit que cette loi n'était pas pour un homme comme lui; mais Générid répondit qu'il ne pouvait recevoir une distinction qui le séparait d'avec tous ceux qui professaient le même culte. En effet, il ne reprit point les fonctions de sa charge, jusqu'à ce que l'empereur, vaincu par la nécessité, eût lui-même rétracté sa loi. Si cette histoire est vraie, on peut juger qu'Honorius ne contribua pas beaucoup à la ruine du paganisme.

Mais enfin, tout l'exercice de religion païenne fut défendu, sous peine de la vie, par une constitution des empereurs Valentinien III et Martien, l'an 451 de Jésus-Christ. C'était là le dernier coup que l'on pût porter à cette fausse religion. On trouve pourtant que les mêmes empereurs, qui étaient si zélés pour l'avancement du christianisme, ne laissaient pas de conserver quelques restes du paganisme, peut-être assez considérables. Ils prenaient, par exemple, le titre de *souverains pontifes*, et cela voulait dire souverains pontifes de augures, des aruspices, enfin de tous les colléges des prêtres païens, et chefs de toute l'ancienne idolâtrie romaine.

Zozime prétend que le grand Constantin même, et Valentitien et Valens reçurent volontiers des pontifes païens, et ce titre, et l'habit de cette dignité, qu'on leur allait offrir, selon la coutume à leur avènement à l'empire : mais que Gratien refusa l'équipage pontifical; et que quand on le rapporta aux pontifes, le premier d'entre eux dit tout en colère : *Si princeps non vult appellari pontifex, admodùm brevi pontifex Maximus fiet.* C'est une pointe attachée aux mots latins, et fondée sur ce que Maxime se révoltait alors contre Gratien, pour le dépouiller de l'empire.

Mais un témoignage plus irréprochable sur ce chapitre-là, que celui de Zozime, c'est celui des inscriptions. On y voit le titre de *souverain pontife*, donné à des empereurs chrétiens; et même dans le sixième siècle, deux cents après que le christianisme était monté sur le trône, l'empereur Justin, parmi toutes ses autres qualités, prend celle de *souverain pontife*, dans une inscription qu'il avait fait faire pour la ville de Justinopolis en Istrie, à laquelle il donnait son nom.

Être un des dieux d'une fausse religion, c'est encore bien pis que d'en être le souverain pontife. Le paganisme avait érigé les empereurs romains en dieux; et pourquoi non? il avait bien érigé la ville de Rome en déesse. Les empereurs Théodose et Arcadius, quoique chrétiens, souffrent que Symmaque, ce grand défenseur du paganisme, les traite de *votre divinité*, ce qu'il ne pouvait dire que dans le sens et selon la coutume des païens; et nous voyons des inscriptions en l'honneur d'Arcadius et d'Honorius, qui portent : *Un tel dévoué à leur divinité et à leur majesté.*

Mais les empereurs chrétiens ne reçoivent pas seulement ces titres, ils se les donnent eux-mêmes. On ne voit autre chose dans les constitutions de Théodose, de Valentinien, d'Honorius et d'Anastase. Tantôt ils nomment leurs édits des *statuts célestes*, des *oracles divins*; tantôt ils disent nettement, *la très heureuse expédition de notre divinité*, etc.

On peut dire que ce n'était là qu'un style de chancellerie : mais c'était un fort mauvais style, ridicule pendant le paganisme même, et impie dans le christianisme; et puis, n'est-il pas merveilleux que de pareilles extravagances deviennent des manières de parler familières et communes, dont on ne peut plus se passer?

La vérité est que la flatterie des sujets pour leurs maîtres, et la faiblesse naturelle des princes pour les louanges, maintinrent l'usage de ces expressions plus long-temps qu'il n'aurait fallu. J'avoue qu'il faut supposer et cette flatterie et cette faiblesse extrême, chacune dans son genre; mais aussi ces deux choses-là n'ont-elles pas de bornes. On donne sérieusement à un homme le nom de Dieu; cela n'est presque pas concevable, et ce n'est pourtant encore rien. Cet homme le reçoit : il le reçoit si bien, qu'il s'accoutume lui-même à se le donner; et cependant ce même homme avait une idée saine de ce que c'est que Dieu. Ajustez-moi tout cela d'une manière qui sauve l'honneur de la nature humaine.

Quant au titre de souverain pontife, il n'était pas si flatteur que la vanité des empereurs chrétiens fût intéressée à se le conserver. Peut-être croyaient-ils qu'il leur servirait à tenir encore plus dans le respect ce qui restait de païens; peut-être n'eussent-ils pas été fâchés de se rendre chefs de la religion chrétienne à la faveur de l'équivoque. En effet, on voit quelques occasions où ils en usaient assez en maîtres; et quelques uns ont écrit que les empereurs avaient renoncé à ce titre, par l'égard qu'ils avaient eu pour les papes, qui apparemment en craignaient l'abus.

Il n'est pas si surprenant de voir passer dans le christianisme, pour quelque temps, ces restes du paganisme, que de voir ce qu'il y avait dans le paganisme de plus extravagant, de plus barbare, et de plus opposé à la raison et à l'intérêt commun des hommes, être le dernier à finir; je veux dire les victimes humaines. Cette religion était étrangement bigarrée; elle avait des choses extrêmement gaies, et d'autres très funestes. Ici, les dames vont dans un temple accorder, par dévotion, leurs faveurs aux premiers venus; et là, par dévotion, on égorge des hommes sur un autel. Ces détestables sacrifices se trouvent dans toutes les nations. Les Grecs les pratiquaient aussi bien que les Scythes, mais non pas à la vérité aussi fréquemment; et les Romains qui, dans un traité de paix, avaient exigé des Carthaginois qu'ils ne sacrifieraient plus leurs enfans à Saturne, selon la coutume qu'ils en avaient reçue des Phéniciens leurs ancêtres, les Romains eux-mêmes immolaient tous les ans un homme à Jupiter Latial. Eusèbe cite Porphyre, qui le rapporte comme une chose qui était encore en usage de son temps. Lactance et Prudence, l'un du commencement et l'autre de la fin du quatrième siècle, nous en sont garans aussi, chacun pour le temps où il vivait. Ces cérémonies pleines d'horreur ont duré autant que les oracles, où il n'y avait tout au plus que de la sottise et de la crédulité.

CHAPITRE V.

Que quand le Paganisme n'eût pas dû être aboli, les Oracles eussent pris fin.

Première raison particulière de leur décadence.

Le paganisme a dû nécessairement envelopper les oracles dans sa ruine, lorsqu'il a été aboli par le christianisme. De plus, il est certain que le christianisme; avant même qu'il fût encore la religion dominante, fit extrêmement tort aux oracles, parce que les chrétiens s'étudièrent à en désabuser les peuples, et à en découvrir l'imposture : mais indépendamment du christianisme, les oracles ne laissaient pas de déchoir beaucoup par d'autres causes, et à la fin ils eussent entièrement tombé.

On commence à s'apercevoir qu'ils dégénèrent dès qu'ils ne se rendent plus en vers. Plutarque a fait un traité exprès pour rechercher la raison de ce changement; et, à la manière des Grecs, il dit sur ce sujet tout ce qu'on peut dire de vrai et de faux.

D'abord, c'est que le dieu qui agite la Pythie se proportionne à sa capacité, et ne lui fait point faire de vers, si elle n'est pas assez habile pour en pouvoir faire naturellement. La connaissance de l'avenir est d'Apollon, mais la manière de l'exprimer est de la prêtresse. Ce n'est pas la faute du musicien s'il ne peut pas se servir d'une lyre comme d'une flûte ; il faut qu'il s'accommode à l'instrument. Si la Pythie donnait ses oracles par écrit, dirions-nous qu'ils ne viendraient pas d'Apollon, parce qu'ils ne seraient pas d'une assez belle écriture ? L'âme de la Pythie, lorsqu'elle se vient joindre à Apollon, est comme une jeune fille à marier, qui ne sait encore rien, et est bien éloignée de savoir faire des vers.

Mais pourquoi donc les anciennes Pythies parlaient-elles toutes en vers ? N'étaient-ce point alors des âmes vierges qui venaient se joindre à Apollon ? A cela Plutarque répond premièrement, que les anciennes Pythies parlaient quelquefois en prose: mais de plus, que tout le monde anciennement était né poète. Dès que ces gens là, dit-il, avaient un peu bu, ils faisaient des vers; ils n'avaient pas sitôt vu une jolie femme, que c'étaient des vers sans fin ; ils poussaient des sons qui étaient naturellement des chants. Ainsi, rien n'était plus agréable que leurs festins et leurs galanteries. Maintenant ce génie poétique s'est retiré des hommes ; il y a encore des amours aussi ardens qu'autrefois, même aussi grands parleurs : mais ce ne sont que des amours en prose. Toute la compagnie de Socrate et de Platon, qui parlait tant d'amour, n'a jamais su faire des vers. Je trouve tout cela trop faux et trop joli pour y répondre sérieusement.

Plutarque rapporte une autre raison qui n'est pas tout-à-fait si fausse. C'est qu'anciennement il ne s'écrivait rien qu'en vers, ni sur la religion, ni sur la morale, ni sur la physique, ni sur l'astronomie. Orphée et Hésiode, que l'on connaît assez pour des poètes, étaient aussi des philosophes ; et Parménide, Xénophane, Empédocle, Eudoxe, Thalès, que l'on connaît assez pour des philosophes, étaient aussi des poètes. Il est assez surprenant que la prose n'ait fait que succéder aux vers, et qu'on ne se soit pas avisé d'écrire d'abord dans le langage le plus naturel ; mais il y a toutes les apparences du monde, que comme on n'écrivait alors que pour donner des préceptes, on voulut les mettre dans un discours mesuré, afin de les faire retenir plus aisément. Aussi les lois et la morale étaient-elles en vers. Sur ce pied-là, l'origine de la poésie est bien plus sérieuse que l'on ne croit d'ordinaire, et les Muses sont bien sorties de leur première gravité. Qui croirait que naturellement le code pût être en vers, et les contes de La Fontaine en prose? Il fallait donc bien, dit Plutarque, que les oracles fussent autrefois en vers, puisqu'on y mettait toutes les choses importantes. Apollon voulut bien en cela s'accommoder à la mode. Quand la prose commença d'y être, Apollon parla en prose.

Je crois bien que, dans les commencemens, on rendait les oracles en vers, et afin qu'ils fussent plus aisés à retenir, et pour suivre l'usage qui avait condamné la prose à ne servir qu'aux discours ordinaires. Mais les vers furent chassés de l'histoire et de la philosophie qu'ils embarrassaient sans nécessité, à peu près sous le règne de Cyrus. Thalès, qui vivait en ce temps-là, fut des derniers philosophes poètes, et Apollon ne cessa de parler en vers que peu de temps avant Pyrrhus, comme nous l'apprenons de Cicéron, c'est-à-dire quelque 230 ans après Cyrus. Il paraît par là qu'on retint les vers à Delphes le plus long-temps qu'on put, parce qu'on avait reconnu qu'ils convenaient à la dignité des oracles; mais qu'enfin on fut obligé de se réduire à la simple prose.

Plutarque se moque, quand il dit que les oracles se rendirent en prose, parce qu'on y demanda plus de clarté, et qu'on se désabusa du galimatias mystérieux des vers. Soit que les dieux mêmes parlassent, soit que ce ne fût que les prêtres, je voudrais bien savoir si l'on pouvait obliger les uns ou les autres à parler plus clairement.

Il prétend, avec plus d'apparence, que les vers prophétiques se décrièrent par l'usage qu'en faisaient de certains charlatans, que le menu peuple consultait le plus souvent dans les carrefours. Les prêtres des temples ne voulurent avoir rien de commun avec eux, parce qu'ils étaient des charlatans plus nobles et plus sérieux, ce qui fait une grande différence dans ce métier là.

Enfin, Plutarque se résout à nous apporter la véritable raison. C'est qu'autrefois on ne venait consulter Delphes que sur des choses de la dernière importance, sur des guerres, sur des fondations de villes, sur les intérêts des rois et des républiques. Présentement, dit-il, ce sont des particuliers qui viennent demander à l'oracle s'ils se marieront, s'ils acheteront un esclave, s'ils réussiront dans le trafic; et lorsque des villes y envoient, c'est pour savoir si leurs terres seront fertiles, ou si leurs troupeaux multiplieront. Ces demandes là ne valent pas la peine qu'on y réponde en vers; et si le dieu s'amusait à en faire, il faudrait qu'il ressemblât à ces sophistes qui font parade de leur savoir, lorsqu'il n'en est nullement question.

Voilà effectivement ce qui servit le plus à ruiner les oracles. Les Romains devinrent maîtres de toute la Grèce, et des empires fondés par les successeurs d'Alexandre. Dès que les Grecs furent sous la domination des Romains, dont ils n'espérèrent pas de pouvoir sortir, la Grèce cessa d'être agitée par les divisions continuelles qui régnaient entre tous ces petits états, dont les intérêts étaient si brouillés. Les maîtres communs calmèrent tout, et l'esclavage produisit la paix. Il me semble que les Grecs n'ont jamais été si heureux qu'ils le furent alors. Ils vivaient dans une profonde tranquillité et dans une oisiveté entière; ils passaient les journées dans leurs parcs des exercices, à leurs théâtres, dans leurs écoles de philosophie. Ils avaient des jeux, des comédies, des disputes et des harangues; que leur fallait-il de plus selon leur génie? Mais tout cela fournissait peu de matière aux oracles, et l'on n'était pas obligé d'importuner souvent Delphes. Il était assez naturel que les prêtres ne se donnassent plus la peine de répondre en vers, quand ils virent que leur métier n'était pas si bon qu'il l'avait été.

Si les Romains nuisirent beaucoup aux oracles par la paix qu'ils établirent dans la Grèce, ils leur nuisirent encore plus par le peu d'estime qu'ils en faisaient. Ce n'était point là leur folie. Ils ne s'attachaient qu'à leurs livres sibyllins, et à leurs divinations étrusques, c'est-à-dire, aux aruspices et aux augures. Les maximes et les sentimens d'un peuple qui domine, passent aisément dans les autres peuples; et il n'est pas surprenant que les oracles, étant une invention grecque, aient suivi la destinée de la Grèce, qu'ils aient été florissans avec elle, et qu'ils aient perdu avec elle leur premier éclat.

Il faut pourtant convenir qu'il y avait des oracles dans l'Italie. Tibère, dit Suétone, alla à l'oracle de Gérion auprès de Padoue. Là, était une certaine fontaine d'Apon, qui, si l'on en veut croire Claudian, rendait la parole aux muets, et guérissait toutes sortes de maladies. Suétone dit encore que Tibère voulait ruiner les oracles qui étaient proches de Rome; mais qu'il en fut détourné par le miracle des sorts de Préneste, qui ne se trouvèrent point dans un coffre bien fermé et bien scellé où il les avait fait apporter de Préneste à Rome, et qui se retrouvèrent dans ce même coffre dès qu'on les eut reportés à Préneste.

A ces sorts de Préneste, et à ceux d'Antium, il y faut ajouter les sorts du temple d'Hercule qui était à Tibur.

Pline le jeune décrit ainsi l'oracle de Clytomne, dieu d'un fleuve d'Ombrie : « Le temple est ancien et
» fort respecté. Clytomne est là habillé à la romaine.
» Les sorts marquent la présence et le pouvoir de la di-
» vinité. Il y a à l'entour plusieurs petites chapelles,
» dont quelques unes ont des fontaines et des sources ;
» car Clytomne est comme le père de plusieurs autres
» petits fleuves qui viennent se joindre à lui. Il y a
» un pont qui fait la séparation de la partie sacrée
» de ses eaux d'avec la profane. Au-dessus de ce pont
» on ne peut qu'aller en bateau ; au-dessous il est per-
» mis de se baigner. » Je ne crois point connaître d'autre fleuve que celui là qui rende des oracles ; ce n'était guère leur coutume.

Mais dans Rome même il y avait des oracles. Esculape n'en rendait-il pas dans son temple de l'île du Tibre ? On a trouvé à Rome un morceau d'une table de marbre, où sont en grec les histoires des trois miracles d'Esculape. En voici le plus considérable, traduit mot à mot sur l'inscription : «En ce même temps il ren-
» dit un oracle à un aveugle nommé Caïus : il lui dit
» qu'il allât au saint autel, qu'il s'y mît à genoux, et y
» adorât; qu'ensuite il allât du côté droit au côté gau-
» che, qu'il mît les cinq doigts sur l'autel, et enfin
» qu'il portât sa main sur ses yeux. Après tout cela,
» l'aveugle vit; le peuple en fut témoin, et marqua la

» joie qu'il avait de voir arriver de si grandes mer-
» veilles sous notre empereur Antonin. » Les deux autres guérisons sont moins surprenantes ; ce n'était
qu'une pleurésie et une perte de sang, désespérées
l'une et l'autre à la vérité : mais le dieu avait ordonné
à ses malades des pommes de pin avec du miel, et du vin,
avec de certaines cendres, qui sont des choses que les
incrédules peuvent prendre pour de vrais remèdes.

Ces inscriptions, pour être grecques, n'en ont pas
été moins faites à Rome. La forme des lettres et l'or-
thographe ne paraissent pas être de la main d'un sculp-
teur grec. De plus, quoiqu'il soit vrai que les Romains
faisaient leurs inscriptions en latin, ils ne laissaient pas
d'en faire quelques unes en grec, principalement lorsqu'il y avait pour cela quelque raison particulière. Or,
il est assez vraisemblable qu'on ne se servit que de la
langue grecque dans le temple d'Esculape, parce que
c'était un dieu grec, et qu'on avait fait venir de Grèce
pendant cette grande peste, dont tout le monde sait
l'histoire.

Cela même nous fait voir que cet oracle d'Esculape
n'était pas d'institution romaine ; et je crois qu'on
trouverait aussi à la plupart des oracles d'Italie une
origine grecque, si l'on voulait se donner la peine de
la chercher.

Quoi qu'il en soit, le petit nombre d'oracles qui
étaient en Italie, et même à Rome, ne fait qu'une exception très peu considérable à ce que nous avons
avancé. Esculape ne se mêlait que de la médecine, et
n'avait nulle part au gouvernement. Quoiqu'il sût rendre la vue aux aveugles, le sénat ne se fût pas fié à lui
de la moindre affaire. Parmi les Romains, les particu-

liers pouvaient avoir foi aux oracles, s'ils voulaient, mais l'état n'y en avait point. C'étaient les sybilles et les entrailles des animaux qui gouvernaient, et une infinité de dieux tombèrent dans le mépris, lorsqu'on vit que les maîtres de la terre ne daignaient pas les consulter.

CHAPITRE VI.

Seconde cause particulière de la decadence des Oracles.

Il y a ici une difficulté que je ne dissimulerai pas. Dès le temps de Pyrrhus, Apollon était réduit à la prose, c'est-à-dire, que les oracles commençaient à déchoir ; et cependant les Romains ne furent maîtres de la Grèce que long-temps après Pyrrhus; et depuis Pyrrhus jusqu'à l'établissement de la domination romaine dans la Grèce, il y eut en tout ce pays-là autant de guerres et de mouvemens que jamais, et autant de sujets importans d'aller à Delphes.

Cela est très vrai. Mais aussi du temps d'Alexandre, et un peu avant Pyrrhus, il se forma dans la Grèce de grandes sectes de philosophes qui se moquaient des oracles, les cyniques, les péripatéticiens, les épicuriens. Les épicuriens surtout, ne faisaient que plaisanter des méchans vers qui venaient de Delphes ; car les prêtres les faisaient comme ils pouvaient ; souvent même péchaient-ils contre les règles de la mesure, et ces philosophes railleurs trouvaient fort mauvais qu'Apollon, le dieu de la poésie, fût infiniment au-dessous d'Homère, qui n'avait été qu'un simple mortel inspiré par Apollon même.

On avait beau leur répondre que la méchanceté

même des vers marquait qu'ils partaient d'un dieu qui avait un noble mépris pour les règles, ou pour la beauté du style ; les philosophes ne se payaient point de cela et pour tourner cette réponse en ridicule, ils rapportaient l'exemple de ce peintre à qui on avait demandé un tableau d'un cheval qui se roulât à terre sur le dos. Il peignit un cheval qui courait, et quand on lui dit que ce n'était pas là ce qu'on lui avait demandé, il renversa le tableau, et dit : *Ne voilà-t-il pas le cheval qui se roule sur le dos ?* C'est ainsi que ces philosophes se moquaient de ceux qui par un certain raisonnement qui se renversait, eussent conclu également que les vers étaient d'un dieu, soit qu'ils eussent été bons, soit qu'ils eussent été méchans.

Il fallut enfin que les prêtres de Delphes, accablés des plaisanteries de tous ces gens-là, renonçassent aux vers, du moins pour ce qui se prononçait sur le trépied, car hors de là il y avait dans le temple des poètes, qui de sang-froid mettaient en vers ce que la fureur divine n'avait inspiré qu'en prose à la Pythie. N'est-il pas plaisant qu'on ne se contentât point de l'oracle tel qu'il était sorti de la bouche du dieu ? Mais apparemment des gens qui venaient de loin eussent été honteux de ne reporter chez eux qu'un oracle en prose.

Comme on conservait l'usage des vers le plus qu'il était possible, les dieux ne dédaignaient point de se servir quelquefois de quelques vers d'Homère, dont la versification était assurément meilleure que la leur. On en trouve assez d'exemples ; mais ces vers empruntés, et les poètes gagés des temples, doivent passer pour autant de marques que l'ancienne poésie naturelle des oracles s'était fort décriée.

DES ORACLES.

Ces grandes sectes de philosophes, contraires aux oracles, durent leur faire un tort plus essentiel que celui de les réduire à la prose. Il n'est pas possible qu'ils n'ouvrissent les yeux à une partie des gens raisonnables, et qu'à l'égard du peuple même ils ne rendissent la chose un peu moins certaine qu'elle n'était auparavant. Quand les oracles avaient commencé à paraître dans le monde, heureusement pour eux la philosophie n'y avait point encore paru.

CHAPITRE VII.

Dernières causes particulières de la décadence des Oracles.

La fourberie des oracles était trop grossière pour n'être pas enfin découverte par mille différentes aventures.

Je conçois qu'on reçut d'abord les oracles avec avidité et avec joie, parce qu'il n'était rien de plus commode que d'avoir des dieux toujours prêts à répondre sur tout ce qui causait de l'inquiétude ou de la curiosité. Je conçois qu'on ne dut renoncer à cette commodité qu'avec beaucoup de peine, et que les oracles étaient de nature à ne devoir jamais finir dans le paganisme, s'ils n'eussent pas été la plus impertinente chose du monde; mais enfin, à force d'expérience, il fallut bien s'en désabuser.

Les prêtres y aidèrent beaucoup par l'extrême hardiesse avec laquelle ils abusaient de leur faux ministère. Ils croyaient avoir mis les choses au point de n'avoir besoin d'aucun ménagement.

Je ne parle point des oracles de plaisanteries qu'ils

rendaient quelquefois. Par exemple, un homme qui venait demander aux dieux ce qu'il devait faire pour devenir riche, ils lui répondaient agréablement, *qu'il n'avait qu'à posséder tout ce qui est entre les villes de Sicyone et de Corinthe*[1]. Aussi badinait-on quelquefois avec eux. Polémon dormant dans le temple d'Esculape pour apprendre de lui le moyen de se guérir de la goutte, le dieu lui apparut et lui dit : *Qu'il s'abstînt de boire froid*. Polémon lui répondit : *Que ferais-tu donc, mon bel ami, si tu avais à guérir un bœuf ?* Mais ce ne sont là que des gentillesses de prêtres qui s'égayaient quelquefois ; et avec qui on s'égayait aussi.

Ce qui est le plus essentiel, c'est que les dieux ne manquaient jamais de devenir amoureux des belles femmes ; il fallait qu'on les envoyât passer des nuits dans les temples, parées de la main même de leurs maris, et chargées de présens pour payer le dieu de ses peines. A la vérité, on fermait bien les temples à la vue de tout le monde, mais on ne garantissait point aux maris le chemin souterrain.

Pour moi, j'ai peine à concevoir que de pareilles choses aient pu être pratiquées seulement une fois. Cependant Hérodote nous assure qu'au huitième et dernier étage de cette superbe tour du temple de Bélus à Babylone, était un lit magnifique où couchait toutes les nuits une femme choisie par le dieu. Il s'en faisait autant à Thèbes en Egypte. Et quand la prêtresse de l'oracle de Patare en Lycie devait prophétiser, il fallait auparavant qu'elle couchât seule dans le temple où Apollon venait l'inspirer.

[1] Athénée.

Tout cela s'était pratiqué dans les plus épaisses ténèbres du paganisme, et dans un temps où les cérémonies païennes n'étaient pas sujettes à être contredites; mais à la vue des chrétiens, le Saturne d'Alexandrie ne laissait pas de faire venir les nuits dans son temple telle femme qu'il lui plaisait de nommer par la bouche de Tyrannus, son prêtre. Beaucoup de femmes avaient reçu cet honneur avec grand respect, et on ne se plaignait point de Saturne, quoiqu'il soit le plus âgé et le moins galant des dieux. Il s'en trouva une à la fin, qui ayant couché dans le temple, fit réflexion qu'il ne s'y était rien passé que de fort humain, et dont Tyrannus n'eût été assez capable. Elle en avertit son mari, qui fit faire le procès à Tyrannus. Le malheureux avoua tout; et Dieu sait quel scandale dans Alexandrie!

Le crime des prêtres, leur insolence, divers événemens qui avaient fait paraître au jour leurs fourberies; l'obscurité, l'incertitude et la fausseté de leurs réponses, auraient donc enfin décrédité les oracles et en auraient causé la ruine entière, quand même le paganisme n'aurait pas dû finir.

Mais il s'est joint à cela des causes étrangères. D'abord de grandes sectes de philosophes grecs qui se sont moqués des oracles, ensuite les Romains qui n'en faisaient point d'usage; enfin les chrétiens qui les détestaient, et qui les ont abolis avec le paganisme.

FIN DE L'HISTOIRE DES ORACLES.

DIALOGUES
DES MORTS
ANCIENS ET MODERNES.

AVERTISSEMENT

De l'Auteur sur la troisième édition des Dialogues des Morts, 1683.

PREMIÈRE PARTIE.

Le succès de ce petit ouvrage m'a déterminé à finir d'autres Dialogues des Morts de la même nature que ceux-ci, et dont j'avais déjà quelques ébauches. J'ai trouvé tout le monde persuadé que la matière n'était pas épuisée, et qu'elle pouvait encore me fournir sans peine autant qu'elle m'a fourni. J'ai pris du temps pour la seconde partie, afin de tâcher à la rendre plus correcte. L'indulgence du public pour la première, m'a donné presque autant de crainte que de courage.

DEUXIÈME PARTIE.

L'impression de cette seconde partie des Dialogues des Morts, a été retardée par diverses rencontres, dont le détail serait fort indifférent au public. J'ai suivi le dessein de la première partie, et même l'ordre des trois espèces de Dialogues. Le premier tome a été si heureux que, quoique je souhaite plus de mérite à celui-ci, pour me rendre digne de l'indulgence qu'on a eue pour moi, je ne lui souhaite pas plus de bonheur. Il pourra en avoir beaucoup moins, et être encore traité assez favorablement. Je n'y ai rien négligé, ni pour le choix des matières, ni pour celui des traits d'histoire, ni pour celui des personnages, ni pour la diction. On m'avait reproché qu'elle était négligée ; j'ai tâché à me corriger de ce défaut, autant que me l'a pu permettre l'extrême naïveté dont le Dialogue doit être. Quelques personnes, mais peu, ce me semble, avaient dit que les assortimens des personnages étaient quelquefois trop bizarres, celui d'Auguste et d'Arétin, par exemple. J'avoue que je n'ai pas remédié à cela; mais je prie ceux qui ont fait cette critique, de vouloir bien considérer que souvent tout l'agrément d'un Dialogue, s'il y en a, consiste dans la bizarrerie de cet assortiment; qu'elle donne moyen d'offrir à l'esprit des rapports qu'il n'avait peut-être pas aperçus, et qui aboutissent toujours à quelque moralité; que j'ai Lucien pour modèle et pour garant, et qu'enfin tout le monde se rencontre dans les Champs Elysées. Ce n'est pas que je n'aie mis quelquefois ensemble des personnages assez semblables, mais encore a-t-il fallu faire naître entre eux des oppositions; il faut toujours du contraste, comme disent les peintres. J'ai prétendu garder les caractères, je ne sais si je l'ai fait. Il y en a de certains qui ne sont point marqués dans l'histoire par aucun trait considérable; j'ai usé de ceux-là selon le besoin que j'en ai eu; mais je me suis assujéti aux autres. A cela près que tous mes morts sont un peu raisonneurs, et qu'ils savent des choses qu'ils n'ont pu apprendre que dans la conversation d'autres morts, je crois qu'on les peut reconnaître pour ce qu'ils étaient pendant leur vie. S'ils ont changé de sentimens après leur mort, on en est instruit par eux-mêmes. Raphael d'Urbin, qui était un grand peintre, parle ici d'autre chose que de peinture; mais beaucoup d'habiles gens m'ont assuré qu'ils en avaient encore conçu une plus grande idée que celle d'un grand peintre, et qu'il n'y avait rien de trop élevé, pour être mis dans la bouche de Raphaël d'Urbin. Le public m'apprendra, ou excusera mes fautes mieux que personne.

A LUCIEN,

AUX CHAMPS ÉLYSIENS.

ILLUSTRE MORT,

IL est bien juste, qu'après avoir pris une idée qui vous appartient, je vous en rende quelque sorte d'hommage. L'auteur dont on a tiré le plus de secours dans un livre, est le vrai héros de l'épître dédicatoire ; c'est lui dont on peut publier les louanges avec sincérité, et qu'on doit choisir pour protecteur. Peut-être on trouvera que j'ai été bien hardi d'avoir osé travailler sur votre plan ; mais il me semble que je l'eusse été encore davantage, si j'eusse travaillé sur un plan de mon imagination. J'ai quelque lieu d'espérer que le dessein qui est de vous, fera passer les choses qui sont de moi ; et j'ose vous dire, que si par hasard mes Dialogues avaient un peu de succès, ils vous feraient plus d'honneur que les vôtres mêmes ne vous en ont fait, puisqu'on verrait que cette idée est assez agréable pour n'avoir pas besoin d'être bien exécutée. J'ai fait tant de fond sur elle, que j'ai cru qu'une partie m'en pourrait suffire. J'ai supprimé Pluton,

Caron, Cerbère, et tout ce qui est usé dans les enfers. Que je suis fâché que vous ayez épuisé toutes ces belles matières de l'égalité des morts, du regret qu'ils ont à la vie, de la fausse fermeté que les philosophes affectent de faire paraître en mourant, du ridicule malheur de ces jeunes gens qui meurent avant les vieillards dont ils croyaient hériter, et à qui ils faisaient la cour! Mais après tout, puisque vous aviez inventé ce dessein, il était raisonnable que vous en prissiez ce qu'il y avait de plus beau. Du moins j'ai tâché de vous imiter dans la fin que vous vous étiez proposée. Tous vos dialogues renferment leur morale, et j'ai fait moraliser tous mes morts : autrement ce n'eût pas été la peine de les faire parler; des vivans auraient suffi pour dire des choses inutiles : de plus, il y a cela de commode, qu'on peut supposer que les morts sont gens de grande réflexion, tant à cause de leur expérience que de leur loisir; et on doit croire, pour leur honneur, qu'ils pensent un peu plus qu'on ne fait d'ordinaire pendant la vie. Ils raisonnent mieux que nous des choses d'ici haut, parce qu'ils les regardent avec plus d'indifférence et plus de tranquillité, et ils veulent bien en raisonner, parce qu'ils y prennent un reste d'intérêt. Vous avez fait la plupart de leurs dialogues si courts, qu'il paraît que vous n'avez pas cru qu'ils fussent de grands parleurs, et je suis entré aisément dans votre pensée. Comme les morts ont bien de l'esprit, ils doivent voir bientôt le bout de toutes les matières. Je croirais même sans peine qu'ils devraient être assez éclairés pour convenir de tout les uns avec les autres, et par conséquent pour ne se parler presque jamais : car il me semble qu'il n'appartient de disputer qu'à nous autres ignorans, qui ne découvrons pas la vérité; de même qu'il n'appartient qu'à des aveugles, qui ne voient pas le but où ils vont, de s'entre-heurter dans un chemin. Mais on ne pourrait pas se persuader ici que les morts eussent changé de caractère, jusqu'au point de n'avoir plus de sentimens opposés. Quand on a une fois conçu dans le monde une opinion des gens, on n'en saurait revenir. Ainsi je me suis attaché à rendre les morts reconnaissables, du moins ceux qui sont fort connus. Vous n'avez pas fait de difficulté d'en supposer quelques uns, et peut-être aussi quelques unes des aventures que vous leur attribuez; mais je n'ai pas eu besoin de privilége. L'histoire me fournissait assez de véritables morts, et d'aventures véritables, pour me dispenser d'emprunter aucun secours de la fiction. Vous ne serez pas surpris que les morts parlent de ce qui s'est passé long-temps après eux, vous qui les voyez tous les jours s'entretenir des affaires les uns des autres. Je suis sûr qu'à l'heure qu'il est, vous connaissez la France par une infinité de rapports qu'on vous en a faits, et que vous savez qu'elle est aujourd'hui pour les lettres, ce que la Grèce était autrefois; surtout votre illustre traducteur, qui vous a si bien fait parler notre langue, n'aura pas manqué de vous dire que Paris a eu pour vos ouvrages le même goût que Rome et Athènes avaient eu. Heureux qui pourrait prendre votre style comme ce grand homme le prit, et attraper dans ses expressions cette simplicité fine et cet enjouement naif, qui sont si propres pour le dialogue ! Pour moi, je n'ai garde de prétendre à la gloire de vous avoir bien imité ; je ne veux que celle d'avoir bien su qu'on ne peut imiter un plus excellent modèle que vous.

DIALOGUES DES MORTS ANCIENS.

DIALOGUE PREMIER.

ALEXANDRE, PHRINÉ.

PHRINÉ.

Vous pouvez le savoir de tous les Thébains qui ont vécu de mon temps. Ils vous diront que je leur offris de rebâtir à mes dépens les murailles de Thèbes, que vous aviez ruinées, pourvu que l'on y mît cette inscription : *Alexandre-le-Grand avait abattu ces murailles, mais la courtisane Phriné les a relevées.*

ALEXANDRE.

Vous aviez donc grand'peur que les siècles à venir n'ignorassent quel métier vous aviez fait.

PHRINÉ.

J'y avais excellé, et toutes les personnes extraordinaires, dans quelques professions que ce puisse être, ont la folie des monumens et des inscriptions.

ALEXANDRE.

Il est vrai que Rhodope l'avait déjà eue avant vous. L'usage qu'elle fit de sa beauté, la mit en état de bâtir une de ces fameuses pyramides d'Egypte qui sont encore sur pied; et je me souviens que comme elle en parlait l'autre jour à de certaines mortes françaises, qui prétendaient avoir été fort aimables, ces ombres se mirent à pleurer, en disant que dans les pays et dans les siècles où elles venaient de vivre, les belles ne faisaient plus d'assez grandes fortunes pour élever des pyramides.

PHRINÉ.

Mais moi, j'avais cet avantage par-dessus Rhodope, qu'en rétablissant les murailles de Thèbes, je me mettais en parallèle avec vous, qui aviez été le plus grand conquérant du monde, et que je faisais voir que ma beauté avait pu réparer les ravages que votre valeur avait faits.

ALEXANDRE.

Voilà deux choses, qui assurément n'étaient jamais entrées en comparaison l'une avec l'autre. Vous vous savez donc bon gré d'avoir eu bien des galanteries?

PHRINÉ.

Et vous, vous êtes fort satisfait d'avoir désolé la meilleure partie de l'univers? Que ne s'est-il trouvé une Phriné dans chaque ville que vous avez ruinée! il ne serait resté aucune marque de vos fureurs.

ALEXANDRE.

Si j'avais à revivre, je voudrais être encore un illustre conquérant.

PHRINÉ.

Et moi, une aimable conquérante. La beauté a un droit naturel de commander aux hommes, et la valeur n'a qu'un droit acquis par la force. Les belles sont de tout pays, et les rois mêmes ni les conquérans n'en sont pas. Mais pour vous convaincre encore mieux, votre père Philippe était bien vaillant, vous l'étiez beaucoup aussi ; cependant vous ne pûtes, ni l'un ni l'autre, inspirer aucune crainte à l'orateur Démosthène, qui ne fit, pendant toute sa vie, que haranguer contre vous deux :

et une autre Phriné que moi (car le nom est heureux) étant sur le point de perdre une cause fort importante, son avocat, qui avait épuisé vainement toute son éloquence pour elle, s'avisa de lui arracher un grand voile qui la couvrait en partie; et aussitôt, à la vue des beautés qui parurent, les juges, qui étaient prêts à la condamner, changèrent d'avis. C'est ainsi que le bruit de vos armes ne put, pendant un grand nombre d'années, faire taire un orateur, et que les attraits d'une belle personne corrompirent en un moment tout le sévère aréopage.

ALEXANDRE.

Quoique vous ayez appelé encore une Phriné à votre secours, je ne crois pas que le parti d'Alexandre en soit plus faible. Ce serait grande pitié, si.....

PHRINÉ.

Je sais ce que vous m'allez dire. La Grèce, l'Asie, la Perse, les Indes, tout cela est un bel étalage. Cependant, si je retranchais de votre gloire ce qui ne vous en appartient pas ; si je donnais à vos soldats, à vos capitaines, au hasard même la part qui leur en est due, croyez-vous que vous n'y perdissiez guère? Mais une belle ne partage avec personne l'honneur de ses conquêtes; elle ne doit rien qu'à elle-même. Croyez-moi, c'est une jolie condition que celle d'une jolie femme.

ALEXANDRE.

Il a paru que vous en avez été bien persuadée. Mais pensez-vous que ce personnage s'étende aussi loin que vous l'avez poussé.

PHRINÉ.

Non, non, car je suis de bonne foi. J'avoue que j'ai

extrêmement outré le caractère de jolie femme ; mais vous avez outré aussi celui de grand homme. Vous et moi, nous avons fait trop de conquêtes. Si je n'avais eu que deux ou trois galanteries tout au plus, cela était dans l'ordre, et il n'y avait rien à redire; mais d'en avoir assez pour rebâtir les murailles de Thèbes, c'était aller beaucoup plus loin qu'il ne fallait. D'autre côté, si vous n'eussiez fait que conquérir la Grèce, les îles voisines, et peut-être encore quelque petite partie de l'Asie mineure, et vous en composer un état, il n'y avait rien de mieux entendu ni de plus raisonnable : mais de courir toujours sans savoir où, de prendre toujours des villes, sans savoir pourquoi, et d'exécuter toujours, sans avoir aucun dessein, c'est ce qui n'a pas plu à beaucoup de personnes bien sensées.

ALEXANDRE.

Que ces personnes bien sensées en disent tout ce qu'il leur plaira. Si j'avais usé si sagement de ma valeur et de ma fortune, on n'aurait presque point parlé de moi.

PHRINÉ.

Ni de moi non plus, si j'avais usé trop sagement de ma beauté. Quand on ne veut que faire du bruit, ce ne sont pas les caractères les plus raisonnables qui y sont les plus propres.

DIALOGUE II.

MILON, SMINDIRIDE.

SMINDIRIDE.

Tu es donc bien glorieux, Milon, d'avoir porté un bœuf sur tes épaules aux jeux olympiques ?

MILON.

Assurément, l'action fut fort belle. Toute la Grèce y applaudit, et l'honneur s'en répandit jusques sur la ville de Crotone ma patrie, d'où sont sortis une infinité de braves athlètes. Au contraire, ta ville de Sibaris sera décriée à jamais par la mollesse de ses habitans, qui avaient banni les coqs, de peur d'en être éveillés, et qui priaient les gens à manger un an avant le jour du repas, pour avoir le loisir de le faire aussi délicat qu'ils le voulaient.

SMINDIRIDE.

Tu te moques des Sibarites; mais toi, Crotoniate grossier, crois-tu que se vanter de porter un bœuf, ce ne soit pas se vanter de lui ressembler beaucoup?

MILON.

Et toi, crois-tu avoir ressemblé à un homme, quand tu t'es plaint d'avoir passé une nuit sans dormir, à cause que parmi les feuilles de roses dont ton lit était semé, il y en avait eu une sous toi qui s'était pliée en deux.

SMINDIRIDE.

Il est vrai que j'ai eu cette délicatesse; mais pourquoi te paraît-elle si étrange?

MILON.

Et comment se pourrait-il qu'elle ne me le parût pas?

SMINDIRIDE.

Quoi! n'as-tu jamais vu quelque amant, qui étant comblé des faveurs d'une maîtresse à qui il a rendu des services signalés, soit troublé dans la possession de ce bonheur, par la crainte qu'il a que la reconnaissance n'agisse dans le cœur de la belle, plus que l'inclination?

MILON.

Non, je n'en ai jamais vu. Mais quand cela serait?

SMINDIRIDE.

Et n'as-tu jamais entendu parler de quelque conquérant, qui, au retour d'une expédition glorieuse se trouvât peu satisfait de ses triomphes, parce que la fortune y aurait eu plus de part que sa valeur, ni sa conduite, et que ses desseins auraient réussi sur des mesures fausses et mal prises?

MILON.

Non, je n'en ai point entendu parler. Mais encore une fois, qu'en veux-tu conclure?

SMINDIRIDE.

Que cet amant et ce conquérant, et généralement presque tous les hommes, quoique couchés sur des fleurs, ne sauraient dormir, s'il y en a une seule feuille pliée en deux. Il ne faut rien pour gâter les plaisirs. Ce sont des lits de roses, où il est bien difficile que toutes les feuilles se tiennent étendues, et qu'aucune ne se plie; cependant le pli d'une seule suffit pour incommoder beaucoup.

MILON.

Je ne suis pas fort savant sur ces matières-là; mais il me semble que toi, et l'amant et le conquérant que tu supposes, et tous tant que vous êtes, vous avez extrêmement tort. Pourquoi vous rendez-vous si délicats?

SMINDIRIDE.

Ah! Milon, les gens d'esprit ne sont pas des Crotoniates comme toi; mais ce sont des Sibarites encore plus raffinés que je n'étais.

MILON.

Je vois bien ce que c'est. Les gens d'esprit ont assurément plus de plaisirs qu'il ne leur en faut, et ils permettent à leur délicatesse d'en retrancher ce qu'ils ont de trop. Ils veulent bien être sensibles aux plus petits désagrémens, parce qu'il y a d'ailleurs assez d'agrémens pour eux, et sur ce pied là, je trouve qu'ils ont raison.

SMINDIRIDE.

Ce n'est point du tout cela. Les gens d'esprit n'ont point plus de plaisirs qu'il ne leur en faut.

MILON.

Ils sont donc fous de s'amuser à être si délicats?

SMINDIRIDE.

Voilà le malheur. La délicatesse est tout-à-fait digne des hommes; elle n'est produite que par les bonnes qualités et de l'esprit et du cœur : on se sait bon gré d'en avoir; on tâche à en acquérir, quand on n'en a pas. Cependant la délicatesse diminue le nombre des plaisirs, et on n'en a point trop; elle est cause qu'on les sent moins vivement, et d'eux-mêmes ils ne sont point trop vifs. Que les hommes sont à plaindre! leur condition naturelle leur fournit peu de choses agréables, et leur raison leur apprend à en goûter encore moins.

DIALOGUE III.

DIDON, STRATONICE.

DIDON.

Hélas! ma pauvre Stratonice, que je suis malheureuse! Vous savez comme j'ai vécu. Je gardai une fidé-

lité si exacte à mon premier mari, que je me brûlai
toute vive, plutôt que d'en prendre un second. Cependant je n'ai pu être à couvert de la médisance. Il a plu
à un poète, nommé Virgile, de changer une prude
aussi sévère que moi, en une jeune coquette, qui se
laisse charmer de la bonne mine d'un étranger, dès le
premier jour qu'elle le voit. Toute mon histoire est
renversée. A la vérité, le bûcher où je fus consumée
m'est demeuré; mais devinez pourquoi je m'y jette.
Ce n'est plus de peur d'être obligée à un second mariage; c'est que je suis au désespoir de ce que cet étranger m'abandonne.

STRATONICE.

De bonne foi, cela peut avoir des conséquences très
dangereuses. Il n'y aura plus guère de femmes qui
veuillent se brûler par fidélité conjugale, si après leur
mort un poète est en liberté de dire d'elles tout ce qu'il
voudra. Mais peut-être votre Virgile n'a-t-il pas eu si
grand tort. Peut-être a-t-il démêlé dans votre vie quelque intrigue que vous espériez qui ne serait pas connue. Que sait-on? je ne voudrais pas répondre de vous
sur la foi de votre bûcher.

DIDON.

Si la galanterie que Virgile m'attribue avait quelque
vraisemblance, je consentirais que l'on me soupçonnât;
mais il me donne pour amant, Énée, un homme qui
était mort trois cents ans avant que je fusse au monde.

STRATONICE.

Ce que vous dites là est quelque chose. Cependant
Énée et vous, vous paraissiez extrêmement être le fait
l'un de l'autre. Vous aviez été tous deux contraints
d'abandonner votre patrie; vous cherchiez fortune tous

deux dans des pays étrangers ; il était veuf, vous étiez veuve : voilà bien des rapports. Il est vrai que vous êtes née trois cents ans après lui ; mais Virgile a vu tant de raisons pour vous assortir ensemble, qu'il a cru que les trois cents années qui vous séparaient n'étaient pas une affaire.

DIDON.

Quel raisonnement est-ce là ? Quoi ! trois cents ans ne sont pas toujours trois cents ans, et malgré cet obstacle, deux personnes peuvent se rencontrer et s'aimer ?

STRATONICE.

Oh ! c'est sur ce point que Virgile a entendu finesse. Assurément, il était homme du monde; il a voulu faire voir qu'en matière de commerces amoureux, il ne faut pas juger sur l'apparence, et que tous ceux qui en ont le moins, sont bien souvent les plus vrais.

DIDON.

J'avais bien affaire qu'il attaquât ma réputation, pour mettre ce beau mystère dans ses ouvrages.

STRATONICE.

Mais quoi ! vous a-t-il tournée en ridicule ? vous a-t-il fait dire des choses impertinentes ?

DIDON.

Rien moins. Il m'a récité ici son poème, et tout le morceau où il me fait paraître est assurément divin, à la médisance près. J'y suis belle ; j'y dis de très belles choses sur ma passion prétendue ; et si Virgile était obligé à me reconnaître dans l'Enéide pour femme de bien, l'Enéide y perdrait beaucoup.

STRATONICE.

De quoi vous plaignez-vous donc ? On vous donne

une galanterie que vous n'avez pas eue : voilà un grand malheur ! Mais en récompense, on vous donne de la beauté et de l'esprit, que vous n'aviez peut-être pas.

DIDON.

Quelle consolation !

STRATONICE.

Je ne sais comment vous êtes faite, mais la plupart des femmes aiment mieux, ce me semble, qu'on médise un peu de leur vertu, que de leur esprit ou de leur beauté. Pour moi, j'étais de cette humeur là. Un peintre, qui était à la cour du roi de Syrie mon mari, fut mal content de moi : et pour se venger, il me peignit entre les bras d'un soldat. Il exposa son tableau, et prit aussitôt la fuite. Mes sujets, zélés pour ma gloire, voulaient brûler ce tableau publiquement; mais comme j'y étais peinte admirablement bien, et avec beaucoup de beauté, quoique les attitudes qu'on m'y donnait ne fussent pas avantageuses à ma vertu, je défendis qu'on le brûlât, et fis revenir le peintre à qui je pardonnai. Si vous m'en croyez, vous en userez de même à l'égard de Virgile.

DIDON.

Cela serait bon, si le premier mérite d'une femme était d'être belle, ou d'avoir de l'esprit.

STRATONICE.

Je ne décide point quel est ce premier mérite : mais dans l'usage ordinaire, la première question qu'on fait sur une femme que l'on ne connaît point, c'est, *est-elle belle ?* la seconde, *a-t-elle de l'esprit ?* Il arrive rarement qu'on fasse une troisième question.

DIALOGUE IV.

ANACRÉON, ARISTOTE.

ARISTOTE.

Je n'eusse jamais cru qu'un faiseur de chansonnettes eût osé se comparer à un philosophe d'une aussi grande réputation que moi.

ANACRÉON.

Vous faites sonner bien haut le nom de philosophe : mais moi, avec mes chansonnettes, je n'ai pas laissé d'être appelé le sage Anacréon; et il me semble que le titre de philosophe ne vaut pas celui de sage.

ARISTOTE.

Ceux qui vous ont donné cette qualité là, ne songeaient pas trop bien à ce qu'ils disaient. Qu'aviez-vous jamais fait pour la mériter ?

ANACRÉON.

Je n'avais fait que boire, que chanter, qu'être amoureux; et la merveille est qu'on m'a donné le nom de sage à ce prix, au lieu qu'on ne vous a donné que celui de philosophe, qui vous a coûté des peines infinies. Car combien avez-vous passé de nuits à éplucher les questions épineuses de la dialectique ? Combien avez-vous composé de gros volumes sur des matières obscures, que vous n'entendiez peut-être pas bien vous même ?

ARISTOTE.

J'avoue que vous avez pris un chemin plus commode pour parvenir à la sagesse, et qu'il fallait être bien habile, pour trouver moyen d'acquérir plus de gloire avec votre luth et votre bouteille, que les plus grands hommes n'en ont acquis par leurs veilles et par leurs travaux.

ANACRÉON.

Vous prétendez railler, mais je vous soutiens qu'il est plus difficile de boire et de chanter comme j'ai chanté et comme j'ai bu, que de philosopher comme vous avez philosophé. Pour chanter et pour boire comme moi, il faudrait avoir dégagé son âme des passions violentes, n'aspirer plus à ce qui ne dépend pas de nous, s'être disposé à prendre toujours le temps comme il viendrait : enfin il y aurait auparavant bien de petites choses à régler chez soi ; et qu'il n'y ait pas grande dialectique à tout cela, on a pourtant de la peine à en venir à bout. Mais on peut à moins de frais philosopher comme vous avez fait. On n'est point obligé à se guérir, ni de l'ambition, ni de l'avarice : on se fait une entrée agréable à la cour du grand Alexandre : on s'attire des présens de cinq cent mille écus, que l'on n'emploie pas entièrement en expériences de physique, selon l'intention du donateur ; et en un mot, cette sorte de philosophie mène à des choses assez opposées à la philosophie.

ARISTOTE.

Il faut qu'on vous ait fait ici-bas bien des médisances de moi : mais après tout, l'homme n'est homme que par la raison, et rien n'est plus beau que d'apprendre aux autres comment ils s'en doivent servir à étudier la nature, et à développer toutes ces énigmes qu'elle nous propose.

ANACRÉON.

Voilà comme les hommes renversent l'usage de tout. La philosophie est en elle-même une chose admirable, et qui leur peut être fort utile : mais parce qu'elle les incommoderait, si elle se mêlait de leurs affaires, et si elle demeurait auprès d'eux à régler leurs passions, ils l'ont envoyée dans le ciel arranger des planètes, et en mesurer les mouvemens ; ou bien ils la promènent sur la terre, pour lui faire examiner tout ce qu'ils y voient. Enfin, ils l'occupent toujours le plus loin d'eux qu'il leur est possible. Cependant, comme ils veulent être philosophes à bon marché, ils ont l'adresse d'étendre ce nom et ils le donnent le plus souvent à ceux qui font la recherche des causes naturelles.

ARISTOTE.

Et quel nom plus convenable leur peut-on donner?

ANACRÉON.

La philosophie n'a affaire qu'aux hommes, et nullement au reste de l'univers. L'astronome pense aux astres, le physicien pense à la nature, et le philosophe pense à soi. Mais qui eût voulu l'être à une condition si dure ? hélas ! presque personne. On a donc dispensé les philosophes d'être philosophes, et on s'est contenté qu'ils fussent astronomes ou physiciens. Pour moi, je n'ai point été d'humeur à m'engager dans les spéculations ; mais je suis sûr qu'il y a moins de philosophie dans beaucoup de livres qui font profession d'en parler que dans quelques unes de ces chansonnettes que vous méprisez tant : dans celle-ci, par exemple.

> Si l'or prolongeait la vie,
> Je n'aurais point d'autre envie
> Que d'amasser bien de l'or ;
> La Mort me rendant visite,
> Je la renverrais bien vite,
> En lui donnant mon trésor.

Mais si la Parque sévère
Ne le permet pas ainsi,
L'or ne m'est plus nécessaire ;
L'amour et la bonne chère
Partageront mon souci.

ARISTOTE.

Si vous ne voulez appeler philosophie que celle qui regarde les mœurs, il y a dans mes ouvrages de morale des choses qui valent bien votre chanson : car enfin, cette obscurité qu'on m'a reprochée, et qui se trouve peut-être dans quelques uns de mes livres, ne se trouve nullement dans ce que j'ai écrit sur cette matière, et tout le monde a avoué qu'il n'y avait rien de plus beau ni de plus clair que ce que j'ai dit des passions.

ANACRÉON.

Quel abus ! Il n'est pas question de définir les passions avec méthode, comme on dit que vous avez fait, mais de les vaincre. Les hommes donnent volontiers à la philosophie leurs maux à considérer, mais non pas à guérir, et ils ont trouvé le secret de faire une morale qui ne les touche pas de plus près que l'astronomie. Peut-on s'empêcher de rire, en voyant des gens qui, pour de l'argent, prêchent le mépris des richesses, et des poltrons qui se battent sur la définition du magnanime ?

DIALOGUE V.

HOMÈRE, ÉSOPE.

HOMÈRE.

En vérité, toutes les fables que vous venez de me réciter ne peuvent être assez admirées. Il faut que vous ayez beaucoup d'art, pour déguiser ainsi en petits contes les instructions les plus importantes que la morale puisse donner, et pour couvrir vos pensées sous des images aussi justes et aussi familières que celles-là.

ÉSOPE.

Il m'est bien doux d'être loué sur cet art, par vous qui l'avez si bien entendu.

HOMÈRE.

Moi? je ne m'en suis jamais piqué.

ÉSOPE.

Quoi! n'avez-vous pas prétendu cacher de grands mystères dans vos ouvrages?

HOMÈRE.

Hélas! point du tout.

ÉSOPE.

Cependant, tous les savans de mon temps le disaient; il n'y avait rien dans l'Iliade, ni dans l'Odyssée, à quoi ils ne donnassent les allégories les plus belles du monde. Ils soutenaient que tous les secrets de la théologie, de la physique, de la morale, et des mathématiques même, étaient renfermés dans ce que vous aviez écrit. Véritablement il y avait quelque difficulté à les développer; où l'un trouvait un sens moral, l'autre en trouvait un physique: mais après cela, ils convenaient que vous aviez tout su, et tout dit à qui le comprenait bien.

HOMÈRE.

Sans mentir, je m'étais bien douté que de certaines gens ne manqueraient point d'entendre finesse où je n'en avais point entendu. Comme il n'est rien tel que de prophétiser des choses éloignées, en attendant l'événement, il n'est rien tel aussi que de débiter des fables, en attendant l'allégorie.

ÉSOPE.

Il fallait que vous fussiez bien hardi, pour vous reposer sur vos lecteurs du soin de mettre des allégories dans vos poèmes. Où en eussiez-vous été, si on les eût pris au pied de la lettre ?

HOMÈRE.

Hé bien, ce n'eût pas été un grand malheur.

ÉSOPE.

Quoi ! ces dieux qui s'estropient les uns les autres; ce foudroyant Jupiter qui, dans une assemblée de divinités, menace l'auguste Junon de la battre ; ce Mars, qui étant blessé par Diomède, crie, dites-vous, comme neuf ou dix mille hommes, et n'agit pas comme un seul (car au lieu de mettre tous les Grecs en pièces, il s'amuse à s'aller plaindre de sa blessure à Jupiter); tout cela eût été bon sans allégorie !

HOMÈRE.

Pourquoi non ? Vous imaginez que l'esprit humain ne cherche que le vrai ; détrompez-vous. L'esprit humain et le faux sympathisent extrêmement. Si vous avez la vérité à dire, vous ferez fort bien de l'envelopper dans des fables; elle en plaira beaucoup plus. Si vous voulez dire des fables, elles pourront bien plaire, sans contenir aucune vérité. Ainsi, le vrai a besoin d'emprunter la figure du faux, pour être agréablement reçu dans l'esprit humain : mais le faux y entre bien sous sa propre figure; car c'est le lieu de sa naissance et de sa demeure ordinaire, et le vrai y est étranger. Je vous dirai bien plus : quand je me fusse tué à imaginer des fables allégoriques, il eût bien pu arriver que la plupart des gens auraient pris la fable comme une chose qui n'eût point été trop hors d'apparence, et auraient laissé là l'allégorie ; et, en effet, vous devez savoir que mes dieux, tels qu'ils sont, et tous mystères à part, n'ont point été trouvés ridicules.

ÉSOPE.

Cela me fait trembler; je crains furieusement que l'on ne croie que les bêtes aient parlé, commes elles font dans mes apologues.

HOMÈRE.

Voilà une plaisante peur.

ÉSOPE.

Hé quoi, si on a bien cru que les dieux aient pu tenir les discours que vous leur avez fait tenir, pourquoi ne croira-t-on pas que les bêtes aient parlé de la manière dont je les ai fait parler ?

HOMÈRE.

Ah ! ce n'est pas la même chose. Les hommes veulent bien que les dieux soient aussi fous qu'eux ; mais ils ne veulent pas que les bêtes soient aussi sages.

DIALOGUE VI.

ATHENAIS, ICASIE.

ICASIE.

Puisque vous voulez savoir mon aventure, la voici. L'empereur sous qui je vivais, voulut se marier ; et pour mieux choisir une impératrice, il fit publier que toutes celles qui se croyaient d'une beauté et d'un agrément à prétendre au trône, se trouvassent à Constantinople. Dieu sait l'affluence qu'il y eut. J'y allai, et je ne doutai point qu'avec beaucoup de jeunesse, avec des yeux très vifs, et un air assez agréable et assez fin, je ne pusse disputer l'empire. Le jour que se tint l'assemblée de tant de jolies prétendantes, nous parcourions toutes d'une manière inquiète les visages les unes des autres ; et je remarquai avec plaisir que mes rivales me regardaient d'assez mauvais œil. L'empereur parut. Il passa d'abord plusieurs rangs de belles sans rien dire ; mais quand il vint à moi, mes yeux me servirent bien, et ils l'arrêtèrent. *En vérité*, me dit-il, en me regardant de l'air que je pouvais souhaiter, *les femmes sont bien dangereuses, elles peuvent faire beaucoup de mal.* Je crus qu'il n'était question que d'avoir un peu d'esprit, et que j'étais impératrice ; et dans le trouble d'espérance et de joie où je me trouvais, je fis un effort pour répondre : *En récompense, Seigneur, les femmes peuvent faire et ont fait quelquefois beaucoup de bien.* Cette réponse gâta tout. L'empereur la trouva si spirituelle, qu'il n'osa m'épouser.

ATHÉNAIS.

Il fallait que cet empereur là fût d'un caractère bien étrange, pour craindre tant l'esprit, et qu'il ne s'y connût guère, pour croire que votre réponse en marquât beaucoup ; car franchement, elle n'est pas trop bonne, et vous n'avez pas grand'chose à vous reprocher.

ICASIE.

Ainsi vont les fortunes. L'esprit seul vous a faite impératrice ; et moi la seule apparence de l'esprit m'a empêchée de l'être. Vous saviez même encore la philosophie, ce qui est bien pis que d'avoir de l'esprit, et avec tout cela, vous ne laissâtes pas d'épouser Théodose le jeune.

ATHÉNAIS.

Si j'eusse eu devant les yeux un exemple comme le

vôtre, j'eusse eu grand'peur. Mon père, après avoir
fait de moi une fille fort savante et fort spirituelle, me
déshérita, tant il se tenait sûr qu'avec ma science et
mon bel esprit, je ne pouvais manquer de faire fortune, et à dire le vrai, je le croyais comme lui. Mais
je vois présentement que je courais un grand hasard
et qu'il n'était pas impossible que je demeurasse sans
aucun bien, et avec la seule philosophie en partage.

ICASIE.

Non, assurément; mais par bonheur pour vous mon
aventure n'était pas encore arrivée. Il serait assez plaisant
que dans une occasion pareille à celle où je me trouvai,
quelqu'autre qui saurait mon histoire, et qui voudrait
en profiter, eût la finesse de ne laisser point voir d'esprit, et qu'on se moquât d'elle.

ATHÉNAIS.

Je ne voudrais pas répondre que cela lui réussît, si
elle avait un dessein; mais bien souvent, on fait par
hasard les plus heureuses sottises du monde. N'avez-
vous pas ouï parler d'un peintre qui avait si bien peint
des grappes de raisin, que des oiseaux s'y trompèrent,
et les vinrent becqueter? Jugez quelle réputation cela
lui donna. Mais les raisins étaient portés dans le tableau par un petit paysan : on disait au peintre, qu'à
la vérité il fallait qu'ils fussent bien faits, puisqu'ils
attiraient les oiseaux; mais qu'il fallait que le petit
paysan fût bien mal fait, puisque les oiseaux n'en
avaient point de peur. On avait raison. Cependant, si
le peintre ne se fût pas oublié dans le petit paysan, les
raisins n'eussent pas eu ce succès prodigieux qu'ils
eurent.

ICASIE.

En vérité, quoi qu'on fasse dans le monde, on ne sait ce que l'on fait ; et après l'aventure de ce peintre, on doit trembler, même dans les affaires où l'on se conduit bien, et craindre de n'avoir pas fait quelque faute qui eût été nécessaire. Tout est incertain. Il semble que la fortune ait soin de donner des succès différens aux mêmes choses, afin de se moquer toujours de la raison humaine, qui ne peut avoir de règle assurée.

DIALOGUES
DES MORTS ANCIENS
AVEC DES MODERNES.

DIALOGUE PREMIER.
AUGUSTE, PIERRE ARÉTIN.

PIERRE ARÉTIN.

Oui, je fus bel esprit dans mon siècle, et je fis auprès des princes une fortune assez considérable.

AUGUSTE.

Vous composâtes donc bien des ouvrages pour eux?

PIERRE ARÉTIN.

Point du tout. J'avais pension de tous les princes de l'Europe, et cela n'eût pas pu être, si je me fusse amusé à louer. Ils étaient en guerre les uns avec les autres : quand les uns battaient, les autres étaient battus; il n'y avait pas moyen de leur chanter à tous leurs louanges.

AUGUSTE.

Que faisiez-vous donc?

PIERRE ARÉTIN.

Je faisais des vers contre eux. Ils ne pouvaient pas entrer tous dans un panégyrique, mais ils entraient bien tous dans une satire. J'avais si bien répandu la terreur de mon nom, qu'ils me payaient tribut pour pouvoir faire des sottises en sûreté. L'empereur Charles V, dont assurément vous avez entendu parler ici-bas, s'étant allé faire battre fort mal à propos vers les côtes d'Afrique, m'envoya aussitôt une assez belle chaîne d'or. Je la reçus, et la regardant tristement : *Ah! c'est là bien peu de chose*, m'écriai-je, *pour une aussi grande folie que celle qu'il a faite.*

AUGUSTE.

Vous aviez trouvé là une nouvelle manière de tirer de l'argent des princes.

PIERRE ARÉTIN.

N'avais-je pas sujet de concevoir l'espérance d'une merveilleuse fortune, en m'établissant un revenu sur les sottises d'autrui! C'est un bon fonds, et qui rapporte toujours bien.

AUGUSTE.

Quoi que vous en puissiez dire, le métier de louer est plus sûr, et par conséquent meilleur.

PIERRE ARÉTIN.

Que voulez-vous, je n'étais pas assez impudent pour louer.

AUGUSTE.

Et vous l'étiez bien assez pour faire des satires sur les têtes couronnées.

PIERRE ARÉTIN.

Ce n'est pas la même chose. Pour faire des satires, il n'est pas toujours besoin de mépriser ceux contre qui on les fait; mais pour donner de certaines louanges fades et outrées, il me semble qu'il faut mépriser ceux mêmes à qui on les donne, et les croire bien dupes. De quel front Virgile osait-il vous dire qu'on ignorait quel parti vous prendriez parmi les dieux, et que c'était une chose incertaine, si vous vous chargeriez du soin des affaires de la terre, ou si vous vous feriez dieu marin, en épousant une fille de Thétis, qui aurait volontiers acheté de toutes ses eaux l'honneur de votre alliance, ou enfin, si vous voudriez vous loger dans le ciel auprès du scorpion, qui tenait la place de deux signes, et qui, en votre considération, se serait mis plus à l'étroit?

AUGUSTE.

Ne soyez pas étonné que Virgile eût ce front là. Quand on est loué, on ne prend pas les louanges avec tant de rigueur; on aide à la lettre, et la pudeur de ceux qui les donnent est bien soulagée par l'amour-propre de ceux à qui elles s'adressent. Souvent on croit mériter des louanges qu'on ne reçoit pas; et comment croirait-on ne mériter pas celles qu'on reçoit?

PIERRE ARÉTIN.

Vous espériez donc sur la parole de Virgile, que vous épouseriez une nymphe de la mer, ou que vous auriez un appartement dans le zodiaque?

AUGUSTE.

Non, non. De ces sortes de louanges là on en rabat quelque chose, pour les réduire à une mesure un peu plus raisonnable; mais à la vérité on n'en rabat guère, et on se fait à soi-même une bonne composition. Enfin, de quelque manière outrée qu'on soit loué, on en tirera toujours le profit de croire qu'on est au-dessus de toutes les louanges ordinaires, et que par son mérite, on a réduit ceux qui louaient à passer toutes les bornes. La vanité a bien des ressources.

PIERRE ARÉTIN.

Je vois bien qu'il ne faut faire aucune difficulté de

pousser les louanges dans tous les excès ; mais du moins pour celles qui sont contraires les unes aux autres, comment a-t-on la hardiesse de les donner aux princes? Je gage, par exemple, que quand vous vous vengiez impitoyablement de vos ennemis, il n'y avait rien de plus glorieux, selon toute votre cour, que de foudroyer tout ce qui avait la témérité de s'opposer à vous ; mais qu'aussitôt que vous aviez fait quelque action de douceur, les choses changeaient de face, et qu'on ne trouvait plus dans la vengeance qu'une gloire barbare et inhumaine. On louait une partie de votre vie aux dépens de l'autre. Pour moi, j'aurais craint que vous ne vous fussiez donné le divertissement de me prendre par mes propres paroles, et que vous ne m'eussiez dit : *Choisissez de la sévérité ou de la clémence, pour en faire le vrai caractère d'un héros, mais après cela, tenez-vous-en à votre choix.*

AUGUSTE.

Pourquoi voulez-vous qu'on y regarde de si près ? Il est avantageux aux grands que toutes les matières soient problématiques pour la flatterie. Quoi qu'ils fassent, ils ne peuvent manquer d'être loués ; et s'ils le sont sur des choses opposées, c'est qu'ils ont plus d'une sorte de mérite.

PIERRE ARÉTIN.

Mais quoi, ne vous venait-il jamais aucun scrupule sur tous les éloges dont on vous accablait ? Était-il besoin de raffiner beaucoup, pour s'apercevoir qu'ils étaient attachés à votre rang ? Les louanges ne distinguent point les princes : on n'en donne pas plus aux héros qu'aux autres ; mais la postérité distingue les louanges qu'on a données à différens princes. Elle gile a si bien loué Caton, en disant qu'il préside à l'assemblée des plus gens de bien, qui, dans les Champs Elysées, sont séparés d'avec les autres? C'est que Caton était mort; et Virgile, qui n'espérait rien ni de lui, ni de sa famille, ne lui a donné qu'un seul vers, et a borné son éloge à une pensée raisonnable. D'où vient qu'il vous a si mal loué en tant de paroles au commencement de ses géorgiques? Il avait pension de vous.

AUGUSTE.

J'ai donc perdu bien de l'argent en louanges?

PIERRE ARÉTIN.

J'en suis fâché. Que ne faisiez-vous ce qu'a fait un de vos successeurs, qui, aussitôt qu'il fut parvenu à l'empire, défendit, par un édit exprès, que l'on composât jamais de vers pour lui?

AUGUSTE.

Hélas! il avait plus de raison que moi. Les vraies louanges ne sont pas celles qui s'offrent à nous, mais celles que nous arrachons.

DIALOGUE II.

SAPHO, LAURE.

LAURE.

Il est vrai que dans les passions que nous avons eues toutes deux, les muses ont été de la partie, et y ont mis beaucoup d'agrément; mais il y a cette différence, que c'était vous qui chantiez vos amans, et moi j'étais chantée par le mien.

SAPHO.

Hé bien, cela veut dire que j'aimais autant que vous étiez aimée.

confirme les unes, et déclare les autres de viles flatteries.

AUGUSTE.

Vous conviendrez donc du moins que je méritais les louanges que j'ai reçues, puisqu'il est sûr que la postérité les a ratifiées par son jugement. J'ai même en cela quelque sujet de me plaindre d'elle ; car elle s'est tellement accoutumée à me regarder comme le modèle des princes, qu'on les loue d'ordinaire en me les comparant, et souvent la comparaison me fait tort.

PIERRE ARÉTIN.

Consolez-vous, on ne vous donnera plus ce sujet de plainte. De la manière dont tous les morts qui viennent ici parlent de Louis XIV, qui règne aujourd'hui en France, c'est lui qu'on regardera désormais comme le modèle des princes, et je prévois qu'à l'avenir, on croira ne les pouvoir louer davantage, qu'en leur attribuant quelque rapport avec ce grand roi.

AUGUSTE.

Hé bien, ne croyez-vous pas que ceux à qui s'adressera une exagération si forte, l'écouteront avec plaisir?

PIERRE ARÉTIN.

Cela pourra être. On est si avide de louanges, qu'on les a dispensées et de la justesse, et de la vérité, et de tous les assaisonnemens qu'elles devraient avoir.

AUGUSTE.

Il paraît bien que vous voudriez exterminer les louanges. S'il fallait n'en donner que de bonnes, qui se mêlerait d'en donner?

PIERRE ARÉTIN.

Tous ceux qui en donneraient sans intérêt. Il n'appartient qu'à eux de louer. D'où vient que votre Vir-

LAURE.

Je n'en suis pas surprise, car je sais que les femmes ont d'ordinaire plus de penchant à la tendresse que les hommes. Ce qui me surprend, c'est que vous ayez marqué à ceux que vous aimiez, tout ce que vous sentiez pour eux, et que vous ayez en quelque manière attaqué leur cœur par vos poésies. Le personnage d'une femme n'est que de se défendre.

SAPHO.

Entre nous, j'en étais un peu fâchée ; c'est une injustice que les hommes nous ont faite. Il ont pris le parti d'attaquer, qui est bien plus aisé que celui de se défendre.

LAURE.

Ne nous plaignons point; notre parti a ses avantages. Nous qui nous défendons, nous nous rendons quand il nous plaît ; mais eux qui nous attaquent, ils ne sont pas toujours vainqueurs, quand ils le voudraient bien.

SAPHO.

Vous ne dites pas que si les hommes nous attaquent, ils suivent le penchant qu'ils ont à nous attaquer ; mais quand nous nous défendons, nous n'avons pas trop de penchant à nous défendre.

LAURE.

Ne comptez-vous pour rien le plaisir de voir, par tant de douces attaques, si long-temps continuées, et redoublées si souvent, combien ils estiment la conquête de votre cœur?

SAPHO.

Et ne comptez-vous pour rien la peine de résister à ces douces attaques? Ils en voient le succès avec plaisir dans tous les progrès qu'ils font auprès de nous, et nous, nous serions bien fâchées que notre résistance eût trop de succès.

LAURE.

Mais enfin, quoiqu'après tous leurs soins, ils soient victorieux à bon titre, vous leur faites grâce en reconnaissant qu'ils le sont. Vous ne pouvez plus vous défendre, et ils ne laissent pas de vous tenir compte de ce que vous ne vous défendez plus.

SAPHO.

Ah! cela n'empêche pas que ce qui est une victoire pour eux, ne soit toujours une espèce de défaite pour nous. Ils ne goûtent dans le plaisir d'être aimés, que celui de triompher de la personne qui les aime; et les amans heureux ne sont heureux, que parce qu'ils sont conquérans.

LAURE.

Quoi! auriez-vous voulu qu'on eût établi que les femmes attaqueraient les hommes?

SAPHO.

Eh! quel besoin y a-t-il que les uns attaquent, et que les autres se défendent? Qu'on s'aime de part et d'autre autant que le cœur en dira.

LAURE.

Oh! les choses iraient trop vite, et l'amour est un commerce si agréable, qu'on a bien fait de lui donner le plus de durée que l'on a pu. Que serait-ce, si l'on était reçu dès que l'on s'offrirait? Que deviendraient tous ces soins qu'on prend pour plaire, toutes ces inquiétudes que l'on sent, quand on se reproche de n'avoir pas assez plu, tous ces empressemens avec lesquels on cherche un moment heureux, enfin tout cet agréable mélange de plaisirs et de peine qu'on appelle amour? Rien ne serait plus insipide, si l'on ne faisait que s'entr'aimer.

SAPHO.

Hé bien, s'il faut que l'amour soit une espèce de combat, j'aimerais mieux qu'on eût obligé les hommes à se tenir sur la défensive. Aussi bien, ne m'avez-vous pas dit que les femmes avaient plus de penchant qu'eux à la tendresse? A ce compte, elles attaqueraient mieux.

LAURE.

Oui, mais ils se défendraient trop bien. Quand on veut qu'un sexe résiste, on veut qu'il résiste autant qu'il faut pour faire mieux goûter la victoire à celui qui attaque, mais non pas assez pour la remporter. Il doit n'être ni si faible, qu'il se rende d'abord, ni si fort, qu'il ne se rende jamais. C'est là notre caractère, et ce ne serait peut-être pas celui des hommes. Croyez-moi, après qu'on a bien raisonné ou sur l'amour, ou sur telle autre matière qu'on voudra, on trouve au bout du compte que les choses sont bien comme elles sont, et que la réforme qu'on prétendrait y apporter gâterait tout.

DIALOGUE III.

SOCRATE, MONTAIGNE.

MONTAIGNE.

C'est donc vous, divin Socrate? Que j'ai de joie de vous voir! Je suis tout fraîchement venu en ce pays-ci, et dès mon arrivée, je me suis mis à vous y chercher. Enfin, après avoir rempli mon livre de votre nom et de vos éloges, je puis m'entretenir avec vous, et apprendre comment vous possédiez cette vertu si *naïve*[1], dont les *allures* étaient si naturelles, et qui n'avaient point d'exemple, même dans les heureux siècles où vous viviez.

SOCRATE.

Je suis bien aise de voir un mort qui me paraît avoir été philosophe : mais comme vous êtes nouvellement venu de là-haut, et qu'il y a long-temps que je n'ai vu ici personne (car on me laisse assez seul, et il n'y a pas beaucoup de presse à rechercher ma conversation), trouvez bon que je vous demande des nouvelles. Comment va le monde? N'est-il pas bien changé?

MONTAIGNE.

Extrêmement. Vous ne le reconnaîtriez pas.

SOCRATE.

J'en suis ravi. Je m'étais toujours bien douté qu'il fallait qu'il devînt meilleur et plus sage qu'il n'était de mon temps.

MONTAIGNE.

Que voulez-vous dire? il est plus fou et plus corrompu qu'il n'a jamais été. C'est le changement dont je voulais parler, et je m'attendais bien à savoir de vous l'histoire du temps que vous avez vu, et où régnait tant de probité et de droiture.

SOCRATE.

Et moi, je m'attendais au contraire à apprendre des merveilles du siècle où vous venez de vivre. Quoi! les hommes d'à présent ne se sont point corrigés des sottises de l'antiquité?

MONTAIGNE.

Je crois que c'est parce que vous êtes ancien, que

[1] Termes de Montaigne.

vous parlez de l'antiquité si familièrement ; mais sachez qu'on a grand sujet d'en regretter les mœurs, et que de jour en jour tout empire.

SOCRATE.

Cela se peut-il ? Il me semble que de mon temps les choses allaient déjà bien de travers. Je croyais qu'à la fin, elles prendraient un train plus raisonnable, et que les hommes profiteraient de l'expérience de tant d'années.

MONTAIGNE.

Eh ! les hommes font-ils des expériences ? Ils sont faits comme les oiseaux, qui se laissent toujours prendre dans les mêmes filets où l'on a déjà pris cent mille oiseaux de leur espèce. Il n'y a personne qui n'entre tout neuf dans la vie, et les sottises des pères sont perdues pour les enfans.

SOCRATE.

Mais quoi, ne fait-on point d'expérience ? Je croirais que le monde devrait avoir une vieillesse plus sage et plus réglée que n'a été sa jeunesse.

MONTAIGNE.

Les hommes de tous les siècles ont les mêmes penchans, sur lesquels la raison n'a aucun pouvoir. Ainsi, partout où il y a des hommes, il y a des sottises, et les mêmes sottises.

SOCRATE.

Et sur ce pied-là, comment voudriez-vous que les siècles de l'antiquité eussent mieux valu que le siècle d'aujourd'hui ?

MONTAIGNE.

Ah ! Socrate, je savais bien que vous aviez une manière particulière de raisonner, et d'envelopper si adroitement ceux à qui vous aviez affaire, dans des argumens dont ils ne prévoyaient pas la conclusion, que vous les ameniez où il vous plaisait; et c'est ce que vous appeliez être la sage-femme de leurs pensées, et les faire accoucher. J'avoue que me voilà accouché d'une proposition toute contraire à celle que j'avançais : cependant, je ne saurais encore me rendre. Il est sûr qu'il ne se trouve plus de ces âmes vigoureuses et roides de l'antiquité, des Aristide, des Phocion, des Périclès, ni enfin des Socrate.

SOCRATE.

A quoi tient-il ? Est-ce que la nature s'est épuisée, et qu'elle n'a plus la force de produire ces grandes âmes ? Et pourquoi se serait-elle encore épuisée en rien, hormis en hommes raisonnables ? Aucun de ses ouvrages n'a encore dégénéré; pourquoi n'y aurait-il que les hommes qui dégénérassent ?

MONTAIGNE.

C'est un point de fait; ils dégénèrent. Il semble que la nature nous ait autrefois montré quelques échantillons de grands hommes, pour nous persuader qu'elle en aurait su faire, si elle avait voulu, et qu'ensuite elle ait fait tout le reste avec assez de négligence.

SOCRATE.

Prenez garde à une chose. L'antiquité est un objet d'une espèce particulière; l'éloignement le grossit. Si vous eussiez connu Aristide, Phocion, Périclès et moi, puisque vous voulez me mettre de ce nombre, vous eussiez trouvé dans votre siècle des gens qui nous ressemblaient. Ce qui fait d'ordinaire qu'on est si prévenu pour l'antiquité, c'est qu'on a du chagrin contre son siècle, et l'antiquité en profite. On met les anciens bien haut, pour abaisser ses contemporains. Quand nous vivions, nous estimions nos ancêtres plus qu'ils ne méritaient ; et à présent, notre postérité nous estime plus que nous ne méritons : mais et nos ancêtres, et nous, et notre postérité, tout cela est bien égal ; et je crois que le spectacle du monde serait bien ennuyeux pour qui le regarderait d'un certain œil, car c'est toujours la même chose.

MONTAIGNE.

J'aurais cru que tout était en mouvement, que tout changeait, et que les siècles différens avaient leurs différens caractères, comme les hommes. En effet, ne voit-on pas des siècles savans, et d'autres qui sont ignorans ? n'en voit-on pas de naïfs, et d'autres qui sont plus raffinés ? n'en voit-on pas de sérieux et de badins, de polis et de grossiers ?

SOCRATE.

Il est vrai.

MONTAIGNE.

Et pourquoi donc n'y aurait-il pas des siècles plus vertueux, et d'autres plus méchans ?

SOCRATE.

Ce n'est pas une conséquence. Les habits changent ; mais ce n'est pas à dire que la figure des corps change aussi. La politesse ou la grossièreté, la science ou l'ignorance, le plus ou le moins d'une certaine naïveté, le génie sérieux ou badin, ce ne sont là que les dehors de l'homme, et tout cela change : mais le cœur ne change point, et tout l'homme est dans le cœur. On est ignorant dans un siècle, mais la mode d'être savant peut venir, on est intéressé, mais la mode d'être désintéressé ne viendra point. Sur ce nombre prodigieux d'hommes assez déraisonnables qui naissent en cent ans, la nature en a peut-être deux ou trois douzaines de raisonnables, qu'il faut qu'elle répande par toute la terre ; et vous jugez bien qu'ils ne se trouvent jamais nulle part en assez grande quantité, pour y faire une mode de vertu et de droiture.

MONTAIGNE.

Cette distribution d'hommes raisonnables se fait-elle également? Il pourrait y avoir des siècles mieux partagés les uns que les autres.

SOCRATE.

Tout au plus il y aurait quelque inégalité imperceptible. L'ordre général de la nature a l'air bien constant.

DIALOGUE IV.

L'EMPEREUR ADRIEN, MARGUERITE D'AUTRICHE.

MARGUERITE D'AUTRICHE.

Qu'avez-vous? je vous vois tout échauffé.

ADRIEN.

Je viens d'avoir une grosse contestation avec Caton d'Utique, sur la manière dont nous sommes morts l'un et l'autre. Je prétendais avoir paru dans cette dernière action plus philosophe que lui.

MARGUERITE D'AUTRICHE.

Je vous trouve bien hardi d'oser attaquer une mort aussi fameuse que la sienne. Ne fût-ce pas quelque chose de fort glorieux, que de pourvoir à tout dans Utique, de mettre tous ses amis en sûreté, et de se tuer lui-même, pour expirer avec la liberté de sa patrie, et pour ne pas tomber entre les mains d'un vainqueur, qui cependant lui aurait infailliblement pardonné?

ADRIEN.

Oh! si vous examiniez de près cette mort-là, vous y trouveriez bien des choses à redire. Premièrement, il y avait si long-temps qu'il s'y préparait, et il s'y était préparé avec des efforts si visibles, que personne dans Utique ne doutait que Caton ne se dût tuer. Secondement, avant que de se donner le coup, il eut besoin de lire plusieurs fois le dialogue où Platon traite de l'immortalité de l'âme. Troisièmement, le dessein qu'il avait pris le rendait de si mauvaise humeur, que s'étant couché et ne trouvant point son épée sous le chevet de son lit (car comme on devinait bien ce qu'il avait envie de faire, on l'avait ôtée de là), il appela pour la demander un de ses esclaves, et lui déchargea sur le visage un grand coup de poing, dont il lui cassa les dents; ce qui est si vrai, qu'il retira sa main tout ensanglantée.

MARGUERITE D'AUTRICHE.

J'avoue que voilà un coup de poing qui gâte bien cette mort philosophique.

ADRIEN.

Vous ne sauriez croire quel bruit il fit sur cette épée ôtée, et combien il reprocha à son fils et à ses domestiques, qu'ils le voulaient livrer à César, pieds et poings liés. Enfin, ils les gronda tous de telle sorte, qu'il fallut qu'ils sortissent de la chambre, et le laissassent se tuer.

MARGUERITE D'AUTRICHE.

Véritablement les choses pouvaient se passer d'une manière un peu plus tranquille. Il n'avait qu'à attendre doucement le lendemain pour se donner la mort: il n'y a rien de plus aisé que de mourir quand on le veut;

mais apparemment les mesures qu'il avait prises en comptant sur sa fermeté, étaient prises si juste, qu'il ne pouvait plus attendre, et il ne se fût peut-être pas tué, s'il eût différé d'un jour.

ADRIEN.

Vous dites vrai, et je vois que vous vous connaissez en morts généreuses.

MARGUERITE D'AUTRICHE.

Cependant, on dit qu'après qu'on eût apporté cette épée à Caton, et que l'on se fut retiré, il s'endormit et ronfla. Cela serait assez beau.

ADRIEN

Et le croyez-vous? Il venait de quereller tout le monde, et de battre ses valets : on ne dort pas si aisément après un tel exercice. De plus, la main dont il avait frappé l'esclave lui faisait trop de mal pour lui permettre de s'endormir; car il ne put supporter la douleur qu'il y sentait, et il se la fit bander par un médecin, quoiqu'il fût sur le point de se tuer. Enfin, depuis qu'on lui eut apporté son épée jusqu'à minuit, il lut deux fois le dialogue de Platon. Or, je prouverais bien, par un grand souper qu'il donna le soir à tous ses amis, par une promenade qu'il fit ensuite, et par tout ce qui se passa jusqu'à ce qu'on l'eût laissé seul dans sa chambre, que quand on lui apporta cette épée, il devait être fort tard : d'ailleurs, le dialogue qu'il lut deux fois est très long, et par conséquent, s'il dormit, il ne dormit guère. En vérité, je crains bien qu'il n'ait fait semblant de ronfler, pour en avoir l'honneur auprès de ceux qui écoutaient à la porte de sa chambre.

MARGUERITE D'AUTRICHE.

Vous ne faites pas mal la critique de sa mort, qui ne

laisse pas d'avoir toujours dans le fond quelque chose de fort héroïque. Mais par où pouvez-vous prétendre que la vôtre l'emporte? Autant qu'il m'en souvient, vous êtes mort dans votre lit tout uniment, et d'une manière qui n'a rien de remarquable.

ADRIEN.

Quoi! n'est-ce rien de remarquable que ces vers que je fis presque en expirant?

> Ma petite âme, ma mignonne,
> Tu t'en vas donc, ma fille, et Dieu sache où tu vas?
> Tu pars seulette et tremblottante! Hélas!
> Que deviendra ton humeur folichonne?
> Que deviendront tant de jolies ébats.

Caton traita la mort comme une affaire trop sérieuse : mais pour moi, vous voyez que je badinai avec elle; et c'est en quoi je prétends que ma philosophie alla plus loin que celle de Caton. Il n'est pas si difficile de braver fièrement la mort, que d'en railler nonchalamment, ni de la bien recevoir quand on l'appelle à son secours, que quand elle vient sans qu'on ait besoin d'elle.

MARGUERITE D'AUTRICHE.

Oui, je conviens que la mort de Caton est moins belle que la vôtre; mais, par malheur, je n'avais point remarqué que vous eussiez fait ces petits vers, en quoi consiste toute la beauté.

ADRIEN.

Voilà comme tout le monde est fait. Que Caton se déchire les entrailles, plutôt que de tomber entre les mains de son ennemi, ce n'est peut-être pas au fond si grand'chose; cependant un trait comme celui là brille extrêmement dans l'histoire, et il n'y a personne qui n'en soit frappé. Qu'un autre meure tout doucement, et se trouve en état de faire des tours badins sur sa mort, c'est plus que ce qu'a fait Caton; mais cela n'a rien qui frappe, et l'histoire n'en tient presque pas compte.

MARGUERITE D'AUTRICHE.

Hélas! rien n'est plus vrai que ce que vous dites; et moi, qui vous parle, j'ai une mort que je prétends plus belle que la vôtre, et qui a fait encore moins de bruit. Ce n'est pourtant pas une mort tout entière; mais telle qu'elle est, elle est au-dessus de la vôtre, qui est au-dessus de celle de Caton.

ADRIEN.

Comment! que voulez-vous dire?

MARGUERITE D'AUTRICHE.

J'étais fille d'un empereur : je fus fiancée à un fils de roi, et ce prince, après la mort de son père, me renvoya chez le mien, malgré la promesse solennelle qu'il avait faite de m'épouser. Ensuite on me fiança encore au fils d'un autre roi; et comme j'allais par mer trouver cet époux, mon vaisseau fut battu d'une furieuse tempête qui mit ma vie en un danger très évident. Ce fut alors que je me composai moi-même cette épitaphe :

> Ci gist Margot, la gentil' damoiselle,
> Qu'a deux maris, et encore est pucelle.

A la vérité, je n'en mourus pas, mais il ne tint pas à moi. Concevez bien cette espèce de mort-là, vous en serez satisfait. La fermeté de Caton est outrée dans un genre, la vôtre dans un autre, la mienne est naturelle. Il est trop guindé, vous êtes trop badin, je suis raisonnable.

ADRIEN.

Quoi! vous me reprochez d'avoir trop peu craint la mort.

MARGUERITE D'AUTRICHE.

Oui; il n'y a pas d'apparence que l'on n'ait aucun chagrin en mourant ; et je suis sûre que vous vous fîtes alors autant de violence pour badiner, que Caton pour se déchirer les entrailles. J'attends un naufrage à tous momens, sans m'épouvanter, et je compose de sang-froid mon épitaphe : cela est fort extraordinaire ; et s'il n'y avait rien qui adoucît cette histoire, on aurait raison de ne la croire pas, ou de croire que je n'eusse agi que par fanfaronnade. Mais en même temps, je suis une pauvre fille deux fois fiancée, et qui ai pourtant le malheur de mourir fille ; je marque le regret que j'en ai, et cela met dans mon histoire toute la vraisemblance dont elle a besoin. Vos vers, prenez-y garde, ne veulent rien dire ; ce n'est qu'un galimatias composé de petits termes folâtres : mais les miens ont un sens fort clair, et dont on se contente d'abord, ce qui fait voir que la nature y parle bien plus que dans les vôtres.

ADRIEN.

En vérité, je n'eusse jamais cru que le chagrin de mourir avec votre virginité eût dû vous être si glorieux.

MARGUERITE D'AUTRICHE.

Plaisantez-en tant que vous voudrez ; mais ma mort, si elle peut s'appeler ainsi, a encore un avantage essentiel sur celle de Caton et sur la vôtre. Vous aviez tant fait les philosophes l'un et l'autre pendant votre vie, que vous vous étiez engagés d'honneur à ne craindre point la mort; et s'il vous eût été permis de la craindre, je ne sais ce qui en fût arrivé. Mais moi, tant que la tempête dura, j'étais en droit de trembler, et de pousser des cris jusqu'au ciel, sans que personne y trouvât à redire, ni m'en estimât moins; cependant je demeurai assez tranquille pour faire mon épitaphe.

ADRIEN.

Entre nous, l'épitaphe ne fut-elle point faite sur la terre?

MARGUERITE D'AUTRICHE.

Ah! cette chicane là est de mauvaise grâce : je ne vous en ai pas fait de pareille sur vos vers.

ADRIEN.

Je me rends donc de bonne foi, et j'avoue que la vertu est bien grande quand elle ne passe point les bornes de la nature.

DIALOGUE V.

ERASISTRATE, HERVÉ.

ÉRASISTRATE.

Vous m'apprenez des choses merveilleuses. Quoi! le sang circule dans le corps! les veines le portent des extrémités au cœur, et il sort du cœur pour entrer dans les artères, qui le reportent vers les extrémités?

HERVÉ.

J'en ai fait voir tant d'expériences, que personne n'en doute plus.

ÉRASISTRATE.

Nous nous trompions donc bien, nous autres médecins de l'antiquité, qui croyons que le sang n'avait qu'un mouvement très lent du cœur vers les extrémités du corps, et on vous est bien obligé d'avoir aboli cette vieille erreur !

HERVÉ.

Je le prétends ainsi, et même on doit m'avoir d'autant plus d'obligation, que c'est moi qui ai mis les gens en train de faire toutes ces belles découvertes qu'on fait aujourd'hui dans l'anatomie. Depuis que j'ai eu trouvé une fois la circulation du sang, c'est à qui trouvera un nouveau conduit, un nouveau canal, un nouvau réservoir. Il semble qu'on ait refondu tout l'homme. Voyez combien notre médecine moderne doit avoir d'avantage sur la vôtre. Vous vous mêliez de guérir le corps humain, et le corps humain ne vous était seulement pas connu.

ÉRASISTRATE.

J'avoue que les modernes sont meilleurs physiciens que nous; ils connaissent mieux la nature : mais ils ne sont pas meilleurs médecins; nous guérissions les malades aussi bien qu'ils les guérissent. J'aurais bien voulu donner à tous ces modernes, et à vous tout le premier, le prince Antiochus à guérir de sa fièvre quarte. Vous savez comme je m'y pris, et comme je découvris par son pouls qui s'émut plus qu'à l'ordinaire en la présence de Stratonice, qu'il était amoureux de cette belle reine, et que tout son mal venait de la violence qu'il se faisait pour cacher sa passion. Cependant je fis une cure aussi difficile et aussi considérable que celle là, sans savoir que le sang circulât; et je crois qu'avec tout le secours que cette connaissance eût pu vous donner, vous eussiez été fort embarrassé en ma place. Il ne s'agissait point de nouveaux conduits, ni de nouveaux réservoirs; ce qu'il y avait de plus important à connaître dans le malade, c'était le cœur.

HERVÉ.

Il n'est pas toujours question du cœur, et tous les malades ne sont pas amoureux de leur belle-mère, comme Antiochus. Je ne doute point que faute de savoir que le sang circule, vous n'ayez laissé mourir bien des gens entre vos mains.

ÉRASISTRATE.

Quoi! vous croyez vos nouvelles découvertes fort utiles?

HERVÉ.

Assurément.

ÉRASISTRATE.

Répondez donc, s'il vous plaît, à une petite question que je vais vous faire. Pourquoi voyons-nous venir ici tous les jours autant de morts, qu'il en soit jamais venu?

HERVÉ.

Oh! s'ils meurent, c'est leur faute; ce n'est plus celle des médecins.

ÉRASISTRATE.

Mais cette circulation du sang, ces conduits, ces canaux, ces réservoirs, tout cela ne guérit donc de rien?

HERVÉ.

On n'a peut-être pas encore eu le loisir de tirer quelque usage de tout ce qu'on a appris depuis peu; mais il est impossible qu'avec le temps on n'en voie de grands effets.

ÉRASISTRATE.

Sur ma parole, rien ne changera. Voyez-vous, il y a une certaine mesure de connaissances utiles, que les hommes ont eue de bonne heure, à laquelle ils n'ont guère ajouté, et qu'ils ne passeront guère, s'ils la passent. Ils ont cette obligation à la nature, qu'elle leur a inspiré fort promptement ce qu'ils avaient besoin de savoir; car ils étaient perdus, si elle eût laissé à la lenteur de leur raison à le chercher. Pour les autres choses qui ne sont pas si nécessaires, elles se découvrent peu à peu, et dans de longues suites d'années.

HERVÉ.

Il serait étrange, qu'en connaissant mieux l'homme, on ne le guérit pas mieux. A ce compte, pourquoi s'amuserait-on à perfectionner la science du corps humain? Il vaudrait mieux laisser là tout.

ÉRASISTRATE.

On y perdrait des connaissances fort agréables; mais pour ce qui est de l'utilité, je crois que découvrir un nouveau conduit dans le corps de l'homme, ou une nouvelle étoile dans le ciel, est bien la même chose. La nature veut que dans de certains temps, les hommes se succèdent les uns aux autres par le moyen de la mort; il leur est permis de se défendre contre elle jusqu'à un certain point : mais passé cela, on aura beau faire de nouvelles découvertes dans l'anatomie, on aura beau pénétrer de plus en plus dans les secrets de la structure du corps humain, on ne prendra point la nature pour dupe, on mourra comme à l'ordinaire.

DIALOGUE VI.

COSME II DE MÉDICIS, BÉRÉNICE.

COSME DE MÉDICIS.

Je viens d'apprendre de quelques savans, qui sont

morts depuis peu, une nouvelle qui m'afflige beaucoup. Vous saurez que Galilée, qui était mon mathématicien, avait découvert de certaines planètes qui tournent autour de Jupiter, auxquelles il donna en mon honneur le nom d'astres de Médicis. Mais on m'a dit qu'on ne les connaît presque plus sous ce nom là, et qu'on les appelle simplement satellites de Jupiter. Il faut que le monde soit présentement bien méchant et bien envieux de la gloire d'autrui.

BÉRÉNICE.

Sans doute, je n'ai guère vu d'effets plus remarquables de sa malignité.

COSME DE MÉDICIS.

Vous en parlez bien à votre aise, après le bonheur que vous avez eu. Vous aviez fait vœu de couper vos cheveux, si votre mari Ptolomée revenait vainqueur de je ne sais quelle guerre. Il revint, ayant défait ses ennemis; vous consacrâtes vos cheveux dans un temple de Vénus, et le lendemain, un mathématicien les fit disparaître, et publia qu'ils avaient été changés en une constellation, qu'il appela *la chevelure de Bérénice*. Faire passer des étoiles pour des cheveux d'une femme, c'était bien pis que de donner le nom d'un prince à de nouvelles planètes. Cependant votre chevelure a réussi, et ces pauvres astres de Médicis n'ont pu avoir la même fortune.

BÉRÉNICE.

Si je pouvais vous donner ma chevelure céleste, je vous la donnerais pour vous consoler, et même je serais assez généreuse pour ne prétendre pas que vous me fussiez fort obligé de ce présent-là.

COSME DE MÉDICIS.

Il serait pourtant considérable, et je voudrais que mon nom fût aussi assuré de vivre que le vôtre.

BÉRÉNICE.

Hélas! quand toutes les constellations porteraient mon nom, en serais-je mieux? Ils seraient là-haut dans le ciel, et moi, je n'en serais pas moins ici-bas. Les hommes sont plaisans; ils ne peuvent se dérober à la mort, et ils tâchent à lui dérober deux ou trois syllabes qui leur appartiennent. Voilà une belle chicane qu'ils s'avisent de lui faire. Ne vaudrait-il pas mieux qu'ils consentissent de bonne grâce à mourir eux et leurs noms?

COSME DE MÉDICIS.

Je ne suis point de votre avis : on ne meurt que le moins qu'il est possible, et tout mort qu'on est, on tâche à tenir encore à la vie par un marbre où l'on est représenté, par des pierres que l'on a élevées les unes sur les autres, par son tombeau même. On se noie, et on s'accroche à tout cela.

BÉRÉNICE.

Oui, mais les choses qui devraient garantir nos noms de la mort, meurent elles-mêmes à leur manière. A quoi attacherez-vous votre immortalité? Une ville, un empire même ne vous en peut pas bien répondre.

COSME DE MÉDICIS.

Ce n'est pas une mauvaise invention que de donner son nom à des astres; ils demeurent toujours.

BÉRÉNICE.

Encore de la manière dont j'en entends parler, les astres eux-mêmes sont-ils sujets à caution. On dit qu'il y en a de nouveaux qui viennent, et d'anciens qui s'en vont; et vous verrez qu'à la longue, il ne me restera peut-être pas un cheveu dans le ciel. Du moins, ce qui ne peut manquer à nos noms, c'est une mort, pour ainsi dire, grammaticale; quelques changémens de lettres les mettent en état de ne pouvoir plus servir qu'à donner de l'embarras aux savans. Il y a quelque temps que je vis ici-bas des morts qui contestaient avec beaucoup de chaleur l'un contre l'autre. Je m'approchai; je demandai qui ils étaient, et on me répondit que l'un était le grand Constantin, et l'autre un empereur barbare. Ils disputaient sur la préférence de leurs grandeurs passées. Constantin disait qu'il avait été empereur de Constantinople; et le barbare qu'il l'avait été de Stamboul. Le premier, pour faire valoir sa Constantinople, disait qu'elle était située sur trois mers; sur le Pont-Euxin, sur le Bosphore de Thrace, et sur la Propontide. L'autre répliquait que Stamboul commandait aussi à trois mers, à la mer Noire, au Détroit, et à la mer de Marmara. Ce rapport de Constantinople et de Stamboul étonna Constantin : mais après qu'il se fut informé exactement de la situation de Stamboul, il fut encore bien plus surpris de trouver que c'était Constantinople, qu'il n'avait pu reconnaître à cause du changement des noms. « Hélas ! s'écria-t-il, j'eusse » aussi bien fait de laisser à Constantinople son pre- » mier nom de Byzance. Qui démêlera le nom de Cons- » tantin dans Stamboul? Il y tire bien à sa fin. »

COSME DE MÉDICIS.

De bonne foi, vous me consolez un peu, et je me résous à prendre patience. Après tout, puisque nous n'avons pu nous dispenser de mourir, il est assez raisonnable que nos noms meurent aussi ; ils ne sont pas de meilleure condition que nous.

DIALOGUES
DES
MORTS MODERNES.

DIALOGUE PREMIER.

ANNE DE BRETAGNE, MARIE D'ANGLETERRE.

ANNE DE BRETAGNE.

Assurément ma mort vous fit grand plaisir. Vous passâtes aussitôt la mer pour aller épouser Louis XII, et vous saisir du trône que je laissais vide. Mais vous n'en jouîtes guères, et je fus vengée de vous par votre jeunesse même et par votre beauté, qui vous rendaient trop aimable aux yeux du roi, et le consolaient trop aisément de ma perte, car elles hâtèrent sa mort, et vous empêchèrent d'être long-temps reine.

MARIE D'ANGLETERRE.

Il est vrai que la royauté ne fit que se montrer à moi, et disparut en moins de rien.

ANNE DE BRETAGNE.

Et après cela vous devîntes duchesse de Suffolk ? C'était une belle chute. Pour moi, grâce au ciel, j'ai eu une autre destinée. Quand Charles VIII mourut, je ne perdis point mon rang par sa mort, et j'épousai son successeur, ce qui est un exemple de bonheur fort singulier.

MARIE D'ANGLETERRE.

M'en croiriez-vous, si je vous disais que je ne vous ai jamais envié ce bonheur-là ?

ANNE DE BRETAGNE.

Non ; je conçois trop bien ce que c'est que d'être duchesse de Suffolk, après qu'on a été reine de France.

MARIE D'ANGLETERRE.

Mais j'aimais le duc de Suffolk.

ANNE DE BRETAGNE.

Il n'importe. Quand on a goûté les douceurs de la royauté, en peut-on goûter d'autres?

MARIE D'ANGLETERRE.

Oui, pourvu que ce soient celles de l'amour. Je vous assure que vous ne devez point me vouloir de mal de ce que je vous ai succédé. Si j'eusse toujours pu disposer de moi, je n'eusse été que duchesse ; et je retournai bien vite en Angleterre pour y prendre ce titre, dès que je fus déchargée de celui de reine.

ANNE DE BRETAGNE.

Aviez-vous les sentimens si peu élevés ?

MARIE D'ANGLETERRE.

J'avoue que l'ambition ne me touchait point. La nature a fait aux hommes des plaisirs simples, aisés, tranquilles, et leur imagination leur en a fait qui sont embarrassans, incertains, difficiles à acquérir ; mais la nature est bien plus habile à leur faire des plaisirs, qu'ils ne le sont eux-mêmes. Que ne se reposent-ils sur elle de ce soin-là? Elle a inventé l'amour, qui est fort agréable, et ils ont inventé l'ambition, dont il n'était pas besoin.

ANNE DE BRETAGNE.

Qui vous a dit que les hommes aient inventé l'ambition ? La nature n'inspire pas moins les désirs de l'élévation et du commandement, que le penchant de l'amour.

MARIE D'ANGLETERRE.

L'ambition est aisée à reconnaître pour un ouvrage de l'imagination ; elle en a le caractère, elle est inquiète, pleine de projets chimériques ; elle va au-delà de ses souhaits, dès qu'ils sont accomplis ; elle a un terme qu'elle n'attrape jamais.

ANNE DE BRETAGNE.

Et malheureusement l'amour en a un qu'il attrape trop tôt.

MARIE D'ANGLETERRE.

Ce qui en arrive, c'est qu'on peut être plusieurs fois heureux par l'amour, et qu'on ne le peut être une seule fois par l'ambition ; ou, s'il est possible qu'on le soit, du moins ces plaisirs-là sont faits pour trop peu de gens : et par conséquent ce n'est point la nature qui les propose aux hommes, car ses faveurs sont toujours très générales. Voyez l'amour, il est fait pour tout le monde. Il n'y a que ceux qui cherchent leur bonheur dans une trop grande élévation, à qui il semble que la nature ait envié les douceurs de l'amour. Un roi qui peut s'assurer de cent mille bras, ne peut guère s'assurer d'un cœur : il ne sait si on ne fait pas pour son rang, tout ce qu'on aurait fait pour la personne d'un autre. Sa royauté lui coûte tous les plaisirs les plus simples et les plus doux.

ANNE DE BRETAGNE.

Vous ne rendez pas les rois beaucoup plus malheureux par cette incommodité que vous trouvez à leur condition. Quand on voit ses volontés non-seulement suivies, mais prévenues, une infinité de fortunes qui dépendent d'un mot qu'on peut prononcer quand on veut, tant de soins, tant de desseins, tant d'empressemens, tant d'application à plaire, dont on est le seul objet : en vérité, on se console de ne pas savoir tout-à-fait au juste si on est aimé pour son rang ou pour sa personne. Les plaisirs de l'ambition sont faits, dites-vous, pour trop peu de gens ; ce que vous leur reprochez est leur plus grand charme. En fait de bonheur, c'est l'exception qui flatte, et ceux qui règnent sont exceptés si avantageusement de la condition des autres hommes, que, quand ils perdraient quelque chose des plaisirs qui sont communs à tout le monde, ils seraient récompensés du reste.

MARIE D'ANGLETERRE.

Ah! jugez de la perte qu'ils font, par la sensibilité avec laquelle ils reçoivent ces plaisirs simples et communs, lorsqu'il s'en présente quelqu'un à eux. Apprenez ce que me conta ici, l'autre jour, une princesse de mon sang, qui a régné en Angleterre, et fort long-temps, et fort heureusement, et sans mari. Elle donnait une première audience à des ambassadeurs hollandais, qui avaient à leur suite un jeune homme bien fait. Dès qu'il vit la reine, il se tourna vers ceux qui étaient auprès de lui, et leur dit quelque chose assez bas, mais d'un certain air qui fit qu'elle devina à peu près ce quil disait; car les femmes ont un instinct admirable. Les trois ou quatre mots que dit ce jeune Hollandais, qu'elle n'avait pas entendus, lui tinrent plus à l'esprit que toute la harangue des ambassadeurs ; et aussitôt qu'ils furent sortis, elle voulut s'assurer de ce qu'elle avait pensé. Elle demanda à ceux à qui avait parlé ce jeune homme, ce

qu'il leur avait dit. Ils lui répondirent, avec beaucoup
de respect, que c'était une chose qu'on n'osait redire à
une grande reine, et se défendirent long-temps de la
répéter. Enfin, quand elle se servit de son autorité absolue, elle apprit que le Hollandais s'était écrié tout
bas : *Ah! voilà une femme bien faite,* et avait ajouté quelque expression assez grossière, mais vive, pour marquer qu'il la trouvait à son gré. On ne fit ce récit à la
reine qu'en tremblant; cependant il n'en arriva rien
autre chose, sinon que, quand elle congédia les ambassadeurs, elle fit au jeune Hollandais un présent fort
considérable. Voyez comme au travers de tous les plaisirs de grandeur et de royauté dont elle était environnée, ce plaisir d'être trouvée belle alla la frapper vivement.

ANNE DE BRETAGNE.

Mais enfin elle n'eût pas voulu l'acheter par la perte
des autres. Tout ce qui est trop simple n'accommode
point les hommes. Il ne suffit pas que les plaisirs touchent
avec douceur ; on veut qu'ils agitent et qu'ils transportent. D'où vient que la vie pastorale, telle que les
poètes la dépeignent, n'a jamais été que dans leurs ouvrages, et ne réussirait pas dans la pratique ? Elle est
trop douce et trop unie.

MARIE D'ANGLETERRE.

J'avoue que les hommes ont tout gâté. Mais d'où
vient que la vue d'une cour la plus superbe et la plus
pompeuse du monde les flatte moins que les idées qu'ils
se proposent quelquefois de cette vie pastorale? C'est
qu'ils étaient faits pour elle.

ANNE DE BRETAGNE.

Ainsi le partage de vos plaisirs simples et tranquilles,

n'est plus que d'entrer dans les chimères que les hommes se forment?

MARIE D'ANGLETERRE.

Non, non. S'il est vrai que peu de gens aient le goût assez bon pour commencer par ces plaisirs-là, du moins on finit volontiers par eux, quand on le peut. L'imagination a fait sa course sur les faux objets, et elle revient aux vrais.

DIALOGUE II.

CHARLES V, ERASME.

ERASME.

N'en doutez point, s'il y avait des rangs chez les morts, je ne vous céderais pas la préséance.

CHARLES V.

Quoi! un grammairien, un savant, et pour dire encore plus, et pousser votre mérite jusqu'où il peut aller, un homme d'esprit prétendrait l'emporter sur un prince qui s'est vu maître de la meilleure partie de l'Europe?

ERASME.

Joignez-y encore l'Amérique, et je ne vous en craindrai pas davantage. Toute cette grandeur n'était pour ainsi dire qu'un composé de plusieurs hasards; et qui désassemblerait toutes les parties dont elle était formée, vous le ferait voir bien clairement. Si Ferdinand, votre grand-père, eût été homme de parole, vous n'aviez presque rien en Italie; si d'autres princes que lui eussent eu l'esprit de croire qu'il y avait des antipodes, Christophe Colomb ne se fût point adressé à lui, et l'Amérique n'était point au nombre de vos états, si après la mort du dernier duc de Bourgogne, Louis XI eût bien songé à ce qu'il faisait, l'héritière de Bourgogne n'était point à Maximilien, ni les Pays-Bas pour vous; si Henri de Castille, frère de votre grand'mère Isabelle, n'eût point été en mauvaise réputation auprès des femmes, ou si sa femme n'eût point été d'une vertu assez douteuse, la fille de Henri eût passé pour être sa fille, et le royaume de Castille vous échappait.

CHARLES V.

Vous me faites trembler. Il me semble qu'à l'heure qu'il est, je perds, ou la Castille, ou les Pays-Bas, ou l'Amérique, ou l'Italie.

ERASME.

N'en raillez point. Vous ne sauriez donner un peu plus de bon sens à l'un, ou de bonne foi à l'autre, qu'il ne vous en coûte beaucoup. Il n'y a pas jusqu'à l'impuissance de votre grand-oncle, ou jusqu'à la coquetterie de votre grand'tante, qui ne vous soient nécessaires. Voyez combien c'est un édifice délicat, que celui qui est fondé sur tant de choses qui dépendent du hasard.

CHARLES V.

En vérité, il n'y a pas moyen de soutenir un examen aussi sévère que le vôtre. J'avoue que vous faites disparaître toute ma grandeur et tous mes titres.

ERASME.

Ce sont là pourtant ces qualités dont vous prétendiez vous parer; je vous en ai dépouillé sans peine. Vous souvient-il d'avoir ouï dire que l'Athénien Cimon, ayant fait beaucoup de Perses prisonniers, exposa en vente d'un côté leurs habits, et de l'autre leurs corps tout nus; et que comme les habits étaient d'une grande magnificence, il y eut presse à les acheter; mais que pour les hommes personne n'en voulut? De bonne foi, je crois que ce qui arriva à ces Perses là, arriverait à bien d'autres, si l'on séparait leur mérite personnel d'avec celui que la fortune leur a donné.

CHARLES V.

Mais quel est ce mérite personnel ?

ERASME.

Faut-il le demander? Tout ce qui est en nous. L'esprit, par exemple, les sciences.

CHARLES V.

Et l'on peut avec raison en tirer de la gloire?

ERASME.

Sans doute. Ce ne sont pas des biens de fortune, comme la noblesse ou les richesses.

CHARLES V.

Je suis surpris de ce que vous dites. Les sciences ne viennent-elles pas aux savans, comme les richesses viennent à la plupart des gens riches? N'est-ce pas par voie de succession ? Vous héritez des anciens, vous autres hommes doctes, ainsi que nous de nos pères. Si on nous a laissé tout ce que nous possédons, on vous a laissé aussi ce que vous savez; et de là vient que beaucoup de savans regardent ce qu'ils ont reçu des anciens, avec le même respect que quelques gens regardent les terres et les maisons de leurs aïeux, où ils seraient fâchés de rien changer.

ERASME.

Mais les grands naissent héritiers de la grandeur de leurs pères, et les savans n'étaient pas nés héritiers des connaissances des anciens. La science n'est point une succession qu'on reçoit, c'est une acquisition toute nouvelle que l'on entreprend de faire ; ou si c'est une succession, elle est assez difficile à recueillir, pour être fort honorable.

CHARLES V.

Hé bien, mettez la peine qui se trouve à acquérir les biens de l'esprit, contre celle qui se trouve à conserver les biens de la fortune, voilà les choses égales ; car enfin, si vous ne regardez que la difficulté, souvent les affaires du monde en ont bien autant que les spéculations du cabinet.

ERASME.

Mais ne parlons point de la science, tenons-nous-en à l'esprit ; ce bien là ne dépend aucunement du hasard.

CHARLES V.

Il n'en dépend point? Quoi! l'esprit ne consiste-il pas dans une certaine conformation du cerveau, et le hasard est-il moindre, de naître avec un cerveau bien disposé, que de naître d'un père qui soit roi? Vous étiez un grand génie : mais demandez à tous les philosophes à quoi il tenait que vous ne fussiez stupide et hébété ; presque à rien, à une petite position de fibres ; enfin, à quelque chose que l'anatomie la plus délicate ne saurait jamais apercevoir. Et après cela, ces messieurs les beaux-esprits nous oseront soutenir qu'il n'y a qu'eux qui aient des biens indépendans du hasard, et ils se croiront en droit de mépriser tous les autres hommes?

ERASME.

A votre compte, être riche ou avoir de l'esprit, c'est le même mérite.

CHARLES V.

Avoir de l'esprit est un hasard plus heureux ; mais au fond, c'est toujours un hasard.

ERASME.

Tout est donc hasard ?

CHARLES V.

Oui, pourvu qu'on donne ce nom à un ordre que l'on ne connaît point. Je vous laisse à juger si je n'ai pas dépouillé les hommes encore mieux que vous n'aviez fait ; vous ne leur ôtiez que quelques avantages de la naissance, et je leur ôte jusqu'à ceux de l'esprit. Si avant que de tirer vanité d'une chose, ils voulaient s'assurer bien qu'elle leur appartînt, il n'y aurait guère de vanité dans le monde.

DIALOGUE III.

ÉLISABETH D'ANGLETERRE, LE DUC D'ALENÇON.

LE DUC D'ALENÇON.

Mais pourquoi m'avez-vous si long-temps flatté de l'espérance de vous épouser, puisque vous étiez résolue dans l'âme à ne rien conclure ?

ÉLISABETH D'ANGLETERRE.

J'en ai bien trompé d'autres qui ne valaient pas moins que vous. J'ai été la Pénélope de mon siècle. Vous, le duc d'Anjou votre frère, l'archiduc, le roi de Suède, vous étiez tous des poursuivans, qui en vouliez à une île bien plus considérable que celle d'Ithaque ; je vous ai tenus en haleine pendant une longue suite d'années, et à la fin, je me suis moquée de vous.

LE DUC D'ALENÇON.

Il y a ici de certains morts, qui ne tomberaient pas

d'accord que vous ressemblassiez tout-à-fait à Pénélope ; mais on ne trouve point de comparaisons qui ne soient défectueuses en quelque point.

ÉLISABETH D'ANGLETERRE.

Si vous n'étiez pas encore aussi étourdi que vous l'étiez, et que vous puissiez songer à ce que vous dites....

LE DUC D'ALENÇON.

Bon, je vous conseille de prendre votre sérieux. Voilà comme vous avez toujours fait des fanfaronnades de virginité ; témoin cette grande contrée d'Amérique, à laquelle vous fîtes donner le nom de Virginie, en mémoire de la plus douteuse de toutes vos qualités. Ce pays-là serait assez mal nommé, si ce n'était que par bonheur il est dans un autre monde : mais il n'importe ; ce n'est pas là de quoi il s'agit. Rendez-moi un peu raison de cette conduite mystérieuse que vous avez tenue, et de tous ces projets de mariage qui n'ont abouti à rien. Est-ce que les six mariages de Henri VIII votre père vous apprirent à ne vous point marier, comme les courses perpétuelles de Charles V apprirent à Philippe II à ne point sortir de Madrid ?

ÉLISABETH D'ANGLETERRE.

Je pourrais m'en tenir à la raison que vous me fournissez ; en effet, mon père passa toute sa vie à se marier et à se démarier, a répudier quelques unes de ses femmes, et à faire couper la tête aux autres. Mais le vrai secret de ma conduite, c'est que je trouvais qu'il n'y avait rien de plus joli que de former des desseins, de faire des préparatifs, et de n'exécuter point. Ce qu'on a le plus ardemment désiré, diminue du prix dès qu'on l'obtient ; et les choses ne passent point de notre imagination à la réalité, qu'il n'y ait de la perte.

Vous venez en Angleterre pour m'épouser : ce ne sont que bals, que fêtes, que réjouissances ; je vais même jusqu'à vous donner un anneau. Jusques-là, tout est le plus riant du monde ; tout ne consiste qu'en apprêts et en idées : aussi ce qu'il y a d'agréable dans le mariage est déjà épuisé. Je m'en tiens là, et vous renvoie.

LE DUC D'ALENÇON.

Franchement, vos maximes ne m'eussent point accommodé ; j'eusse voulu quelque chose de plus que des chimères.

ÉLISABETH D'ANGLETERRE.

Ah! si l'on ôtait les chimères aux hommes, quel plaisir leur resterait-il? Je vois bien que vous n'aurez pas senti tous les agrémens qui étaient dans votre vie ; mais en vérité vous êtes bien malheureux qu'ils aient été perdus pour vous.

LE DUC D'ALENÇON.

Quoi! quels agrémens y avait-il dans ma vie? Rien ne m'a jamais réussi. J'ai pensé quatre fois être roi : d'abord il s'agissait de la Pologne, ensuite de l'Angleterre et des Pays-Bas, enfin la France devait apparemment m'appartenir ; cependant je suis arrivé ici sans avoir régné.

ÉLISABETH D'ANGLETERRE.

Et voilà ce bonheur dont vous ne vous êtes pas aperçu. Toujours des imaginations, des espérances, et jamais de réalité. Vous n'avez fait que vous préparer à la royauté pendant toute votre vie, comme je n'ai fait pendant toute la mienne que me préparer au mariage.

LE DUC D'ALENÇON.

Mais comme je crois qu'un mariage effectif pouvait

vous convenir, je vous avoue qu'une véritable royauté eût été assez de mon goût.

ÉLISABETH D'ANGLETERRE.

Les plaisirs ne sont point assez solides pour souffrir qu'on les approfondisse ; il ne faut que les effleurer : ils ressemblent à ces terres marécageuses, sur lesquelles on est obligé de courir légèrement, sans y arrêter jamais le pied.

DIALOGUE IV.

GUILLAUME DE CABESTAN, ALBERT-FRÉDÉRIC DE BRANDEBOURG.

ALBERT-FRÉDÉRIC DE BRANDEBOURG.

Je vous aime mieux d'avoir été fou aussi bien que moi. Apprenez-moi un peu l'histoire de votre folie : comment vint-elle ?

GUILLAUME DE CABESTAN.

J'étais un poète provençal, fort estimé dans mon siècle, ce qui ne fit que me porter malheur. Je devins amoureux d'une dame, que mes ouvrages rendirent illustre : mais elle prit tant de goût à mes vers, qu'elle craignit que je n'en fisse un jour pour quelque autre ; et afin de s'assurer de la fidélité de ma muse, elle me donna un maudit breuvage, qui me fit tourner l'esprit, et me mit hors d'état de composer.

ALBERT-FRÉDÉRIC DE BRANDEBOURG.

Combien y a-t-il que vous êtes mort ?

GUILLAUME DE CABESTAN.

Il y a peut-être quatre cents ans.

ALBERT-FRÉDÉRIC DE BRANDEBOURG.

Il fallait que les poètes fussent bien rares dans votre

siècle, puisqu'on les estimait assez pour les empoisonner de cette manière-là. Je suis fâché que vous ne soyez pas né dans le siècle où j'ai vécu ; vous eussiez pu faire des vers pour toutes sortes de belles, sans aucune crainte de poison.

GUILLAUME DE CABESTAN.

Je le sais. Je ne vois aucun de tous ces beaux esprits qui viennent ici se plaindre d'avoir eu ma destinée. Mais vous, de quelle manière devîntes-vous fou?

ALBERT-FRÉDÉRIC DE BRANDEBOURG.

D'une manière fort raisonnable. Un roi l'est devenu pour avoir vu un spectre dans une forêt ; ce n'était pas grand'chose : mais ce que je vis était beaucoup plus terrible.

GUILLAUME DE CABESTAN.

Eh ! que vîtes-vous ?

ALBERT-FRÉDÉRIC DE BRANDEBOURG.

L'appareil de mes noces. J'épousais Marie-Éléonore de Clèves, et je fis, pendant cette grande fête, des réflexions sur le mariage, si judicieuses, que j'en perdis le jugement.

GUILLAUME DE CABESTAN.

Aviez-vous dans votre maladie quelques bons intervalles?

ALBERT-FRÉDÉRIC DE BRANDEBOURG.

Oui.

GUILLAUME DE CABESTAN.

Tant pis : et moi je fus encore plus malheureux ; l'esprit me revint tout-à-fait.

ALBERT-FRÉDÉRIC DE BRANDEBOURG.

Je n'eusse jamais cru que ce fût là un malheur !

GUILLAUME DE CABESTAN.

Quand on est fou, il faut l'être entièrement, et ne cesser jamais de l'être. Ces alternatives de raison et de folie n'appartiennent qu'à ces petits fous qui ne le sont que par accident, et dont le nombre n'est nullement considérable. Mais voyez ceux que la nature produit tous les jours dans son cours ordinaire, et dont tout le monde est peuplé; ils sont toujours également fous, et ils ne se guérissent jamais.

ALBERT-FRÉDÉRIC DE BRANDEBOURG.

Pour moi, je me serais figuré que le moins qu'on pouvait être fou, c'était toujours le mieux.

GUILLAUME DE CABESTAN.

Ah! vous ne savez donc pas à quoi sert la folie? Elle sert à empêcher qu'on ne se connaisse : car la vue de soi-même est bien triste, et comme il n'est jamais temps de se connaître, il ne faut pas que la folie abandonne les hommes un seul moment.

ALBERT-FRÉDÉRIC DE BRANDEBOURG.

Vous avez beau dire, vous ne me persuaderez point qu'il y ait d'autres fous que ceux qui le sont comme nous l'avons été tous deux. Tout le reste des hommes a de la raison; autrement ce ne serait rien perdre que de perdre l'esprit, et on ne distinguerait point les frénétiques d'avec les gens de bon sens.

GUILLAUME DE CABESTAN.

Les frénétiques sont seulement des fous d'un autre genre. Les folies de tous les hommes étant de même nature, elles se sont si aisément ajustées ensemble, qu'elles ont servi à faire les plus forts liens de la société humaine; témoin ce désir d'immortalité, cette fausse gloire; et beaucoup d'autres principes, sur quoi roule tout ce qui se fait dans le monde; et l'on n'appelle plus fous, que de certains fous qui sont, pour ainsi dire, hors d'œuvre, et dont la folie n'a pu s'accorder avec celles de tous les autres, ni entrer dans le commerce ordinaire de la vie.

ALBERT-FRÉDÉRIC DE BRANDEBOURG.

Les frénétiques sont si fous, que le plus souvent ils se traitent de fous les uns les autres; mais les autres hommes se traitent de personnes sages.

GUILLAUME DE CABESTAN.

Ah! que dites-vous? tous les hommes s'entremontrent au doigt, et cet ordre est fort judicieusement établi par la nature. Le solitaire se moque du courtisan; mais en récompense il ne le va point troubler à la cour : le courtisan se moque du solitaire; mais il le laisse en repos dans sa retraite. S'il y avait quelque parti qui fût reconnu pour le seul parti raisonnable, tout le monde voudrait l'embrasser, et il y aurait trop de presse; il vaut mieux qu'on se divise en plusieurs petites troupes, qui ne s'entr'embarrassent point, parce que les unes rient de ce que les autres font.

ALBERT-FRÉDÉRIC DE BRANDEBOURG.

Tout mort que vous êtes, je vous trouve bien fou avec vos raisonnemens; vous n'êtes pas encore bien guéri du breuvage qu'on vous donna.

GUILLAUME DE CABESTAN.

Et voilà l'idée qu'il faut qu'un fou conçoive toujours d'un autre. La vraie sagesse distinguerait trop ceux qui la posséderaient : mais l'opinion de sagesse égale tous les hommes, et ne les satisfait pas moins.

DIALOGUE V.

AGNÈS SOREL, ROXELANE.

AGNÈS SOREL.

A vous dire le vrai, je ne comprends point votre galanterie turque. Les belles du sérail ont un amant qui n'a qu'à dire : *je le veux* ; elles ne goûtent jamais le plaisir de la résistance, et elles ne lui fournissent jamais le plaisir de la victoire ; c'est-à-dire que tous les agrémens de l'amour sont perdus pour les sultans et pour les sultanes.

ROXELANE.

Que voulez-vous? Les empereurs turcs, qui sont extrêmement jaloux de leur autorité, ont négligé, par des raisons de politique, ces douceurs de l'amour si raffinées. Ils ont craint que les belles qui ne dépendraient pas absolument d'eux, n'usurpassent trop de pouvoir sur leur esprit, et ne se mêlassent trop des affaires.

AGNÈS SOREL.

Hé bien, que savent-ils si ce serait un malheur? L'amour est quelquefois bon à bien des choses; et moi qui vous parle, si je n'avais été maîtresse d'un roi de France, et si je n'avais eu beaucoup d'empire sur lui, je ne sais où en serait la France à l'heure qu'il est. Avez-vous ouï dire combien nos affaires étaient désespérées sous Charles VII, et en quel état se trouvait réduit tout le royaume, dont les Anglais étaient presque entièrement les maîtres.

ROXELANE.

Oui ; comme cette histoire a fait grand bruit, je sais

qu'une certaine pucelle sauva la France. C'est donc vous qui étiez cette pucelle là? Et comment étiez-vous en même temps maîtresse du roi?

AGNÈS SOREL.

Vous vous trompez : je n'ai rien de commun avec la pucelle dont on vous a parlé. Le roi, dont j'étais aimée, voulait abandonner son royaume aux usurpateurs étrangers, et s'aller cacher dans un pays de montagnes, où je n'eusse pas été trop aise de le suivre. Je m'avisai d'un stratagême pour le détourner de ce dessein. Je fis venir un astrologue, avec qui je m'entendais secrètement; et après qu'il eût fait semblant de bien étudier ma nativité, il me dit un jour, en présence de Charles VII, que tous les astres étaient trompeurs, ou que j'inspirerais une longue passion à un grand roi. Aussitôt je dis à Charles : « Vous ne trouverez donc » pas mauvais, Sire, que je passe à la cour d'Angle- » terre : car vous ne voulez plus être roi ; et il n'y a pas » assez de temps que vous m'aimez pour avoir rempli » ma destinée. » La crainte qu'il eut de me perdre lui fit prendre la résolution d'être roi de France, et il commença dès lors à se rétablir. Voyez combien la France est obligée à l'amour, et combien ce royaume doit être galant, quand ce ne serait que par reconnaissance.

ROXELANE.

Il est vrai; mais j'en reviens à ma pucelle. Qu'a-t-elle donc fait? L'histoire se serait-elle assez trompée, pour attribuer à une jeune paysanne, pucelle, ce qui appartenait à une dame de la cour, maîtresse du roi.

AGNÈS SOREL.

Quand l'histoire se serait trompée jusqu'à ce point,

ce ne serait pas une si grande merveille. Cependant il est sûr que la pucelle anima beaucoup les soldats : mais moi, j'avais auparavant animé le roi. Elle fut d'un grand secours à ce prince, qu'elle trouva ayant les armes à la main contre les Anglais ; mais sans moi elle ne l'eût pas trouvé en cet état. Enfin vous ne douterez plus de la part que j'ai dans cette grande affaire, quand vous saurez le témoignage qu'un des successeurs[1] de Charles VII a rendu en ma faveur dans ce quatrain :

> Gentille Agnès, plus d'honneur en mérite,
> La cause étant de France recouvrer,
> Que ce que peut dedans un cloître ouvrer,
> Close nonain, ou bien dévot ermite.

Qu'en dites-vous, Roxelane ? Vous m'avouerez que si j'eusse été une sultane comme vous, et que je n'eusse pas eu le droit de faire à Charles VII la menace que je lui fis, il était perdu.

ROXELANE.

J'admire la vanité que vous tirez de cette petite action. Vous n'aviez nulle peine à acquérir beaucoup de pouvoir sur l'esprit d'un amant, vous qui étiez libre et maîtresse de vous-même ; mais moi, toute esclave que j'étais, je ne laissai pas de m'asservir le sultan. Vous avez fait Charles VII roi presque malgré lui ; et moi, de Soliman j'en fis mon époux, malgré qu'il en eût.

AGNÈS SOREL.

Hé quoi ! on dit que les sultans n'épousent jamais ?

ROXELANE.

J'en conviens ; cependant je me mis en tête d'épouser

---

[1] François Ier.

Soliman, quoique je ne pusse l'amener au mariage par l'espérance d'un bonheur qu'il n'eût pas encore obtenu. Vous allez entendre un stratagême plus fin que le vôtre. Je commençai à bâtir des temples et à faire beaucoup d'autres actions pieuses ; après quoi je fis paraître une mélancolie profonde. Le sultan m'en demanda la cause mille et mille fois ; et quand j'eus fait toutes les façons nécessaires, je lui dis que le sujet de mon chagrin était que toutes mes bonnes actions, à ce que m'avaient dit nos docteurs, ne me servaient de rien, et que comme j'étais esclave, je ne travaillais que pour Soliman mon seigneur. Aussitôt Soliman m'affranchit, afin que le mérite de mes bonnes actions tombât sur moi-même : mais quand il voulut vivre avec moi comme à l'ordinaire, et me traiter en sultane du sérail, je lui marquai beaucoup de surprise, et lui représentai, avec un grand sérieux, qu'il n'avait nul droit sur la personne d'une femme libre. Soliman avait la conscience délicate ; il alla consulter ce cas à un docteur de la loi, avec qui j'avais intelligence. Sa réponse fut, que le Sultan se gardât bien de prendre rien sur moi, qui n'étais plus son esclave, et que s'il ne m'épousait, je ne pouvais être à lui. Alors le voilà plus amoureux que jamais. Il n'avait qu'un seul parti à prendre, mais un parti fort extraordinaire et même dangereux, à cause de la nouveauté, cependant il le prit, et m'épousa.

AGNÈS SOREL.

J'avoue qu'il est beau d'assujétir ceux qui se précautionnent tant contre notre pouvoir.

ROXELANE.

Les hommes ont beau faire, quand on les prend par les passions, on les mène où l'on veut. Qu'on me fasse revivre, et qu'on me donne l'homme du monde le plus impérieux, je ferai de lui tout ce qu'il me plaira, pourvu que j'aie beaucoup d'esprit, assez de beauté, et peu d'amour.

DIALOGUE VI.

JEANNE Ire DE NAPLES, ANSELME.

JEANNE DE NAPLES.

Quoi! ne pouvez-vous pas me faire quelque prédiction? Vous n'avez pas oublié toute l'astrologie que vous saviez autrefois?

ANSELME.

Et comment la mettre en pratique? nous n'avons point ici de ciel ni d'étoiles.

JEANNE DE NAPLES.

Il n'importe. Je vous dispense d'observer les règles si exactement.

ANSELME.

Il serait plaisant qu'un mort fît des prédictions. Mais encore sur quoi voudriez-vous que j'en fisse?

JEANNE DE NAPLES.

Sur moi, sur ce qui me regarde.

ANSELME.

Bon! vous êtes morte, et vous le serez toujours; voilà tout ce que j'ai à vous prédire. Est-ce que notre condition ou nos affaires peuvent changer?

JEANNE DE NAPLES.

Non; mais aussi c'est ce qui m'ennuie cruellement: et quoique je sache qu'il ne m'arrivera rien, si vous vouliez pourtant me prédire quelque chose, cela ne laisserait pas de m'occuper. Vous ne sauriez croire combien il est triste de n'envisager aucun avenir. Une petite prédiction, je vous en prie, telle qu'il vous plaira.

ANSELME.

On croirait, à voir votre inquiétude, que vous seriez encore vivante. C'est ainsi qu'on est fait là-haut. On n'y saurait être en patience ce qu'on est ; on anticipe toujours sur ce qu'on sera : mais ici il faut que l'on soit plus sage.

JEANNE DE NAPLES.

Ah! les hommes n'ont-ils pas raison d'en user comme ils font? Le présent n'est qu'un instant, et ce serait grand'pitié qu'ils fussent réduits à borner là toutes leurs vues. Ne vaut-il pas mieux qu'ils les étendent le plus qu'il leur est possible, et qu'ils gagnent quelque chose sur l'avenir? C'est toujours autant dont ils se mettent en possession par avance.

ANSELME.

Mais aussi ils empruntent tellement sur l'avenir par leurs imaginations et par leurs espérances, que quand il est enfin présent, ils trouvent qu'il est tout épuisé, et ils ne s'en accommodent plus. Cependant ils ne se défont point de leur impatience, ni de leur inquiétude : le grand leurre des hommes, c'est toujours l'avenir; et nous autres astrologues, nous le savons mieux que personne. Nous leur disons hardiment qu'il y a des signes froids et des signes chauds; qu'il y en a de mâles et de femelles; qu'il y a des planètes bonnes et mauvaises, et d'autres qui ne sont ni bonnes ni mauvaises d'elles-mêmes, mais qui prennent l'un ou l'autre caractère, selon la compagnie où elles se trouvent : et toutes ces fadaises sont fort bien reçues, parce qu'on croit qu'elles mènent à la connaissance de l'avenir.

JEANNE DE NAPLES.

Quoi! n'y mènent-elles pas en effet? Je trouve bon que vous, qui avez été mon astrologue, vous me disiez du mal de l'astrologie!

ANSELME.

Ecoutez, un mort ne voudrait pas mentir. Franchement, je vous trompais avec cette astrologie que vous estimez tant.

JEANNE DE NAPLES.

Oh! je ne vous en crois pas vous-même. Comment m'eussiez-vous prédit que je devais me marier quatre fois? Y avait-il la moindre apparence qu'une personne un peu raisonnable s'engageât quatre fois de suite dans le mariage? Il fallait bien que vous eussiez lu cela dans les cieux.

ANSELME.

Je les consultai beaucoup moins que vos inclinations : mais après tout, quelques prophéties qui réussissent ne prouvent rien. Voulez-vous que je vous mène à un mort qui vous contera une histoire assez plaisante? Il était astrologue, et ne croyait non plus que moi à l'astrologie. Cependant, pour essayer s'il y avait quelque chose de sûr dans son art, il mit un jour tous ses soins à bien observer les règles, et prédit à quelqu'un des événemens particuliers, plus difficiles à deviner que vos quatre mariages. Tout ce qu'il avait prédit arriva. Il ne fut jamais plus étonné. Il alla revoir aussitôt tous les calculs astronomiques, qui avaient été le fondement de ses prédictions. Savez-vous ce qu'il trouva? Il s'était trompé ; et si ses supputations eussent été bien faites, il aurait prédit tout le contraire de ce qu'il avait prédit.

JEANNE DE NAPLES.

Si je croyais que cette histoire fût vraie, je serais bien fâchée qu'on ne la sût pas dans le monde, pour se détromper des astrologues.

ANSELME.

On sait bien d'autres histoires à leur désavantage, et leur métier ne laisse pas d'être toujours bon. On ne se désabusera jamais de tout ce qui regarde l'avenir ; il a un charme trop puissant. Les hommes, par exemple, sacrifient tout ce qu'ils ont à une espérance ; et tout ce qu'ils avaient, et ce qu'ils viennent d'acquérir, ils le sacrifient encore à une autre espérance ; et il semble que ce soit là un ordre malicieux établi dans la nature pour leur ôter toujours d'entre les mains ce qu'ils tiennent. On ne se soucie guère d'être heureux dans le moment où l'on est : on remet à l'être dans un temps qui viendra, comme si ce temps qui viendra devait être autrement fait que celui qui est déjà venu.

JEANNE DE NAPLES.

Non, il n'est pas fait autrement, mais il est bon qu'on se l'imagine.

ANSELME.

Et que produit cette belle opinion ? Je sais une petite fable qui vous le dira bien. Je l'ai apprise autrefois à la cour d'amour[1], qui se tenait dans votre comté de Provence. Un homme avait soif, et était assis sur le bord d'une fontaine : il ne voulait point boire de l'eau qui coulait devant lui, parce qu'il espérait qu'au bout

---

[1] C'était une espèce d'académie.

de quelque temps il en allait venir une meilleure. Ce temps étant passé : « Voici encore la même eau, disait-il, ce n'est point celle-là dont je veux boire; j'aime mieux attendre encore un peu. » Enfin, comme l'eau était toujours la même; il attendit si bien, que la source vint à tarir, et il ne but point.

JEANNE DE NAPLES.

Il m'en est arrivé autant, et je crois que de tous les morts qui sont ici, il n'y en a pas un à qui la vie n'ait manqué, avant qu'il en eût fait l'usage qu'il en voulait faire. Mais qu'importe; je compte pour beaucoup le plaisir de prévoir, d'espérer, de craindre même, et d'avoir un avenir devant soi. Un sage, selon vous, serait comme nous autres morts, pour qui le présent et l'avenir sont parfaitement semblables, et ce sage par conséquent s'ennuierait autant que je fais.

ANSELME.

Hélas! c'est une plaisante condition que celle de l'homme, si elle est telle que vous le croyez. Il est né pour aspirer à tout, et pour ne jouir de rien, pour marcher toujours, et pour n'arriver nulle part.

FIN DU TROISIÈME VOLUME.

TABLE DES MATIÈRES

CONTENUES DANS LE TROISIÈME VOLUME.

Théorie de Tourbillons cartésiens 5
   Section Iere. Suppositions et idées préliminaires. . . ib.
   —— II. De la force centrifuge 8
   —— III. De la circulation des solides et des fluides. 11
   —— IV. Considération plus particulière du tourbillon solaire. 17
   —— V. Du corps solide dans un tourbillon. . . 27
   —— VI. Du tourbillon dans un tourbillon. . . . 34
   —— VII. Détails plus particuliers du tourbillon solaire. 41
   —— VIII. Du tourbillon environné par d'autres tourbillons. 47
   —— IX. Sur les atmosphères des corps célestes. 60
Réflexions sur la théorie précédente. 69
Doutes sur le système physique des causes occasionnelles. 81
   Chap. Ier. Occasion de l'ouvrage. 83
   —— II. Histoire des causes occasionnelles. 85
   —— III. Qu'il semble que les corps ne sont point causes occasionnelles, mais causes véritables de mouvement les uns à l'égard des autres. . 89
   —— IV. Qu'il semble que, dans le système des causes occasionnelles, Dieu n'agit pas simplement. 96
   —— V. Qu'il semble que, dans le système des causes occasionnelles, Dieu n'agit point par des lois générales. 103
   —— VI. Qu'il semble que le système des causes

occasionnelles ne rend pas Dieu plus souverain, que le système commun de la force mouvante des corps. 115
Lettre de l'auteur des Doutes à M****. 117
Entretiens sur la Pluralité des Mondes. 121
Préface. 123
A monsieur L. 129
   Ier Soir. — Que la terre est une planète qui tourne sur elle-même et autour du soleil. 131
   IIe Soir. — Que la lune est une terre habitée. . . . 153
   IIIe Soir. — Particularités du monde de la lune. Que les autres planètes sont habitées aussi. . 173
   IVe Soir. — Particularités des mondes de Vénus, de Mercure, de Mars, de Jupiter et de Saturne. 193
   Ve Soir. — Que les étoiles fixes sont autant de soleils, dont chacun éclaire un monde. 215
   VIe Soir. — Nouvelles pensées qui confirment celles des entretiens précédens. Dernières découvertes qui ont été faites dans le ciel. 233
Histoire des Oracles. 253
Préface. 255
Première Dissertation. — Que les oracles n'ont point été rendus par les démons. 263
   Chap. Ier. Première raison pourquoi les anciens chrétiens ont cru que les oracles étaient rendus par les démons. Les histoires surprenantes qui couraient sur le fait des oracles et des génies. 265
   ——— II. Seconde raison des anciens chrétiens pour croire les oracles surnaturels. Convenance de cette opinion avec le système du christianisme. 268
   ——— III. Troisième raison des anciens chrétiens. Convenance de leur opinion avec la philosophie de Platon. 269

DES MATIÈRES.

Chap. IV. Que les histoires surprenantes qu'on débite sur les oracles doivent être fort suspectes. . 272
—— V. Que l'opinion commune, sur les oracles, ne s'accorde pas si bien qu'on pense avec la religion. 282
—— VI. Que les démons ne sont pas suffisamment établies par le paganisme. 286
—— VII. Que de grandes sectes de philosophes païens n'ont point cru qu'il y eût rien de surnaturel dans les oracles 291
—— VIII. Que d'autres que des philosophes ont assez souvent fait peu de cas des oracles. . 298
— IX. Que les anciens chrétiens eux-mêmes n'ont pas trop cru que les oracles fussent rendus par les démons. 304
—— X. Oracles corrompus. 308
—— XI. Nouveaux établissemens d'oracles. . . . 312
—— XII. Lieux où étaient les oracles. 317
—— XIII. Distinctions de jours et autres mystères des oracles. 322
—— XIV. Des oracles qui se rendaient sur les billets cachetés. 326
—— XV. Des oracles en songes. 330
—— XVI. Ambiguité des oracles. 334
—— XVII. Fourberies des oracles manifestement découvertes. 338
—— XVIII. Des sorts. 339
Deuxième Dissertation. — Que les oracles n'ont point cessé au temps de la venue de Jésus-Christ. . . . 344
Chap. Ier. Faiblesse des raisons sur lesquelles cette opinion est fondée. . . . . ib.
—— II. Pourquoi les auteurs anciens se contredisent souvent sur le temps de la cessation des oracles. 350

TABLE DES MATIÈRES

Chap. III. Histoire de la durée de l'oracle de Delphes, et de quelques autres oracles. . . . 352
— IV. Cessation générale des oracles avec celle du paganisme. 359
— V. Que quand le paganisme n'eût pas dû être aboli, les oracles eussent pris fin. Première raison particulière de leur décadence. 372
— VI. Seconde cause particulière de la décadence de oracles. 379
— VII. Dernières causes particulières de la décadence des oracles. 381

A Lucien, aux champs élysiens. 389
Dialogues des morts anciens. 393
— Ier. Alexandre, Phriné. . . . . ib.
— II. Milon, Smindiride. 396
— III. Didon, Stratonice. 399
— IV. Anacréon, Aristote. 403
— V. Homère, Esope. 406
— VI. Athenais, Icasie. 409
Dialogues des morts anciens avec des modernes. . . . 413
— Ier. Auguste, Pierre Arétin. . . . . ib.
— II. Sapho, Laure. 418
— III. Socrate, Montaigne. 421
— IV. L'empereur Adrien, Marguerite d'Autriche. 426
— V. Erasistrate, Hervé. 432
— VI. Cosme II de Médicis, Bérénice. 435
Dialogues des morts modernes. 439
— Ier. Anne de Bretagne, Marie d'Angleterre. . . ib.
— II. Charles V, Erasme. 444
— III. Élisabeth d'Angleterre, le duc d'Alençon. 448
— IV. G. de Cabestan, A.-F. de Brandebourg. . 451
— V. Agnès Sorel, Roxelane. 455
— VI. Jeanne Ire de Naples, Anselme. 459

FIN DE LA TABLE DU TROISIÈME VOLUME.

www.ingramcontent.com/pod-product-compliance
Lightning Source LLC
Chambersburg PA
CBHW070214240426
43671CB00007B/647